Eisteddfod Genedlaethol

**BRO COLWYN
1995**

CYFANSODDIADAU

a

BEIRNIADAETHAU

Golygydd:
J. ELWYN HUGHES

*Cyhoeddir gan Wasg Dinefwr
dros Lys yr Eisteddfod Genedlaethol*

ISBN 0 9519926 3 5

Argraffwyd gan Wasg Dinefwr
Heol Rawlings, Llandybie, Dyfed

CYNGOR YR EISTEDDFOD GENEDLAETHOL 1994-1995

Cymrodyr
Norah Isaac
Dr Emyr Wyn Jones
Y Parchedig W. Rhys Nicholas
T. W. Thomas
Y Parchedig Gwilym R. Tilsley

SWYDDOGION Y LLYS

Llywydd
Alwyn Roberts

Is-Lywyddion
John Gwilym Jones (Archdderwydd)
John Hughes (Cadeirydd Pwyllgor Gwaith Bro Colwyn)
Lyn Davies (Cadeirydd Pwyllgor Gwaith Bro Dinefwr)

Cadeirydd y Cyngor
Gwilym Humphreys

Is-Gadeirydd y Cyngor
Aled Lloyd Davies

Cyfreithwyr Mygedol
W. R. P. George
Emyr Lewis

Trysorydd
Hywel F. Jones

Ymgynghorwyr Ariannol
W. Emrys Evans
Syr Melvyn Rosser

Cofiadur yr Orsedd
Jâms Nicolas

Ysgrifenyddion

D. Hugh Thomas, Llys Gwyn, 70 Brynteg Avenue, Pen-y-bont ar Ogwr, Morgannwg Ganol, CF31 3EL (01656 57204)

H. Desmond Healy, 16 Ffordd Barrfield, Rhuddlan, Y Rhyl, Clwyd (01745 591341)

Cyfarwyddwr
Elfed Roberts, 40 Parc Tŷ Glas, Llanisien, Caerdydd, CF4 5WU (01222 763777)

Trefnyddion
Hywel Wyn Edwards (Y Gogledd)
Penri E. Roberts (Y De)

RHAGAIR

Wrth gyflwyno i chwi'r gyfrol hon o Feirniadaethau a Chyfansoddiadau Eisteddfod Genedlaethol Bro Colwyn, 1995, y peth cyntaf y carwn i ei wneud yw cydnabod cydweithrediad mwyafrif helaeth y beirniaid eleni. Gydag ychydig iawn o eithriadau, buont yn ffyddlon i'r dyddiad cau a bennwyd ar gyfer derbyn eu beirniadaethau ac ni fu'n rhaid treulio amser nac egni'n crefu am eu cynnyrch (a chofio bod gan nifer ohonynt, yn enwedig yn y prif gystadlaethau, swmp helaeth o gyfansoddiadau i'w beirniadu mewn amser cymharol fyr). Gwnaeth y rhan fwyaf ohonynt, hefyd, ymdrech deg i wneud y gwaith golygu gymaint â hynny'n ysgafnach drwy geisio cyflwyno'u beirniadaethau yn y dull y maent yn ymddangos yn y gyfrol, a hynny mewn iaith ddigon derbyniol drwodd a thro. Un neu ddau'n unig eleni a fynnodd fod i'r feiro gryfach grym na'r teipiadur neu'r prosesydd geiriau a dim ond un a fethodd ddod o hyd i dudalennau maint A4. Ond 'fydd problemau bach fel hyn yn poeni dim arnom yn y man.

Eleni, ym Mro Colwyn, am y tro cyntaf erioed yn hanes cyhoeddi'r gyfrol hon dros y blynyddoedd, chwaraewyd rhan flaenllaw gan y dechnoleg newydd, a hynny cyn i'r deunydd gyrraedd peiriannau'r wasg. Tua dechrau'r ail wythnos ym Mai y dechreuodd y beirniadaethau gyrraedd ar fy nesg ac, yn wir, un o'r pethau cyntaf a dynnodd fy sylw oedd fod nifer go dda o'r beirniaid wedi cynhyrchu eu gwaith ar brosesydd geiriau. Galwad ffôn i Swyddfa'r Eisteddfod, llythyr brysiog at y beirniaid i gyd yn gofyn a fyddent mor garedig ag anfon disgen yn cynnwys eu beirniadaeth at y Golygydd, a dyna ddisgwyl yn eiddgar am y post. Bu ymateb y beirniad yn rhagorol; derbyniais 34 o feirniadaethau yn barod ar ddisg. Teipiais innau'r gweddill ar brosesydd geiriau, yn ogystal â'r 16 o gyfansoddiadau a gynhwyswyd yn y gyfrol. Erbyn diwedd yr ail wythnos ym Mehefin, roedd yr holl feirniadaethau a chyfansoddiadau, wedi eu teipio'n barod ar ddisg ac yn cynnwys dros 80,000 o eiriau, yn nwylo Gwasg Dinefwr. Roedd y tudalennau blaen, yn cynnwys y manylion am y cystadlaethau a'r enillwyr, yn barod i'r wasg, eto ar ddisg, erbyn Mehefin 18 a'r ychydig eiriau hyn ddiwrnod neu ddau ar ôl hynny (gwyrthiol, yn wir, o ystyried fy mod yn ysgrifennu'r rhagair ar garlam gwyllt bedair blynedd yn ôl ar ddechrau'r drydedd wythnos ym mis Gorffennaf!). Gobeithir bod cynsail buddiol wedi ei sefydlu eleni ac y bydd beirniaid yn gallu cyflwyno'u beirniadaethau i'r Golygydd o hyn ymlaen ar ddisg (ac, yn wir, efallai y gall y cystadleuwyr ddilyn yr un drefn gan fod mwy a mwy o bobl yn defnyddio prosesydd geiriau y dyddiau hyn).

Hoffwn gyflwyno, yn ôl f'arfer, ychydig ystadegau brysiog ynglŷn â'r cystadlaethau ac ati. Gosodwyd 65 o gystadlaethau yn y gwahanol feysydd (Barddoniaeth, Rhyddiaith, Cerddoriaeth, Drama, Dysgwyr, etc.). Roedd hynny bedair cystadleuaeth yn llai nag a osodwyd yn Llanelwedd yn 1993, oddeutu 16 yn llai nag ym Mro Delyn yn 1991 a thua 28 yn llai nag yn Nyffryn Conwy yn 1989. Saith cystadleuaeth yn unig a fethodd â denu'r un ymgeisydd eleni. O'r 58 sy'n weddill, ataliwyd y wobr ar chwe achlysur, gan adael 52 o gystadlaethau lle dyfarnwyd gwobrau. Rhoddwyd 98 o wobrau i gyd ond gwelir bod y beirniaid wedi dyfarnu *rhan* o'r wobr mewn saith o gystadlaethau (fel yn Llanelwedd) am na theimlid bod teilyngdod *llwyr*. Dim ond mewn 22 o gystadlaethau, o'r 51 sydd ar ôl, y pennwyd un cystadleuydd yn unig yn fuddugol. Roedd oddeutu 624 o gystadleuwyr, rhyw 140 yn fwy nag yn Llanelwedd ddwy flynedd yn ôl.

Mae trefn y gyfrol fymryn yn wahanol eleni. Mae'r amrywiol adrannau yn nhrefn yr wyddor yn y gyfrol hon, yn union fel y cynhwyswyd hwy yn y *Rhestr Testunau*. Mae hynny'n golygu nad beirniadaethau'r Adran Lên – Y Gadair a'r Goron, etc. – a ddaw gyntaf y tro hwn. Tybed sut groeso a gaiff y newid gan y beirdd a'r llenorion?

Wrth derfynu, diolchaf i Mr Hywel Wyn Edwards, Trefnydd Eisteddfodau'r Gogledd, ac i Islwyn Jones, Cadeirydd y Panel Llên, am eu cefnogaeth a'u cydweithrediad yn ystod cyfnod paratoi'r gyfrol hon ar gyfer y wasg. Mae fy niolch yn arbennig eleni eto i Lois Wynne-Jones yn Swyddfa'r Eisteddfod am hwyluso pob cam o'r daith olygyddol gyda'r effeithlonrwydd a'r sirioldeb sydd mor nodweddiadol ohoni. Gwerthfawrogaf, hefyd, gydweithrediad parod Eddie John yng Ngwasg Dinefwr.

J. Elwyn Hughes

CYNNWYS

* * *

ADRAN ALAWON GWERIN

Rhif
9. **Trefniant o ddwy garol** ar gyfer unrhyw leisiau o'r gyfrol *Hen Alawon*.
   Gwobr: £100 (Parti Glannau Colwyn).
   Beirniad: Stephen Rees.
   Buddugol: *Bryn Llawen* (Gwilym Charles Lewis, Bryn Meillion, 154 London Road, Caergybi, Ynys Môn, Gwynedd). 1

ADRAN CERDD DANT

24. **Cyfansoddi cainc** 24 bar y pen, amser 2/4, dau neu bedwar pennill i'r cylch. Agored.
    Gwobr: £75 i'w rannu yn ôl doethineb y beirniad (Cronfa David Williams).
    Beirniad: Mair Carrington Roberts.
    Buddugol: £60 i *Melindwr* (Mair Selway, Llannerch, Llansannan, Dinbych, Clwyd) a £15 i *Arianrhod* (Sioned Jones, Tŷ'n y Rhos, 4 Tregaean, Penrhosgarnedd, Bangor, Gwynedd). 2

ADRAN CERDDORIAETH

76. **Emyn-dôn** i eiriau'r Prifardd John Gruffydd Jones.
    Gwobr: £150 (Banc Lloyds).
    Beirniad: John Tudor Davies.
    Buddugol: £100 i *Bryn Meillion* (Gwilym Charles Lewis, Bryn Meillion, 154 London Road, Caergybi, Ynys Môn, Gwynedd) a £50 i *Johannes* (Euron J. Walters, 10 Waverley Street, Clydach, Abertawe, Gorllewin Morgannwg). 3

77. **Trefniant o unrhyw emyn-dôn ar gyfer côr SATB neu TTBB** gyda chyfeiliant organ neu biano. Dylai'r gwaith fod yn addas ar gyfer corau pensiynwyr. Dylid dewis geiriau Cymraeg gan fardd o Gymro.
    Gwobr: £150 (£135 Cronfa M. O. Jones, Treherbert; £10 Cronfa Goffa Richie Thomas, Penmachno).
    Beirniaid: Gareth Glyn, Pwyll ap Siôn.
    Buddugol: £80 i *Ossia* (Hilton D. Richards, 18 Plasgwyn Road, Pontarddulais, Gorllewin Morgannwg); £70 i *Wil* (B. Hugh Gwynne, Bryn Beuno, Criciaeth, Gwynedd). 5

Rhif		Tud.

78. **Unawd safonol i unrhyw lais** ar gyfer cantorion 19-25 oed gyda chyfeiliant piano. Dylid dewis geiriau Cymraeg gan fardd o Gymro.
Gwobr: £150 (Cronfa Meirion Williams).
Beirniaid: Pwyll ap Siôn, Gareth Glyn.
Buddugol: £100 i *Ap Morus* (Michael J. Charnell-White, 10 Lôn-y-Llyn, Caerffili, Morgannwg Ganol) a £25 yr un i *Somnos* (Euron J. Walters, 10 Waverley Street, Clydach, Abertawe, Gorllewin Morgannwg ac *Yr Allt Wen* (Susan Lloyd Jones, Tŷ'r Warden, Gregynog, Y Drenewydd, Powys). 7

79. **Dau ddarn cyferbyniol ar gyfer côr SSA neu TTB**, y naill gyda chyfeiliant a'r llall yn ddigyfeiliant. Dylid dewis geiriau Cymraeg gan fardd o Gymro.
Gwobr: £250 (Cronfa M. O. Jones, Treherbert).
Beirniaid: Gareth Glyn, Pwyll ap Siôn.
Buddugol: £150 i *Ap Morus* (Michael J. Charnell-White, 10 Lôn-y-Llyn, Caerffili, Morgannwg Ganol). 9

80. **Darn byr (un symudiad neu fwy) ar gyfer unrhyw offeryn cerddorfaol.** Ni ddylai'r gwaith cyfan fod yn hwy na 6 munud.
Gwobr: £100 (£50 Gwobr Goffa Syr Hywel Wyn Evans, KCB, a'i dad, Dr Thomas Hopkin Evans, rhoddedig gan y ddiweddar Fonesig Jessie Evans a Mrs Megan Robertson).
Beirniaid: Pwyll ap Siôn, Gareth Glyn.
Buddugol: £50 i *Dafydd* (Guto Pryderi Puw, Castell Hen, Parc, Y Bala, Gwynedd) a £25 yr un i *Paganini* (Llifon Hughes-Jones, 55E Rosebery Square, Rosebery Avenue, Llundain) ac i *Ap Morus* (Michael J. Charnell-White, 10 Lôn-y-Llyn, Caerffili, Morgannwg Ganol). 11

81. **Ymdeithgan ar gyfer band pres neu fand chwyth** heb fod dros 5 munud.
Gwobr: £200.
Beirniaid: Gareth Glyn, Pwyll ap Siôn.
Buddugol: *Timothy* (Thomas Lyndhurst Francis, 2 Heol y Wern, Caewern, Castell-nedd, Gorllewin Morgannwg). 13

82. **Gwaith ar gyfer cerddorfa ieuenctid** (offerynnwyr o safon gradd 5 neu uwch). Dylai'r gwaith gynnwys 3 symudiad.
Gwobr: £250.
Beirniaid: Pwyll ap Siôn, Gareth Glyn.
Buddugol: £150 i *Ap Morus* (Michael J. Charnell-White, 10 Lôn-y-Llyn, Caerffili, Morgannwg Ganol). 15

Rhif		Tud.

83. **Tlws y Cerddor** am y cyfansoddiad gorau o blith yr enillwyr yng nghystadlaethau 77-82.
    Gwobr: Tlws y Cerddor a £400 (£250 Pilkington Optronics, Llanelwy; £150 Papur Bro *Y Gadlas* er cof am Mrs Nansi Davies, Llanfair Talhaiarn; Mrs Eluned Jones, Henllan; Mr Gwilym Roberts, Henllan; Mr Cledwyn Williams, Henllan, a Mr Llew Williams, Llangernyw).
    Beirniaid: Gareth Glyn, Pwyll ap Siôn.
    Buddugol: *Dafydd* (Guto Pryderi Puw, Castell Hen, Parc, Y Bala, Gwynedd). 15

84. **Llawlyfr o wersi cerdd** addas ar gyfer disgyblion yng nghyfnod allweddol 1, 2 neu 3 o'r Cwricwlwm Cenedlaethol.
    Gwobr: £150.
    Beirniad: Joan Wyn Hughes.
    Buddugol: £100 i *Meirionna* (Helen W. Williams, 81 Chester Road, Middlewich, Swydd Caer). 16

IEUENCTID

Cystadleuaeth i Ddisgyblion Ysgolion Uwchradd 14-18 oed

85. **Un symudiad ar gyfer pedwarawd offerynnol.** Gellir ei gyflwyno'n ysgrifenedig neu ar dâp.
    Gwobr: £100 (£25 Cronfa Ivor Foster).
    Beirniad: Tony Biggin.
    Buddugol: *Dim bai fi* (Trevor Wensley, 71 Gorwel, Llanfairfechan, Gwynedd). 17

ADRAN DAWNS

99. **Dawns – unrhyw arddull.** Crëwch ddawns gyda'ch cwmni eich hun, mewn unrhyw arddull, h.y., gwerin, cyfoes, jazz, ayb., neu unrhyw gyfuniad o'r uchod, wedi ei seilio ar y thema: 'Afallon' neu 'Cymru Fu'. 14 oed a throsodd. Cerddoriaeth/cyfeiliant: Hunanddewisiad. Hyd: 10-15 munud.
    Gwobr: £100.
    Beirniaid: Christine Jones, Maldwyn Pate.
    Atal y wobr. 18

Rhif Tud.

ADRAN DRAMA

100. **Drama lwyfan o leiaf un awr o hyd.**
 Gwobrau: 1. £500; 2. £300; 3. £200.
 Beirniaid: Huw Roberts, Carys Ll. Edwards, Graham Laker.
 Buddugol: 1. £500 i *AB-093* (Miriam Llywelyn, Yr Allt Deg, Cwm-y-glo, Caernarfon, Gwynedd); 2. £300 i *Fi-am-wn-i-ond-Duw-Duw-pwy-a-ŵyr* (Aled Jones Williams, Y Ficerdy, Porthmadog, Gwynedd); 3. £200 i *Lora* (Siân Summers, Fflat 2, 22 North Parade, Aberystwyth, Dyfed). 19

101. **Drama fer ar gyfer y llwyfan.**
 Gwobr: £350.
 Beirniad: Dafydd Fôn Williams.
 Dyfarniad: £75 i *Canon* (J. O. Evans, 2 Bro Cymerau, Pwllheli, Gwynedd). 21

102. **Trosi i'r Gymraeg un o'r dramâu a ganlyn**: *After Midnight – Before Dawn*, David Campton; *Ritual for Dolls*, George Macewan Green; *Slight Ache*, Harold Pinter; *Fear of Heaven*, John Mortimer; *Birdsong*, James Saunders; *Fishy Business*, Margaret Wood.
 Gwobr: £300 (Er cof am Ceridwen Owen, Glas Môr, Glan Conwy, Gwynedd).
 Beirniad: Gareth Miles.
 Buddugol: £100 yr un i *Delys* (Dewi Jones, Stangau, Benllech, Ynys Môn, Gwynedd) a *Llain Garnedd* (Ni dderbyniwyd enw a chyfeiriad y cystadleuydd.); £75 i *Henrieta* (Marlis Jones, Clegyrnant, Llanbrynmair, Powys); £25 i *Coch y Bonddu* (Marlis Jones, Clegyrnant, Llanbrynmair, Powys). 23

103. **Creu fideo wedi ei seilio ar gymeriad/arwr eich bro**. Disgwylir fideo 20 munud o hyd.
 Gwobr: £300 i'w rannu yn ôl doethineb y beirniad. (£200 Cwmni'r Castell).
 Beirniad: Gareth Lloyd Williams.
 Dyfarniad: £80 i *Huw* (Betty Helena Williams, Ardwyn, Talysarn, Caernarfon, Gwynedd). 27

104. **Addasiad** ar gyfer y llwyfan o un o lyfrau Jane Edwards.
 Gwobr: £400 (£175 Cymdeithas Wil Bryan, Yr Wyddgrug).
 Beirniad: Meurwyn Thomas.
 Ni fu cystadlu.

105. **Sgript** ar gyfer cyflwyniad dramatig a fyddai'n denu plant i ddarllen llyfrau Cymraeg.
 Gwobr: £250 (£100 Merfyn a Nova Davies, Abergele; £90 Cronfa John Elwyn Hughes, Porthmadog; £60 Cymdeithas Ddrama Gymraeg Llandudno a'r Cylch).
 Beirniad: John A. Owen.
 Atal y wobr. 28

106. **Creu tâp sain** 8 i 10 munud o hyd o gyfweliad, cyflwyniad neu sgwrs ddiddorol ar gyfer y rhai gydag anabledd gweld.
Gwobrau: 1. £75 (Cyfaill y Deillion); 2. £50 (Cwmni Drama Glan Conwy); 3. £25 (Cymdeithas y Gadwyn, Colwyn).
Beirniad: Elwyn Jones.
Buddugol: 1. £75 i *Detective* (Gruff Ellis, Pen y Gro, Ysbyty Ifan, Gwynedd); 2. £50 i *Dafydd* (Leonard W. Richards, Gellideg, Heol yr Orsaf, Nantgaredig, Caerfyrddin, Dyfed); 3. £25 i *Nionyn* (Ken Owen, Cartref, 2 Carolina Crescent, Bae Penrhyn, Gwynedd). 29

IEUENCTID

112. **Adolygiad** o unrhyw berfformiad proffesiynol o ddrama Gymraeg a lwyfannwyd yn ystod y flwyddyn Ebrill 1994 i Ebrill 1995.
Gwobrau: 1. £75 (Glyn, Diane, Dylan a Ceris Roberts, Llangernyw); 2. £50; 3. £25 (Gwen Humphreys, Llanbedr-y-Cennin).
Beirniaid: Menna Baines, Carys Tudor Williams.
Dyfarniad (Y drydedd wobr): £25 i *Anaid* (Elin Alaw, Y Glain, Glan Tryweryn, Frongoch, Y Bala, Gwynedd). 32

Dan 19 oed

113. **Creu fideo wedi ei seilio ar gymeriad/arwr eich bro.** Disgwylir fideo 20 munud o hyd.
Gwobr: £300 i'w rannu yn ôl doethineb y beirniad.
Beirniad: Gareth Lloyd Williams.
Ni fu cystadlu.

ADRAN Y DYSGWYR

Cyfansoddi i Ddysgwyr

120. **Llythyr at gyfaill.** Safon: 1.
Gwobr: £20 (Merched y Wawr, Rhanbarth Colwyn).
Beirniad: Beryl Steeden Jones.
Buddugol: £8 yr un i *Linda* (Linda Hughes, Y Ganolfan Iaith, Dinbych, Clwyd) a *Tywysog* (Michael Raymond Gaches, Coed Mawr Lodge, Rowen, Conwy, Gwynedd) a £4 i *Ieuan* (Brian Baldwin, 20 Ffordd Morgan, Prestatyn, Clwyd). 33

| Rhif | Tud. |

121. **Dyddiadur wythnos**. Safon: 2.
Gwobr: £30 (Merched y Wawr, Rhanbarth Colwyn).
Beirniad: Helen Prosser.
Buddugol: £15 i *Ffion Harries* (Nancy McDowell, Fflat 3, Hillside, Ffordd Penglais, Aberystwyth, Dyfed); £10 i *Eirlys* (Jean Staveley, 18 Moor Park, Abergele, Clwyd); £5 i *Saran Melangell* (Susanne Hofbauer, 34 V App. 162, 80634 München, Yr Almaen). 34

122. **Ysgrif neu Stori** a fyddai'n addas ar gyfer papur bro. Safon: 3.
Gwobr: £40 (Cronfa Goffa Frances Tecwyn Lloyd).
Beirniad: Dafydd W. Griffiths.
Buddugol: £20 yr un i *Sali Mali* (Jan Harris, 1 Ffordd Maesycoed, Llanbedr Pont Steffan, Dyfed) a *Hafodunos* (Dafydd Jones, 2 Gât Acton, Wrecsam, Clwyd). 36

123. **Cerdd**. Testun: 'Gobaith' neu 'Atgofion'. Safon: Agored.
Gwobr: Cadair (Pat Neill) a £40 (£30 Cronfa B. Haydn Williams; £10 Cronfa Sarnicol).
Beirniad: Moi Parri.
Buddugol: *Merch y Gadlys* (Karin Currie, 52 Tudor Terrace, Y Gadlys, Aberdâr, Morgannwg Ganol). 37

124. **Dau ddarn o ryddiaith** o natur wahanol, naill ai ysgrif, stori fer, sgript, dyddiadur neu adolygiad. Tua 300 o eiriau yr un. Safon: Agored.
Gwobr: Tlws a £40 (Ffilmiau Fflic, Caerdydd).
Beirniad: Eira Davies.
Buddugol: Tlws ac £20 i *Bobi Bach* (Jan Harris, 1 Ffordd Maesycoed, Llanbedr Pont Steffan, Dyfed); £10 i *Yr Ehedydd* (Pamela Davies, 2 The Pines, Acton, Wrecsam, Clwyd); £5 yr un i *Llew Llwfr* (Albert Edward Hughes, 14 English Terrace, Dolgellau, Gwynedd) a *Merch y Gadlys* (Karin Currie, 52 Tudor Terrace, Y Gadlys, Aberdâr, Morgannwg Ganol). 39

125. **Cywaith grŵp**: Paratoi papur bro wyth ochr tudalen A4. Safon: Agored.
Gwobr: £50 (Cymdeithas y Bont, Y Rhyl).
Beirniad: Eric Jones.
Buddugol: £25 yr un i *Llais* (Grŵp y Mochyn Du, d/o Cath. Robinson, Fron Haul, Maerdy, Clwyd) a *Llais y Bawddwr* (Grŵp Meistroli, Llanymddyfri, d/o Phyl Brake, Cymraeg i Oedolion, Prifysgol Cymru, Llanbedr Pont Steffan, Dyfed). 43

Rhif *Tud.*

PARATOI DEUNYDD AR GYFER DYSGWYR

Agored i ddysgwyr a siaradwyr Cymraeg

126. **Tri llyfr byr.** Deunydd darllen a fyddai'n addas ar gyfer dysgwyr Cyfnod Allweddol 2.
Gwobr: £100 (£60 Rhodd Aelodau Pwyllgor Apêl Bae Colwyn er cof am Mrs Ceinwen Evans, Hen Golwyn – Anti Ceinwen i holl blant Ysgol Feithrin Hen Golwyn; £40 Cronfa Goffa Frances Tecwyn Lloyd).
Beirniad: Lis Morgan-Jones.
Dyfarniad: £60 i *Dryw* (Louise Hodgson, 7 Heol Cefn Coed, Cyncoed, Caerdydd, De Morgannwg) a £40 i *Ger y Nant* (Beti Williams, Pennant, 36 Heol y Plas, Fforest, Pontarddulais, Gorllewin Morgannwg). 44

127. **Casgliad o sgetsus byrion** ar gyfer dysgwyr Cyfnod Allweddol 3/4 neu oedolion.
Gwobr: £100 (£50 Canolfan Iaith Clwyd; £50 Ysgol Glan Clwyd, Llanelwy)
Beirniad: Non ap Emlyn.
Dyfarniad: £50 i *Megan* (Marlis Jones, Clegyrnant, Llanbrynmair, Powys). 46

128. **Pecyn o adnoddau** ar gyfer dosbarth nos – oedolion ail neu drydedd flwyddyn.
Gwobr: £100 (Canolfan Iaith Clwyd).
Beirniad: Elwyn Hughes.
Buddugol: £60 i *Siân* (Eirlys Wynn Tomos, Sycharth, 3 Llys Tudur, Dinbych, Clwyd) a £40 i *Gwennol* (Jenny Pye, Ty'n Pwll, Llanbedrgoch, Ynys Môn, Gwynedd). 47

ADRAN GWYDDONIAETH A THECHNOLEG

Disgyblion Ysgolion Cynradd

Unigolion

131. **Adeiladu tegan sydd yn defnyddio trydan.**
Gwobr: £100 i'w rannu yn ôl doethineb y beirniad (£25 Ceri a Moritta Bufton, Castell-nedd).
Beirniad: Wyn Owens.
Ni fu cystadlu.

Rhif *Tud.*

Gwaith Grŵp

132. **Cofnod trwy unrhyw gyfrwng o bum arbrawf sy'n amlygu'r broses wyddonol.**
Gwobr: £300 i'w rannu yn ôl doethineb y beirniad [£100 Rhoddedig gan Rod Richards, Llandrillo-yn-Rhos; £30 Cymdeithas Diogelu Cymru Wledig (er cof am Ifor Lewis – Ifor o Wynfe)].
Beirniad: Wil Williams.
Buddugol: *Grŵp Elizabeth* (Ysgol Clocaenog, Rhuthun, Clwyd). 50

Disgyblion ysgolion uwchradd blynyddoedd 7-9

Gwaith grŵp neu unigolyn

133. **Llunio cyfres o bosteri gwreiddiol lliwgar a deniadol** ar un o'r testunau a ganlyn:
(i) Cyflwyniad ac eglurhad ar unrhyw bwnc gwyddonol neu dechnolegol.
(ii) Amlinelliad o fywyd a gwaith unrhyw wyddonydd.
Gwobr: £300 i'w rannu yn ôl doethineb y beirniad.
Beirniad: Huw Roberts.
Ni fu cystadlu.

Disgyblion ysgolion uwchradd neu golegau yn oedran blynyddoedd 10-13

134. **Erthygl wyddonol boblogaidd** hyd at 800 o eiriau gyda darlun neu ddarluniau. Dylai'r erthygl fod yn glir a dealladwy i ddarllenydd papur bro.
Gwobr: £150 (£100 Ysgol Glan Clwyd, Llanelwy; £50 Rhodd Robert John Owen, Llandudno).
Beirniad: Iwan Bryn Williams.
Ni fu cystadlu.

Agored

135. **Erthygl addas hyd at 1,000 o eiriau ar gyfer cylchgrawn fel *Delta*.**
Gwobr: £150 (£100 Cwmni Simon Petroleum Technology; £50 Rhodd Robert John Owen, Llandudno).
Beirniad: R. Ieuan Jones.
Buddugol: £80 i *Ffa Pob* (Rhys Morris, 14 Highfields, Llandaf, Caerdydd, De Morgannwg); £40 i *Brocol* (Owain Wyn Davies, Monarfon, Rhos Bach, West Parade, Cricieth, Gwynedd); £30 i *Bwlch y Groes* (Dafydd Price Jones, Y Berllan, Heath Ride, Finchampstead). 51

Rhif		Tud.

136. **Cyflwyno synopsis o syniadau ar gyfer eitem wyddonol neu dechnolegol mewn rhaglen deledu fel *Heno* neu *Hel Straeon*.**
Gwobr: £150 (£100 Teulu Glyn a'r ddiweddar Margaret Jones, Llandrillo-yn-Rhos).
Beirniaid: Ifor ap Glyn, Alwyn R. Owens.
Atal y wobr. 53

ADRAN LLENYDDIAETH

TESTUNAU A GWOBRAU ARBENNIG LLYS YR EISTEDDFOD GENEDLAETHOL

152. **Gwobr Goffa Daniel Owen**, ym mlwyddyn canmlwyddiant ei farw. Nofel heb ei chyhoeddi.
Gwobr: Medal Goffa Daniel Owen a £1000 (Teledu Agenda).
Beirniaid: Mairwen Gwynn Jones, Alun Jones, John Rowlands.
Buddugol: *Calennig* (Beryl Stafford Williams, Llywenan, Siliwen, Bangor, Gwynedd). 55

BARDDONIAETH

154. **Awdl**: Y Môr.
Cerdd mewn cynghanedd gyflawn ar fwy nag un o'r mesurau caeth traddodiadol heb fod dros 200 llinell.
Gwobr: Cadair yr Eisteddfod (Rhodd Mr a Mrs Idwal Vaughan, er cof am Mr a Mrs John Vaughan, Bryn Gwylan, Llangernyw) a £500 (£200 Tîm Talwrn y Beirdd, Abergele; £170 Cronfa R. Williams Parry; £100 Cymdeithas Emrys ap Iwan, Abergele; £30 Athrawon Ysgol Glan Morfa, Abergele).
Beirniaid: Gerallt Lloyd Owen, Emrys Edwards, Alan Llwyd.
Buddugol: *Porthor* (Tudur Dylan Jones, Maesyfelin, Pencader, Dyfed). 69

155. **Casgliad o gerddi** heb fod dros 200 llinell: Melodïau.
Gwobr: Coron yr Eisteddfod (Rhodd aelodau Undeb Amaethwyr Cymru, Cangen Sir Ddinbych) a £500 (Ifan a Beryl Lloyd Williams, Bae Colwyn).
Beirniaid: Derec Llwyd Morgan, Menna Elfyn, Meirion Evans.
Buddugol: *Plas y Berllan* (Aled Gwyn, Cyhudd, 41 Heol Wingfield, Yr Eglwys Newydd, Caerdydd, De Morgannwg). 87

156. **Cywydd**: 'Un wennol ...'.
Gwobr: £100 (Mrs Ellen Kent, Deganwy).
Beirniad: Einion Evans.
Atal y wobr. 111

| Rhif | Tud. |

157. **Englyn unodl union**: Englyn cydymdeimlad.
Gwobr: £75 (Y Parchedig a'r ddiweddar Mrs John Alun Roberts, Abergele).
Beirniad: Medwyn Jones.
Buddugol: £45 i *Sianw* (R. O. Williams, Peniarth, Craig y Fron, Y Bala, Gwynedd); £7.50 yr un i *Siôn* (R. J. Rowlands, Dôl Afon, Heol Ffrydan, Y Bala, Gwynedd); *Rhys* (Iwan Bryn Williams, Bryn Ffynnon, Y Bala, Gwynedd); *Afallon* (Edward Jones, Llain Delyn, Benllech, Ynys Môn, Gwynedd); *O Waelod Calon* (Iwan Bryn James, 3 Stryd-y-Capel, Talybont, Aberystwyth, Dyfed). 112

158. **Englyn crafog**: Bacha hi o'ma.
Gwobr: £75 [£50 Cronfa Dewi Emrys; £25 Cronfa y Parchedig Roger Jones (Rhosier o Lŷn)].
Beirniad: Islwyn Jones.
Buddugol: *I'r Byw* (Dafydd Wyn Jones, Hafod-y-Coed, Llyn-y-Felin, Aberteifi, Dyfed). 116

159. **Hir-a-Thoddaid**: Hiraethog.
Gwobr: £75 (£60 Cronfa Trefîn; £15 Cronfa Eifionydd).
Beirniad: Dic Jones.
Buddugol: *Nantymerddyn* (Trefor Jones, Nant yr Helyg, Gellioedd, Llangwm, Corwen, Clwyd). 120

160. **Deg o gwpledi epigramatig cynganeddol**.
Gwobr: £75 (Y Parchedig a Mrs Isaac Jones, Abergele).
Beirniad: Ieuan Wyn.
Buddugol: £37.50 yr un i *Bodlondeb* (D. J. Jones, Bryn Eirion, Llanbedrog, Pwllheli, Gwynedd, a *Betws* (Tudur Dylan Jones, Maesyfelin, Pencader, Dyfed). 121

161. **Telyneg**: Dawns.
Gwobr: £75 [£40 Mr a Mrs Richard Owens, Betws-yn-Rhos, a £35 Mr a Mrs Richard Hughes, Betws-yn-Rhos (y ddwy rodd er cof am William Jones, Nebo, brawd i Mrs Owens)].
Beirniad: Enid Wyn Baines.
Buddugol: £40 i *Bond* (Llifon Jones, 1 Pine Grove, Llandrillo-yn-Rhos, Bae Colwyn, Clwyd) a £35 i *Pen-y-Garnedd* (H. S. Owen, Bryn Llyn, Ysbyty Ifan, Gwynedd). 125

162. **Wyth o dribannau**: Gwaith.
Gwobr: £75 (Cymdeithas Cymrodorion Llandudno a'r Cylch).
Beirniad: Eirwyn George.
Buddugol: *Lewsyn* (T. M. Thomas, Tirallen, Llanwrda, Dyfed). 131

| Rhif | Tud. |

163. **Cerdd rydd**: Ôl Traed.
Gwobr: £100 (£50 Rhiannon Hughes, Abergele, a Tom Hywel Jones, Benllech, er cof am eu tad, y diweddar Gynghorydd Tom Jones, Cemaes, Ynys Môn; £25 Cronfa y Prifardd Tomi Evans; £25 Dafydd a Bethan Whittall, Tregarth, Bangor).
Beirniad: Nesta Wyn Jones.
Buddugol: *Pen Draw'r Byd* (Elena Morus, 36 Stryd Siôr, Llanrwst, Gwynedd). 136

164. **Salm**: I'r Cymwynaswyr.
Gwobr: £75 (Er cof am David ac Elen Vaughan Wynne, Llansannan).
Beirniad: Eirian Davies.
Buddugol: *Penri* (J. R. Jones, Y Deri, 6 Llwyn Afallon, Aberystwyth, Dyfed). 140

165. **Baled**: Cwango.
Gwobr: £75 (£45 Cronfa Jacob Davies; £30 Cronfa Capten Jac Alun).
Beirniad: O. Trevor Roberts (Llanowain).
Buddugol: £50 i *Robin* (J. R. Jones, Y Deri, 6 Llwyn Afallon, Aberystwyth, Dyfed). 145

RHYDDIAITH

166. **Y Fedal Ryddiaith**. Cyfrol o ryddiaith greadigol: Aml gnoc ...
Gwobr: Y Fedal Ryddiaith (Siwan, Wayne ac Elenid er cof am Glenys M. Pritchard) a £500 (£445 Ysgol y Creuddyn, Bae Penrhyn, Llandudno; £55 Rhodd Catrin a'r diweddar Idris Williams er cof am Dr Kate Roberts).
Beirniaid: Jane Edwards, John Idris Owen, Eleri Llywelyn Morris.
Buddugol: *Heb Fawr Gydwybod* (Angharad Jones, 7 Rhes Segontiwm, Caernarfon, Gwynedd). 149

167. **Stori fer**: Perthyn.
Gwobr: £100 (£45 Cronfa D. J. Williams; £30 Cronfa Pedr Hir; £25 Janet a Dafydd Jones, Ty'n Rhos, Pentrefoelas).
Beirniad: Margiad Roberts.
Buddugol: £20 yr un i *Mandrel* (Ben Jones, 62 Bryn Siriol, Tŷ Isaf, Caerffili, Morgannwg Ganol); *Aled* (Bryn Jones, Elidir, 8 Allt Dewi, Bangor, Gwynedd); *Arabica* (Nest Lloyd, Yr Henfro, Saron, Llandysul, Dyfed); *Lois* (Meleri Roberts, Tryfil Isaf, Llannerch-y-medd, Ynys Môn, Gwynedd), a *Gwrhyd* (T. Graham Williams, 131 Heol y Rhiw, Rhiwfawr, Gorllewin Morgannwg). 157

xv

| Rhif | Tud. |

168. **Ysgrif**: Hiwmor Bro.
Gwobr: £100 (£80 Cronfa E. Morgan Humphreys; £20 Cronfa Ceridwen Gruffydd).
Beirniad: Gruffudd Parry.
Dyfarniad: £50 i *Dafan* (Dewi Jones, Stangau, Benllech, Ynys Môn, Gwynedd). 161

169. **Dadansoddiad beirniadol o waith unrhyw fardd neu lenor cyfoes**, addas i'w gyhoeddi yn *Taliesin*.
Gwobr: £100 (Cronfa Ceridwen Gruffydd).
Beirniad: Branwen Jarvis.
Ni fu cystadlu.

170. **Portread o gymwynasydd bro**.
Gwobr: £100 (£25 Cymdeithas Hanes Cefn Meiriadog; £25 Cymdeithas Lenyddol Cefn Meiriadog; £25 Clwb Pêl-droed Cefn Meiriadog; £15 Cyngor Cymuned Cefn Meiriadog; £10 Syr Watkin Williams Wynn, Cefn Meiriadog).
Beirniad: H. Desmond Healy.
Buddugol: £75 i *Eithinwr* (William H. Owen, 14 Lôn y Meillion, Eithinog, Bangor, Gwynedd); £25 i *Awen y Gwynt* (Buddug Owen, Bwthyn, Ffordd y Cwm, Rhuallt, Clwyd). 162

171. **Cystadleuaeth i rai sydd wedi byw yn y Wladfa ar hyd eu hoes ac yn dal i fyw yn Ariannin**. Ysgrif neu draethawd: Ennill fy mara.
Gwobr: £100 (Cymdeithas Cymry Ariannin).
Beirniad: Cathrin Williams.
Buddugol: £30 yr un i *Mara Florence* (Erie James, Eluned Morgan 140, 9105 Gaiman, Chubut, Ariannin); *Buddug* (May Williams de Hughes, Abraham Matthews 76, 9100 Trelew, Chubut, Ariannin); *Ella* (Irma Hughes de Jones, Erw Fair, Treorci, 9105 Gaiman, Chubut, Ariannin); a £10 i *Petra* (Gweneira Davies de Quevedo, Mitre 575, Trelew 9100, Chubut, Ariannin). 168

172. **Sgwrs ddychmygol** rhwng Eisteddfodwr ddoe ac Eisteddfodwr heddiw.
Gwobr: £100 (Mrs Ella Davies, Abergele, a'r teulu er cof am W. Morgan Davies).
Beirniad: Hywel Teifi Edwards.
Dyfarniad: £60 i *Brith Gof* (Gwyneth Williams, Bryncelyn, Mynydd-cerrig, Pontyberem, Llanelli, Dyfed); £25 i *Y Begar* (Llinos Davies, 3 Matthew Terrace, Dinas Powys, De Morgannwg; a £15 i *Mab Magog* (Graham Williams, 1 Nyanza Terrace, Uplands, Abertawe, Gorllewin Morgannwg). 170

| Rhif | Tud. |

173. **Pigion dyddiadur mis:** Rhywun mewn cyfyng gyngor.
Gwobr: £100 (£70 Gwobr Goffa Caradog Prichard; £30 Cronfa Ceridwen Gruffydd).
Beirniad: Robin Williams.
Buddugol: £40 i *Dic* (Dafydd Price Jones, Y Berllan, Heath Ride, Finchampstead); £35 i *Camelot* (Glennys Roberts, Menai, 27 Cambourne Avenue, Yr Eglwys Newydd, Caerdydd, De Morgannwg); £25 i *Dagrau Cydwybod* (Marlis Jones, Clegyrnant, Llanbrynmair, Powys). 171

174. **Casgliad yn cynnwys amrywiaeth o bytiau gwaelod tudalen** ar batrwm deunydd llenwi-bwlch *Reader's Digest.*
Gwobr: £100 (Mrs Freda Davies, Ann a Rhodri, Bangor, er cof am ei gŵr, y Parchedig G. Gerallt Davies).
Beirniad: Tegwyn Jones.
Buddugol: *Dorian* (Dewi Jones, Stangau, Benllech, Ynys Môn, Gwynedd). 184

ADRAN COMISIYNU YR EISTEDDFOD

175. **Bywgraffiad o Gymro neu Gymraes enwog o'r ganrif hon** a oedd neu sydd yn amlwg fel perfformiwr ym myd actio neu ganu. Gofynnir am 12,000 o eiriau ac amlinelliad o weddill y gwaith. Ni ddylai'r gwaith cyflawn fod yn hwy na 45,000 o eiriau. Cynigir tâl comisiwn o £400 am y gwaith gorffenedig. Bydd y Cyngor Llyfrau Cymraeg yn ystyried ychwanegu at y comisiwn.
Gwobr: £400 (Gwobr Goffa Edward Rhys-Price).
Beirniad: Meredydd Evans.
Ni fu cystadlu.

176. **Nofel gyfoes i ddysgwyr tua 12-14 oed.** Gofynnir am 3,000 o eiriau ac amlinelliad o weddill y nofel. Ni ddylai'r gwaith cyflawn fod yn hwy na 10,000 o eiriau. Cynigir tâl comisiwn o £400 am y gwaith gorffenedig. Bydd y Cyngor Llyfrau Cymraeg yn ystyried ychwanegu at y comisiwn.
Gwobr: £400 (£250 Gwobr Llandybïe; £150 Robert Owen, Bae Colwyn).
Beirniad: Nia Royles.
Atal y wobr. 190

| Rhif | | Tud. |

177. **Casgliad o ddeg o straeon arswyd a/neu ffantasi i ddarllenwyr tua 12-14 oed.** Gofynnir am dair stori gyflawn ac amlinelliad o weddill storïau'r gyfrol. Dylai'r straeon gynnwys tua 3,000-4,000 o eiriau yr un. Ni ddylai'r gyfrol gyflawn fod yn hwy na 40,000 o eiriau. Cynigir tâl comisiwn o £400 am y gwaith gorffenedig. Bydd y Cyngor Llyfrau Cymraeg yn ystyried ychwanegu at y comisiwn.
Gwobr: £400 (Gwobr Llandybïe).
Beirniad: Cen Williams.
Buddugol: £100 i *Maria* (Glenys Lloyd, Tan yr Allt Fach, Pentir, Bangor, Gwynedd); £50 i *Undeg Elena* (Helen Davies, Y Wern, Lôn Piercefield, Penparcau, Aberystwyth, Dyfed). 192

ADRAN SWROCO

179. **Cyfansoddi cân.** Gellir defnyddio unrhyw gyfrwng, e.e., roc, rege, gwerin. Rhaid i'r geiriau a'r gerddoriaeth fod yn wreiddiol a dylid cyflwyno'r cyfeiliant ar dâp neu'n ysgrifenedig. Caniateir cywaith.
Gwobr: £200 i'w rannu yn ôl doethineb y beirniad.
Beirniad: Huw Pritchard.
Buddugol: *Llwynog* (Pat Neill ac Euros Lewis, d/o 3 Parc yr Efail, Cross Inn, Llandysul, Dyfed). 195

180. **Cynllunio Crys-T** ar y thema: Yr Amgylchfyd, gan ddefnyddio dim mwy na 2 liw. Ystyrir cynhyrchu'r cynllun buddugol i'w werthu ar grys-T.
Gwobr: £100.
Beirniad: Cathryn M. Timothy.
Atal y wobr. 195

181. **Tâp Fideo neu Sain.** Rhaglen gylchgrawn i ieuenctid rhwng 20-30 munud. Caniateir cywaith.
Gwobr: £200.
Beirniad: Geraint Ellis.
Buddugol: *Mogi Maelor* (Ysgol Morgan Llwyd, Wrecsam, Clwyd). 196

ADRAN ALAWON GWERIN
CYFANSODDI

Trefniant o ddwy garol ar gyfer unrhyw leisiau o'r gyfrol *Hen Alawon*

BEIRNIADAETH STEPHEN REES

Pum cynnig a ddaeth i'r gystadleuaeth ac er bod y safon dechnegol yn foddhaol ar y cyfan, roeddwn yn siomedig na chafwyd mwy o amrywiaeth a dychymyg yn y gwahanol drefniannau.

A. *Capelwr*, 'Sain Gorfoledd' ('Galar Gwŷr Ffrainc')/'Dydd Llun y Bore' ar gyfer SATB: Dyma drefniannau ag ôl dychymyg arnynt er nad yw'r dechneg ysgrifennu lleisiol yn hollol sicr ym mhob man. Yn 'Sain Gorfoledd', ceir defnydd effeithiol o wahanol weadau o leisiau ac o efelychiant. Serch hynny, mae'r lleisiau'n neidio'n ormodol ar brydiau: dylai fod y tempo a awgrymir yn ddigonol i gynnal symudiad cyfforddus heb fod rhaid symud ar bob cwafer. Clywir sŵn geriau'n gwichian wrth inni symud o F fwyaf i F# fwyaf ar gyfer yr ail bennill. Yn 'Dydd Llun y Bore', ceir ymdrech i symud oddi wrth y trefniant mwy adnabyddus gan ddefnyddio cyfuniadau o ddarnau unsain, deulais a phedwar llais. Mae'r cyfansoddwr yn dilyn ambell batrwm yn rhy selog weithiau, gan achosi gwrthdaro sydd allan o gymeriad mewn ambell fan – er enghraifft, mae'r bas yn taro G yn lle F ym mar 46.

Bryn Celyn, 'Devon March'/'Sawdl Buwch [?]' ar gyfer SSAA; *Bryn Awelon*, 'Susanna'/'Bryniau'r Iwerddon' ar gyfer TTBB; *Bryn Teg*, 'Trymder'/'Dydd Llun y Bore' ar gyfer SATB; *Bryn Llawen*, 'Gwêl yr Adeilad'/'Betty Brown' neu 'Synselia' ar gyfer SATB: Mae'n debyg mai'r un cyfansoddwr sydd yn gyfrifol am y pedair ymgais hyn. Ni osodir y geiriau o dan y nodau yn unrhyw un ohonynt ond, yn hytrach, fe'u cyflwynir ar wahân. Nid yw hyn yn ormod o broblem; mae'n ddigon hawdd deall i ba nodau y mae'r geiriau unigol yn perthyn oherwydd natur sillafog y trefniannau eu hunain. Ond dyma adlewyrchiad o'r ffaith mai 'harmoneiddiad' yn hytrach na 'threfniant' a geir gan amlaf. Mae hynny'n amlwg iawn yn y trefniant o 'Trymder' gan *Bryn Teg*, gyda'i gynghanedd emynaidd braidd yn undonog a chlogyrnaidd. Ceir gwrthgyferbyniadau plygeiniol o unsain a harmoni yn 'Devon March' gan *Bryn Celyn*, 'Susanna' a 'Bryniau'r Iwerddon' gan *Bryn Awelon*, a 'Dydd Llun y Bore' gan *Bryn Teg*. Ar y cyfan, y trefniannau llai ystrydebol sydd fwyaf llwyddiannus, megis 'Sawdl Buwch' *Bryn Celyn*, lle mae'r alaw'n symud rhwng y gwahanol leisiau, gan ddechrau yn yr alto isaf a gorffen yn y soprano uchaf. Ond fel ymgais gyfan, y trefniannau mwyaf llwyddiannus yw'r ddau gan *Bryn Llawen*. Yn 'Gwêl yr Adeilad', mae'r gynghanedd (sydd eto'n blygeiniol) yn gweddu'n well i'r geiriau, ac mae'r trefniant o 'Synselia' *yn* drefniant: hynny yw, ceir amrywiaeth o wead lleisiau, a rhagarweiniad a chlo syml ond trawiadol i'r pedwar llais.

Dyfarnaf y wobr gyntaf i *Bryn Llawen*.

1

ADRAN CERDD DANT
CYFANSODDI

Cyfansoddi cainc 24 bar y pen, amser 2/4, dau neu bedwar pennill i'r cylch

---

BEIRNIADAETH MAIR CARRINGTON ROBERTS

Daeth tair cainc i law. Roedd gofynion y gystadleuaeth yn dderbyniol iawn, gan fod prinder o geinciau yn y categori yma.

Gwaetha'r modd, mae cainc *Y Fro Dawel*, un o'r goreuon a'r un fwyaf mentrus a gwreiddiol ei chystrawen a'i harddull, yn un driphlyg ei ffurf gerddorol. Yn yr adran gyntaf, ailadroddir y deuddeg bar agoriadol yn y ffurf deublyg ond yn yr ail adran ni cheir ailadrodd cyffelyb. Yn hytrach, daw'r alaw agoriadol yn ôl gan greu fframwaith triphlyg. Ni fedraf, felly, ystyried yr alaw hon am wobr ond cymeradwyaf y gainc sy'n fwrlwm o syniadau diddorol, gyda defnydd o gordiau cromatig lliwgar a chynghanedd drawiadol mewn arddull gyfoes. Mae datblygiad y gainc hon yn grefftus a dyfeisgar iawn.

Cainc ddeublyg ei ffurf sydd gan *Arianrhod* a honno'n cymalu'n llyfn a naturiol mewn brawddegau cytbwys pedwar bar, ac mae'r gainc yn datblygu'n hwylus o fewn y cyweirnodau perthnasol agos. Mae ynddi rai gwallau mewn gramadeg a chynghanedd, a byddai mwy o amrywiaeth mydr yn y cymal agoriadol yn rhoi gwell symbyliad i'r alaw. Yn y datblygiad dilynol, mewn ceinciau hir fel y rhain, mae'n hanfodol fod yr egin, y syniad gwreiddiol a gyflwynir ar y dechrau, yn cynnwys rhyw batrwm cofiadwy, fel bod y dilyniant cerddorol yn adeiladu ar y syniadau hynny, a hwnnw'n tyfu'n rhwydd a diddorol i uchafbwynt unedig.

Mae ymgais *Melindwr*, cainc bedwarplyg ei ffurf gerddorol, yn cynnwys llawer o'r rhinweddau hyn. Mae iddi agoriad telynegol hyfryd sy'n gwbl allweddol i fframwaith y gainc ac mae cynildeb chwaethus yn y datblygiad. Mae'r trefniant ar gyfer y delyn yn hwylus a phwrpasol, heb or-ddyblu nodau, gyda chordio cynnes a chadarn. Yn ychwanegol at hynny, ceir cymalu diddorol, sef pedwar cymal chwe bar o hyd, yn rhannu'n dri a thri, a'r cyfan yn llifo'n esmwyth a naturiol o fewn cwmpas agos o gyweirnodau. Mae datblygiad yr ail adran yn gelfydd iawn, gan fod amrywiaeth o syniadau'n tyfu o'r egin gwreiddiol. Defnyddia'r cyfansoddwr sawl dyfais gerddorol, megis dilyniant a gwrthdroad, i adeiladu'r gainc a chyrraedd yr uchafbwyntiau. Diwedda'r ddwy adran gyda diweddeb Eglwysig, dyfais eithaf anghyffredin yn ein ceinciau gosod. Mae hynny'n dderbyniol iawn ond credaf y dylid dileu'r nodyn cromatig yn y diweddebau hyn gan ei fod yn creu problem gosod gair unsill ar gord yr is-lywydd ac felly'n cyfyngu'r cyfalawon yn y diweddglo. Serch hynny, mae i'r gainc swynol hon rinweddau cerddorol amlwg a hi yw'r orau yn y gystadleuaeth. Rhodder, felly, £60 o'r wobr i *Melindwr*, a £15 i *Arianrhod*, gan fod yn ei hymgais hithau addewid o gainc ddefnyddiol wedi dwygio rhywfaint arni.

ADRAN CERDDORIAETH
CYFANSODDI

Emyn-dôn i eiriau'r Prifardd John Gruffydd Jones

BEIRNIADAETH JOHN TUDOR DAVIES

Derbyniwyd 44 o donau ac, yn wir, roedd hyn yn fwy nag a ddisgwyliwn oherwydd bod mesur yr emyn, 884,4884, mor anghyffredin o anarferol!

Mae'n debyg bod y Prifardd John Gruffydd Jones wedi defnyddio'r mesur hwn yn fwriadol yn ôl gofynion y farddoniaeth ond mae wedi achosi problemau enbyd i'r cystadleuwyr i gyd. Y bwgan yw'r atalnod llawn ar ddiwedd trydedd linell pob pennill. Ni ellir cyplu'r llinell hon â'r bedwaredd i wneud pennill o chwe llinell. O'r herwydd, mae cwestiwn cydbwysedd yn codi. Does neb yn y gystadleuaeth wedi llwyddo i ddatrys y broblem yn llwyr ond mae rhai wedi llwyddo'n well nag eraill.

Mae'n rhaid nodi un pwynt arall, hefyd – er mawr siom i mi – sef bod cynghanedd ambell dôn mor wael. Dydw i ddim yn cyfeirio at wallau gramadegol fel y cyfryw, er bod digon o'r rheini hefyd, ond ar y *dewis* gwael o gordiau, y dilyniant cordiau, sydd heb fod yn gerddorol o gwbl. Ydi hyn yn golygu gwendid 'clust', tybed, ynteu ddiffyg gwybodaeth o hanfodion harmoni? Cynghanedd naturiol sy'n gweddu i emyn-dôn, bob amser, er nad oes rhaid i hynny fod yn ystrydebol, chwaith, a dylid amcanu at gynnig rhywbeth diddorol i bob un o'r pedwar llais.

Roeddwn i hefyd yn chwilio am alaw a oedd yn ganadwy, yn datblygu'n rheolaidd, naturiol, gan ymateb i'r geiriau a'r atalnodau fel ei gilydd. Er enghraifft, teimlaf y dylai'r gair 'Crist' yn y tri phennill gael acen bendant – mae llawer o'r cystadleuwyr wedi'i osod ar acen wan. Mae hefyd yn bwysig bod llinell gyntaf pob pennill yn symud ymlaen yn ddi-dor i'r ail, a honno, yn ei thro, yn mynd rhagddi i'r drydedd. Dewisodd rhai roi nodyn hir ar air olaf pob llinell a thrwy hynny'n dal y rhediad yn ôl. Ond, ar ôl dweud hyn oll, mae'n rhaid canmol ambell dôn am ei rhagoriaethau hefyd, fel y cawn weld.

Mae 22 o'r tonau, union hanner, yn euog o'r beiau a nodwyd uchod. Mae 9 arall yn haeddu eu henwi am ymdrechion gweddol dda: *Alpha (A)* ac *Alpha (C)*, *Eos*, *Nant y Glog*, *Iorwerth*, *Philip John*, *Erin*, *Ap Ioan*, ac *Er Cof*. Ceir cynigion gwell gan *Collwyn*, *Idwal*, *Llangoed* ac *Emrys*. Ysywaeth, mae eu syniadau nhw'n rhagori ar yr hyn y maen nhw'n llwyddo i'w gyflawni.

Yn y Dosbarth Cyntaf, ceir naw tôn eto, a dyma air byr am bob un ohonynt:

3

Enoc: Ymgais dda; cynghanedd ddiddorol a chywir a'r datblygiad yn amlwg. Ond dydw i ddim yn hoffi'r trawsacennu ar y gair 'anghofio', nac yn siŵr iawn bod y newid cyweirnod ar 'Amdanat Ti' yn effeithiol.

Anwen: Mae hon yn dôn ddiddorol iawn fel darn o fiwsig ond dydw i ddim yn meddwl bod digon o sylw wedi'i roi i rediad y geiriau na'r atalnodau. Mae'r cystadleuydd wedi stopio'n rhy aml pan nad oes rhaid i hynny ddigwydd, ac mae gormod o drawsacennu ynddi.

Ifor; Ednant; Clwyd: Tonau cywir ac yn symud yn dda. Dylai'r llinell gyntaf redeg i mewn i'r ail heb ddal tri churiad ar 'Gair', a gwell fyddai rhoi acen gryfach i'r gair 'Crist'. Mwy o'r cyfarwydd nag o gyfaredd, efallai, sydd yn y tair tôn, ar y cyfan.

Caradog: Ymgais dda iawn sy'n llwyddo i ddatblygu'n naturiol. Mae'r tripedi'n ddiddorol, er nad wy'n siŵr o'u bwriad! Mae'r gynghanedd yn gywir, er bod rhannau braidd yn gyfarwydd-reolaidd.

Enoc 2: Mae hon yn well, yn fy marn i, na thôn arall *Enoc.* Mae'n rhedeg yn rhwyddach. Mae 'Amdanat Ti', fel 'anghofio Gair', yn fwy effeithiol heb y trawsacennu. Ond, rywsut, dydi'r 'Crist, cadw ni' ddim yn swnio'n esmwyth ar fy nghlust i.

Johannes: Diddorol dros ben! Mae'r gynghanedd yn creu rhyw awyrgylch moddol effeithiol iawn. Mae'r dôn yn symud yn naturiol, er, yma eto, teimlaf fod angen acen gryfach ar y gair 'Crist', ac efallai fod y cordiau ar 'symlrwydd gwâr' yn peri imi deimlo'n anghyffordus – y newid cyweirnod yn rhy sydyn, efallai. Er hynny, teimlaf fod yr ymgeisydd yma wedi llwyddo i greu tôn ag iddi gryn dipyn o gymeriad.

Bryn Meillion: Da iawn wir! Mae priodas hollol naturiol rhwng rhediad yr emyn a'r dôn, ac mae hi'n datblygu'n effeithiol drwyddi. Mae'r newidiadau cyweirnod yn ychwanegu at yr amrywiaeth a geir ynddi ac mae ailganu'r ddwy linell olaf ymhob pennill yn helpu'r cydbwysedd.

Ar ôl pendroni gryn dipyn uwchben y ddwy dôn olaf uchod, barnaf fod *Bryn Meillion* yn teilyngu £100 a bod *Johannes* yn haeddu £50. Teimlaf fod ymgais *Bryn Meillion* yn fwy o emyn-dôn gynulleidfaol.

Trefniant o unrhyw emyn-dôn ar gyfer côr SATB neu TTBB gyda chyfeiliant organ neu biano. Dylai'r gwaith fod yn addas ar gyfer corau pensiynwyr

BEIRNIADAETH GARETH GLYN

Dyma un o'r enghreifftiau hynny lle mae'n hanfodol bod ymgeiswyr yn darllen y pennawd yn ofalus; dau air y dylai rhai o'r naw a ddanfonodd lawysgrifau fod wedi eu hystyried yn ddwys yw 'pensiynwyr' a 'trefniant' – hynny yw, gofynnir am ddarn sy'n ffyddlon i alaw'r gwreiddiol ac sy'n addas i bobol nad ydynt bellach yn medru cyrraedd eithafion ystod eu lleisiau na tharo'n ddi-ffael nodau sy heb berthynas rhyngddynt. Gyda hynny mewn golwg, bwriais olwg ar yr ymgeisiadau yn y drefn y daethant o'r pecyn.

Gosododd *Cassie* eiriau E. Cefni Jones, 'Rhyfeddol Ras', i SATB. Mae'n dangos gwybodaeth burion o gynghanedd gerddorol ond mae rhai enghreifftiau o ddiofalwch (megis gormod o bellter rhwng yr alto a'r tenor, a materion technegol felly). Mae'r ysgrifennu lleisiol yn berffaith addas i bensiynwyr ond nid yw'r cyfeiliant piano yn hollol foddhaol – nid yw o hyd yn gorwedd dan y bysedd (yn enwedig y rhagarweiniad); mae braidd yn gaeth i rythm y lleisiau, ac ar brydiau nid yw gwrthdro cordiau'r lleisiau a'r offeryn yn cytuno, gan greu sain dywyll. Ond ymgais lew i ateb gofynion y gystadleuaeth.

'Deep Harmony' oedd dewis *Wil Bach*, sydd hefyd yn dangos ei fod yn deall rheolau harmoni yn ei osodiad i feibion. Ond, unwaith eto, nid yw'r piano'n ddigon rhydd o hualau'r llinell gerddorol – dylai *cyfeiliant* fod yn amgenach nag ail-drefniant o gordiau'r côr, gyda'i gymeriad ei hun; mae methu yn hyn o beth yn nodweddu llawer o ymgeisiadau'r gystadleuaeth hon. Mae *Wil Bach* yn trawsgyweirio er mwyn rhoi cyfle i'r baritoniaid ddatgan yr alaw ond mae'r newid gêr sydyn, sydyn yn y diwedd i'r cywreinod gwreiddiol yn hynod, a dweud y lleiaf. Serch hynny, dyma un sy'n deall sut i ysgrifennu i gôr meibion.

Mae gan *Alltud* ragarweiniad da i'w drefniant i TTBB a phiano o 'Clawdd Madog', ac mae ei ddealltwriaeth o hanfodion cyfeiliant i'w gweld drwy'r darn; serch hynny, mae'n rhaid dweud ei fod yn methu cyfle o bryd i'w gilydd, yn fwyaf amlwg yn yr uchafbwyntiau – yn un o'r rhain, 'cord' o *ddau nodyn* sy'n cynnal y perorasiwn. Mae ganddo drawsgyweiriad da rhwng y penillion a defnydd cynnil o boliffoni; mae ebychiadau'r lleisiau isaf ar eiriau fel 'maglau' a 'gurwyd' yn dra effeithiol. Ar ôl cymaint o addewid, ychydig yn siomedig yw'r diweddglo.

Gosododd *Newert* 'Trewen' i TTBB a phiano. Unwaith eto, nid yw'r ysgrifennu i'r offeryn yn taro deuddeg, o'r agoriad deulais i'r cordiau mor gaeth i rediad y lleisiau, a'r gwrthdroadau gwahanol i gôr a chyfeiliant; er y ceir ymgais i lenwi'r gwead efo nodau cyplad. Mae triniaeth y lleisiau'n dderbyniol heblaw am ambell naid lletchwith (fel *do* uchel i lawr i *se*), ac enghreifftiau o au-berthynas. Yr hyn sy'n fy mhoeni yn fwy na dim ydi'r ffaith bod cordiau'r cyfeiliant weithiau'n hollol wahanol i rai'r lleisiau; mae *Newert* yn gwybod yn iawn beth y mae arno'i eisiau, ond heb eto feistroli'r dechneg i'w gyflawni. Dalied ati.

Mae gosodiad *John Ivor* o 'Sirioldeb' i TTBB a phiano neu organ yn addas i'r côr, ond yn sylfaenol iawn ei harmoni, gan osgoi hyd yn oed rai o'r cordiau gwych a ddewisodd Joseph Parry yn y gwreiddiol. Mae penillion 1 a 3 yn rhy debyg, ac unwaith eto – yr hen gân – mae'r cyfeiliant yn rhy debyg i'r gosodiad lleisiol. Dylai bron bob un o'r ymgeiswyr yn y gystadleuaeth hon astudio gosodiadau enwog o emyn-donau gan Mansel Thomas neu Arwel Hughes a'u tebyg i weld sut y mae modd rhoi i gyfeiliant ei gymeriad ei hun. Yn anad dim, mae'n rhaid dweud bod ymgais *John Ivor* yn berffaith addas i gôr pensiynwyr ac yn berfformiadwy iawn.

Yr un cystadleuydd yw *Philip John*, sydd wedi gosod 'Clawdd Madog' i TTBB a phiano neu organ. Mae'r rhagarweiniad yn burion, a'r gosodiad yn y pennill cynta'n gryf, gan ddefnyddio'r harmoni gwreiddiol. Mae'r alaw'n trosglwyddo i'r bariton yn yr ail bennill, lle mae'r cyfeiliant yn syrthio i fai y cyfeiriais ato droeon eisoes yn y feirniadaeth hon. Yn y pennill hwn, mae rhai enghreifftiau o wrthdrawiadau anghyffyrddus o fewn y côr a rhwng y lleisiau a'r piano, ac nid yw'r dewis cordiau o hyd wrth fy modd i'n bersonol. Gwylier hefyd rhag anghofio hapnodau – o gymryd y darlleniad yn hollol lythrennol, mae rhai cordiau digon rhyfedd yma. Diweddglo llawer gwell nag un ei *alter ego*!

Gosodiad i SATB a phiano sy gan *Ossia* o 'In Babilone'. Mae'r rhagarweiniad yn bianyddol ond ceir rhai troadau od yn y gynghanedd ac ambell nodyn cyplad anghymarus (nid yw pedwareddau olynol yn fai, ond maent yn rhoi arlliw Dwyreiniol i'r gwead!). Mae *Ossia* yn gwybod sut i ysgrifennu i leisiau ac yn dangos hynny drwy ddatblygu'r alaw yn helaeth yn yr ail bennill. Mae hyn yn effeithiol ac yn gerddorol ond mae'n codi amheuon ynglŷn â pha mor ffyddlon y dylai cyfansoddwr fod i'r alaw y mae'n ei *threfnu*. Mae'r ymgeisydd hwn yn deall nodweddion cyfeiliant, hefyd, ond a oedd rhaid ailadrodd y rhagarweiniad hir cyn pennill 3 drwyddo, ac a oes angen yr *envoi* helaeth (a fyddai'n cael ei foddi gan gymeradwyaeth pa 'run bynnag)? Hoffais annibyniaeth y rhannau lleisiol, a'r ffaith fod y cyfansoddwr yn ymwybodol o hyd i bwy y mae'n ysgrifennu, heb fod yn nawddogol o elfennol ychwaith.

Mae *Wil* yn gyfansoddwr, does dim dwywaith am hynny. Mae ei allu creadigol i'w weld o nodau cynta' ei driniaeth o 'Cwm Rheidol' i SATB a phiano: rhagarweiniad lleisiol, digyfeiliant, distaw, moddawl (h.y., defnyddio *s* bob tro yn lle *se* mewn cywair lleiaf) heb berthynas â'r brif alaw sy'n dilyn. Pan glywn honno gan y dynion yn unsain, mae wedi ei thrawsnewid yn alaw foddawl (ond gwylier y gwrthdrawiadau efo'r nodau cyplad yn y cyfeiliant); a buan y daw'n amlwg nad trefniant fel y cyfryw yw'r cyfansoddiad yma ond myfyrdod ar y dôn. Mae'n waith effeithiol a gwreiddiol ond mae'r dehongliad rhyddfrydig yma o'r testun yn fy mhoeni'n arw. Mae'r alaw wreiddiol yn cael ei disodli'n llwyr ar brydiau gan osodiad y cyfansoddwr ac, mewn un man, mae'r alaw, 'Y Delyn Aur', yn cael ei chymhathu i mewn i'r gwead! Mae hwn yn gyfansoddwr medrus, sy'n deall cynghanedd, yn medru trin llinell gynganeddol a chreu awyrgylch gyda'i fedr; ac mae wedi cadw mewn cof drwy'r darn gyfyngiadau lleisiol y cantorion. Ond a yw'n drefniant?

Yr olaf o'r amlen drwchus oedd *Ap Morus* a'i drefniant i SATB ac organ o 'Braint'. Mae'n amlwg yn deall techneg yr offeryn yn dda ac wedi ysgrifennu cyfeiliant idiomatig iddo. Ond mae'n disgwyl llawer gan ei leisiau; mae'r arddull yn weddol ddigymrodedd ac yn golygu bod cantorion yn gorfod gosod eu nodau gyda gofal. Ni fyddai gormod o gorau pensiynwyr yn diolch am fynych ymddangosiadau'r nodyn G uchel i'r sopranos ac mae'r defnydd helaeth o efelychiant (h.y., trin rhannau o'r alaw fel math o dôn gron) yn arwain at wrthdrawiadau a fyddai'n cael eu hystyried gan lawer yn amhersain, yn enwedig pan mae'r cyfeiliant yn cadw at ei gordiau ei hun. Mi fyddai angen côr profiadol gyda thechneg sicr i ganu hwn yn dda, ond o leiaf mae'r alaw wedi ei pharchu yn y trefniant.

Fe welwch fy mhroblem. O'r rhai sy'n *drefniannau* i *bensiynwyr*, does yr un yn dechnegol a chreadigol ardderchog; o'r rhai sydd yn safonol, nid oes yr un sy'n ateb y gofynion eraill. Dychwelais droeon at ymgais · *Wil* ond er ei fod yn gyfansoddiad gwerthfawr teimlaf ei fod yn gwyro'n rhy bell o'r amodau; mae *Ossia* yn crwydro o'r alaw hefyd, ond ddim cymaint; eto, dyma ddwy ymgais orau'r gystadleuaeth, ac rwyf am rannu'r wobr rhyngddynt, gan roi £80 i *Ossia* a £70 i *Wil*. Gobeithiaf yn fawr y caf glywed perfformiad o'r ddau ddarn yn fuan.

Unawd safonol i unrhyw lais

BEIRNIADAETH PWYLL AP SIÔN

Pe baem ni'n meddwl am gyfatebiaeth gerddorol i ffurfiau gosodedig a sefydlog ein traddodiad barddol – yr englyn a'r cywydd – diau mai'r unawd fyddai'r *genre* a ddewisem. Heb amheuaeth, mae'r unawd wedi'i lleoli yn ein diwylliant i'r graddau ein bod ni'n medru uniaethu'n gerddorol â'r syniad o'r gân Gymreig. Mae'r unawd wedi magu ei chynghanedd a'i chystrawen nodweddiadol ac unigolyddol ei hun. Ond fe fedda'r traddodiad hwn y grym deublyg i lethu'r awen greadigol ynghyd â chynnig llwybrau newydd ac anturus i'w troedio. Mae dylanwad ac effaith y gân Gymreig yn gallu bod yn rhywbeth llesmeiriol iawn, gyda'r cyfansoddwr yn cael ei dywys o gwmpas cylchoedd cyffyrddus a chyfarwydd a'i swyno gan segurdod y traddodiad hwnnw. Gyda'r truth uchod mewn golwg, dyma fynd ati i werthuso'r cynnyrch a ddaeth i law.

Derbyniwyd saith o ganeuon. Byddai'n braf pe gellid dweud bod yma dystiolaeth o do newydd o gyfansoddwyr yn arddangos yr un dyfeisgarwch â'r to newydd o feirdd a llenorion cyfoes sy'n ail-ddehongli ein traddodiad llenyddol. Ond ni chafwyd mo'r dystiolaeth honno eleni.

Er i *Merch o'r Nant* ('Yr Eos'), *Myfyr* ('Yr Wylan'), *Dorian* ('Nos o Haf') ac *Afon* ('Y Mynydd') gyflwyno caneuon digon boddhaol ar y cyfan, ychydig yn ddeilliadol a chyffredin ydynt o ran cynnwys cerddorol. Dibynna *Dorian*, er enghraifft, yn ormodol ar *ostinato* yn llaw dde'r piano. Mae'n gyfrifol am rai gwallau sylfaenol, hefyd, drwy osod rhan y tenor islaw'r piano a'r geiriau uwchben rhan y llais. Ceir gorbwyslais ar effeithiau cerddorol yng ngosodiad *Myfyr* o gerdd Dafydd ap Gwilym i'r wylan, megis triliau a rhediadau cyffelyb. Diau mai ceisio cyfleu symudiad ac osgo'r wylan yr oedd y cyfansoddwr wrth ddefnyddio'r adnoddau hyn ond, heb unrhyw syniad pendant i lywio'r ddadl gerddorol, mae'r cyfan yn swnio ychydig yn arwynebol a digyfeiriad. Mae ceisiadau *Afon* a *Merch o'r Nant* ill dau'n arddangos rheolaeth gadarn dros gynghanedd draddodiadol, gyda chordiau *Afon* yn rhai soniarus a phrydferth iawn. Ychydig yn ddigyfeiriad ydi'r dilyniant cerddorol a'r alaw, fodd bynnag, heb na chynllun nac adeiledd clir yn perthyn i'r gân. Efallai y byddai *Afon* wedi ymelwa o fabwysiadu'n drosiadol rai o rinweddau ei ffugenw wrth gyfansoddi'r gân – i drwytho'r gerddoriaeth â dilyniant cryf tuag at leoliadau penodol – a hefyd i ddwyn yn ôl i gof y gwrandawr thema neu alaw a glywyd ynghynt yn ystod y gân. Mae i *Merch o'r Nant* ei rhagoriaethau hefyd. Ond trueni na welwyd yn dda i ddod â'r alaw hyfryd yn y cyflwyniad yn ôl i ran y llais ar gyfer y brif alaw, a thrwy wneud hynny i gysylltu'r ddau gymal agoriadol â'i gilydd. Hefyd, tuedda *Merch o'r Nant* i bwysleisio rhai ffigurau ystrydebol yn ormodol, fel yr *arpeggio* yn adran ganol y gân.

Mae *Yr Allt Wen* ('Adar Rhiannon'), *Somnos* ('Gorffwys') ac *Ap Morus* ('Ffrind y Delyn') yn fwy sylweddol o ran cynnwys a chynllun cerddorol. Llwydda *Yr Allt Wen* a *Somnos* i amrywio'r gwead cyfeiliannol yn gynnil ac mae'r ddwy gân mewn arddulliau cymharol gyfoes a gwreiddiol. Mae yma wallau elfennol, fodd bynnag. Gosoda *Yr Allt Wen* hapnodau ar y nodau hynny sydd wedi eu clymu'n barod dros y mesur ac mae'r geiriau wedi'u gosod uwchben – yn hytrach nag o dan – yr erwydd. Nid oes angen llinellau dwbl pan fo'r amsernod yn newid ychwaith. Mae yma rwydwaith thematig sydd ychydig yn aneglur a mympwyol hefyd, a theimlaf nad yw'r gosodiad o'r geiriau yn gwbl argyhoeddiadol, yn arbennig yr ailadrodd sy'n digwydd o fewn sillafau rhai geiriau fel 'Rhiannon', 'heno', 'hoen', 'wenno', ac yn y blaen. Pe bai *Yr Allt Wen* wedi dewis gosod cyfieithiad o waith Cummings, er enghraifft, efallai y byddai'r ymdriniaeth eiriol wedi bod yn fwy addas. Mae 'na addewid diamheuol i'w weld yn y gân 'Gorffwys' o eiddo *Somnos*. Os oes gwendidau, maen nhw'n perthyn i'r parthau goddrychol hynny, fel y tuedd i ddefnyddio cord y seithfed mwyaf drwy'r gân i gyd, ynghyd â phwysleisio curiadau'r crosiet yn y cyfeiliant.

Er rhai gwallau diofal (tri yn hytrach na phedwar curiad ym marrau 3-4, dim cyfarwyddiadau ynglŷn â natur y llais sydd i ganu'r gân), mae gosodiad *Ap Morus* o 'Ffrind y Delyn' (Cynan) yn llawn cyffyrddiadau crefftus. Mae ymgais i gyfleu sŵn (a swyn) y delyn yn y cyfeiliant, ynghyd â'r portread cynnil o gân yr ehedydd yn ystod yr ail bennill. Yn ogystal â hynny, mae'r gân wedi'i chynllunio'n ofalus; mae iddi strwythur pendant ac mae'r ymdriniaeth o'r deunydd cerddorol yn gryno ac, ar yr un pryd, yn ddigon amrywiol i greu'r gwrthgyferbyniad angenrheidiol.

Rhoddaf y wobr gyntaf o £100 i *Ap Morus*, ynghyd â £25 yr un i *Somnos* a *Yr Allt Wen.*

Dau ddarn cyferbyniol ar gyfer côr SSA neu TTB, y naill gyda chyfeiliant a'r llall yn ddigyfeiliant

BEIRNIADAETH GARETH GLYN

Ymgeisiodd pedwar, oll yn dangos cryn allu technegol a cherddorol, ac felly teimlaf y gallaf ddweud fy nweud amdanynt heb fod yn nawddogol. Dwy gerdd gan Hedd Wyn a osodwyd gan *R.E.M.*: mae'r darn digyfeiliant, 'Y Blotyn Du', yn effeithiol (un llais ar y tro yn canu'r geiriau, y lleill yn canu 'a', yr arddull heb fod yn ddeiatonig gonfensiynol ond yn ymarferol), ond mae'n *fyr iawn*, bron fel rhagarweiniad i'r gosodiad helaeth arall o 'Rhyfel'. Telyn yw'r cyfeiliant ond prin iawn yw'r cyfeiliant hwnnw – un nodyn ac yna pennill o ddistawrwydd; wedyn dau nodyn a rhagor o ddistawrwydd – y math yna o beth. Mae'r darn yn sicr yn gwrthgyferbynnu'r llall; mae'r alaw'n llawn neidiadau a gwrthdrawiadau cras ond, wedi dweud hynny, mae'r gwead o hyd yn agored iawn; yn fynych, dim ond un llais sydd i'w glywed ar y tro. Awgrymaf fod *R.E.M.* yn edrych o'r newydd ar yr ysgrifennu i'r delyn; gyda dewis doethach o *enharmonics*, byddai'r sain yn gyfoethocach a chyda llai o sŵn newid pedalau. Uchafbwynt y gosodiad yma yw'r gweiddi heb nodau penodol tua'r diwedd, a'r diweddglo distaw sy'n dilyn; byddai hwn yn ddramatig iawn pe bai modd cael hyd i gôr a allai ei ganu'n hyderus.

'Pridd Gaeaf' (R. Gerallt Jones) a 'Gwna fi fel Pren' (Ann Griffiths) oedd dewisiadau *Seiriol* ar gyfer SSA a phiano. Yn y cyntaf, sydd â chyfeiliant, mae digon o dystiolaeth bod yr ymgeisydd yn medru trin llinellau cerddorol, ac mae yma ddefnydd cyhyrog o rythm. Ond mae'r arddull yn anghyffyrddus i'm clust i, fel pe bai ambell nodyn mewn cyd-destun deiatonig wedi ei newid yn gromatig; mae'n rhaid imi gyfaddef fy mod ar brydiau yn methu â phenderfynu a yw rhai o'r nodau'n fwriadol ai peidio. Mae'r argraff yma'n cael ei hatgyfnerthu gan y ffaith bod yr ymgeisydd wedi defnyddio arwydd cyweirnod, sy'n awgrymu cartref cyweiriol. Mae tuedd i ailadrodd bribys cerddorol heb ddatblygiad, a gormod o ailadrodd geiriau yn lle symud ymlaen. Yn y darn digyfeiliant, mae llawer gwell teimlad o dwf; mae'r rhannau'n symud yn naturiol (er y croesi mynych rhwng S2 ac A), ac er y gellid bod wedi cynnwys mwy o awyr iach yn y gwead, mae hwn yn ddarn tra boddhaol.

Dwy garol gan J. T. Jones, Porthmadog, wedi eu gosod i SSA sydd gan *Orcwm* – y gynta' (ddigyfeiliant) yw 'Clywch y Canu', sydd â rhagarweiniad yn ailadrodd yr eilfed lleiaf fel sylfaen i'r brif alaw. Mae cyffyrddiadau o efelychiant yn y darn ac nid yw'r prif elfennau thematig yn cael eu hanghofio o bennill i bennill. Braidd yn elfennol yw'r brif alaw er gwaetha'r ymgais i halltu'r arddull efo'r hanner-tôn hwnnw yn y cordiau. Awgrymwn drawsgyweirio'r holl ddarn i lawr o leiaf dôn – byddai'r ail sopranos (sydd ar hyn o bryd yn gorfod cyrraedd A) yn diolch am hynny! Mae awyrgylch cyfriniol yn cael ei greu o'r dechrau gan y cyfeiliant yn yr ail ddarn, 'Oleuni Nefol', gyda harmoni'n seiliedig ar gyfwng y pedwerydd perffaith. Mae'r lleisiau'n llai annibynnol nag yn y darn cyntaf ond mae'r gosodiad yn fwy effeithiol ac ymarferol.

Yn olaf, trown at *Ap Morus* a'i osodiadau i SSA o eiriau D. Wyn Edwards ('Hwiangerdd y Forwyn Fair') a Cynan ('Pan Anwyd Crist'). Mae'r cyntaf, sy'n ddigyfeiliant, yn seiliedig ar driadau mwyaf yn symud yn olynol; nid yw'n chwyldroadol o wreiddiol ond mae'n creu ei fyd sain ei hun, sy'n bersain heb fod yn sathredig, ac yn ymarferol (elfen sydd weithiau'n cael ei hanghofio gan ymgeiswyr, a chan gyfansoddwyr proffesiynol o ran hynny). Mae digon o annibyniaeth yn y lleisiau i osgoi diflastod ac mae pob rhan leisiol wedi ei gosod yn gelfydd i greu'r awyrgylch priodol. O ran yr ail ddarn, mentrwn ddyfalu bod *Ap Morus* naill ai'n hoff iawn o '*A Ceremony of Carols*', Benjamin Britten, i gôr tri llais a thelyn (neu mae wedi clywed y darn yn ddiweddar), achos mae 'Pan Anwyd Crist' yn ddyledus i'r gwaith hwnnw, ac yn enwedig i'r symudiad 'Y Baban Ddaeth' (*This Little Babe*) – y cyfeiliant *ostinato*, y cord a ddefnyddir yn y cyfeiliant hwnnw, y syniad o gyflwyno alaw'n unsain ac wedyn fel tôn gron ... a mentrus iawn yw ysgrifennu cyfeiliant lle mae un cord yn cael ei ddefnyddio am 36 mesur ac un cyffelyb ar gyfer y gweddill! Byddai angen telynor medrus tu hwnt i ymdopi â'r neidiadau yn y *poco più mosso*, ac weithiau mae cynnwys cordiau'r côr a chyfeiliant yn wahanol iawn i'w gilydd. Er gwaetha hyn i gyd, gallwn ddychmygu perfformiad byrlymus o hwn, gyda holl afiaith y gwrthdaro yn arwain at uchafbwynt y clo. Ond mae cysgod y Britten yn drwm arno.

Nid yw'r un o'r ymgeisiadau heb ei feiau a bydd yn rhaid dewis rhwng y ceisiadau gorau drwy gyfri'r beiau hynny. Anghytbwys yw cynnig *R.E.M.* (y darn cyntaf yn rhy fyr), a theimlaf fod y cyfeiliant prin yn cyfri yn ei erbyn; ar y llaw arall, mae ail ddarn *Ap Morus* yn sicr yn darddiadol. Ond o gofio bod pob cyfansoddwr drwy hanes wedi bod yn ddyledus i un arall, rwy'n fodlon rhoi £150 o'r wobr i *Ap Morus* am bâr o ddarnau y gellid yn hawdd eu perfformio gyda chôr brwdfrydig gan apelio at unrhyw gynulleidfa.

Darn byr (un symudiad neu fwy) ar gyfer unrhyw offeryn cerddorfaol

BEIRNIADAETH PWYLL AP SIÔN

Dyma'r gystadleuaeth ag iddi'r nifer fwyaf o geisiadau (un ar ddeg i gyd) ynghyd â'r sbectrwm ehangaf o gyfansoddiadau o ran safon a chyrhaeddiad. O ran hwylustod gwerthuso, rwyf wedi gosod y cynnyrch mewn tri chategori.

Yn y trydydd dosbarth, mae *Ursula* ('Symudiad i Ffidil'), cyfres o ddarnau gan *Offa* i'r baswn, y clarinet a'r obo, a darn i'r soddgrwth gan *Bala Dirion Deg*. Dyma ddarnau sydd wedi eu cyfansoddi'n idiomatig iawn ar gyfer yr offerynnau dan sylw ond, ar y cyfan, nid ydynt yn arddangos unrhyw antur na dyfeisgarwch hyfedr. Cyfres o *etudes* ar gyfer y ffidil, mewn gwirionedd, yw ymgais *Ursula*, ac er bod *etudes* yn tueddu i ailadrodd patrymau cerddorol, mae'r cystadleuydd yma'n dibynnu'n ormodol ar y ffigwr tripledi a chrosietau statig, ynghyd ag ailadrodd rhai adrannau'n *verbatim*. Ceir gorddefnydd o'r ffigwr trawsacennog yng ngwaith *Bala Dirion Deg*, hefyd, ac anodd yw gosod amcan y cyflwyniad o fewn fframwaith y symudiad i gyd. Mae angen rhoi swyddogaeth amgenach i'r piano, hefyd, o fewn cyd-destun y darn. Fe geir triniaeth awdurdodol o adnoddau'r offerynnau chwyth yng ngwaith *Offa* ond mae'n rhaid dweud eto bod y cynnwys cerddorol yn ddigon cyffredin ar y cyfan, gyda'r iaith rythmig yn gymharol unffurf drwy'r gyfres. Fe wna *Offa* yn well yn yr ail ddarn ar gyfer y baswn lle mae llawer mwy o arddeliad a phwrpas yn perthyn i'r gerddoriaeth.

Yn yr ail gategori, mae *Bob* ('Dadgysegriad'), *Tannau Tynion* ac *Ap Morus (a)*. Dyma ddarnau safonol ac effeithiol ar y cyfan. Mae *Tannau Tynion*, yn ei ddarn i ffidil a phiano, yn gwneud defnydd helaeth o gynghanedd sy'n seiliedig ar gyfresi o bedwarawdau perffaith. Mae yma ddiweddglo trawiadol gyda'r thema agoriadol yn ailymddangos yn gynnil ac awgrymog. Ond mae ar y darn angen mwy o amrywiaeth o ran tempi a deunydd cerddorol, ac mae yma enghreifftiau o ddilyniannau sy'n rhy amlwg i'r glust, fel y symudiad cordiol cromatig ym marrau 34-35. Rhinweddau *Bob* yn 'Dadgysegriad' (cello a piano) yw'r ysgrifennu telynegol mewn cwmpawd soniarus ar gyfer y cello ynghyd â'r rhythmau *jazz/ragtime* yn rhan y piano. Os oes gwendid, fe berthyn i'r adrannau newydd sy'n ymddangos ar droad pob tudalen bron â bod. Hynny yw, fe allai'r cyfansoddwr ddatblygu'r deunydd cerddorol ar lefel ychydig ehangach. Cyflwyna *Ap Morus (a)* thema ac amrywiadau ar gyfer yr utgorn. Teimlaf fod y cyfansoddwr wedi'i gyfyngu'i hun yn ormodol i'r ffurf glasurol o'r amrywiadau gyda'r thema'i hun ychydig yn rhy gyfochrog (oddiethr y drydedd frawddeg gerddorol). Mae'r defnydd o'r ffigwr *sotto voce* yn tueddu i golli'i effaith erbyn diwedd y thema, hefyd, er bod yr amrywiadau'n ddigon diddorol.

Mae'r categori olaf yn cynnwys tri darn o safon uchel iawn, sef yr *Allegro Moderato* i'r ffidil a piano gan *Paganini*, 'Bugail Eryri' gan *Ap Morus (b)* a 'Ffantasia II' gan

Dafydd. Mae awgrym cryf o ddylanwad sonatau Bartok i'r ffidil yng ngwaith *Paganini* gyda datblygiad thematig ar raddfa sylweddol a gweadau trwchus yn rhan y piano. Addas yw'r ffugenw, hefyd, ar gyfer darn firtwosig i'r ffidil. Dyma waith wedi'i saernïo'n ofalus gyda defnydd awdurdodol o dechnegau datblygu a thrawsffurfio. Mae'r mynegiant cerddorol yn gyson drwy'r gwaith – yn rhy gyson, efallai – ac efallai y byddai seibiannau dramatig ac adran fwy telynegol wedi creu'r gwrthgyferbyniad sydd ar goll yn y gwaith. Mae 'Bugail Eryri' ar gyfer ffliwt unigol yn adlewyrchu tueddiadau tebyg i *Paganini* yn ei ddefnydd o fotifau bychain sy'n derbyn triniaeth ddatblygedig yn raddol drwy'r symudiad. Mae Bartok yn ddylanwad amlwg yma eto o ran iaith gerddorol. Rhaid cofio, wrth gwrs, fod Bartok yn cyfansoddi hanner canrif yn ôl ac i raddau helaeth cyn yr ail ryfel byd. Mae cystrawennau *Ap Morus (b)* ychydig yn draddodiadol erbyn hyn, gyda'r iaith rythmig – yn anad dim arall – yn gyfyng iawn. Yn wyneb y ceisiadau a welwyd hyd yma, mae'n rhaid mynegi pryder ynglŷn â diffyg menter a chreadigrwydd cul y cyfansoddiadau. Ond gyda Ffantasia *Dafydd* ar gyfer y delyn, rydym yn cyrraedd hinsawdd gerddorol dra gwahanol (*'Ich fuhle luft von anderem planeten'*, chwedl Stefan George). Dyma waith sy'n deilwng o berthyn i arddull hanner olaf yr ugeinfed ganrif. Mae 'Ffantasia II' yn ddarn uchelgeisiol mewn idiom fodern sy'n gwneud defnydd helaeth o effeithiau a synau ar gyfer yr offeryn. Dyma'r unig gyfansoddwr i ymestyn a datblygu adnoddau'r offeryn unigol y tu hwnt i'w ffiniau arferol. Ond nid effeithiau arwynebol, ffansïol mo'r rhain. Mae'r cyfansoddwr wedi integreiddio'r elfennau timbral, seinyddol gyda gweadau sy'n awgrymu ymwybyddiaeth o gyfresiaeth ac ôl-gyfresiaeth ynghyd â thechnegau hap a damwain a welir yng ngherddoriaeth cyfansoddwyr megis Lutoslawski. Mae natur *quasi-cadenza* y gwaith yn ei weddu'n berffaith i gyfrwng y Ffantasia. Efallai fod y nodiant yn or-gymhleth mewn mannau. Hawdd fyddai dal bod elfen weledol gref yn perthyn i'r gwaith yn ogystal â'r dimensiwn cerddorol, wrth gwrs. Dyma gyfansoddiad ag iddo'r cymhelliant, yr arddeliad a'r pwrpas angenrheidiol ar gyfer cynnyrch llwyddiannus, ynghyd â'r parodrwydd i gofleidio'n eofn rai o dechnegau mwyaf cyffrous cerddoriaeth yn ystod degawdau diwethaf y ganrif hon.

Rhoddir y wobr gyntaf a £50 i *Dafydd*, ynghyd â £25 yr un i *Paganini* ac *Ap Morus (b)*.

Ymdeithgan ar gyfer band pres neu fand chwyth heb fod dros 5 munud

BEIRNIADAETH GARETH GLYN

Byd ar ei ben ei hun o fewn byd cerdd yw byd y band pres, gyda'i offerynnau ei hun (y repiano, y corn Eb, y cornet soprano) ac arddull traddodiadol nad yw ond yn ystod y blynyddoedd diwethaf wedi cael ei ddisodli'n rhannol gan gyfansoddwyr cyfoes. Mae'n rhaid i ymdeithgan berthyn i raddau helaeth i'r hen draddodiad, gan ysbrydoli pobl i gerdded yn dalsyth, yn dalog a diflino. Ac mae'n rhaid i'r cyfansoddwr ddeall cyfrinion yr arddull hefyd (peidiwch â meddwl bod y gallu i ysgrifennu hyd yn oed i gerddorfa lawn yn eich paratoi chi ar gyfer y band pres!). Beth yw cwmpawd y corn flugel? Beth yw swyddogaeth y 3ydd cornet? Beth yw'r gwahaniaeth rhwng bariton ac iwffoniwm?

Mae'n dda gen i ddweud bod mwyafrif y cyfansoddwyr yn yr adran hon yn medru ateb y cwestiynau rhethregol yna, a mentraf ddyfalu bod rhai o'r ymgeisiadau eisoes wedi cael eu profi gan fandiau ers rhai blynyddoedd. Nid oes rhaid, felly, ddiystyru'r un o'r cyfansoddiadau ar sail diffyg techneg, ac felly ymlaen â ni i drafod eu cyraeddiadau creadigol.

Yr un cyfansoddwr yw *Timothy, Dafydd* a *Rhys*. Mae'r cynta', *Timothy*, wedi cyflwyno ymdeithgan 6/8 o'r enw 'Cadw Fydd' (*sic* – tybiaf mai 'Ffydd' ddylai'r ail air fod). Mae'n deall y cyfrwng i'r dim ac wedi llunio ymdeithgan yn y ffurf arferol efo *trio* mewn cywair perthynol. Mae yma ddefnydd da o wrthalaw; mae'r harmoni'n gyhyrog a'r alawon yn sionc a heini.

'Breuddwyd Owen' yw ymdeithgan *Dafydd*, eto (fel y ddwy ymgais arall) yn amseriad sionc 6/8, ond ni fydd y cornetau solo yn diolch am y ddau Bb uchel o fewn y ddau fesur agoriadol. Mae'r alawon yn dibynnu'n helaeth ar ddilyniant (ailadrodd alaw gam yn uwch neu is) ac mae'r holl effaith ychydig yn ddifflach (e.e., rhwng rhifau 90 a 100 ar y llawysgrif). Mae ymdriniaeth y band yn dangos techneg sicr, sydd hefyd yn wir am 'Corisande', trydedd ymdeithgan yr ymgeisydd, y tro hwn dan enw *Rhys*. Dyma ragarweiniad braidd yn undonog, yn cael ei ddilyn gan brif alaw sy'n cael ei chyfyngu'n ormodol i ganol yr erwydd. Mae alaw'r trombôn wedi ei dylanwadu'n ormodol gan ymdeithgan Sousa, 'Washington Post', sydd hefyd yn cael ei hadleisio yn y *trio*. Unwaith eto, mae gafael sicr ar dechneg ysgrifennu i fand yn y darn hwn ond, o'r tri darn gan yr un ymgeisydd hwn, y cynta' yw fy ffefryn i.

Un cyfansoddwr sy'n gyfrifol am y ddau ddarn nesa', ac mae hwn wedi defnyddio'r un ffugenw i'w ddau gyfansoddiad, sef *Bill Charles*. Mae hwn yn deall teithi'r gwahanol offerynnau yn burion, ac yn amlwg â chryn brofiad o ysgrifennu yn y cyfrwng; yn sicr, gellid perfformio'r ddau waith yn hollol ddidrafferth. Ond nid wyf yn sicr bod y darnau'n peri i'r sawdl godi. Efallai nad yw cymeriad yr alawon wedi ei ddiffinio'n ddigon clir; y byddai rhagor o

13

farciau mynegiant (*staccato*, slyrio) yn gymorth, ac nad oes digon o bwyslais (yn 'The Merrymakers' March' yn arbennig) ar yr ôl-guriad, sy'n holl-bwysig mewn unrhyw ymdeithgan. Ar ben hynny, teimlaf fod *Bill Charles* yn defnyddio gormod ar ei fand cyfan, heb fanteisio ar yr amrywiaeth y mae'n ei gynnig; ystyrier *trio* 'Ystrad', lle mae'r cornetau solo yn dal i gario'r alaw yn hytrach na'r iwffoniwms neu'r cyrn. Mae'n rhaid gochel hefyd rhag gwallau gramadeg, fel yr wythfedau olynol rhwng y bas a'r alaw ym mesurau 10/11 yr un ymdeithgan. Ond rwy'n gobeithio y bydd *Bill Charles* yn cael cyfle rywfodd i glywed ei waith – mae'n haeddu hynny.

Yr olaf i ymddangos o'r amlen oedd cyfansoddiad *Ap Morus*, sydd, fel y gwelwch, wedi ymateb yn ardderchog i'r adran hon eleni, gydag ymgeisiadau ym mhob cystadleuaeth bron.

Llongyfarchiadau iddo. Mae ei ddarn i fand pres, 'Alla Marcia', yn ymgais i fod yn fwy cyfoes ei arddull nag sy'n draddodiadol mewn ymdeithgan, a da hynny. Mae'n hoff o bentyrru 3eddau a 4eddau i greu cordiau sy'n dra addas i'r cyfrwng (er efallai'n dechrau bod braidd yn sathredig erbyn heddiw), ac yn gwrthgyferbynnu gwahanol adrannau'r band yn ddigon effeithiol. Mae'n rhaid dweud mai natur ffanffer estynedig sydd i'r darn yn hytrach nag ymdeithgan, ond mae 'na fai mwy difrifol: nid yw'n ymddangos bod *Ap Morus* yn llwyr ymwybodol o gyfyngiadau ei offerynnau, yn enwedig y cornetau; mae'n danfon hyd yn oed y repiano a'r flugel i fyny dro ar ôl tro i F6 (dair llinell a gofod uwchben yr erwydd), sy'n ddigon agos at fod yn amhosibl hyd yn oed i'r prif gornet solo. Dyma ddarn a fyddai'n effeithiol fel agorawd byr mewn dull ffanffer, pe bai'r cyfansoddwr yn aildrefnu'r nodau uchaf (efallai trwy ail-sgorio'r gwaith i fand chwyth). Ond mae gen i ofn na allaf ei gymeradwyo ar gyfer y wobr yn y gystadleuaeth hon. Er ei bod yn amlwg na chyfansoddwyd ei dair ymdeithgan yn benodol ar gyfer yr Eisteddfod hon, rwy'n fwy na bodlon gwobrwyo *Timothy* am ei ymdeithgan sionc, 'Cadw F[f]ydd'.

Gwaith ar gyfer cerddorfa ieuenctid (offerynnwyr o safon gradd 5 neu uwch)

BEIRNIADAETH PWYLL AP SIÔN

Ymgeisiodd tri, sef *Boda, Tylluau,* ac *Ap Morus*. Ni ellir ystyried ceisiadau *Boda* ('Dawns Sgubor') a *Tylluau* ('Taith i'r Gofod') am eu bod yn ddarnau mewn un symudiad yn unig (yn hytrach nag o leiaf dri symudiad, yn ôl gofynion y gystadleuaeth). P'run bynnag, braidd yn fyr ydi'r darnau hyn gyda'r deunydd ychydig yn ddiddychymyg ar brydiau. Mae'n rhaid cyfaddef nad yw cynnwys cerddorol 'Taith i'r Gofod' yn tanio'r dychymyg yn yr un modd ag y gwna'r teitl.

Mae 'Cyfres Bach' *Ap Morus* yn gwyro'n agos at gulni ceidwadol ac ystrydebol mewn mannau. Tystia gwaith Peter Maxwell Davies a Gyorgy Kurtag, er enghraifft, ei bod hi'n bosib cyfansoddi mewn arddull sy'n gyfoes a diddorol ar gyfer pobl ifanc. Yn ogystal â hynny, mae 'na adrannau sy'n gwbl anymarferol ar gyfer yr offerynnau, megis y cordiau hir ar gyfer yr adran chwyth ar ddechrau'r ail symudiad. Eithriad ydi'r adegau hynny, fodd bynnag, mewn gwaith sydd ag ôl proffesiynol ac aeddfed yn perthyn iddo. Mae'r symudiad olaf yn gyffrous iawn gyda'r ymgom gerddorol rhwng y chwythbrennau yn adeiladu tuag at uchafbwynt grymus ar ddiwedd y symudiad. Rhoddir y wobr gyntaf (ond £150 yn hytrach na £250) i *Ap Morus*.

Tlws y Cerddor am y cyfansoddiad gorau o blith yr enillwyr yng nghystadlaethau 77-82

BEIRNIADAETH GARETH GLYN

Rwyf am bwysleisio ein bod fel beirniaid, Pwyll ap Siôn a minnau, wedi cloriannu pob un o'r ymgeisiadau yn holl gystadlaethau'r adran hon efo'n gilydd, er mai enw'r naill neu'r llall ohonom sy'n ymddangos ar ddechrau'r gwahanol feirniadaethau, a'n bod wedi cytuno mai'r enw blaenaf o'r ddau yn y *Rhestr Testunau* fyddai â'r gair olaf mewn unrhyw ddadl. Mae'n dda gen i ddweud nad oedd unrhyw ddadl ynglŷn ag unrhyw gystadleuaeth, a bod y goreuon yn nhyb y ddau ohonom wedi cael eu gwobrwyo yn unol â'n dymuniad. Mae'r egwyddor hon yn wir hefyd am gystadleuaeth bwysig Tlws y Cerddor, sydd wedi hen ennill ei phlwyf bellach fel un o brif wobrau'r Eisteddfod Genedlaethol.

Byddwch yn gwybod o ddarllen y beirniadaethau unigol pwy a ddaeth i'r brig yn y gwahanol gystadlaethau, felly nid oes angen inni ailadrodd yma y ffugenwau na'r rhesymau am eu dewis yn fuddugol. Bu'n rhaid i'm cyd-feirniad a minnau ddewis y gorau o chwe ymgais, yn amrywio o ddarnau unawdol i weithiau swmpus i fand neu gerddorfa, ond nid maint darn o gerddoriaeth sy'n bwysig yn y cyswllt hwn, eithr ei safon, ei wreiddioldeb, ei saernïaeth, ei ymateb i ysbrydoliaeth – yn wir, yr holl elfennau hynny sydd mor anodd eu disgrifio mewn geiriau ond sy'n neidio allan o'r dudalen pan fo'r fath gyfansoddiad yn dod i law. Dylai'r gwaith beidio â bod yn darddiadol; dylai fod yn llais y cyfansoddwr a hwnnw'n unig; dylai (wrth gwrs) ddangos gwybodaeth ddilychwin o'r cyfrwng a'r offeryn neu lais, a dylai fod yn ychwanegiad gwerthfawr i'r canon.

Wrth edrych ar gyfansoddiadau buddugol y gwahanol adrannau, un darn sy'n dod i'r amlwg bob tro, sef 'Ffantasia II', darn i'r delyn gan *Dafydd*. Ni fydd yn apelio at bobl sy'n casáu cerddoriaeth 'fodern', ond nid yw hynny'n berthnasol yn y cyd-destun yma. Mae'n waith sy'n dangos ymwybyddiaeth lwyr o'r offeryn – yn wir, mae'n estyn posibiliadau'r delyn i'r eithaf, gan ddefnyddio technegau na fyddai hyd yn oed yr arch-arbrofwr hwnnw, Carlos Salzedo, wedi breuddwydio amdanyn nhw. Mae'r cyfansoddwr wedi amgáu nodiadau helaeth i gynorthwyo'r datgeinydd (ac i esbonio'i liaws o arwyddion arbenigol); mae wedi llwyddo i greu cerddoriaeth sy'n deimladwy yn ogystal ag ymosodol, blodeuog a chyfriniol; mae'n troi'r offerynnwr yn *berfformiwr* yng ngwir ystyr y gair, gan roi cymaint o awdurdod iddo ag y mae darnau fel 'Zyklus' gan Stockhausen yn ei roi i'r offerynnwr taro ac, am hynny, mawr fydd diolch telynorion i'r ymgeisydd hwn. Mae fy nghyd-feirniaid a minnau'n gytûn bod 'Ffantasia II' yn gyfraniad o bwys i'n cerddoriaeth. Gwobrwyed *Dafydd* yn llawen.

Llawlyfr o wersi cerdd addas ar gyfer disgyblion yng nghyfnod allweddol 1, 2 neu 3 o'r Cwricwlwm Cenedlaethol

BEIRNIADAETH JOAN WYN HUGHES

Diolch i Bwyllgor Cerdd Eisteddfod Bro Colwyn am osod y gystadleuaeth hon. Mae athrawon cyfnodau allweddol 1, 2 a 3 drwy Gymru benbaladr yn chwilio am gymorth i ddarparu addysg gerddorol gytbwys i'w disgyblion a phrin yw'r llyfrau i'w helpu yn y Gymraeg. Gwn yn dda am y pwysau gwaith ar athrawon y dyddiau hyn ond, serch hynny, roeddwn yn siomedig iawn mai dim ond un ymgais a dderbyniwyd.

Ysgrifennodd *Meirionna* werslyfr ar gyfer cyfnod allweddol 1 (hynny yw, blynyddoedd 1 a 2 y Cwricwlwm Cenedlaethol, plant rhwng 5 a 7 oed). Rhennir y gwaith yn naw gwers (oni fyddai 10 neu 12 wedi bod yn fwy derbyniol?), gyda theitl i bob un yn ôl prif ofynion y gweithgareddau: 'Canu a Chwarae'; 'Gwrando a Chwarae'; 'I Fyny ac i Lawr', etc. Lluniwyd alawon syml a phatrymau rhythmig y gallai athrawon profiadol-gerddorol a'r llai hyderus eu hefelychu, ac ychwanegir Estyniad at ambell wers. Cyfeirir at storïau addas i'w 'disgrifio' yn gerddorol ac at ambell recordiad y gallai plant ieuainc wrando arno.

Er mai am werslyfr y gofynnodd y Pwyllgor Cerdd, 'wn i ddim ai am wersi fel y cyfryw y byddwn i'n chwilio ar gyfer plant mor ifanc. Efallai y byddai eu galw'n unedau yn rhoi mwy o ryddid i athrawon gyflwyno sesiynau byrion a rheolaidd yn ôl y patrwm arferol yn nosbarthiadau babanod. I'r perwyl yma, byddai cyflwyniad neu ragair ar ddechrau'r llawlyfr yn fuddiol i egluro'r amcanion a'r dulliau dysgu fel, o bosib, y byddai rhestr wirio yng nghefn y llyfryn i ddangos targedau'r Cwricwlwm Cenedlaethol, agweddau trawsgwricwlaidd, awgrymiadau ar gyfer asesu, etc.

Mae ymgais *Meirionna* yn gychwyn addawol ar gyfer gwerslyfr cerdd cyfnod allweddol 1 ond, ar hyn o bryd, mae braidd yn foel. Dyfarnaf, felly, i *Meirionna* £100 o'r wobr, gan obeithio y datblygir y gwaith a'i gyhoeddi yn y man.

IEUENCTID

Un symudiad ar gyfer pedwarawd offerynnol

BEIRNIADAETH TONY BIGGIN

Dim bai fi, 'Awelon y Gwanwyn': Symudiad deniadol ar gyfer pedwarawd chwyth, sy'n arddangos gwybodaeth gadarn o gryfderau'r offerynnau a ddefnyddir. Mae nifer o syniadau melodig yn sail i'r darn ac mae'r dull dychmygus a medrus a ddefnyddiwyd i gyfuno a datblygu'r rhain yn haeddu canmoliaeth uchel. Mae'r darn yn gadarn o ran harmoni ac yn amlygu safon uchel o fedrusrwydd yn arbennig o gofio natur wrthbwyntiol y cyfansoddi'n gyffredinol. Mae'r defnydd llwyddiannus o ffigurau trawsacennog a dyfeisiau rhythmig eraill yn cyfrannu tuag at roi i'r darn ei gymeriad arbennig ac nid yw'r newid rhwng 3/4 a 4/4 wedi'i ystumio o gwbl a rhydd i'r gerddoriaeth gyflymder a symudiad arbennig.

O ran strwythur, mae'r darn yn llwyddiannus er y gellid dadlau dros newid cyweirnod yn awr ac yn y man, dros gael uchafbwynt amlycach, ac adran fwy gwrthgyferbyniol. Byddai newid gwead o bryd i'w gilydd drwy ysgrifennu ar gyfer dim ond dau neu dri o'r offerynnau wedi bod o gymorth o safbwynt yr olaf a nodir.

Mae'r gwaith wedi'i gyflwyno'n daclus mewn llaw glir, gydag arwyddion priodol o safbwynt brawddegu, dynameg ac amseriad.

Er ei bod yn siomedig iawn mai dim ond un ymgais a dderbyniwyd, mae'r gwaith hwnnw, serch hynny, o safon ddigon uchel i haeddu'r wobr gyfan. Gwobrwyer *Dim bai fi*.

ADRAN DAWNS
CYFANSODDI

Dawns – unrhyw arddull

BEIRNIADAETH CHRISTINE JONES A MALDWYN PATE

Un cynnig yn unig a dderbyniwyd: gwaith ar ffurf llyfr nodiadau gan *A oes heddwch?* O ddarllen y nodiadau, gellid tybio mai 'Afallon' oedd y thema a ddewiswyd, er na ddywedwyd hynny'n bendant yn unman. Roedd angen i 'sgript' neu 'nodiant' y ddawns fod yn eglur (gan fod yr awdur wedi dechrau heb ddatgan y teitl) ond mae diffyg trefn yn y llyfr gan na nodwyd elfennau sylfaenol y ddawns – nifer, etc., yn fanwl nac yn eglur. Mae'r syniad yn dda, a photensial iddo, ond mae'r cyfanwaith wedi ei gyflwyno'n flêr ac yn ddi-drefn. Oherwydd hynny, mae'r gwaith a'r 'cynllun' yn ymddangos yn rhyw fath o grwydr mympwyol, di-strwythur.

Er mai cystadleuaeth yw hon i greu dawns gyda chwmni'r ymgeisydd ei hun, mae angen i'r beirniaid gael gweld mwy na'r syniadau sy'n ysbrydoli'r gwaith. O geisio dyfalu'r hyn sydd ym mhen y coreograffydd, credir y byddai modd creu dawns drawiadol a chryf ond ni allai'r beirniaid fod wedi mynd ati i lwyfannu'r ddawns gan ddefnyddio'r cyfarwyddiadau yn y nodiadau a dderbyniwyd gan nad oes digon o fanylder o ran elfennau coreograffig y ddawns ei hun i alluogi hynny. Wrth elfennau coreograffig, cyfeiriwn at batrymau llwyfan, camau ac ystumiau, ffurfiau corfforol, defnydd o lefel, etc. Nid yw *'Mae'r dawnsiwr yn dechrau perfformio dawns werin araf'* yn ddigonol o bell ffordd wrth nodi coreograffaeth. Beth yw'r camau? Beth yw ffurf y breichiau? Beth yw ansawdd y symudiadau? Sut y delir y pen? Beth yw ystod y symudiadau a beth yw'r 'llwybr' a ddilynir ar y llwyfan?

Mae'n rhaid canmol y ffaith fod yr ymgeisydd wedi dangos ffrwyth cryn dipyn o ymchwil hanesyddol i gefndir y ddawns. Gwelir cyferbynnu erchyllterau Auschwitz a mwyniant 'Afallon'; defnyddir dewrder dyn a gallu dynoliaeth yn ysbrydoliaeth i oresgyn creulondeb yn y gwaith ac yn hyn o beth crëwyd darluniau cryf ac effeithiol. Ond mae'n rhaid cofio mai celfyddyd weledol yw dawns ac nid yw stori, fel rheol, yn ddigon i gyfleu cynlluniau coreograffiaeth. Roedd angen, felly, cynnwys llawer mwy o ganllawiau a chyfarwyddiadau ar ffurf weledol er mwyn dangos siâp a phatrymau'r ddawns. Yn ein barn ni, gwelwyd yn y cynnig hwn lawer mwy o bwyslais ar ddisgrifio'r cefndir yn hytrach nag ar 'ddisgrifiad clir o'r elfennau coreograffig a chyfansoddi' y gofynnai'r gystadleuaeth amdanynt. Felly, roeddem yn unfrydol o'r farn na ellid cynnig gwobr eleni yn y gystadleuaeth hon.

ADRAN DRAMA
CYFANSODDI

Drama lwyfan o leiaf un awr o hyd

BEIRNIADAETH HUW ROBERTS, CARYS LL. EDWARDS, GRAHAM LAKER

Daeth wyth ymgais i law. Wedi trafod, cawsom ein hunain yn gytûn ar y pum sgript fwyaf addawol. Bu peth cymodi wedyn ar leoliad y rheini ar gyfer y gwobrau. Barn y mwyafrif ar safle pob un yn unigol oedd yn cario'r dydd. Er bod i bob un o'r pump ei rhagoriaeth ddiamheuol, ein gwaith ni oedd gorfod ceisio rhagweld llwyddiant y sgript a oedd yn ein dwylo fel drama ar lwyfan. Da yw gwybod y bydd cyfle i'r dramodwyr gydweithio gydag actorion a chyfarwyddwr. O ganlyniad, efallai y daw sawl drama lwyfan lwyddiannus o'r casgliad hwn. Amser a ddengys y wir ragoriaeth.

Padrig, 'Yma Ni': Drama annelwig iawn a wneir yn dywyllach fyth gan arddull rhy haniaethol, iaith wallus, cystrawen estron a chloffni ymadrodd, ac mae blerwch hefyd. Ceir nifer fawr o eiriau fel 'syrffechus' a 'glynddwy' sy'n dangos bod ysgrifen y copi gwreiddiol yn annealladwy, y person ar y prosesydd geiriau yn anghyfiaith a'r dramodydd yn rhy ddiofal i gywiro'r proflenni. Efallai fod gan *Padrig* rywbeth i'w ddweud ond mae'n rhaid iddo ddysgu sut i'w ddweud a'i gyflwyno'n well.

Llifon, 'Carol': Dechrau eithaf addawol gydag elfennau pwrpasol ar gyfer ffars; cawn gyfarfod â gŵr a gwraig dosbarth canol a morwyn ddigri sy'n hynod o hy ar bawb. Perir sawl cyffro mewn byr amser: galwad ffôn i ddweud bod mab y teulu ar ei ffordd adref gyda'i gariad, Carol, nas gwelwyd o'r blaen; mab y wraig (a gawsai cyn iddi briodi) yn landio fel huddyg' i botes i chwilio am ei fam fiolegol; ysgrifenyddes ifanc lysti'r gŵr am iddo wybod ei bod hi wedi llyncu pry ... a gesiwch pwy ydi'r tad. Ydi, mae'r sylfeini yma i gyd er, oherwydd diffyg cynildeb, gellir rhagweld cyrten yr act gyntaf yn dod o bell. Pan ddaw Carol i mewn, bachgen ydyw. Os meddylir am y peth, mae'r awdur yn awr wedi'i roi ei hun mewn twll ar gyfer ei ail act. Llithrodd i'r twll yn ddi-feddwl, efallai, ond O! hanes y dod ohono, oblegid o hyn ymlaen try'r ddrama'n rhyw fath o felodrama ddi-chwaeth. Mae rhai o'r cymeriadau a'u gweithrediadau'n mynd yn gwbl anhygoel. Siomedig iawn.

Gordon Gosforth, 'Yn Nhŷ fy Nhad': Drama hen-ffasiwn, y math a ysgrifennid i gwmnïau pentref ers talwm, gyda chymeriadau stoc, difyr a doniol. Mae iddi grefft llwyfan ddigon dethau, cyflymu ac arafu taclus, cadw pawb yn y ffrâm yn ddeheuig. Mae'r mynd a'r dod yn ddi-amcan weithiau ac mae tueddiad i orsgrifennu yn llethu ambell olygfa. Mae clust dda at dafodiaith cymoedd y de gan awdur sydd, ar y cyfan, yn gwybod sut i fynd o'i chwmpas hi.

Peris-Troica, 'Croeso Heinz i Ryddid': Rhydd hon yr argraff o glytwaith siswrn a phast: drama a luniwyd tua phum mlynedd yn ôl (ar ôl chwalu wal Berlin) ar gyfer cyfrwng arall, ffilm neu deledu, ac a addaswyd ar dipyn o wib ar gyfer y gystadleuaeth hon. Ceir golygfeydd mewn sawl stafell yn y tŷ, yn yr ardd, mewn maes awyr, yn adran fwyd Marks & Spencer, ynghyd â rhai golygfeydd ffantasïol mewn mudiant araf. Nid ei bod hi'n amhosibl ei llwyfannu ond bod dyn yn gofyn iddo'i hun a yw hi'n werth y drafferth. Mae'r digwyddiadau wedi dyddio'n arw, fel y mae llawer iawn o'r jôcs, ac mae safon y gwaith yn anwastad. Ond mae afiaith, egni a bwrlwm i'r holl beth a dychan bywiog. Saethir bwledi i bob cyfeiriad at bob math o dargedau – gormod, efallai, er lles y ddrama. Dramodydd i'w wylio.

Daron, 'Nest': Dyma waith gan lenor a bardd. Drama hanesyddol am Nest, merch Rhys ap Tewdwr, yw hon. Seilir hi ar ddigwyddiad yng Nghenarth Bychan a gofnodir ym Mrut y Tywysogion. Mae'r mynegiant yn feistrolgar ac yn denu cymhariaeth â dramâu hanes Saunders Lewis. Ceir rhannau cyffrous a rhannau tawel telynegol. Ond mae gennym rai amheuon. A yw'r digwyddiad gwreiddiol ynddo'i hun yn ddigon i gynnal y ddrama? A ddylid bod wedi dyfeisio rhagor? A yw'r deialogi'n ddigon theatraidd? Mae llawer o'r gwrthdaro o dan yr wyneb ac yn yr is-destun ac yn digwydd o amgylch bwrdd gwledd a gwely serch. Tybed a fyddai'r ddrama'n gweithio'n well mewn cyfrwng agosach atom – y sgrin fawr neu'r sgrin fach a siotiau agos? Ac oni fyddai'n well i strwythur y gwaith ac i'w neges i Gymru pe datgelid teimladau Nest tuag at Meilyr, y gwas, yn gynt yn y ddrama?

Lora, 'Pen Ffordd': Mae hon yn ddrama sy'n dangos dylanwadau nifer o arddulliau sydd wedi datblygu yn sgîl y dramâu abswrd cynnar a chawn adleisiau o Becket, Pinter ac, yng Nghymru, Gwenlyn Parry. Mae'r dramodydd yn ceisio cyfathrebu ar wahanol lefelau. Nodir seibiau a churiadau pendant gyda'r bwriad o amlygu'r amrywiol themâu yn union fel y cyn-feistri. Ar yr wyneb, mae'r ddeialog yn syml ond llwynoges ydyw ac mae iddi sawl is-destun. Mae'r tempo weithiau braidd yn undonog gan fod y tri chymeriad yn tueddu at rythmau llafar cyffelyb. Mae yma adleisiau o hiraeth am y chwe-degau. Dyma lenor crefftus sy'n haeddu sylw pellach.

Fi-am-wn-i-ond-Duw-Duw-pwy-a-wyr, 'Pêl Goch': Mae popeth yn y ddrama hon ond sinc y gegin, a dydi honno ddim ymhell. Ar yr wyneb, mae hi'n ymddangos fel cawdel anhrefnus sydd wedi llifo o'r is-ymwybod yn ddi-reol, fel yr awgryma'r ffugenw. Datblygir nifer o themâu ynddi yn afradlon, annisgybledig a hynny mewn iaith sy'n graddio o'r telynegol dangnefeddus i'r trachwantus rywiol. Ond nid oes amheuaeth am ei hegni creadigol, ei delweddau gweledol effeithiol, ei mynegiant byrlymus, a'i dynoliaeth uwch popeth. Digwydd y ddrama dros dridiau – 'D'wrnod Cyntaf', "Rail Dd'wrnod' ac, yn arwyddocaol iawn, 'Y Trydydd Dydd'. Digwydd mewn byd rhwng deufyd, fel petai, ac mae ganddi rywbeth i'w ddweud wrthym am ein byw a'n bod fel pobl y dwthwn hwn yn ein hanes. Dyma dalent arall sy'n haeddu sylw pellach.

AB-093, 'Jeli Bebis': Mae hon yn ddrama fwy confensiynol sy'n ymdrin â phwnc cymdeithasol y byddai nifer helaeth o'r gynulleidfa'n gyfarwydd ag o. Mae'n fath o ddrama sy'n dderbyniol iawn ar hyn o bryd. Mae'r ysgrifennu'n sensitif a deallus a'r mynegiant yn groyw, er nad yn ddi-fefl. Gwelir y dramodydd ar ei orau (neu ei gorau) wrth greu'r cymeriadau annwyl agos-atom. Ceir sicrwydd cyffyrddiad sy'n rhoi bywyd iddynt o flaen ein llygaid. Nid yw'n llawn cystal gyda'r cymeriadau y disgwylir inni bellhau oddi wrthynt. Defnyddir hiwmor yn ddeheuig iawn i ysgafnhau'r tyndra a thrwy hynny i ddwysáu ein hymateb. Mae tueddiad i'r ail act fynd yn rhy ddogfennol ynghylch gofal yn y gymdeithas. Cefndir a ddylai hwnnw fod i'r newid ym mherthynas aelodau'r teulu â'i gilydd. Mae gallu gan y dramodydd hwn i elwa ar weithdy proffesiynol.

Cystadleuaeth ddiddorol iawn. Yr ydym yn hapus i gyflwyno'r tair gwobr. Rhodder £200 i *Lora*, £300 i *Fi-am-wn-i-ond-Duw-Duw-pwy-a-wyr*, a £500 i *AB-093*.

Drama fer ar gyfer y llwyfan

BEIRNIADAETH DAFYDD FÔN WILLIAMS

Mae rhai pethau a ystyrir yn hanfodol i ddrama, boed honno'n ddrama fer neu'n ddrama hir. Cyn mynd ati i ystyried ysgrifennu drama, dylai darpar ddramodwyr fod yn hollol ymwybodol o'r hanfodion hyn. Yn gyntaf, mae'n rhaid wrth stori sy'n cadw'r sylw, ac mae'n rhaid i'r stori honno ddechrau, datblygu, a gorffen o fewn cyfwng y ddrama. Yn ail, mae'n rhaid cael cymeriadau credadwy, crynion, cymeriadau y gallwn eu derbyn. Nid oes lle i gymeriadau niwlog, amhendant mewn unrhyw ddrama. Mae'n rhaid i'r cymeriadau hynny, wedyn, ymwneud â'i gilydd yn ystod y ddrama er mwyn datblygu'r stori a'r sefyllfa. Yn olaf, mae'n rhaid i'r cymeriadau gael deialog, mae'n rhaid iddynt siarad â'i gilydd, a hynny mewn dull llafar, ond heb fod yn sathredig, sy'n esmwyth i'r glust. Mae'n rhaid i ddramodydd wrth glust dda, nid yn gymaint am eirfa ond am rythmau iaith. Wrth gwrs, mae ffactorau eraill sy'n rhan o ddrama ond yr wyf yn ystyried y tri y soniais amdanynt yn hollol hanfodol i gael drama lwyddiannus.

Cystadleuaeth siomedig a gafwyd o ran nifer dramâu; dim ond pump a fentrodd i'r drin. Mae hyn yn drist, o ystyried y galw cynyddol heddiw am ddramâu byrion gan nifer o gwmnïau, amatur a phroffesiynol, ac yn syndod o ystyried y wobr a gynigir.

Petroushca, 'Wedi Chwarter Canrif': Drama fer iawn, na fyddai'n cymryd mwy na chwarter awr i'w llwyfannu, wedi ei lleoli yng nghartref rhieni'r Cymro cyntaf i lanio ar y lleuad y noson y mae'n glanio. Yn ôl y cyfarwyddiadau, ffars ydyw ond nid oes fawr o olion elfennau'r cyfrwng theatrig hwnnw ar y ddrama ac ystrydebol iawn yw hynny o hiwmor sydd ynddi. Mae'r ddeialog yn bur ystwyth, er bod sgyrsiau unigol, weithiau, yn tueddu i fod yn rhy hir. Mae rhan o'r ddrama'n digwydd ar y teledu ar y llwyfan. Awgrymaf i'r dramodydd nad yw hyn yn syniad ymarferol o gwbl ar gyfer cynulleidfa onid ydynt yn eistedd o flaen y teledu.

Corryn, 'Gwe Gymhleth': Llwyddodd *Corryn* i gysylltu ei ffugenw gyda theitl ei ddrama; gwaetha'r modd, ni chafodd gystal hwyl ar weddill ei waith. Drama hen-ffasiwn iawn sydd yma, yn dibynnu ar ddiffyg adnabyddiaeth cymeriadau o'i gilydd, yn ogystal ag un neu ddau o ddamweiniau ffodus eraill. Yn wir, dyna brif fai'r ddrama – mae'r rhan fwyaf ohoni yn hollol anghredadwy a byddai'n rhaid cael cynulleidfa naïf iawn i'w derbyn. Ar ben hyn i gyd, mae'r ddeialog yn glogyrnaidd ac yn annaturiol o anystwyth.

Ben, 'Coch fel Gwaed': Bu'r ddrama hon ar ymweliad â'r Eisteddfod o'r blaen, a hynny ym Mro Delyn yn 1991. Gan na lwyddodd i newid fawr ers hynny, heblaw am ffugenw'r dramodydd, a chan na newidiodd egwyddorion sylfaenol drama yn y cyfamser, mae'r hyn a ddywedodd y beirniad yr adeg honno'n dal yn addas heddiw ac ni allaf ychwanegu fawr mwy. Oherwydd niwlogrwydd y cymeriadau, a diffyg credinedd ambell sefyllfa ac ymateb cymeriadau, ni fyddai'r ddrama hon yn gweithio ar lwyfan. Yn ogystal â hynny, mae hanner cyntaf y ddrama'n tueddu i fod yn slicrwydd geiriol, yn rhyw fath o gêm denis ddeialogaidd rhwng dau berson ar gwrt y llwyfan. Mae tenis yn gêm ddigon difyr; nid felly denis geiriol.

Caemaesidan, 'Y Nyttar Call': Monolog sydd gan *Caemaesidan* ac er bod monolog yn gallu bod yn gyfrwng theatrig arbennig o effeithiol, amheuaf a fyddai'r fonolog hon yn llwyddiannus. I ddechrau, mae'n llawer rhy hir. Credaf y byddai ugain tudalen o brint soled yn cymryd ymhell dros awr i'w llwyfannu – gormod i unrhyw berson meidrol ei ddioddef. At hynny, does dim cyfarwyddiadau llwyfan, hynny yw, nid yw'r cymeriad yn gwneud dim ond eistedd yn yr un lle, a siarad. Ond mae rhinweddau i'r fonolog – mae gafael yr awdur ar rythmau'r iaith lafar yn hollol sicr. Nid cystal ei afael ar ffeithiau ar adegau; nid ar ôl deunaw mlynedd o addysg, er enghraifft, y mae disgyblion yn sefyll TGAU neu fe fyddent yn dair ar hugain oed yn gwneud hynny! Nid yw, weithiau, yn cofio'r hyn y mae eisoes wedi ei ddweud wrthym chwaith. Hoffwn awgrymu i *Caemaesidan* ei fod yn ail-wampio'r holl fonolog, gan ei throi'n ddrama. Mae rhannau ohoni'n gweiddi am gael eu dramateiddio, yn hytrach na'u hadrodd yn yr araith anunion. O gael y gymysgedd o'r prif gymeriad yn siarad gyda'r gynulleidfa, yn symud o gwmpas, ac yn rhan o olygfeydd gyda chymeriadau eraill, byddai hon yn elwa ar ei chanfed ac yn gwneud drama dderbyniol iawn. Fel y mae, mae'n llawer rhy syrffedus ac yn llawer rhy hir.

Canon, 'Colli Pwysau': Comedi syml ac arwynebol ar gyfer merched yw hon, yn disgrifio cystadleuaeth golli pwysau rhwng dau griw o ferched mewn dau dŷ y drws nesaf i'w gilydd. Er bod chwe chymeriad yn y ddrama, mae'r dramodydd yn llwyddo i raddau i greu ambell gymeriad yn y gofod byr sydd ganddo, ac mae ei ddeialog yn llifo'n esmwyth, er bod yr hiwmor yn ystrydebol iawn gan amlaf. Gan fod y ddrama'n cael ei lleoli mewn dau wahanol dŷ, efallai y byddai problem ei llwyfannu. Fodd bynnag, rhagwelodd yr awdur hynny ac awgrymodd ddull i oresgyn y broblem. Mae hon yn ddrama digon difyr ac yn addas i'w pherfformio gan gwmni amatur o ferched sy'n chwilio am ddrama ysgafn i'w llwyfannu.

Cystadleuaeth hynod o siomedig oedd hon, o ran ansawdd yn ogystal ag o ran nifer cystadleuwyr. Mae'r gystadleuaeth yn caniatáu llwyfannu hyd at dair o'r dramâu gorau, gan adael y feirniadaeth derfynol tan ar ôl y perfformiad. Gwaetha'r modd, ni fyddwn yn ystyried llwyfannu pedair o'r pum drama; o'r rheini, *Caemasidan* sy'n dod agosaf ati, ond byddai angen ail-wampio'r ddrama'n sylfaenol cyn ei hystyried. 'Colli Pwysau' yw'r unig un a fyddai'n gweithio ar lwyfan ond, oherwydd nad oes cystadleuaeth yn ei herbyn, ac oherwydd ei natur arwynebol, nid wyf yn argymell ei llwyfannu yn yr Eisteddfod eleni. Yr wyf yn dyfarnu £75 o'r wobr i *Canon*, ac yn ei annog i barhau, gan fynd ymlaen i greu dramâu mwy sylweddol. Mae'r arfau ganddo.

Trosi i'r Gymraeg un o'r dramâu a ganlyn: *After Midnight – Before Dawn; Ritual for Doll; A Slight Ache; The Fear of Heaven; Birdsong; A Fishy Business*

BEIRNIADAETH GARETH MILES

Roedd safon y gystadleuaeth yn uchel. Haedda pob un o'r cystadleuwyr ganmoliaeth am ymdrech lew i drosglwyddo gweithiau'r awduron gwreiddiol i'r Gymraeg.

Y dramâu y rhoddwyd cynnig ar eu trosi oedd: *A Fishy Business*, comedi neuadd bentref y câi cwmni dibrofiad hwyl wrth ei llwyfannu; *After Midnight – Before Dawn*, drama y gallai cwmni amatur da fentro mynd i'r afael â hi; *A Slight Ache* a *The Fear of Heaven*, gweithiau sy'n mynnu actio a chyfarwyddo o'r safon broffesiynol orau.

Mae cynnig ystod mor eang o destunau gwreiddiol yn gwneud gwaith beirniad cystadleuaeth fel hon yn anodd. Nid crefft i'w bychanu yw llunio deialog fyrlymus ar gyfer ffars neu gomedi – ymddangosiadol – ffwrdd-â-hi; eithr mae mwy o gamp ar Gymreigio Saesneg cyfoethog, cynnil, awgrymog, cyforiog o gyfeiriadau, cyweirnodau ac is-ystyron, awduron fel Mortimer a Pinter. Ar y llaw arall, tueddaf i gredu, erbyn hyn, fod mwy o sylwedd mewn ambell ddrama festri nag yng ngheinion astrus Mr Pinter. *The Fear of Heaven* yw'r ddrama a roddodd fwyaf o bleser i mi wrth ei darllen ond mae'n waith mor hanfodol ac mor drwyadl Seisnig, rwy'n amau a ellid ei throsi'n llwyddiannus i unrhyw iaith arall.

Julius, 'Yr Ofn Nef': Mae gen i syniad pwy yw'r cystadleuydd hwn – un ai'r diweddar Mr Canterbury Kent, neu Frank, neu Frank:

> LUBY: [gyda yn tyfu dig]: O'n ni ddim i gyd ffoi y Wlad, osgoi y dyn treth a osodon i lan tai am rhew mewn neuadd bingo tramor. Dydy llosgach a gyfunrhywoliaeth dim ein gwyriadau rheolaidd fel y geiriau mewn 'Yr Amserau'. Dan ni ddim yn diferu i mewn i'r siop cemeg am paced bach asbirin a man godineb ... Gyda'r eithriad sengl Mrs Luby o'n i erioed wedi gael rhew a gwragedd yn fy bywyd.

Y Genol Ddu, 'Arswyd y Nefoedd': Ymdrech onest. Cyfieithiad cywir, rhyddieithol gydag ymadroddion tafodieithol wedi eu gwthio i mewn i'r ddeialog bob hyn a hyn i'w naturioli. Ni ddaeth *Y Genol Ddu* yn agos at gyfleu'r agendor cymdeithasol a diwylliannol sydd rhwng y ddau brif gymeriad.

Mewn ymgais i arddangos rhagoriaeth y troswyr mwyaf llwyddiannus ymhlith y gweddill, dewisais 'frawddeg nodweddiadol' o'r testunau gwreiddiol gyda'r Cymreigiad cyfatebol.

Delys, 'Tipyn o Boen': Llwyddodd *Delys* i efelychu ystwythder, hiwmor, ffraethineb a dawn ymatal Pinter, ac i greu'r synthesis theatrig priodol o'r iaith lafar a'r iaith lenyddol. (*I must look*: 'Rhaid i mi fynd i weld'.)

Shami, 'Y Gwerthwr Matsys': Ymgais dda ond bod yr iaith yn rhy lithrig ac yn ordafodieithol – Cwmderi yn hytrach na Chyncoed. (*I must look*: 'Fe fydd yn rhaid i fi fynd i weld'.)

Llain Garnedd, 'Mymryn o Wayw': Trosiad rhagorol. Edward a Fflora yn *Tres, tres* dosbarth canol Cymraeg Caerdydd. (*Tool shed*: 'cwt arfau'; *canopy*: 'adlen'. *I must look*: 'Rhaid i mi ei weld o'.)

Gwallt Coch, 'Brifo Chydig': Yr iaith yn llawer rhy dafodieithol ac Edward a Flora ddim digon snobyddlyd. (*I must look*: 'Rhaid i fi sylwi 'to'.)

Dolfor, 'Mymryn o Wayw': Y Gymraeg yn raenus ond yn ddi-fflach ac yn ddiegni. Yn rhy aml, ni lwyddir i gyfleu'r union ystyr a fwriadwyd. Cymharer fersiynau *Dolfor* a *Llain Garnedd* o'r canlynol:

> *I don't see why I should be expected to distinguish between these plants. It's not my job.*

Dolfor: 'Dwn i ddim pam mae neb yn disgwyl imi wahaniaethu rhwng y planhigion yma. Nid fy job i ydi hynny.

Llain Garnedd: Wn i ddim pam y dylwn i fod yn gwybod y gwahaniaeth rhwng yr holl blanhigion yma. Nid dyna 'ngwaith i.

(*I must look*: 'Rhaid i mi gael gweld'.)

Ernie, 'Mymryn o Wayw': Cynnig da iawn er gwaethaf ambell frycheuyn, e.e., 'Hen dywydd tywyllodrus ydi hi'. (*I must look*: 'Rhaid imi fynd i weld'.)

Gwawr, 'Dipyn o Boen': Trosiad sy'n llwyddo i fod yn rhy dafodieithol yn ogystal ag yn or-ryddieithol, e.e., 'Dwn i ddim pam y disgwylir i mi wahaniaethu rhwng y llwyni 'ma. (*I must look*: 'Bydd yn rhaid i mi gael golwg arno'.)

Ginera, 'Wedi Canol Nos – Cyn Dydd': Oherwydd bod *Ginera* yn sgrifennu cymysgedd o'r iaith lafar a'r iaith lenyddol, yn hytrach na chreu synthesis, mae'r ddeialog yn glogyrnaidd yn aml, e.e., 'Tewch â'ch cetherica, chi faedenod hanner-pan'. Dyma sut y trosir: '*There's a device for stretching a person. It isn't even considered persuasion. Words from the rack count as free confession*': 'Mae 'ne ddyfais i ddirdynnu person. Ystyrir mo hynny hyd yn oed yn berswâd. Mae geirie oddi ar yr arteithglwyd yn cyfri fel cyffes wirfoddol'.

Eliseg, 'Y Fargen': Cystadleuydd arall yn sgrifennu Cymraeg glân nad yw'n ddigon llithrig i'w lefaru'n effeithiol oddi ar lwyfan. Dyma'i gynnig ef ar y frawddeg uchod: 'Mae 'na beiriant i estyn eich corff chi. Nid yw'n cael ei ystyried yn berswâd hyd yn oed. Cyffes wirfoddol yw'r geiriau a glywir o'r injan yna'.

Merllys, 'Yn yr Oriau Man': Mae trosiad *Merllys* yn meddu'r un rhinweddau a'r un diffygion â'r ddau gystadleuydd blaenorol. Nodaf ei drosiad o'r un brawddegau: 'Mae 'na ddyfais i 'mestyn rhywun. Dydyn nhw ddim yn deud mai perswâd ydi hynny. Os ydach chi'n deud rhywbeth pan ydach chi ar yr arteithglwyd, mae'n nhw'n galw hynny'n gyffes rydd'.

Henrieta, 'Yr Awr Dywyllaf': Ysgrifenna *Henrieta* Gymraeg sy'n cyfuno urddas a manylder yr iaith lenyddol ac ystwythder ac egni'r iaith lafar ar eu gorau. Creodd iaith theatrig sy'n delyngol ar brydiau, a bob amser yn caniatáu i'r naratif lifo drwy enau'r cymeriadau yn ddilyffethair, o wrthdaro i wrthdaro, o ddechrau'r ddrama tan y diweddglo. Mae'n ddigon hyderus i ddefnyddio iaith sathredig pan fo hynny'n taro ('Mae genno nhw beiriant i stretchio pobol. Mae nhw'n y'ch stretchio, a'ch stretchio nes y'ch bod chi'n cyfadda. Mi wnewch gyfadda i rwbath wrth gael eich tynnu ... a'ch tynnu ...').

Twarch, 'Busnes y Salmonela': Mae trosiad *Twarch* yn frith o ymadroddion pert Sir Benfro ond fe'u cloffir yn rhy aml gan dalpiau o ryddiaith; e.e., 'Mae gyda hi galon o aur ... A llais fel corn rhybudd i longau'. A dyma enghraifft bellach:

> GEORGE (*off*): *Hullo Emmeline, my old dear. How are you?*
> EMMELINE: *Fighting fit, George, fighting fit and rearing to get at one of Mary's delicious meals.*

> TOMOS (i ffwrdd): Helo Gwenhwyfair fy nghariad i, shwd i chi?
> GWENHWYFAIR: Yn ffit Tomos bach, yn ffit iawn ac yn edrych ymlaen am un o brydiau bwyd ardderchog Mair.

Crannog, 'Drwg yn y Caws': Ymgais gyffelyb i'r un flaenorol ond bod y dafodiaith ychydig filltiroedd yn fwy gogleddol. Dyma gynnig *Crannog* ar yr un darn ag uchod:

> GWILYM (o'r golwg): Helo, Eirlys, 'rhen gariad. Sut wyt ti?
> EIRLYS: Yn iach fel y gneuen, Gwilym, iach fel y gneuen ac yn awchu am gael un o brydau blasus Mair.

Cwrt y Brenin, 'Y Samon': Diolch i *Cwrt y Brenin* am fod yn ddigon gonest i alw ei sgript yn 'drosiad ac addasiad', gan y byddai'n hawdd credu iddi gael ei seilio ar ffars led-fasweddus o'r enw *Carry On Fly-fishing*, yn hytrach na chomedi braidd yn sidet M/s Wood. Deunydd diddanwch di-ffael i gwmnïau lleol hwyliog; dyma ragflas:

> WIL: O dewch i mewn, Miss Williams. Rydych chi'n nabod Mr a Mrs Prydderch, mae'n siŵr. Miss Williams ydi athrawes P.E., ym-ymarfer corff yn yr ysgol uwchradd.
> MISS WILLIAMS (fel corwynt): Symae ffrindia. Iesgob Dad, dydi hi'n boeth dwch a finna'n gorfod gwisgo'r nicars nefi blw tew yma – efo ngwaith, ynte Ficer! (Yn ei bwnio â'i phenelin).

Coch y Bonddu, 'Sal-Mon i Swper': Llwyddodd *Coch y Bonddu* i lynu'n ffyddlon wrth 'ysbryd y darn' tra'n gwella ar y mynegiant. Llyfn ac ystrydebol yw'r Saesneg gwreiddiol tra fo'r Cymreigiad hwn yn llawn afiaith byrlymus. Gellid llwyfannu'r trosiad fel y mae.

> GEORGE (I'w glywed o'r drws): Dowch i mewn, Emily. Dw i ddim wedi eich gweld ers cantoedd. Sut ydych chi?
> EMILY (Daw'r ddau i mewn): Ar i fyny, George! Well na 'rioed. Ond 'mod i ar lwgu, yn'te? Dw i'n barod am swper gwych gan Mary.

Rhanner y wobr fel a ganlyn: £100 yr un i *Delys* a *Llain Garnedd*, £75 i *Henrieta*, £25 i *Coch y Bonddu*.

Creu fideo wedi ei seilio ar gymeriad/arwr eich bro

BEIRNIADAETH GARETH LLOYD-WILLIAMS

Er mai cystadleuaeth gymharol newydd i'r Eisteddfod Genedlaethol yw hon, mae'n rhaid rhagdybio y gellir disgwyl safon uchel o ran crefft, cynnwys a thechneg. Er bod gofynion y gystadleuaeth yn bur wahanol i ofynion cystadlaethau ysgrifenedig, traddodiadol (lle mae cywirdeb iaith, cystrawen a gramadeg yn holl-bwysig), y mae i'r cyfrwng hwn, hefyd, ei gystrawen a'i 'ramadeg' arbennig ei hun. Mae safonau technegol – ansawdd llun a sain, a'r gwead sydd rhyngddyn nhw – yn mynnu cymaint o sylw ag a wna'r cynnwys a'r dyfeisgarwch. Disgwyliwn i'r safonau hynny gael eu harddel a'u parchu.

Tair ymgais a ddaeth i law. Testun fideo *Gwyrfai* yw 'Glyn Glan Gors' ac ymgais ydyw i bortreadu gwerinwr a thyddynnwr. Nid oes fawr o ôl cynllunio ar y gwaith ac ni lwyddir i greu darlun o gymeriad gwironeddol unigryw y mae'r gwyliwr â diddordeb i wybod rhagor amdano. Mae'r gwaith camera, hefyd, a'r ansawdd technegol, yn is na'r hyn a ddisgwylid mewn cystadleuaeth fel hon.

Hanes merch ysgol yn dioddef o effeithiau'r afiechyd *spina bifida* a geir gan *Huw* yn ei fideo, 'Maria'. Arddull rhaglen ddogfen sydd i'r cyflwyniad gyda llawer o'r fideo'n adrodd (drwy gyfrwng sylwebaeth a chyfweliadau â rhieni, athrawon ysgol a swyddogion) hanes Maria'n llwyddo i orchfygu anawsterau a byw bywyd cwbl arferol er gwaethaf ei hanabledd. Mae'n destun gwerth chweil a chaiff y gwrthrych ei phortreadu fel merch hoffus, benderfynol a dewr drwy gyfrwng cyfres o luniau dros gân briodol ar y diwedd yn adlewyrchu teimladau'r fro tuag at eu 'harwres'. Mae'n drueni mawr bod ansawdd technegol y cyflwyniad mor siomedig. Mae safon y lluniau'n drychinebus a'r gwaith camera'n rhy annigonol yn aml i ganiatáu cyfres ddigon llyfn o luniau mewn ambell ddilyniant. Byddai hefyd wedi bod yn well cael 'gweld' mwy yn hytrach na gorfod dibynnu ar glywed pobl yn sôn am ddigwyddiadau (er enghraifft, y daith i Lundain).

Mae ymgais *Me-Me* yn dechrau'n addawol drwy gyflwyno'r 'sylwebydd' neu'r 'storïwr' fel 'maharen' (sef Macsen) sydd am roi portread i ni o Fro Macsen – ardal Llanberis. Gwaetha'r modd, nid yw'r gwreiddioldeb hwn yn cael ei ddatblygu, a buan iawn y gwelwn y cyflwyniad yn bradychu diffygion cynllunio, gwead ac adeiladwaith. Mae'r cyflwyniad yn dibynnu llawer gormod ar bobl yn siarad i'r camera yn lle dweud stori wrthym mewn lluniau. Cyfrwng gweladwy yw fideo; y radio yw'r cyfrwng i wrando arno. Mae'r gwaith camera ar adegau, fodd bynnag, yn rhagori tipyn ar y ddau gyflwyniad arall ond, yn gyffredinol, mae'r gwaith yn ormod o gawdel a'r sylwebaeth (hyd yn oed i faharen!) yn hynod o anysbrydoledig.

Gwaetha'r modd, nid oes yr un o'r cyflwyniadau'n llwyddo'n ddigonol i gyrraedd safon cystadleuaeth genedlaethol. Er na ellir gwobrwyo teilyngdod, felly, efallai'i bod yn werth gwobrwyo addewid ac, yn fy marn i, y cyflwyniad sy'n dangos hynny orau yw eiddo *Huw*. Rwy'n dyfarnu gwobr o £80 iddo ef.

Sgript ar gyfer cyflwyniad dramatig a fyddai'n denu plant i ddarllen llyfrau Cymraeg

BEIRNIADAETH JOHN A. OWEN

Yr hyn sy'n fy nenu i brynu coffi *Gold Blend* yw'r hysbyseb ddramatig sy'n llawn awgrymiadau synhwyrus am y berthynas/casineb/diffyg parch sydd rhwng dau gymeriad arbennig a'i gilydd. Efallai nad yw'r coffi'n arbennig o flasus ond mae'r hysbyseb yn grêt! O ganlyniad, rwy'n prynu'r coffi. 'Wela' i ddim bod llawer o wahaniaeth rhwng gwerthu coffi a denu plant i ddarllen llyfrau Cymraeg. Yr un yn ei hanfod yw'r ymarfer: targedu cynulleidfa gydag ymgyrch gref, glyfar, fachog, gan nodi cryfderau'r cynnyrch a werthir, ac aros i'r prynu ddigwydd.

Ymgeisiodd dau.

Stimrwg: Canolbwyntio ar deip o lyfr (llyfrau ffermio) a wnaeth y cystadleuydd hwn ac ysgrifennu cyflwyniad gwreiddiol wedi'i wreiddio ym mywyd ffermio, gan ganolbwyntio ar set gyfoethog ei naws, sy'n rhoi cyfle i synhwyrau'r gwylwyr gael eu boddhau. Mae'n anodd gweld, fodd bynnag, sut y gallai holl awgrymiadau'r awdur ynglŷn â chyfraniad y plant i'r chwarae (adeiladu'r bwgan brain, er enghraifft) ddigwydd go ddifri.

Mae problem arall, hefyd, sef bod y cyflwyniad yn rhoi gormod i'r plant. Nerth llyfr yw tynnu'r darllenydd i'r byd a grëir. Gwendid teledu yw ei fod yn creu'r byd hwnnw ar ein rhan, a ninnau'n oddefol. Dyna y mae'r cyflwyniad yma'n ei wneud, gwneud gormod i ni. Mae moelni set, actorion di-brops yn dibynnu ar glyfrwch eu geiriau ac ystwythder eu cyrff yn unig, ac yna'r elfen holl-bwysig honno, dychymyg y gynulleidfa, yn gallu gwneud mwy mewn deng munud nag y cais y cyflwyniad pur hir yma ei wneud mewn hanner awr. Y gamp fawr yw codi awydd, rhoi blas, heb roi'r cyfan. Os yw'r codi blas hwnnw'n golygu cynhyrchiad llawn, fel y mae'r sgript hon yn ei awgrymu, mae'n fwy na thebyg y bydd y cynhyrchiad yn bwysicach na'r hyn y mae'n ceisio'i werthu, ac ymarfer ofer fyddai hynny.

Sali Mali: Dewisodd fformat a fyddai'n caniatáu cyfeirio at lawer iawn o lyfrau gwahanol sydd ar gael yn awr yn y Gymraeg. Lleolwyd ogof yng nghefn y set ac mae dewin yn llwyddo i ddenu'r cymeriadau o'r ogof i geisio gwerthu'r llyfrau, gan gynnwys *Superted, Smot, Sam Tân, Sali Mali*, a *Rala Rwdins*. Mae gormod o bwdin yma. Nid rhestru catalog o rinweddau yw ystyr gwerthu llyfr na denu rhywun i ddarllen y llyfr hwnnw. Er enghraifft, os ydych yn dweud, fel sy'n digwydd yn y cyflwyniad yma sawl gwaith: 'Mae yna storïau doniol a difri, ac mi gewch chi hwyl yn eu darllen ... Beth sy'n digwydd i'r Jac Do? Os dach chi eisio gwybod, darllenwch ...', rwy'n credu eich bod chi eisoes wedi colli eich cynulleidfa. Fy nenu i ddarllen, nid fy ngorfodi, yw'r bwriad.

Mae hefyd yn gyflwyniad llawer rhy hir ac mae'n ceisio gwneud gormod. Gan fod cyflwyniad yn ei hanfod yn ddramatig, a chan fod y cystadleuydd hwn wedi enwi llyfrau arbennig, efallai y byddai ysgrifennu cyflwyniad byr, bachog, gafaelgar am un o'r llyfrau wedi bod yn fwy llwyddiannus na rhychwantu amrediad eang iawn o'r llyfrau Cymraeg sydd ar gael erbyn hyn i bobl ifanc Cymraeg eu hiaith.

Diolchaf i'r ddau gystadleuydd am eu hymdrechion ond ofnaf nad oes modd i mi eu gwobrwyo.

Creu tâp sain 8-10 munud o hyd o gyfweliad, cyflwyniad neu sgwrs ddiddorol ar gyfer y rhai gydag anabledd gweld

BEIRNIADAETH ELWYN JONES

Roedd hon yn gystadleuaeth dda, ac roedd hi'n bleser gwrando ar y pedwar tâp ar bymtheg a dderbyniwyd. Yn naturiol, roedd ansawdd yr offer recordio yn amrywio a safon y tapiau'n amrywio o ran eu cynnwys, ond llwyddodd pob un, ar wahân i un, i amcanu at nod y gystadleuaeth: difyrru'r rhai ag anabledd gweld, trwy gyfweliadau neu sgyrsiau. Er yr holl wybodaeth a gasglwyd gan *Ffrind Elsyn*, mae'n siŵr bod y rhai â nam ar eu llygaid eisoes yn gyfarwydd â hanesion sefydlu'r Gymdeithas Cŵn Tywys. Gresyn iddi ddewis y pwnc yma.

Un yn unig a ddewisodd greu tâp a oedd yn rhoi cyngor i rai ag anabledd gweld. Mae *Eog* yn holi Arthur Rowlands ynglŷn â sut y dysgodd bysgota ar ôl iddo gael ei saethu a cholli'i olwg. Mae Arthur yn sgwrsio mor gartrefol ac mor ddifyr ag erioed ond trwsgwl braidd ydi'r holi. Mae'r holwr yn ymdrechu'n rhy galed i fod yn gymeriad ac yn gweiddi ar adegau. Dydi Arthur ddim yn fyddar! Gellid bod wedi gwella'r tâp drwy holi'r pysgotwr ar lan llyn neu ar lan afon a ninnau wedyn yn clywed sŵn y tonnau a'r gwynt a mymryn o sŵn y wialen.

Aeth tri o'r ymgeiswyr â'u gwrandawyr ar daith. Mae *Gwendraeth* yn 'Y Tŷ yn Llawn' yn mynd â ni i Rwsia, ac yn rhyfeddu at lwyddiant capeli'r Bedyddwyr yno. Er bod gan *Gwendraeth* lais digon hawdd gwrando arno, a'i Gymraeg yn raenus, braidd yn bregethwrol ydi'r arddull, a hanes y daith yn gatalogaidd a'r disgrifio'n ystrydebol. Mae tipyn mwy o ddychymyg gan *Hedd* wrth iddo fo fynd â ni i Gwm Pennant. Côr Meibion yn canu 'Nant y Mynydd' sy'n dechrau'r tâp, y gerddoriaeth yn toddi i sŵn afon, ac wedyn llais y cyflwynydd yn llefaru "Cwm Pennant" gan Eifion Wyn. Wedyn, mae'n synfyfyrio uwchben hanes a chyflwr y cwm. Mae ganddo lais da ac mae'r Gymraeg ar y cyfan yn gyhyrog. Gwaetha'r modd, mae'r myfyrdod yn troi'n fonolog hen-ffasiwn ac mae'r sgwrsiwr yn troi'n bregethwr, gan gyfeirio at 'y mwyafrif ohonoch chi'; sgwrs rhwng dau ydi radio da. Mae'r defaid yn rhyfeddol o ufudd hefyd, yn brefu cyn gynted ag yr enwir nhw! Clychau defaid sy'n dod â sgwrs *Y Teithiwr* i ben, wedi iddi ddweud ei hanes yn gweithio am gyfnod byr ar fferm yn Norwy. Mae'n cyflwyno gwybodaeth am y fferm, ac mae'r gymhariaeth â ffermydd Cymru'n ddiddorol. Fodd bynnag, cyflwynydd nerfus, di-hyder ydi *Y Teithiwr*. Mae'r sgwrs braidd yn rhy ffeithiol a dylid bod wedi gwneud mwy o ymdrech i gyfleu naws y wlad a'i phobl. Mae ganddi ddeunydd da ond mae angen iddi fagu mwy o hyder wrth ei gyflwyno.

Holi Eric Jones am ei daith yn hedfan dros fynydd Everest mewn dwy falŵn a thwb plastig a wneir ar dâp *Ofn*. Yr un person sy'n holi ag a fu'n holi Arthur Rowlands am bysgota ond, erbyn hyn, mae ei arddull wedi gwella'n rhyfeddol! Bellach, mae'n llai ymwthgar ac yn fwy naturiol. Mae'r stori'n gyffrous a'r manylion yn ddifyr. Unwaith eto, dylid osgoi cyfeirio at 'wrandawyr'. Er bod y defnydd o gerddoriaeth ar y dechrau a'r diwedd braidd yn amrwd, roedd dewis 'I Did It My Way' yn ddigon addas. Mae'r un cystadleuydd yn mynd â ni hefyd heibio i Gae Pawb, enw trawiadol pobl Porthmadog ar yr 'allotment'. Yno, mae'n sgwrsio â chymeriad a phersonoliaeth fwya'r gystadleuaeth, John Lloyd, sy'n 86 oed ac wrthi'n plannu wyth mil o nionod! Dyna'r rheswm dros y ffugenw, *Nionyn*. Mae John yn siaradwr penigamp ac ansawdd llais arbennig iawn ganddo. Mae Gruff wrthi'n garddio, hefyd, ond braidd rhy hir ydi'r ail gyfweliad. Doedd 'Defaid William Morgan' ddim yn gwbl addas i gloi'r eitem; doedd dim sôn am ddefaid cyn hynny!

Bu saith o'r ymgeiswyr wrthi'n hel atgofion. Cyn-heddwas sydd wrthi yn ymgais *Pethe Penllyn*. Mae'r atgofion yn ddigon difyr a digri ond does dim cyflwyniad o fath yn y byd i'r tâp. 'Wyddom ni ddim pwy sy'n siarad ond, bob hyn a hyn, mae llais yn y cefndir yn ebychu'i ymateb, ac mae'r cyfan yn gorffen yn swta. Mae *Llwchwr* yn gorffen yr un mor swta. Mae'n dechrau trwy gyflwyno Horatio Rees a ymfudodd i Awstralia at 'i ferch pan oedd yn ddeg a thrigain mlwydd oed. Mae yntau'n dweud peth o'i hanes. Mae ganddo lais da, a'r Gymraeg yn dafodieithol raenus a chyfoethog ond mae angen golygu'r sgwrs oherwydd tueddu i grwydro a mynd ar chwâl y mae'r atgofion. Roedd hi'n anodd dweud a oedd *Llwchwr* wedi gorffen a *Tawe* wedi dechrau oherwydd mae'r ddwy sgwrs yn llifo i'w gilydd! Horatio Rees sydd wrthi eto, a heb gyflwyniad y tro hwn. Mae'n dechrau ei hanes yn Awstralia lle caiff gais gan ddynes yno i edrych ar lyfr wedi ei ysgrifennu mewn iaith ddieithr. Cymraeg oedd yr iaith a daeth i'r casgliad mai carcharor o Gymru oedd wedi ysgrifennu'r hyn a gofiai o'r Salmau, wrth iddo gael ei alltudio o'i wlad am ryw drosedd neu'i gilydd. Stori dda, ond yn ddi-gyswllt; mae'n mynd ymlaen at atgofion gwasgaredig eraill. Mae angen tynhau'r cyfan i gadw sylw'r gwrandawr.

Cofio am ifaciwî yn dod i aros ato fo a'i deulu yng Nghwmafan y mae *Dulais* yn 'Y Ddolen Gydiol'. Mae'r arddull braidd yn bregethwrol ac er bod yr atgofion yn ddigon di-fai, di-fflach braidd ydi'r sgwrs.

Go brin y gellid cael mwy o wrthgyferbyniad na'r un rhwng *Taid a Storm*. Maes digon ysgafn, ffwrdd-â-hi am brofiadau gyda *toupé* taid ydi'r cynta'. Mae'r atgofion yn ddigon doniol a'r Gymraeg yn lân ond, i mi, mae'r d'eud neu'r gor-dd'eud yn anffodus. Mae angen cynildeb. Yn ymgais *Storm*, mae'r Capten Richard Evans, Moelfre, yn cael ei holi am y diwrnod yr arweiniodd griw'r bad achub i achub llong yr 'Hindlea'. Mae'n adrodd hanes dewrder a gwrhydri'r dynion yn syml ac effeithiol. Gwaetha'r modd, mae yma ymgais wan i roi sŵn y môr y tu ôl i'r sgwrs, mae'r golygu'n sâl a doedd dim angen gorffen gyda'r gân 'Ora Pro Nobis'. Mae'r stori'n fwy na digon cryf i'w chynnal ei hun heb ychwanegiad.

Y gorau o'r cystadleuwyr sy'n hel atgofion ydi *Hwsmon*. Mae o'n sôn am Gyngerdd Blynyddol Côr y Capel ers talwm ac yn disgrifio'r ffordd y llwyddodd o i raddio, fel petai, i'r Côr. Mae *Hwsmon* yn ddarlledwr profiadol, yn gwybod sut y mae llunio sgwrs dda. Mae ganddo ddwy sgwrs arall. Mae *Ianto* yn trin ceffylau ac yn ein harwain yn rhwydd a di-ymdrech at hanesion mor amrywiol â 'Mrs Pankhurst', 'Llwyd y Bacse' a 'Norton's Coin', ond gwan braidd ydi'r diwedd. 'Moch Mewn Mynwent' ydi teitl ei sgwrs dan yr enw *Dafydd*, sgwrs wedi ei dolennu'n dda wrth iddo egluro'n ddifyr ystyr enwau lleoedd. Dyma'r ffordd i gyflwyno gwybodaeth yn ddi-ymdrech, ac mae honno'n grefft arbennig iawn.

Mae tri thâp arall ar ôl gan *Eirlys, Detective* a *Cornchwiglan*, yr un cyflwynydd, sy'n naturiaethwr a darlledwr profiadol. Yn ymgais *Eirlys*, mae'n disgrifio arwyddion y Gwanwyn. Mae'r tâp wedi ei recordio y tu allan a sŵn yr adar i'w clywed yn y cefndir! Mae'r cyflwynydd yn dyfynnu'n bwrpasol a di-ymdrech o'n llenyddiaeth wrth sôn am y fwyalchen, y fronfraith, y robin goch ac yn disgrifio'r gigfran a'i chyw a'r grifft llyffant. Gresyn am y gerddoriaeth ar y diwedd – roedd yn rhy hir. Yn yr ymgais sydd dan enw *Cornchwiglan*, mae'r un naturiaethwr allan yn y bore bach yn chwilio am y gornchwiglan aur. Unwaith eto, mae'n disgrifio'n dda, a'r enwau Cymraeg ar blanhigion, adar, anifeiliaid a lleoedd yn llithro'n rhugl iawn oddi ar ei wefusau. Fodd bynnag, cafwyd peth trafferth technegol efo'r tâp a chefais yr argraff bod y cynhyrchydd wedi colli amynedd a rhuthro diwedd y rhaglen, er bod y gerddoriaeth glo gymaint fwy addas.

Mae un ymgais ar ôl, eiddo *Detective*. Mae hi'n ddechrau blwyddyn; mae'r cyflwynydd mewn hen feudy; mae'n edrych i fyw llygaid y Dylluan Wen; mae hi'n eira y tu allan. Mae'r cynhyrchydd wedi llwyddo i greu awyrgylch arbennig ar ddechrau'r tâp yma. Mae'r cyflwynydd yn symud o un lle i'r llall gan ddilyn olion traed anifeiliaid yn yr eira. Mae 'na frychau yma: nid yw'r golygu'n dda,

31

mae angen clywed sŵn traed er mwyn fy argyhoeddi bod y cyflwynydd yn symud o le i le. Unwaith eto, rwy'n amau'r dewis o gerddoriaeth ar y diwedd, ond dyma'r ymdrech fwya' mentrus a llwyddiannus i gyfleu darlun byw i rywun ag anabledd gweld, a hynny mewn Cymraeg mor eithriadol o gyfoethog.

Mae *Detective* yn haeddu'r wobr gynta', *Dafydd* yn haeddu'r ail ac, er cystal tâp *Ofn*, *Nionyn* sy'n cael y drydedd wobr am fy nghyflwyno i John Lloyd yng Nghae Pawb.

IEUENCTID

Adolygiad o unrhyw berfformiad proffesiynol o ddrama Gymraeg a lwyfannwyd yn ystod y flwyddyn Ebrill 1994 i Ebrill 1995

BEIRNIADAETH MENNA BAINES A CARYS TUDOR WILLIAMS

Mewn dyddiau pan mae heip a hys-bys yn bygwth disodli trafodaeth onest a deallus mewn cynifer o feysydd, mae'r angen am adolygwyr yn amlwg. Mae ar y theatr Gymraeg angen ei dadansoddwyr ac mae'n dda gweld cystadleuaeth sy'n cydnabod pwysigrwydd meithrin y grefft. Gobeithio nad adlewyrchu diffyg diddordeb ymhlith myfyrwyr drama a mynychwyr theatr ifainc eraill y mae'r ffaith mai dim ond dau sydd wedi cystadlu.

Gwaetha'r modd, mae blas traethawd ysgol ar waith *Caleb* ac, i raddau llai, ar ymdrech *Anaid*. Wrth gwrs, mae angen rhoi sylw teilwng i wahanol elfennau cynhyrchiad ond dylid gwneud hynny yng ngoleuni'r argraff gyffredinol o'r ddrama ac nid trwy restru'n gatalogaidd. Mae gan y ddau ymgeisydd farn i'w mynegi ond nid ydynt wedi myfyrio digon ar yr hyn oedd yn eu plesio neu'n eu diflasu cyn rhoi pin ar bapur. Mae *Caleb*, er enghraifft, yn disgrifio *Cyw Dôl* Twm Miall fel drama sy'n 'dod yn agos iawn at berffeithrwydd', ond prin fod ei ddull ystrydebol braidd o ganmol yng ngweddill yr adolygiad yn cyfleu'r wefr a awgrymir gan osodiad fel yna. Mae adolygiad *Anaid* o *Diana* John Glyn yn aeddfetach, ond nid yw yntau ychwaith yn mynd ati i ddadansoddi ei ymateb greddfol cyntaf i'r ddrama, sef amheuaeth a yw'n cyflwyno'i neges yn effeithiol.

Mae'r ddau adolygiad yn rhy hirwyntog; mae bod yn gryno yn un o hanfodion adolygu o gofio cyfyngiadau gofod papurau newydd a chylchgronau a dylid gochel rhag ymgolli mewn manylion. Ond o safbwynt arddull, mae *Anaid*, unwaith eto, yn rhagori. Oherwydd hynny, a'i ymgais glodwiw i egluro themâu'r ddrama, rhoddir y drydedd wobr iddo ef, gan obeithio yr â ef a *Caleb* ati i feithrin eu crefft.

ADRAN Y DYSGWYR
CYFANSODDI

Llythyr at gyfaill (Safon 1)

BEIRNIADAETH BERYL STEEDEN JONES

Derbyniwyd tri ar ddeg o lythyrau-ymateb ardderchog i dasg seml ond diddorol, tasg lle mae'r ymgeiswyr yn gallu gosod eu ffiniau eu hunain i raddau helaeth. Wedi dweud hynny, mae'n rhaid cyfaddef bod rhai wedi gosod ffiniau rhy gyfyng naill ai o ran sylwedd a diddordeb neu o ran hyd y gwaith. Wedi'r cwbl, am lythyr y gofynnwyd ac nid am 'nodyn brysiog'.

Yn gyffredinol, mae'n rhaid canmol safon yr iaith a bywiogrwydd y cyfansoddiadau. Cyfathrebu yw pwrpas llythyr, wedi'r cyfan, a phan fo'r sgwrs yn ddealladwy a diddorol, mae'n hawdd maddau ambell lithriad treiglo neu gystrawen chwithig. Dylai pob llythyr fod yn amgenach na chofnod ffeithiol o ddigwyddiadau neu restr o gwestiynau ystrydebol; dylai roi cyfle i gymeriad y llythyrwr gael ei adlewyrchu. Teimlaf mai'r rhinwedd honno, yn anad dim arall, sy'n codi'r canlynol i'r dosbarth cyntaf: *M, Evelyn, Ieuan, Linda, Haf Elen, Tywysog, George Borrow, Denbosch, Factotum, Addonwy, Dave,* a *Mam.* Dyma air byr a chryno am y rhain:

M: Disgrifiad da o'r pentref y mae newydd symud iddo ond yn rhy gatalogaidd efallai.

Evelyn: Cadwraeth yw prif destun y llythyr diddorol hwn ond byddai tipyn o ysgafnder yn ddymunol.

Ieuan: Cawn hanes rhestr o 'drychinebau' eithafol ond teimlaf fod y llythyrwr wedi dod drwy'r cyfan yn fuddugoliaethus. Mae rhyw afiaith annwyl yma.

Linda: Llythyr bywiog a ffraeth sy'n argyhoeddi; ymddengys fod yr awdur yn byw bywyd llawn iawn.

Haf Elen: Llythyr naturiol iawn gydag ambell sylw ysgafn i roi lliw i'r cofnodi.

Tywysog: Dyma lythyr 'tafod yn y boch' at rywun o'r enw 'Camilla'! Roeddwn i'n hoffi'r hiwmor yn arw iawn ac roedd hwn yn ddigon o feistr ar yr iaith i fentro ar air mwys.

George Borrow: Hanes gwyliau yn Aberystwyth. Mae'r Gymraeg yn gywir iawn ond hoffwn ychydig mwy o hiwmor.

Denbosch: Blas clecs effeithiol sydd yn y llythyr hwn a chyffyrddiadau bach naturiol iawn.

Factotum: Llythyr yn llawn pytiau newyddion difyr a dwys ond mae'n rhaid gwylio'r treigladau.

Addonwy: Mae rhannau difyr yn y llythyr hwn ond ambell sylw syfrdanol o hiliol. Dotiais, fodd bynnag, at y frawddeg: 'Roedd hi'n bwrw glaw yn fy nghalon'.

Dave: Llythyr ffantasi doniol gan Noddy edifeiriol at ei gyfaill, Clustiau Mawr. Roedd posibiliadau llawn hiwmor yma ond roedd y cyfanwaith braidd yn fyr.

Mam: Llythyr sy'n llawn o bytiau blasus ond nid llythyr at gyfaill yn hollol.

Roeddwn i'n chwilio am y 'rhywbeth' amheuthun hwnnw sy'n peri bod rhagor rhwng llythyr a llythyr mewn gogoniant – y ffraethineb, yr agosatrwydd, y diddordeb, a hynny i gyd mewn iaith rwydd a dealladwy.

Cefais y rhain i gyd gan *Ieuan, Linda* a *Tywysog*. Dyfarnaf £8 yr un i *Linda* am ei naturioldeb bywiog ac i *Tywysog* am ei wreiddioldeb ffraeth, a £4 i *Ieuan*, gan obeithio bod ei fywyd wedi troi ar wella!

Dyddiadur wythnos (Safon 2)

BEIRNIADAETH HELEN PROSSER

Un ar hugain o ymgeiswyr a aeth ati i lunio dyddiadur wythnos, sy'n brawf bod Adran y Dysgwyr yn tyfu yn ei phoblogrwydd. Roedd y gystadleuaeth hon ar gyfer dysgwyr sydd wedi derbyn hyd at 200 awr o hyfforddiant ac, o gofio hynny, mae safon yr iaith yn glod i ymdrechion y dysgwyr a'u tiwtoriaid.

Oherwydd hod cymaint wedi cystadlu, nid wyf am ddweud gair am bob ymgais. Fel y byddech yn disgwyl gyda thestun megis dyddiadur wythnos, helyntion bywyd beunyddiol a gafwyd gan y rhan fwyaf o'r ymgeiswyr a hynny'n aml iawn mewn ffordd ddifyr dros ben.

Pum ymgais sy'n dod i'r brig, sef *Eirlys, Ffion Harries, Julie, Saran Melangell* a *Siacal*. Roedd pedwar o'r ymgeiswyr hyn wedi dangos bod ganddynt ddigon o feistrolaeth ar y Gymraeg i beidio â sôn am gonfensiynau bywyd pob dydd ac wedi defnyddio'u dychymyg ac, yn bwysig iawn, eu hiwmor. Gair byr am y pump ohonynt.

Eirlys: Mae ganddi ddawn ysgrifennu. Yn unol â ffurf dyddiadur, nid yw bob amser yn defnyddio brawddegau cyflawn. Mae hi'n colli pwysau wrth wylio'r dyn dros y ffordd yn mynd allan i redeg a'r helyntion sy'n digwydd rhyngddo a'i wraig o ganlyniad i hynny. Sut y mae hi'n colli pwysau? Mae'n llosgi ei swper bob nos wrth gadw llygad ar yr hyn sy'n digwydd gyferbyn. Erbyn diwedd yr wythnos, mae wedi colli tri phwys ac yn cloi gyda'r sylw: 'Yn wir, mae rhedeg yn dda i chwi!'.

Ffion Harries: Dyddiadur pysgodyn aur a gawn yma, a'r pysgodyn yn sylwebydd ar fywyd ei berchnogion a'u hymdrechion i ddysgu Cymraeg – mae'r pysgodyn yn rhugl, wrth gwrs! Mae'r dyddiadur hwn yn ddifyr ac yn gynhwysfawr a'r pysgodyn yn un doeth. Ei sylwadau clo yw: 'Dw i'n meddwl yn aml 'mod i'n gofalu amdanyn nhw yn llawer gwell nag y maen nhw'n gofalu amdana i. Erbyn meddwl, dw i ddim yn gwybod beth yn y byd naen nhw taswn i ddim y cadw llygad arnyn nhw'.

Julie: Dyma'r dyddiadur mwyaf difrifol, gan ei bod wedi cyflwyno wythnos Fatima sy'n ddeuddeng mlwydd oed ac yn byw yn Sarajevo. Er ei bod yn disgrifio'r bywyd caled yn Sarajevo, diweddglo hapus sydd i'r dyddiadur oherwydd bod y teulu yn ffoi i Gymru. Er ei bod yn hapus ac yn ddiogel yng Nghymru, mae'n gorffen gyda'r geiriau: 'Dydw i ddim wedi anghofio fy nghartref ym Mosnia'.

Saran Melangell: Cawn ddyddiadur sy'n disgrifio wythnos o wyliau yng Nghymru, gan Almaenes sydd yn amlwg wedi dysgu Cymraeg yn yr Almaen. Mae'r dyddiadur yn disgrifio pedwar diwrnod yn Eisteddfod Genedlaethol Nedd a'r Cyffiniau a thridiau yn Sir Benfro. Disgrifia'r profiadau a gafodd yn fanwl ac mae'r Gymraeg nid yn unig yn gywir ond hefyd yn llawn idiomau. Y noson cyn dychwelyd adref, dywed: 'Ymhen pedair ar ar hugain byddaf yn cysgu ar dir y cyfandir mawr, ond bydd f'enaid yn dal yma yng Nghymru' .

Siacal: Dyddiadur brenhinol – dyddiadur Tywysog Cymru yn symud i Gaernarfon. Hiwmor sydd yn aros yn y cof am y dyddiadur; mynd â'r plant i Ysgol Syr Hugh Owen, gwerthu lluniau i wneud arian, a 'hanner awr yn y Range Rover efo Camilla'.

Cefais fy mhlesio'n fawr gan nifer yr ymgeiswyr, safon eu Cymraeg a chynnwys y dyddiaduron. Anodd iawn oedd penderfynu ar un enillydd ond, ar ôl tipyn o bendroni, rhennir y wobr fel a ganlyn: *Ffion Harries*: £15; *Eirlys*: £10; *Saran Melangell*: £5; a chlod uchel iawn i *Julie* a *Siacal*.

Ysgrif neu Stori a fyddai'n addas ar gyfer papur bro (Safon 3)

BEIRNIADAETH DAFYDD W. GRIFFITHS

Derbyniais 18 o gyfansoddiadau. Er bod y gystadleuaeth yn nodi ysgrif neu stori, ni chedwais at ddiffiniadau rhy gaeth a derbyniais y cyfraniadau i gyd fel rhai dilys. Yn eu plith, roedd chwech yn storïau, dau yn atgofion a'r gweddill yn ysgrifau/erthyglau. Roedd pob un yn addas ar gyfer papur bro a dylai'r cystadleuwyr i gyd sicrhau bod eu gwaith yn ymddangos mewn print i eraill gael ei fwynhau a'i werthfawrogi. Mae sawl un â dawn ysgrifennu creadigol, nifer â'r ddawn i droi hanes neu hanesyn lleol yn waith darllenadwy a gall eraill groniclo atgofion mewn ffordd ddiddorol. Mae amrediad eang yn y gallu i ysgrifennu Cymraeg cywir ac mae'n amlwg i rai dderbyn llawer mwy na dau gant o oriau o ddysgu mewn dosbarthiadau ail iaith.

Rhennais y cyfansoddiadau'n ddau ddosbarth. Yn yr ail ddosbarth, mae *Mochyn Bach Dwl, Dennis Vaughan Jones, Broga Glas* a *Dai Cerddwr* sy ychydig ar ôl *Mesen, Saran Melangell, Tangwystl, Vivianne, Sidantŷ, Cyffiniwr, Bwgan Brain, Cadfael* a *Wencilian*. Daeth *Mesen* â hanes diddorol Jac Tomos a'i ardd, atgofion *Vivianne* pan oedd hi'n ieuanc, a stori fer ddifyr *Sidantŷ*, yn agos iawn at ymuno â'r pump sydd yn y dosbarth cyntaf. Y pump a ddaeth i'r brig, fodd bynnag, ydi *Sali Mali, Hafodunos, Ann Hysbys, Pitcot* a *Mary Fach*.

Ysgrifennodd *Sali Mali* stori am y darpar athro a ddaeth i gynnig rygbi i ferched yr ysgol lle'r oedd Sioned yn ddisgybl a'r effaith a gafodd nid yn unig ar Sioned ond ar ei mam hefyd. Mae'r stori wedi ei chynllunio'n dda ac mae'r camau ynddi'n glir a'r clo'n taro deuddeg. Adroddwyd y cwbl yn ddisgrifiadau a naratif mewn arddull gartrefol, llyfn a'r Gymraeg yn gywir a thafodieithol hyfryd.

Aeth *Hafodunos* ati i roi hanes William Low i ni – 'dyn a oedd gan mlynedd cyn ei amser' gyda'i gynlluniau i wneud twnel o Loegr i Ffrainc ddiwedd y ganrif ddiwethaf. Llwyddodd yr awdur i osod darn o hanes rhwng y cyfeiriad at orwyrion y peiriannydd yn teithio ar y trên cyntaf i mewn i Baris yn Nhachwedd 1994 a'r awgrym y dylid cofio'n weladwy am William Low yn ardal Wrecsam yn ddeheuig iawn a'r cwbl mewn Cymraeg llyfn a glân.

Cefais fwynhad mawr o ddarllen stori *Ann Hysbys* yn sôn am docyn loteri buddugol Ifor Gruffydd. Gyda gwaith ychydig yn fwy estynedig, byddai wedi rhannu'r safle cyntaf gyda'r ddau fuddugol. Dylai lunio mwy o storïau ysgafn tebyg. Cafodd *Pitcot* hwyl dda hefyd ar ei stori yntau am yr alarch a drawodd yn erbyn gwifren drydan. Cynlluniodd y stori'n ofalus o'r frawddeg gyntaf i'r olaf ac fe'i cyflwynwyd mewn Cymraeg graenus.

Llwyddodd *Mary Fach* i gyrraedd y dosbath cyntaf gan iddi lunio darlun mor fyw o hanes y mochyn a'r moch bach ar fferm ei mab, a'r trafferth a gafwyd i'w symud o'r cae i'r ysgubor.

Mae'r holl ymgeiswyr i'w llongyfarch, yn enwedig y pump a ddaeth i'r brig. Rhanner y wobr rhwng *Sali Mali* a *Hafodunos* gydag *Ann Hysbys* a *Pitcot* yn dynn ar eu sodlau yn yr ail safle a *Mary Fach* o fewn trwch blewyn iddyn nhw yn y trydydd safle. Diolch i bob cystadleuydd am roi llawer o bleser i mi. Gobeithio y caiff darllenwyr eraill hefyd fwynhau eu gwaith mewn papur bro neu yn *Prentis*.

Cerdd: 'Gobaith' neu 'Atgofion' (Safon: Agored)

BEIRNIADAETH MOI PARRY

Cystadleuaeth lwyddiannus, gyda deunaw wedi cynnig a nifer dda ohonynt yn haeddu canmoliaeth uchel. Bu'r ddau deitl bron mor boblogaidd â'i gilydd. Yn naturiol, roedd cryn amrywiaeth yn safon y Gymraeg ond fy mhrif ffôn fesur i oedd cynnwys y cerddi. Yn ôl y drefn arferol, rhennais yr ymdrechion yn dri dosbarth.

DOSBARTH 3

Aderyn To: Teitl uchelgeisiol: 'Gobaith – Ar fynd i mewn i Eglwys newydd Jeanne Sant Rouen' ond anodd iawn yw deall y gerdd gan mor afrwydd yw'r dweud. Ni lwyddodd. *Marie Mint*: Cerdd am y frwydr rhwng lluoedd Caradog ac Offa ar Forfa Rhuddlan. Prin yw'r farddoniaeth a safon y Gymraeg yn llestair pendant i'r bardd a'r darllenwr. *Celine*: Un sy'n cofio mynd i'r Eglwys noswyl y Nadolig i ddathlu geni Iesu. Arwynebol yw'r dweud heb fymryn o newydd-deb. *Laura Gwydr*: Atgofion am blentyndod pan oedd bywyd yn braf, heb ofid yn y byd. Moel iawn yw, heb ddim byd ychwanegol i'r hanes syml.

DOSBARTH 2

Nant Ddu: Mae gobaith yn yr heddwch a ddaw ar ddiwedd y brwydro. Iawn, ond does yma ddim mwy na hynny. *Jên*: Yr unig un i gynnig cerdd gwbl odledig a gwnaeth hynny'n llwyddiannus. Atgofion sydd yma am deulu'n tyfu i fyny'n hapus a'r hiraeth a ddaeth ar ôl gadael cartref. *Broga Glas*: Cerdd Gristnogol yn mynegi mai yng Nghrist y mae'r unig obaith. Cerdd â phatrwm pendant iddi, gyda'r un cytgan ar ôl pob pennill ond credaf fod yr awydd i odli wedi bod yn llestair. *Madog Derwen*: Cerdd amserol. Llef dros y fuwch sydd wedi colli'i llo i'r farchnad gig. Aflwyddiannus yw'r dweud yn y trydydd a'r pedwerydd pennill. *Ann Hysbys*: Atgofion plentyndod merch o'r chwe-degau. Hoffais fydr y gerdd a'r un llun bach hapus, ond does yma ddim digon i fodloni rhywun. *Pryderi*: Cerdd uchelgeisiol yn disgrifio angladd ddiwedd y gaeaf/ddechrau gwanwyn. Mae delweddau natur yn rhedeg drwyddi ac mae cyferbyniad amlwg rhwng yr angladd a'r gobaith ym mhob eginyn yn y pridd. *Angharad*: Cerdd plentyn bach yn gweld cysgodion brawychus wrth fynd i fyny'r grisiau i'r gwely yng ngolau'r gannwyll. Hoffais y dechrau: 'Roedd bwci bo yn byw yn tŷ ni', ond teimlaf mai gwanychu y mae wrth fynd yn ei blaen. *Ben Bedw.* Cerdd tua 100 llinell am ddyn yn cofio am ei garwriaeth saith mis ag Angharad sydd flynyddoedd yn iau nag ef. Mae'n cofio rhagfarnau'r pentrefwyr, gwrthwynebiad teulu'i gariad a dirmyg ei ferch ef ei hun. Ond rhy brin o lawer yw llinellau cofiadwy fel hon am Angharad wrth iddi ymbincio: 'yn gwe-copio blew d'amrannau'. Gallai'r ymgeisydd hwn ennill y gystadleuaeth hon yn y dyfodol. *Rhosyn Saron:* Yr haf a'i 'ffrwythau melys' a'i 'rosynnau tyner' yw nefoedd y bardd. Bydd yn siŵr o gofio rhinweddau'r haf pan fydd 'bysedd rhewllyd' y gaeaf ar y drain. Cerdd syml, hyfryd. *Twrch Daear.* Cerdd werdd yw hon ond mae gormod o bregethu 'anfarddonol' ynddi a hynny sy'n ei chadw o'r Dosbarth Cyntaf. Y ddau bennill olaf yw'r rhan orau o lawer; dyma'r olaf ond un sy'n disgrifio'r melinau gwynt: 'planhigfa o chwrligwganod,/gwŷdd o felinau gwynt/yn dod â siffrwd o obaith/gyda phob chwa'. *Lizzie Lafant:* Cerdd y bu bron i mi ei chynnwys yn y Dosbarth Cyntaf. Hoffais ailadrodd llinell gyntaf y tri phennill cyntaf: 'Dw i'n sefyll ar y bont'. Mae'n clywed llais yn galw arno, llais Arthur yn ei dynnu dros y bont tua'r iaith Gymraeg.

DOSBARTH 1

Y Pysgotwr. Amser y Nadolig yw. Ni wêl y bardd obaith yn y siopa ofer am anrhegion na chwaith mewn coeden dan dinsel a seren ar ei brig. Yn hytrach, mae ei obaith 'yng nghân yr angylion' a'r 'seren yn arwain'. Pregeth o gerdd.

Teithiwr yn y Niwl: Cerdd am blentyndod tuag amser y rhyfel. Pennill cyntaf ardderchog a darnau da iawn eraill yn y gerdd ond mae rhannau gwannach hefyd. Dyma'r pennill cyntaf i 'Atgofion': 'Deuant/Fel edafedd arian/O niwloedd ddoe/Yn fregus ac yn werthfawr./Deuant/Yn dwyn poen a phleser,/ Dagrau a chwerthin./Mewn munudau o dawelwch/Yn annisgwyliadwy'.

Ismael: Nant Gwrtheyrn yw gobaith y bardd hwn. Mae ganddo dri phennill yn adleisio'i gilydd. Ceir pennill i fwrlwm diwydiannol y Nant, un arall i'r Nant yn adfeilion, a'r trydydd i gynnwrf presennol y lle. Maent yn benillion crefftus a 'sŵn' yn eu cydio; er enghraifft: 'Cwympo creigiau, twrf morthwylion,/Crechian rhaffau, gwaeddau dynion/– Sŵn y werin, sŵn eu gwaith'.

Llusern Llachar. Cerdd yr oedd angen cryn fyfyrio uwch ei phen. Mae ambell beth yn y dyffryn lle bu'r bardd yn chwarae'n blentyn yn dod ag atgofion iddo ond nid atgofion plentyndod. Yn hytrach, â'n ôl ganrifoedd lle bu'n byw bywyd arall; er enghraifft, mae arogl y crinllys yn troi'n arogldarth teml Sadwrn yn Rhufain lle'r oedd y bardd yn archoffeiriad. Ymgeisydd cryf iawn am y wobr.

Merch y Gadlys: Pe cyfrifwn nifer y geiriau, dyma'r gerdd fyrraf un ond nid wrth ei hyd y mae mesur barddoniaeth. Hoffais glyfrwch epigramataidd y cynnig hwn yn syth. Gallai pob un o'r pedwar pennill sefyll ar ei ben ei hun yn hawdd ond maent hefyd yn gyfanwaith crefftus, gydag un gair o un cwpled yn ei glymu wrth y nesaf bob tro a'r pennill olaf yn cydio wrth yr un cyntaf. Byddwn wedi'i chael yn anodd dewis ail a thrydydd gan mor agos at ei gilydd yw llawer cynnig ond doedd dim dwywaith am yr enillydd. Gwobrwyed *Merch y Gadlys* gyda chlod uchel.

Y Gerdd

GOBAITH

Tir heb iaith
Mam heb faban,

Iaith heb dafod
Gwaed heb galon,

Tafod heb feddwl
Tân heb danen,

Meddwl heb obaith,
Iaith heb amcan.

Merch y Gadlys

Dau ddarn o ryddiaith o natur wahanol, naill ai ysgrif, stori fer, sgript, dyddiadur neu adolygiad (Safon: Agored)

BEIRNIADAETH EIRA DAVIES

Beth fyddai wedi digwydd pe bai Iesu wedi porthi'r pum mil gyda hanner pwys o sbrowts? Gwraig i Aelod Seneddol â sgerbwd yn y cwpwrdd? Beth ddigwyddodd i dair colomen wrth golofn Nelson? Dyma adlewyrchu amrywiaeth cynnwys y pedwar ar bymtheg o gyfansoddiadau yn y gystadleuaeth ddiddorol hon: wyth ysgrif, deuddeg stori fer, pum sgript, tri dyddiadur, chwe adolygiad, ynghyd ag un erthygl a thair cerdd a oedd y tu hwnt i ffiniau'r gystadleuaeth (hen dro, *Gwawl, Madog Blodyn, Madog Draen, Madog Ywen*).

Bu'n dasg bleserus pori trwy'r cyfansoddiadau a hoffwn longyfarch y cystadleuwyr i gyd am safon uchel eu hiaith a'u mynegiant. Wedi dweud hynny, ambell waith roedd ôl cyfieithu moel o'r Saesneg ac mi hoffwn weld mwy o idiomau Cymraeg yn britho'r cynhyrchion.

Sut felly oedd didoli? Yn ôl gofynion y gystadleuaeth, roedd digon o ryddid i ddewis dau ddarn gwahanol eu natur. Dyma gyfle gwych i arddangos dawn ysgrifennu mewn dau gywair – arddull ffurfiol ac arddull mwy naturiol lafar. Nid oes digon o amrywiaeth arddull a chynnwys rhwng darnau cystadleuwyr y trydydd dosbarth: *Alun o'r Allt, Craen, Eirlys, Rhyddid y Ros, O'r Diwedd, Pren Pigog, Glaswenwyn.*

Yn yr ail ddosbarth, ceir gweithiau *Madog Cennin* a *Madog Afal.* Mae'r ddau gyfansoddiad yn cynnwys Sgript Cystadleuaeth Coginio ar y Teledu. Cawn hwyl wrth wylio cystadleuwyr rhaglen 'Pesgi'r Mochyn' yn dangos mwy o ddiddordeb yn ei gilydd a'r botel frandi ac, fel y gellwch ddisgwyl, mi aeth hi'n draed moch yn y stiwdio. Mae '1996 Yr Hanes' yn cynnwys nifer o fân wallau ac arlliw o gyfieithu o'r Saesneg yn amharu ar rediad naturiol y mynegiant. Mae'r ymgais arall gan *Madog Afal,* 'Moel Famau 1869' yn syrthio i'r un fagl.

Dewisodd *Martin* ysgrifennu stori fer ar 'Dŵr, dŵr ym mhobman ...', hanes cwpwl yn cyrraedd eu bwthyn paradwysaidd am bythefnos o wyliau, dieithryn yn torri ar draws eu heddwch ac adlais o'r gerdd 'The Ancient Mariner'. Sgript teulu yn cweryla dros ewyllys yw'r ail gyfansoddiad. Er bod y cynnwys yn ddigon amrywiol, mae'r awdur wedi dibynnu'n ormodol ar y geiriadur gan ddefnyddio rhai geiriau'n anghywir. Nid yw'r mynegiant yn rhwydd bob tro.

Dyma ddod at y dosbarth cyntaf. Cawn adolygiad manwl o ddrama John Gwilym Jones, 'Y Tad a'r Mab', gan *Melinydd,* ac yna stori fer 'Bore Llun Arall', hanes Gwilym sy' â'i fryd ar fod yn rheolwr a hefyd ar gyfarfod â merch ifanc ddeniadol. Dyma ddau gyfansoddiad difyr sy' wedi'u mynegi'n naturiol a chywir ond roedd angen mwy o gynildeb gan fod y cynnyrch tua dwy waith hyd gofynion y gystadleuaeth.

Gan *Llew Llwfr* y cafwyd y cyfansoddiad doniolaf yn y gystadleuaeth: ysgrif ogleisiol mewn tafodiaith ar 'Sbrowts'. Fel cyferbyniad, arddull lenyddol a geir yn ei adolygiad o nofel Alun Jones, 'Pan Ddaw'r Machlud', ond mi hoffwn i fod wedi cael ymateb personol hefyd yn ogystal â disgrifiad o'r stori.

Yn gyffredinol, prin iawn oedd hiwmor yn y cyfansoddiadau ond cyflwynodd *Ann Hysbys* script ffraeth gyda thair colomen fel cymeriadau yn hel atgofion wrth iddyn nhw glwydo ger capel gwag yn Sgwâr Trafalgar. Yn y darn cyferbyniol, 'Cig Llo Gorau', ceir disgrifiad o fywyd pentref tawel yn Ffrainc – hynny ydi, nes deuir o hyd i sied lle câi lloi eu magu.

Yr Ehedydd: Yn yr adolygiad o 'Wmffra', gan Emily Huws, cyflwynir gwaith destlus a chywir. Mae 'Cariad Mair' wedi'i ysgrifennu yn y cywair personol ar ffurf ymson Mair Magdalen ar lan y bedd. Heb os nac oni bai, mae gan yr awdur feistrolaeth ar yr iaith. Pe bai'r cynnwys yn fwy gwreiddiol, gallai'n hawdd fod wedi cipio'r brif wobr.

Bobi Bach: Stori fer afaelgar gyda thro yn ei chynffon a gawn ni yn 'Yr Amlen' a datgelir ar y diwedd orffennol amheus gwraig Aelod Seneddol. Mae'r awdur yn gwneud defnydd addas o ddeialogau byrion ac yn yr ysgrif, 'Yn Dysgu'r Gymraeg', cawn hel meddyliau ar brofiadau dysgwraig. Mae'r Gymraeg yn gywir a naturiol ei mynegiant a'r ddau gyflwyniad yn ddifyr i'w darllen

Dyfernir y Tlws ac £20 i *Bobi Bach*; £10 i *Yr Ehedydd* a £5 yr un i *Llew Llwfr* ac *Ann Hysbys*.

Diolch i bawb fu'n cystadlu am eu gwaith safonol ac am y pleser a gefais yn darllen trwy'r cyfansoddiadau. Anodd oedd dyfarnu ond rhaid oedd gwneud hynny. Daliwch ati i'ch mynegi eich hunain yn y Gymraeg ar bapur ac ar lafar!

Y ddau ddarn o ryddiaith

1 YR AMLEN

Syllai ar yr amlen fawr frown yn ei dwylo. Cydiai ynddi'n dynn rhag i'w chynnwys gwympo allan. Sylweddolai fod ei gorffennol wedi'i dal. Argyhoeddai'i hun dros y blynyddoedd ei bod wedi dianc rhagddo ond ers yr erthygl gylchgrawn roedd hi wedi ofni'r gwaethaf.

* * * * *

'Mae'n rhaid i mi gael cymaint o gyhoeddusrwydd â phosibl!' meddai Owen Davies yn gadarn. 'Gwen,' ychwanegodd mewn goslef feddalach, 'dw i'n gwybod dy fod di'n lico aros yn y cefndir. Cytunon ni, dw i'n gwybod, cyn i mi fynd i mewn i wleidyddiaeth, ond dim ond y tro yma.'

Ni ddeallasai erioed pam na hoffai'i wraig 'glamour' gwleidyddiaeth, ac nawr yr oedd e'n un o sêr newydd y Blaid. 'Plîs, Gwen.'

Cytunasai, wrth gwrs, yn y diwedd. Yr oedd y cyfweliad yn ddigon cyffredin: ei theulu, ei diddordebau. Cawsai ei lluniau wedi'u tynnu.

* * * * *

Yr oedd y llythyr yn ddi-enw, wrth gwrs, ond wrth iddi'i ddarllen, gwelai wyneb Ali. Yno, o'i blaen eto, gwaed drosto. Yr oedd hi'n siŵr ei fod wedi'i ladd. Rhedasai nerth ei thraed, nes iddi gyrraedd yr orsaf. Ni ddychwelasai i Gaerdydd ers y diwrnod hwnnw. Gwyddai nawr nad oedd yn farw, ac yr oedd nawr yn ei blacmelio. Ni phoenasai erioed am ei 'clients'. Cwrddasai â hwy yn y tywyllwch, yn seddau ôl ceir. Byddent ar frys, talent heb syllu arni. Ond aethai'r arian i Ali.

* * * * *

''Wyt ti'n siŵr nad wyt ti'n moyn aros dros nos?' gofynnodd Owen wrth ffarwelio â'i wraig. 'Perffaith. Hwyl.' 'Cofia fi ati hi.' Cawsai gyfarwyddiadau i

41

sefyll y tu allan i'r orsaf. Byddai tacsi'n ei chodi, gyrru am dipyn, a nôl i'r orsaf. Byddai'n gadael yr arian yn y tacsi cyn iddi fynd allan.

'Ble mae Ali?' gofynnodd i'r gyrrwr wrth i'r tacsi gychwyn. 'Dim siarad ddeudais i,' atebodd wrth syllu arni yn y drych. Cofiodd Gwen yn sydyn am y noson y cwrddodd â chleient mewn tacsi. Nid y cleient a gofiai ond y gyrrwr, ei lygaid yn syllu arnynt yn y cefn.

* * * * *

Gwylient y newyddion y noson honno. 'Daethpwyd o hyd i gorff gyrrwr tacsi yng Nghaerdydd heddiw ... a bag du yng nghefn y cerbyd yn cynnwys hanner can mil o bunnau ...'

'Gyda llaw,' meddai Owen wrth ei wraig, 'Fe ddaeth hwn i ti heddi.' Rhoddodd amlen fawr frown iddi.

2   YN DYSGU'R GYMRAEG

Ers i mi ddechrau dysgu'r Gymraeg, cefais lawer o ymatebion gwahanol oddi wrth Gymry Cymraeg, y rhan fwyaf ohonynt o help mawr i mi: athrawon fy mhlant, academyddion y coleg, pobl a gwrddwn yng nghyfarfodydd Merched y Wawr, a llawer o ffrindiau clòs. Yr wyf yn treulio oriau yn eu cwmni, yn siarad Cymraeg pan fyddai, weithiau, yn haws siarad Saesneg. Ond y maent yn falch fy mod yn dysgu eu hiaith ac yn ei chefnogi. Mae rhai eraill yn gweld dysgwr fel rhywogaeth arall. Y maent yn ein clywed yn siarad Cymraeg ac yn dweud: 'Ha! You've learnt Welsh'. Y maent yn troi, ac yn cadw'r sgwrs yn Saesneg wedyn. Mae rhai eraill yn teimlo'n lletchwith wrth ein clywed, yn peidio â mentro troi i sgwrsio yn Gymraeg ac yn ein hateb yn Saesneg. Yr ymateb gwaethaf a ges i oedd: 'You and your bloody Welsh. Well, how do you say "writing"?' 'Ysgrifennu,' atebais. 'O well, you're not so bad; I thought you were going to say "sgwennu" '.

Yr wyf yn hollol fodlon i'm galw fy hun yn 'ddysgwraig'. Serch hynny, ni fyddai estronwr, ar ôl dysgu Saesneg am saith mlynedd, yn cael ei alw'n 'English Learner'. Byddai pobl yn dweud, 'Mae e'n siarad Saesneg', a dyna i gyd.

Er hynny, mae'n rhaid i mi gyfaddef, nid wyf yn gwybod popeth eto. Cymer hynny flynyddoedd eto, mae'n debyg. Ond fel dysgwraig, nid wyf am ddwyn yr iaith neu siarad yn well na Chymry Cymraeg eu hunain. Yr wyf yn fodlon gwrando a dysgu oddi wrth bobl yn y stryd ac yn y dosbarth. Ac nid wyf yn gyfrifol am y geiriau gwahanol sy'n cael eu defnyddio yn y gogledd ac yn y de.

Hoffwn roi ystyron pellach i'r gair 'dysgwr/dysgwraig': rhywun sy'n cefnogi'r iaith, a'r diwylliant Cymraeg, nid rhywun sydd yn ei herbyn.

Bobi Bach

Cywaith grŵp: Paratoi papur bro wyth ochr tudalen A4
(Safon: Agored)

BEIRNIADAETH ERIC JONES

Daeth deg o gynhyrchion i law a phob un yn dderbyniol fel papur bro. Wrth feirniadu, edrychwn ar amrywiaeth y deunydd, atyniad y dudalen flaen, y diwyg yn gyffredinol, cywirdeb iaith, a'r atyniad i'r darllenydd. Edrychwn am bapur a oedd yn rhoi gwybodaeth ac yn ei glymu'i hun wrth ddiddordebau'r bobl yn lleol, gan gynnwys storïau ac erthyglau nad oedd yn rhy hir.

Roedd rhai o'r cynhyrchion yn anelu at frõydd arbennig ac eraill wedi eu hysgrifennu ar gyfer ardal ddychmygol gyda llawer o hiwmor a dychymyg. Defnyddiwyd cyfrifiaduron gan y rhan fwyaf ac ymddangosodd un papur mewn llawysgrifen.

Pobl y Gwir. Papur Bro Trefyclown a'r ardal yw 'Y Gwir'. Mae'n cynnwys deunydd ar gyfer plant, croesair, rysait, a Cantona yn ysgrifennu ar chwaraeon! Byddai'n well pe cynhwysid ynddo fwy o newyddion a rhywfaint am yr hyn sydd ar fin digwydd yn y gymuned. Mae ynddo rai gwallau iaith.

Yr Ynyswyr. Rhywbeth yn debyg yw cynnwys papur bro'r ymgeiswyr hyn. Mae ynddo dudalen rysetiau a phosau hynod o ddiddorol ac er nad yw'r dudalen flaen yn ddigon atyniadol, mae'r holl gynnwys at ei gilydd yn dda.

Pobol y Pwll. Cymeriadau Dan y Wenallt sy'n cynhyrchu papur bro 'Y Llanast' ac mae'n cynnwys llun o bobl ifainc ar ôl brwydr yn y dref ar y dudalen flaen. Poly Garter yw'r trysorydd ac Organ Morgan sy'n casglu hysbysebion. Mae llawer o ddychymyg yma ac mae cynnwys hysbysebion o nwyddau ar werth a'r Sêr yn eu Graddau yn ychwanegiadau diddorol. Mae nifer o wallau iaith yma.

Prosser. Mae'r papur bro, 'Genau'r Glyn', sydd â diwyg da, yn rhoi hanes lleol; mae'r stori agoriadol yn ymwneud â Fferm Dwrbein a chynhwysir nifer o bytiau lleol a dyddiadur. Mae ambell erthygl yn anniddorol ond ymdrech dda iawn ar y cyfan.

Clecs Clwyd. Mewn llawysgrifen y cyflwynwyd gwaith y cystadleuwyr hyn ac mae'n colli rhywfaint o'r herwydd. Mae llawer o'r deunydd yn arbennig ar gyfer dysgwyr a cheir llun diddorol o'r tîm golygyddol ar y dudalen flaen – roedden nhw'n ffodus i gael deg o weithwyr! Mae'n cynnwys llun o Nant Gwrtheyrn a gwybodaeth am y lle, a gweithgareddau lleol ar gyfer dysgwyr.

Y Filltir Sgwâr. Mae diwyg papur yr ymgeiswyr hyn yn dda a'r hysbysebion yn ddiddorol. Efallai fod ynddo ormod o erthyglau cyffredinol a dim digon o newyddion lleol, ond ymdrech dda.

Yr Atsain: Mae papur bro'r grŵp hwn yn dechrau gydag erthygl ar natur ac er bod y dudalen wedi ei gosod yn dda, efallai y byddai wedi bod yn well dechrau gydag eitem o newyddion. Da iawn o safbwynt cynnwys y dyddiadur.

'Hacs' yr Hafan: Papur bro yr Hafan a'r Aber yw 'Haul a Heli'. Rwy'n hoffi'r teitl ac mae'r cynnwys yn ddiddorol ac amrywiol gyda llawer o wybodaeth wedi'i chynnwys yn yr wyth tudalen. Trueni na fyddai wedi cael ei gyflwyno ar ffurf papur bro ar gyfer y gystadleuaeth.

Coedwig y Gymp a *Grŵp y Mochyn Du*: Dau bapur bro yn cychwyn ar eu taith sydd gan y ddau grŵp, y naill, 'Llais y Bawddwr', yn ardal Llanymddyfri, a'r llall, 'Llais', yn cynrychioli ardal ddychmygol Abermoch. Mae diwyg a thudalen flaen y ddau bapur yn atyniadol a diddorol i'w darllen ac yn cynnwys llawer o bytiau o newyddion. Mae'r 'Llais' yn llawn cyfeiriadau at foch a hychod ac mae llawer o hiwmor yn perthyn i'r gwaith. Dw i ddim yn siŵr a fyddai Guto a Lowri yn falch o weld cyhoeddi eu dyweddïad yn syth ar ôl yr eitem lle cyhoeddir geni eu pumed plentyn! Mae 'Llais y Bawddwr' yn rhoi hanes Noson Tippit a noson adloniant mewn beudy lleol. Ceir ambell gamgymeriad sillafu yma a thraw yn y rhan fwyaf o'r cynhyrchion.

Roedd yn anodd penderfynu ynglŷn â'r goreuon gan fod i bob ymdrech ragoriaethau mewn rhai cyfeiriadau ond, o ran diwyg, atyniad i'w ddarllen, a'r dylunio, daw *Coedwig y Gymp* a *Grŵp y Mochyn Du* yn gydradd gyntaf. Rhoddir y safle nesaf i *'Hacs' yr Hafan*; roedd cynnwys eu hymdrech hwy yn helaethach ond y diwyg heb fod cystal. Llongyfarchiadau i bob un ohonynt am ymdrechion clodwiw.

PARATOI DEUNYDD AR GYFER DYSGWYR

Tri llyfr byr. Deunydd darllen a fyddai'n addas ar gyfer dysgwyr. Cyfnod Allweddol 2

BEIRNIADAETH LIS MORGAN-JONES

Syniad da oedd cynnwys y gystadleuaeth hon gan fod cymaint o alw am ddeunydd darllen i ddysgwyr yn y cyfnod allweddol hwn. Ni chyfyngwyd ar yr ymgeiswyr drwy ofyn am gyfres ac felly roedd modd amrywio testunau'r llyfrau rhwng ffuglen a llyfrau ffeithiol, ac fe gafwyd yr amrywiaeth hwn gan rai ymgeiswyr. Gwaetha'r modd, er yr angen dybryd sydd am lyfrau, dim ond pum ymgais a ddaeth i law ac mae'n rhaid i mi gyfaddef fy mod braidd yn siomedig yn yr ymateb.

Bobby Rembrandt: Tair stori wreiddiol sydd gan y cystadleuydd hwn am Antur Glyn, Antur Mair ac Olwen ac Antur Alun a Dafydd. Mae'n defnyddio iaith sylfaenol iawn i gyflwyno'r storïau ac mae'r gwaith yn cynnwys llawer o ailadrodd brawddegau ond mae'r storïau'n rhy syml, yn fy nhyb i, i CA2.

Y Gwas: Darnau o hunangofiannau gwŷr enwog y maes chwaraeon yng Nghymru yw testun y llyfr cyntaf, pobl fel Gareth Edwards a Dai Davies. Mae'n cynnwys dyfyniadau fel 'Ni wyddwn pwy a wnaeth y paratoadau, ond fel myfyriwr hŷn, medrwn orlywodraethu dros yr holl drefniadau'. Rwy'n siŵr bod yna le i lyfr am bencampwyr ar silff lyfrau pob dysgwr ond credaf fod y dyfyniadau'n rhy anodd i'r oed a hwyrach bod angen sôn am enwogion cyfoes hefyd.

Storïau byrion ar ffurf damhegion oedd y gyfrol nesaf a oedd eto'n cynnwys diweddgloadau megis 'Peidiwch â diystyrru canllawiau bywyd' a 'Gofalwch neu fe gwyd anawsterau'. Teimlwn y dylid cynnig testun symlach a mwy ysgogus i'n dysgwyr.

Teyrnged yw'r drydedd stori i ddyn o'r enw Horatio Rees a'i frwydr i gadw'r Gymraeg yn fyw yn Awstralia. Stori ddigon diddorol ond eto gyda chymalau fel 'Oblegid ychydig iawn o ddysg o'r fath gafodd Horatio', ni theimlaf fod yr ymgeisydd yn cadw'i gynulleidfa mewn cof.

Dorcas: Tri llyfr o storïau Beiblaidd sydd gan yr ymgeisydd hwn; storïau am Daniel, Esther a Samson. Mae storïau Daniel ac Esther mewn pum pennod a stori Samson mewn wyth pennod. Apeliodd ffurf deialog stori Daniel ataf yn fawr gan fy mod yn gallu gweld y plant yn creu drama ohoni ar gyfer gwasanaeth ysgol ond fe aeth y ddwy stori arall yn hir ac yn anoddach eu darllen.

Ger y Nant: Dau lyfr gwybodaeth ac un stori sydd yma. Mae 'Ydych chi'n gwybod?' yn sôn am amrywiol bethau, o'r giraff i'r frech goch, ac mae 'Ydych chi'n gweld?' yn sôn am anifeiliaid ac adar. Edrychais am ogwydd newydd ar waith o'r fath ond ni chefais fy modloni. Mae'r stori, ar y llaw arall, yn ddifyr ac fe fyddai'r testun yn addas ar gyfer plant yn eu blwyddyn olaf yn yr ysgol gynradd neu wrth drosglwyddo i'r ysgol uwchradd. Credaf fod yr awdur wedi ymgolli yn y stori ambell waith ac mae yna duedd i anghofio'r gynulleidfa. Hwyrach y dylid edrych ar briodoldeb yr iaith os ystyrir ei chyhoeddi.

Dryw: Storïau gwreiddiol sydd gan yr ymgeisydd hwn, un am fôr-leidr, un am ddau fwgan a'r llall ar y testun 'Chwilio am hedyn' sydd yn cysylltu cymeriad cyfoes ag ychydig o hanes y Mabinogi. Mae'r storïau'n syml ac mae'r ddwy stori gyntaf yn addas ar gyfer dysgwyr ar ddechrau Cyfnod Allweddol 2 ond mae'r drydedd stori'n sigledig mewn mannau. Hwyrach bod angen edrych ar y stori hon eto o ran cysondeb a diweddglo.

Wrth ddarllen ac ail-ddarllen y testunau, tristwch gennyf yw casglu nad oes yr un ymgais yn ateb gofynion y gystadleuaeth er bod arwyddion addawol yng ngwaith *Dorcas*, *Ger y Nant*, *Y Gwas* a *Dryw*. Penderfynais atal y wobr o £100 ond rhodder £60 i *Dryw* am ei ddwy stori gyntaf a £40 i *Ger y Nant* am stori Daniel.

Casgliad o sgetsus byrion ar gyfer dysgwyr Cyfnod Allweddol 3/4 neu oedolion

BEIRNIADAETH NON AP EMLYN

Braf iawn oedd gweld cystadleuaeth ysgrifennu sgetsus yn cael ei gosod yn Adran y Dysgwyr, gan fod angen deunyddiau o'r math, yn enwedig o gofio am y nosweithiau cymdeithasol a drefnir ar gyfer dysgwyr a Chymry Cymraeg, lle mae prysurdeb mawr i ddarparu adloniant ysgafn. Siom fawr, felly, oedd derbyn un ymgais yn unig. Efallai fod hyn yn adlewyrchu'r ffaith bod creu sgetsus da yn beth digon anodd i'w wneud. Mewn sgetsus ysgafn, er enghraifft, mae angen ergyd drawiadol ar y diwedd sy'n gadael y gynulleidfa'n chwerthin, neu ddiweddglo priodol sy'n uchafbwynt naturiol i ddigwyddiadau'r sgets. Oni cheir hyn, mae perygl i sgets orffen yn swta, heb iddi gyrraedd unman, a hynny er siom i'r gynulleidfa.

Megan oedd yr unig ymgeisydd. Cyflwynodd gasgliad o chwe sgets, pedair ohonynt yn anelu at fod yn ddoniol a dwy yn fwy ffurfiol. Er gwaetha'r ffaith bod geiriad y gystadleuaeth yn agored, yn gofyn am gasgliad o sgetsus byrion, heb ddiffinio pa fath o sgetsus a ddymunid, ni ellir ond teimlo nad yw'r ddwy sgets ddifrifol yn addas i'w cynnwys gyda'r gweddill fel 'casgliad'. Nid yw'r stori am Melangell a Brochwel, fel y mae, yn addas fel sgets, ac yn 'Cyfrinachau', trafodir difrifoldeb erthyliad, sy'n golygu nad yw'n gydnaws â gweddill y sgetsus o gwbl.

O'r pedair sgets ysgafn, mae tair ohonynt, 'Cinio yn y Caffi', 'Y Sioe Flynyddol' a 'Pen-blwydd Hapus', yn llwyddo, a byddent yn siŵr o esgor ar dipyn o hwyl mewn nosweithiau llawen. Maent yn cynnwys y cyfarwyddiadau priodol ar gyfer eu llwyfannu, mae'r ddeialog y slic ac mae'r iaith o safon briodol. Yn 'Cinio yn y Caffi', er enghraifft, ceir sefyllfa gyfarwydd y cwsmer a'r weinyddes mewn caffi, gyda digon o hiwmor llafar a gweledol, ac mae'r ergyd yn 'Y Sioe Flynyddol' a 'Pen-blwydd Hapus' yn glyfar iawn. Fodd bynnag, er bod y sgets 'Cystadleuaeth' yn cynnwys nifer o elfennau doniol iawn drwyddi draw, teimlir siom ar ei diwedd oherwydd bod y jôc sy'n ei chloi'n wan. Pe bai modd newid y diweddglo, byddai yma sgets dda iawn.

Mae *Megan* wedi llwyddo i greu cnewyllyn da ar gyfer casgliad o sgetsus, ac mae'n rhaid ei llongyfarch ar ei gwaith. Ond mae angen gwaith pellach er mwyn addasu'r casgliad. Yn ei ffurf bresennol, teimlaf na fyddai'n briodol rhoi'r wobr gyfan i *Megan*; awgrymaf, felly, roi hanner y wobr iddi.

Pecyn o adnoddau ar gyfer dosbarth nos – oedolion ail neu drydedd flwyddyn

BEIRNIADAETH ELWYN HUGHES

O ystyried bod cannoedd o diwtoriaid wrthi'n feunyddiol yn dysgu Cymraeg i oedolion ac yn casglu, addasu a theilwra deunydd ar gyfer eu dosbarthiadau, siom oedd gweld mai dim ond dau oedd wedi cyflwyno'u hadnoddau ar gyfer y gystadleuaeth hon. Wedi dweud hynny, y prif reswm pam y cytunais i feirniadu'r gystadleuaeth yw fy mod bob amser yn chwilio am syniadau newydd i'w dwyn oddi wrth diwtoriaid eraill; ar yr ochr honno, ni chefais fy siomi o gwbl!

Siân: Casgliad rhyfeddol o swmpus, yn llawn amrywiaeth o safbwynt pynciau, sgiliau i'w hymarfer (e.e., llafar, gwrando) a dulliau cyflwyno (gwaith unigol, parau, grwpiau, ac ati). Mae ôl ymchwil trylwyr ar y gwaith ar Ddinbych, a braf yw gweld y dimensiwn lleol hwn i fagu ymwybyddiaeth ymhlith y dysgwyr o fywyd a hanes y fro y maent yn byw ynddi.

Gwennol: Casgliad byrrach o lawer (a rhywfaint o ôl brys arno) wedi'i gynllunio i gyd-fynd â gofynion cynllun Nodau Cyfathrebol Lefel 2 CBAC. Mae yma hefyd amrediad o ddulliau cyflwyno a sgiliau i'w hymarfer, ond ar raddfa lawer llai eang a llai amrywiol nag eiddo *Siân*. Mae llawer llai o waith cwbl wreiddiol hefyd; nid bod hynny'n fai ynddo'i hun gan mai dethol ac addasu defnyddiau parod at anghenion penodol dosbarth penodol yw un o sgiliau pwysicaf y tiwtor ail iaith.

Ar yr olwg gyntaf, felly, mae canlyniad y gystadleuaeth yn amlwg. Eto i gyd, wrth edrych yn fanylach ar gasgliad *Siân*, mae rhai amheuon yn codi. Mantais pecyn cynhwysfawr yw bod y tiwtor yn medru pori ynddo am weithgareddau elfennol ar gyfer dysgwyr gwan a rhai mwy cymhleth ar gyfer y goreuon. Roeddwn yn barod i groesawu amrywiaeth o lefelau o fewn y pecyn, felly, ond gan fod rhan gyntaf pecyn *Siân* yn cael ei chyflwyno fel **cyfres** o wersi, byddwn wedi disgwyl rhywfaint o gysondeb a graddoli wrth symud ymlaen o un uned i'r llall. A dweud y gwir, mae ansicrwydd ynglŷn â'r lefel yr anelir ati o fewn yr un gweithgarwch weithiau – e.e., mae'r geiriau 'fferm' a 'seryddiaeth' yn cael eu rhestru fel geiriau dieithr o fewn yr un darn darllen. Mae rhai o'r gweithgareddau braidd yn blentynnaidd i'm tyb i ac yn f'atgoffa o brosiectau ysgol gynradd – e.e., rhestru enwau deg garej yn Ninbych, glynu enwau wrth luniau o nwyddau mewn siop. Ar y llaw arall, mae nifer o'r gweithgareddau eraill yn rhy uchelgeisiol ar gyfer unrhyw ddosbarth yr wyf fi erioed wedi'i ddysgu; cyfyng yw doniau creadigol llawer iawn o bobl ac annheg yw disgwyl i ddysgwr geisio tynnu ar ei ddychymyg a chynhyrchu brawddegau yn ei ail iaith ar yr un pryd. O'r herwydd, ni fedraf weld y rhan fwyaf o ddysgwyr ail neu drydedd flwyddyn yn llwyddo i greu sefyllfa fyrfyfyr mewn llys barn, nac i roi cyfarwyddiadau i bartner dynnu llun dychmygol o Nant Gwrtheyrn ers talwm, nac i ysgrifennu 'cân gan ddefnyddio amrywiol batrymau ieithyddol ar destun Adeiladau'r Dref. Mae perygl hefyd y byddai gweithgareddau sy'n dibynnu ar wybodaeth gyffredinol (e.e., prifddinasoedd Ewrop) neu ar actio (sut y byddech chi'n meimio geiriau megis 'grug' neu 'mawn'?) neu ar siarad cyhoeddus (e.e., cystadleuaeth dweud y nifer ucha o frawddegau am berson enwog o fewn munud) yn tynnu gormod o sylw at wahaniaethau yng nghefndir addysgol neu bersonoliaethau aelodau'r dosbarth. Fy nheimlad personol i hefyd yw bod gormod o bwyslais yn y pecyn ar ddefnyddio geiriadur, sy'n gallu bod yn arf peryglus iawn yn nwylo rhai dysgwyr – yn y dasg o Gymreigio map o Ddinbych gyda chymorth geiriadur, gallaf weld ambell un yn cyfieithu '*Youth Centre*' fel 'Canol Llanc', er enghraifft! Yn olaf, mae'n hanfodol bod y tiwtor yn sicrhau bod yr holl adnoddau ieithyddol ar gael gan aelodau'r dosbarth i gyflawni nod unrhyw weithgaredd yn llwyddiannus neu bydd pawb yn treulio'r amser yn ymbalfalu am batrymau neu'n ymarfer camgymeriadau yn hytrach nag yn sgwrsio'n naturiol mewn Cymraeg cywir. Yn aml iawn efo gweithgareddau *Siân*, rwy'n teimlo y byddai'n rhaid i'r tiwtor dreulio gwers gyfan yn darparu'r adnoddau ieithyddol angenrheidiol trwy gyfres o weithgareddau byrion cyn i'r dysgwyr fentro ar y brif dasg dan sylw. Mae yma gant a mil o syniadau pwrpasol, difyr a gwreiddiol, ond bydd rhaid i'r tiwtor ddethol a pharatoi'n ofalus cyn eu cyflwyno i'w ddosbarth ail neu drydedd flwyddyn.

Mae pecyn *Gwennol* yn fwy tiwtor-gyfeillgar. Mae pob un o'r gweithgareddau'n gwbl gyson o safbwynt lefel yr iaith, ond eto gyda chynnydd disgybledig gam wrth gam o dasgau elfennol i rai mwy soffistigedig. Byddai'r gweithgareddau'n cyd-fynd yn hwylus ag unrhyw werslyfr y byddai tiwtor yn debygol o fod yn ei ddefnyddio ar gwrs ail flwyddyn ac mae cyfarwyddiadau manwl ynglŷn â'r dulliau o'u cyflwyno a'r adnoddau angenrheidiol i'w cwblhau'n llwyddiannus. Mae'r gweithgareddau'n fwy dysgwr-gyfeillgar, hefyd, gan nad oes pwysau ar aelodau'r dosbarth i fod yn rhy greadigol nac yn rhy uchelgeisiol. Mae'r pwyslais i gyd ar gyfathrebu'n syml ond yn effeithiol.

Erbyn hyn, mae'n ymddangos bod canlyniad y gystadleuaeth yn amlwg unwaith eto, ond yn gwbl groes i'r dyfarniad gwreiddiol! Eto i gyd, mae i gasgliad *Gwennol* ei wendidau. Tenau iawn yw'r gweithgareddau sydd ymghlwm wrth ambell un o'r nodau, heb gynnig cyfle i'r dysgwr ymarfer yn llawn ac ymestyn ei wybodaeth. Cryfder *Gwennol* yw ei allu i addasu gweithgareddau cyfarwydd at ddibenion penodol y nodau dan sylw, gweithgareddau megis Battleships, Bingo a'r Gêm Siopa, ac felly prin yw'r teimlad o wreiddioldeb neu newydd-deb yn y pecyn hwn. Mae'r casgliad byr o weithgareddau ychwanegol (nad ydynt ynghlwm wrth y Nodau Cyfathrebol) yn dangos yr un gwendidau â pheth o waith *Siân*: rhy uchelgeisiol, gormod o amrywiaeth yn lefel yr iaith ac angen cryn dipyn o waith paratoi manwl gan y tiwtor ei hun cyn eu cyflwyno. Er gwaethaf dwy sgript ddeialog ysbrydoledig, un o eiddo grŵp o ddysgwyr, un o eiddo'r cystadleuydd, cyfyng yw'r gwaith gwrando o safbwynt nifer yr eitemau a natur y gweithgarwch sydd ynghlwm ag ef. Mae gwaith gwrando *Siân*, ar y llaw arall, yn dangos cryn feistrolaeth ar lunio tasgau amrywiol a difyr i gyd-fynd â'r tapiau, heb bwyso gormod ar y dysgwyr i ddeall pob gair a chofio'r wybodaeth, fel sy'n ofynnol mewn tasgau gwrando a deall traddodiadol. Braidd yn ddiddychymyg yw'r ddau gystadleuydd wrth gyflwyno gwaith darllen ac ysgrifennu. Mae modd cynnig amrywiaeth yn y tasgau hynny hefyd, yn hytrach na dibynnu ar yr hen drefn o osod cwestiynau dealltwriaeth ar ddarn darllen neu draethawd i'w ysgrifennu fel gwaith cartref. Byddwn wedi hoffi gweld cyfle i arbrofi gyda'r agweddau hynny ar feistroli'r iaith.

Yr hyn sy'n gwbl amlwg erbyn hyn yw bod y beirniad yn methu penderfynu! Mae'r pendil wedi siglo'n ôl ac ymlaen ganwaith wrth bwyso a mesur y naill a'r llall. Mae i'r ddau eu rhagoriaethau – ystod a gwreiddioldeb casgliad *Siân*, disgyblaeth ac ymarferoldeb *Gwennol* – ond mae i'r ddau eu gwendidau hefyd. Yr unig beth sy'n gwbl ddi-gwestiwn yw ymroddiad a dawn y ddau fel tiwtoriaid ail iaith o'r radd flaenaf.

I gloi, mae'n rhaid cofio bod pob tiwtor yn rhoi ei stamp ei hun ar bob gwers yn y pen draw ac mai prif werth pecyn adnoddau yw rhoi sbardun iddo ddarparu gweithgareddau a fydd yn briodol nid yn unig i'w ddosbarth ond hefyd i'w arddull bersonol ef ei hun. Gallaf weld rhai sy'n chwilio am ambell amrywiad bach atodol i'w ychwanegu at gynnwys ei werslyfr yn cael budd o becyn *Gwennol*, tra bo rhywun sydd am baratoi cyfres o weithgareddau ar gyfer ysgol undydd neu gwrs preswyl yn mynd i gael mwy o ysbrydoliaeth yng nghasgliad *Siân*. Mae'r ddau'n deilwng o wobr, felly, ond oherwydd ehangder ac amrywiaeth gwaith *Siân*, teimlaf ei bod hi'n haeddu'r mymryn lleiaf o ffafriaeth. Dyfarnaf £60 i *Siân* a £40 i *Gwennol*, gan ddiolch i'r ddwy am roi cyfle i mi ddwyn digon o syniadau i bara am fisoedd lawer!

ADRAN GWYDDONIAETH A THECHNOLEG

CYFANSODDI

Cofnod trwy unrhyw gyfrwng o bum arbrawf sy'n amlygu'r broses wyddonol

BEIRNIADAETH WIL WILLIAMS

Gofynnai'r gystadleuaeth hon am gofnod o bum arbrawf gwyddonol ar destun hunan-ddewisol. Fodd bynnag, er i'r testun fod yn gwbl ben-agored ac yn cydweddu'n glòs â'r hyn a ddigwydd o ddydd i ddydd ar lawr y dosbarth, un cystadleuydd yn unig a gafwyd. Siomedig iawn, felly, fu ymateb yr ysgolion.

Grŵp Elizabeth: Dewiswyd 'Magnetedd' fel prif ffocws gwaith y grŵp a chafwyd cofnodion o bum arbrawf a ymchwilia i rai o briodweddau magnedau a magnetedd. Ymchwiliwyd yn bennaf i'w cryfder ac i'w maes magneteg. Gweithredwyd yr ymchwiliadau mewn ffordd drefnus a systematig gan ddilyn patrwm pendant. Rhoddwyd sylw priodol i ragfynegi a dod i gasgliad a chofnodwyd y camau a gymerwyd yn eithaf manwl. Pan welwyd bod y dystiolaeth yn amheus neu'n amhendant, ail-luniwyd yr ymchwiliad a chafwyd canlyniadau mwy dilys. Dilynwyd gwaith diddorol gan y grŵp er iddynt dueddu i ganolbwyntio ar yr arbrofion safonol arferol ac, o ganlyniad, i golli cyfleoedd i ddyfeisio ymchwiliadau gwreiddiol eu hunain. Serch hynny, canmolir y grŵp am fanwl-gywirdeb eu gwaith, eu mesuriadau manwl, eu gallu i ganfod ffaeleddau rhai ymchwiliadau a'r ffordd raenus o gyflwyno'u cofnodion.

Llongyferchir *Grŵp Elizabeth* ar eu gwaith a bernir eu bod yn llawn deilyngu'r wobr gyntaf yn y gystadleuaeth.

Erthygl addas hyd at 1,000 o eiriau ar gyfer cylchgrawn fel *Delta*

BEIRNIADAETH R. IEUAN JONES

Daeth pum traethawd i law, yn amrywio o'r gwyddonol iawn i'r anwyddonol. Derbyniodd pob un yr un faint o sylw cyn i mi ddechrau ystyried teilyngdod. Er na allwn beidio â sylwi bod y pedair erthygl fwyaf gwyddonol wedi eu cynhyrchu ar brosesydd geiriau neu deipiadur a bod y bumed mewn llawysgrifen, nid oedd hynny'n gogwyddo fy marn i unrhyw gyfeiriad.

Wrth ystyried gofynion y gystadleuaeth (a sylwer i'r geiriad nodi erthygl, nid yn bendant ar gyfer *Delta* ond ar gyfer cylchgrawn *fel Delta*), dechreuais drwy edrych yn fras dros ôl-rifynnau o *Delta* a chanfod mai ychydig iawn o erthyglau sydd ynddo'n cynnwys llai na mil o eiriau. Anodd, i'm tyb i, oedd i'r cystadleuwyr gynhyrchu erthygl o'r sylwedd a'r safon y disgwylir ei gweld yn *Delta* neu gylchgrawn tebyg, gan gadw at yr amod ynghylch nifer y geiriau.

Brocol, 'Llygriad Atmosfferig': Cyflwynwyd rhestr, mewn tabl, o un ar ddeg o achosion llygredd a'u heffeithiau ac, yng nghorff yr erthygl, ymhelaethwyd ar wyth ohonynt. Arddull braidd yn drwm sydd ganddo a defnydd aml o'r cymal 'yr hwn a ...' a hynny weithiau ar ddechrau brawddeg. Ceir y teimlad nad oedd yr erthygl ond yn ailadrodd cynnwys y tabl. Byr, yn wir, yw'r erthygl heb y tablau a'r darluniau ac efallai y dylid manylu mwy ar effeithiau'r gwahanol lygryddion a hepgor, yn gyfan gwbl, ymbelydredd niwclear a sŵn, a chanolbwyntio ar lygredd cemegol. Byddai'r rhan olaf ar ddefnyddio cen fel mynegydd llygriad wedyn yn fwy perthnasol ac yn asio'n well i weddill yr erthygl. Nid oes gwir angen am y rhestr fformiwlâu ar y diwedd.

Ignis, 'Pwnc Llosg: Tân a Natur': Ysgrifennwyd erthygl sy'n fwy perthnasol i ranbarthau lle ceir cyfnodau hir o dywydd sych a'r llystyfiant, yn sgîl hynny, yn tanio efallai er drwg, efallai er lles. Ni ddigwydd hyn yn aml yn y wlad hon ond mae'r awdur yn cyffwrdd â phwnc sydd erbyn hyn yn destun trafodaeth gyson sef effaith gweithgaredd dyn ar ei amgylchfyd ac i ba raddau y gellir ystyried ei weithgaredd yn naturiol. Efallai fod y rhestr termau Sbaeneg ar y diwedd yn arwydd o leoliad y broblem yn ddaearyddol ond nid yw'n ychwanegu at werth yr erthygl o safbwynt y gystadleuaeth.

Ffa Pob, 'Y Gwydrau Gwyrthiol': Nod yr erthygl hon yw disgrifio'r defnydd o Opteg Newidiol i gywiro effeithiau'r atmosffer ar y ddelwedd derfynol a welir drwy delesgop. Daw'r erthygl o fewn canllawiau'r gystadleuaeth gydag ychydig llai na mil o eiriau ond mae'r cystadleuydd yn wynebu'r broblem o ddiffyg gofod i wneud cyfiawnder â'i bwnc. Credaf fod safon deallusrwydd darllenwyr *Delta* yn ddigon uchel i dderbyn mwy o fanylion gwyddonol. Nodwyd ambell wall mewn cystrawen a sillafu.

Bwlch y Groes, 'Te a Chydymdeimlad': Datrys posau croeseiriau sy'n difyrru'r cystadleuyd hwn neu, yn hytrach, gwneud i gyfrifiadur eu datrys drosto. Mae'n disgrifio dull o gasglu geirfa Gymraeg ar ddisg. Er mai ei nod, yn ei eiriau ef ei hun, yw twyllo gosodwr pos croeseiriau, mae'n dda gwybod bod rhywun yn ymdrechu i greu geirfa Gymraeg ar gyfrifiadur ac i'w defnyddio efallai i gywiro'r gwallau a welir yn rhy aml yn dyddiau hyn. Mae brwdfrydedd y cystadleuydd tuag at y pwnc yn ddiamheuol.

Siôn, 'Y Gymraeg – un o "Ieithoedd Llai eu Defnydd" Ewropeaidd': Mae hon yn erthygl faith o'i chymharu â'r lleill, ac nid argraff yn unig yw hynny am ei bod mewn llawysgrifen ond mae ynddi yn agos i fil a thri chant o eiriau heb gyfri'r tablau. Hon yw'r ethygl orau ei hiaith a'i hadeiladwaith heb fod ynddi'r un o'r gwallau iaith arferol. Cyfrif sydd ynddi o'r lles a ddaeth i'n hiaith trwy gyfrwng ein haelodaeth o 'Fiwro Ewropeaidd yr Ieithoedd Llai eu Defnydd'. Byddai'n dda i bawb ohonom, gwyddonwyr yn enwedig efallai, wybod am y gwahanol asiantau sydd eisoes wedi dod â chymorth sylweddol i amryw sefydliadau.

Wrth gyrraedd dyfarniad, dylid ystyried amodau'r gystadleuaeth, safon gyffredinol yr ysgrifennu, cynnwys gwyddonol yr erthyglau, ynghyd â'r addewid am ddatblygu'r pwnc ymhellach cyn cyhoeddi. Penderfynwyd na ellid gwobrwyo *Siôn* oherwydd nad yw'n cyfarfod ag amodau'r gystadleuaeth naill ai o safbwynt cynnwys ei erthygl na'i maint. Nid yw *Ignis* chwaith ymysg y gwobrwyon er bod yn ei erthygl neges bwysig i ddynolryw gan fod dileu un rhywogaeth, boed blanhigyn neu anifail, oherwydd hunanoldeb a'i ddifaterwch, yn golled anadferadwy.

Wrth gofio amodau'r gystadleuaeth a bod y wobr o £150 yn gymharol hael, roedd rhaid gosod rhyw fath o linyn mesur safonol wrth farnu'r gweddill. Gwaetha'r modd, nid oes digon o sylwedd mewn unrhyw un o'r erthyglau i deilyngu'r wobr lawn. Camgymeriad, fodd bynnag, fyddai i feirniad rwystro rhoi cyhoeddusrwydd i'r pynciau a drafodwyd ac felly mae'r dyfarniad wedi ei seilio ar y posibilrwydd y gall bwrdd golygyddol un o'r cylchgronau gwyddonol ofyn i'r awdur ymestyn ei bwnc ymhellach, a bod yn wyddonol ddyfnach, cyn cyhoeddi.

Rhennir y wobr, fel a ganlyn: £80 i *Ffa Pob* oherwydd ei fod yn ymdrin â maes newydd yn cynnwys Opteg, Peirianneg a Chyfrifiadureg, a'r datblygiadau, mae'n debyg, yn dra chyffrous; £40 i *Brocol*; er mai elfennol yw ei ymdriniaeth â'r pwnc o'r ochr gemegol, mae angen pregethu'r bregeth hon cyn amled ag y bo modd er mwyn pwysleisio'r neges i bawb. Dichon fod llawer o athrawon ysgol neu goleg eisoes wedi creu prosiect ar lygredd atmosfferig i'w myfyrwyr gan ddefnyddio cen fel mynegydd ond, os gall *Brocol* ymhelaethu ar hyn a'i wneud yn fwy mesurol, megis y gweir gyda bywyd dŵr afon, byddai o gymorth i eraill sydd â diddordeb yn y maes; £30 i *Bwlch y Groes*, gan obeithio y deil ati gyda brwdfrydedd i geisio datrys y broblem o geisio priodi anghenion yr iaith Gymraeg â nodweddion y cyfrifiadur. Mae yma fwlch i'w lenwi.

Cyflwyno synopsis o syniadau ar gyfer eitem wyddonol neu dechnolegol mewn rhaglen deledu fel *Heno* neu *Hel Straeon*

BEIRNIADAETH IFOR AP GLYN AC ALWYN R. OWENS

Dau a ymgeisiodd, *Barlat* a *Talhaiarn*. Cyn traethu'n fanylach ynglŷn â'u cynigion, hoffem ymhelaethu ynglŷn â beth yn union a ddisgwylir mewn synopsis o syniadau ar gyfer y teledu.

Yn gyntaf, mae'n rhaid i'r syniadau fod yn addas ar gyfer y slot dan sylw. Mae eitemau mewn rhaglenni fel *Hel Straeon* a *Heno* yn gymharol fyr; rywle rhwng pedwar a chwe munud dyweder. Cymerai fwy na hynny i ddarllen ambell synopsis! Does dim pwrpas ceisio esbonio sut y mae'r Wylfa neu ffwrnais dawdd yn gweithio mewn cyn lleied o amser; mae pethau mor gymhleth â hynny'n siŵr o fod yn teilyngu slot hwy.

Yn ail, er nad rhaglenni newyddion mo *Heno* na *Hel Straeon*, mae 'na elfen o gyfoesedd yn perthyn iddynt. Go brin y byddent â diddordeb mewn prosiectau sydd wedi eu hen gwblhau fel twnel Conwy.

Mae'r rhain hefyd yn rhaglenni sy'n tueddu i fynd at bwnc o'r ongl bersonol: 'Mae Wil Jones yn gweithio yn Jodrell Bank/mewn labordy fforensig/ar fferm bysgod ...' a dod o hyd i Wil Jonesiaid newydd sy'n gallu traethu'n gall yn Gymraeg yw'r nod parhaol i weithwyr y rhaglenni hyn. Roedd *Talhaiarn* yn cymryd yn ganiataol y byddai rhyw arbenigwr ar gael i 'esbonio', ond (ag un eithriad) heb gynnig unrhyw enwau posib ar gyfer y gwaith. Os dewis y dull hwn o gyflwyno eitem (sef cyflwynydd ac arbenigwr), yr arbenigwr *ydyw'r* eitem, a 'fyddai cwmni teledu ddim yn gallu mynd 'run cam ymhellach heb enw i gysylltu ag ef neu hi.

Yn olaf, mae'n rhaid cofio mai rhaglenni *poblogaidd* yw *Hel Straeon* a *Heno*. Diau bod lle ynddynt i ambell eitem drymach na'i gilydd ond nid y Brifysgol Agored mohonynt. Wrth gwrs, does dim rhaid i eitem wyddonol fod yn drwm, a gellid bod wedi awgrymu ffyrdd o gyflwyno gwybodaeth i'r gynulleidfa leyg mewn modd difyr a hawdd ei ddeall. Gwelsom cyn hyn, ar S4C, gyflwynydd yn egluro glaw asid efo rholyn o bapur wal, potel *bleach*, lemwn a physgodyn plastig. Gwaetha'r modd, ychydig iawn o wreiddioldeb na 'meddwl ochrol' fel hynny oedd i'w weld yng nghynigion *Talhaiarn* a *Barlat*.

Roedd *Barlat* yn sicr wedi deall rhai o ofynion y cyfrwng. Roedd ei gynnig dipyn yn fyrrach nag eiddo *Talhaiarn* (11 tudalen o'i gymharu â 61) ond nid gwendid bod yn gryno. Mae cynhyrchwyr teledu'n greaduriaid sy'n colli diddordeb yn hawdd; mae eu gallu i ganolbwyntio yn ddiarhebol o fyr!

Cynigiodd *Barlat* gyfres o bum eitem yn seiliedig ar nwyddau a welir mewn archfarchnadoedd. Awgrymodd fformat i'r eitemau a chyflwynodd ei waith yn ddestlus ac yn ddeniadol. 'Nod pob eitem,' meddai *Barlat* 'yw cymryd un o'r nwyddau yma a thrafod agwedd annisgwyl arno neu agwedd sydd efallai yn hawdd i'w anwybyddu'. Agweddau ffisegol/gemegol sydd dan sylw yn y pum eitem, sef sut y mae siampŵ yn gweithio, sut y mae clytiau'n cadw babi'n sych, pam bod bylbiau fflwroleuol yn defnyddio llai o ynni na bylbiau traddodiadol, a sut y mae hufen aerosol a sbectol haul ffotocromig yn gweithio. Prin y gellid galw sut y mae rhywbeth yn gweithio yn 'agwedd annisgwyl' ond efallai mai'r hyn sydd ar waith yma yw awydd digon clodwiw i wneud i'r cyfan swnio'n ddiddorol. Credwn fod *Barlat* yn 'nabod ei wendid ei hun. Mae naws gwers yn perthyn i'r eitemau, ac er bod y syniad o gael cyflwynydd 'yn cerdded ar hyd silffoedd archfarchnad ac yn dod ar draws eitemau dan sylw' yn dangos crebwyll gweledol, digon syrffedus fyddai defnyddio'r un patrwm bob wythnos ar gyfer pum eitem.

Esboniadol yw'r cywair drwyddo draw, ac er gwaethaf diwyg cyfoes ei waith a'r diagramau bendigedig o'r argraffydd lliw, digon hen-ffasiwn yw *Barlat* dan yr wyneb. Sonnir am fynd 'draw i'r labordy', peidio â defnyddio 'mwy na thri diagram' ac 'arddangosiadau syml ar y fainc'. Gellid bod wedi bachu ar y cyfle i fynd â gwyddoniaeth allan o fyd y labordy.

Mae pwyslais *Barlat* ar sut y mae pethau'n gweithio. Mae'n dewis peidio ag ystyried y goblygiadau amgylcheddol ynglŷn ag aerosols, a chlytiau gwaredadwy, ac yn ei gyfyngu ei hun i drafod y ffiseg/cemeg.

Mae mwy o amrywiaeth yng nghynnig *Talhaiarn*, o'r esboniadol pur (e.e., sut y mae puro dŵr) i'r amgylcheddol (e.e., cynhyrchu bio-nwy o domen sbwriel) ac i'r hanesyddol (e.e., rôl labordy'r Cavendish yng Nghaergrawnt yn natblygiad ffiseg atomig). Does dim dwywaith nad oes llawer iawn o waith y tu ôl i synopsis *Talhaiarn*, ond ni allwn gytuno â'r gosodiad hwn o'i eiddo: 'Dylid ymdrechu rhag gorsymleiddio a gorboblogeiddio materion gwyddonol a thechnolegol yn ormodol a thrwy hynny aberthu'r sylwedd ar allor symylrwydd. Yn hytrach, dylid manteisio ar bob cyfle a geir i gyflwyno pynciau gwyddonol a thechnolegol mewn modd dirweddol a hynny heb osgoi astrusi [sic] egwyddorion sylfaenol'. Nid dyma yw arddull y rhaglenni dan sylw.

Os oedd *Barlat* wedi deall allanolion fformat yn well, roedd *Talhaiarn* wedi deall pwysigrwydd cael 'stori'; lle'r oedd eitemau *Barlat* yn canolbwyntio ar un adwaith, roedd eitemau *Talhaiarn* yn tueddu i ddilyn proses neu'n edrych tuag at ryw ddatblygiad yn y dyfodol (e.e., ynni o'r tonnau). Serch hynny, hanfod synopsis yw 'gwerthu' syniad ac yma cafwyd *Talhaiarn* yn brin. Does dim amheuaeth ynglŷn â lled ei wybodaeth, mae ambell synopsis bron yn draethawd ynddo'i hun, ond nid oes yma unrhyw ymdrech i gymhwyso'r wybodaeth at y cyfrwng teledol.

Diolch i'r ddau am eu gwaith, ond gan na allem weld eitemau teledu yn deillio o waith *Barlat* na *Talhaiarn* heb eu hailweithio'n sylweddol yn gyntaf, teimlem nad oeddynt, felly, wedi bodloni gofynion y gystadleuaeth, ac mai atal y wobr sydd rhaid.

ADRAN LLENYDDIAETH

TESTUNAU A GWOBRAU ARBENNIG LLYS YR EISTEDDFOD GENEDLAETHOL

Gwobr Goffa Daniel Owen, ym mlwyddyn canmlwyddiant ei farw: Nofel heb ei chyhoeddi

---

BEIRNIADAETH MAIRWEN GWYNN JONES

Am nifer o flynyddoedd, cefais y mwynhad, o du noddwyr y gystadleuaeth (sef Cwmni *HTV*), i ymwneud â seremoni cyflwyno'r Wobr hon. Fe'i hystyriwn yn seremoni i gydnabod ymroddiad, ac weithiau camp, llenorion ffuglen Gymraeg. Yn ogystal â hynny, roedd yn gyfle i'w hanrhydeddu'n gyhoeddus trwy deyrnged – weithiau ar ffurf ffilm fywgraffyddol neu ddarlleniad o'u gwaith neu trwy gyflwyno iddynt rodd arobryn – cyn iddynt orfod cilio'n ôl eto i unigrwydd disgyblaeth eu celfyddyd arbennig hwy. A thrwy'r cyfnod dadleugar yn hanes y wobr, yr oedd rhywun yn synhwyro pa mor bwysig oedd anogaeth o'r fath, nid yn gymaint i'r Eisteddfod ond i unrhyw ddyfodol creadigol Cymraeg a feddem, mewn print ac ar sgrin. Teimlwyd bod yn rhaid dal gafael ar bob dull a modd o gadw ffynhonnau'r creu yn fyw, nid trwy gyfaddawdu safonau rhesymol ond trwy geisio bod yn realistig.

Eleni, dyma gael cyfle i rannu'r un mwynhad eto ond y tro hwn o du'r beirniaid, a chael gwneud hynny yng nghwmni dau awdur, dau feirniad llên profiadol, dau ddyn; byddai hynny'n sicrhau ymateb gwahanol, mae'n siŵr. Ffasiwn y ganrif ddiwethaf gan awduron fyddai cyfarch eu cynulleidfa â rhyw foesymgrymiad bach geiriol: 'Ddarllenydd mwyn' neu 'hoff'. Yn llinach y darllenydd traddodiadol yna y trois innau at waith y chwe chystadleuydd, a hynny heb i mi ddod ar draws cynigion yr un ohonynt o'r blaen. Ac mae cael chwe chynnig yn sicr yn gystadleuaeth, er i honno eleni, mi gredaf, fod yn un anwastad ei safon.

Alegori, 'Annwen': Cawn hanes Annwen, merch fferm sy'n gohirio'i gyrfa golegol yng Nghymru am iddi gael ei threisio'n ddramatig mewn sgubor wair gan gymydog o Sais. Mae hi'n dianc i ganol berw anhysbys Llundain i ddilyn cwrs ysgrifenyddes. Daw i gysylltiad â chweched Aelod Seneddol Plaid Cymru, sy'n ei gwahodd i Dŷ'r Cyffredin ac yn ei hannog i roi ei chefnogaeth i Gymry San Steffan. Gan ei bod hithau'n awyddus i 'wneud rhywbeth dros ei chenedl tra yn y Babilon fowr', cytuna i geisio rhwydo rhai o'r aelodau ffasgaidd yn y Tŷ sy'n ceisio tanseilio Cymru ar bob cyfle. Yn eu plith, mae Syr Gervaise Marteine o Surrey, y 'wolf-pack leader himself', ac wrth ddechrau cyfeillachu ag ef, mae Annwen yn 'dechrau sylweddoli ei bod hi'n ymrwymo at rywbeth a allai o bosib ei harwain i brofiadau newydd a dieithr iddi'. Hanes y profiadau anhygoel hynny, o gyntedd y Tŷ i swper yn Soho, ac o aildreisio mewn *mews* i lofruddiaeth aelodau o'r 'dirty tricks department at work in Wales', yw cynnwys y nofel hon.

55

Mae hon yn stori sy'n dirwyn fel gwe o fol pry cop ond, gwaetha'r modd, heb fod mor gymen ei saernïaeth. Disgrifir pob manylyn, yn annethol ac, ar dro, yn llenyddol ddi-chwaeth. Yn rhyfeddol, gwneir hynny mewn dwy iaith ac mae arlliw'r Saesneg ar y Gymraeg ei hun yn rhy aml yn merwino'r glust. Tybed a yw'n amlygu ôl ymdrwytho gormodol yn y math yma o waith yn Saesneg? Er nad oes yma o bell ffordd brinder dychymyg, nid yw'r hanes na'r cymeriadau'n gredadwy; yn wir, ymylant, ar brydiau, ar fod yn ffarsïaidd ac, yn y pen draw, tila yw'r diweddglo, fel pe bai'r awdur ei hun wedi dihysbyddu pob ffantasi garlamus yn ei sach.

Gilwen, 'Lleuad Fercher': Nofelig fer ramantus yw hon, a blesiai lawer o ddarllenwyr. Sonia am garcharor rhyfel Almaenig yn dychwelyd ymhen blynyddoedd a than amgylchiadau pur wahanol i'r fferm lle bu'n rhaid iddo weithio adeg y rhyfel (thema ddigon credadwy ynddi'i hun). Bu cymhlethdodau ym mherthynas cymeriadau'r stori â'i gilydd yn y gorffennol a dwyseir y cymhlethdod yn y presennol gyda'r to iau. Ond mewn cwmpas mor fyr â hyn, ymdrinnir â'r sefyllfa yn rhy arwynebol iddi fod yn afaelgar. Y mae'r diffyg cyswllt llwyr a fu rhwng y ddau deulu dros rychwant y blynyddoedd, er enghraifft, yn creu bwlch sylfaenol ym mherfedd y stori fel nad yw'n argyhoeddi. Y mae'r ambell gyfeiriad dilys at fanylion hanes cyfamserol y gorffennol yn ddifyr, yr ieithwedd ar brydiau'n sboncio o idiomau Cymraeg ac ambell ddoethineb gogleisiol ('Dim o lyfre ma rhedeg ffarm'; 'Beth oedd plentyn wedi'r cyfan ond ffrwyth ychydig eiliade o angerdd?'), a'r portread o'r fam-gu ddryslyd a'i merch rwystredig yn ddigon synhwyrus.

Cipris, 'Y Llwch Gwyn/Dweud wrth Anobaith – Dos!': Dychymyg o wahanol natur sydd ar waith yma, un sy'n mentro i anwybod y ganrif nesaf, i drothwy cynhadledd wyddonol yn 2040 sy'n mynd i ddatgelu darganfyddiadau mwyaf uchelgeisiol gwyddoniaeth ers dros ganrif. Dau wyddonydd ifanc yw Iolo a Siôn, dau Gymro brwd sy'n credu 'y dylai Cymru gael lle mwy amlwg ymysg mudiadau dyfeisiol gwyddonol', ac awr fawr eu darganfyddiad hwy sydd ar fin gwawrio. Ond, yn ddisyfyd, trwy drais, fe ddigwydd ffrwydrad fel daeargryn yn atomfeydd y wlad, gan chwalu cynlluniau, gobeithion a threfn cymdeithas pawb ar amrantiad. Yn arwrol, gan iddynt oroesi, mae'r ddau Gymro'n ceisio ffrwyno'r trybelydredd peryglus ac fe'u gwobrwyir â'r Wobr Nobel am eu cyfraniad, a hwythau, wrth gwrs, yn ei derbyn yn Gymraeg.

Yn sicr, dyma anelu at bwnc cyfoes o safbwynt wreiddiol wahanol. Fodd bynnag, er ein bod yn gwybod heddiw am erchyllterau Hiroshima a Chernobyl ac yn gallu amgyffred 'ethics pwyllgore rhyngwladol' ar adegau cyffelyb, gosododd yr awdur dasg anodd iddo'i hun wrth geisio dychmygu a darlunio aruthredd tebygol argyfwng o'r fath ac wrth geisio tynnu'r darllenydd i'w ganlyn. Ar y mwyaf, technegol a phrennaidd yw'r argraff a adewir gan y digwyddiadau a'r cymeriadau, yn hytrach na'u bod yn deffro ymdeimlad o'r ing, y gwae a'r alaeth a ddeilliai o sefyllfa debyg. O ran strwythur y stori, nid oedd byr gyfeirio at hynt a helynt yr ail a'r drydedd genhedlaeth wedi'r drychineb rywsut yn dwysáu ein hymateb i'r olygfa ddamcaniaethol hon.

Penrhiw, 'Byw a Bod': Nofel sy'n ymwneud ag un o hen bechodau cudd y ddynoliaeth ond un y gwyntyllir mwy arno heddiw, sef cam-drin gwraig gan ei gŵr. Ond stori Linda'r wraig yw hon, nid hanes cyfochrog y ddau. Cawn bortread llawn ohoni hi: ei hymddygiad, ei pherthynas â'i rhieni, ei distadledd fel merch y coleg 'Tech' a gyfareddir gan allu a golwg ac ymddygiad *macho* ei darpar-ŵr llygatlas. Yna daw llun o'i hunigrwydd, unigrwydd yn dilyn y dadrithiad priodasol, wedi degawd ohoni hi'n honni annigonolrwydd, hi'n ymddiheuro, hyhi'n wan, nes cael ei gorfodi yn y pen draw, er mwyn ei phlant, i fagu nerth i oroesi'r holl greulondeb. Eithr mae'n rhaid darllen rhwng y llinellau i gael darlun o'r gŵr. Etifedd ei gefndir yw yntau, yn llond ei gôt o frol a sŵn a swae fel ei dad. Unwaith yn unig y cyfeirir at ei fam, a hynny fel un ddistaw a phoenus yr olwg. Gyda'i fab bach, nid â'i ferch fechan, y mae Bob yn gallu, neu'n dymuno, uniaethu.

Cynrychioli'r bygwth meddyliol, ysbrydol a chorfforol a wna'r gŵr ac mae'r disgrifiadau o'i weithredoedd treisiol ar gorff ei wraig yn erchyll. Bod yn fwgan cyson: dyna'i swyddogaeth yn y nofel. Gallesid bod wedi cryfhau grym argyhoeddiad y gwaith trwy greu llun mwy cyfartal a chyflawn o Bob, gan olrhain yn fanylach y rhesymau dros y dirywiad priodasol. Ond mae'n siŵr bod yr elfennau a nodir yn cydymffurfio â phatrwm achosion real tebyg. Mae'r disgrifio'n fyw iawn; yn wir, mae'n ddirdynnol ar brydiau, ac mae ergyd yr uchafbwynt yn dyrchafu'r gwaith fel nofel wrth i Linda sylweddoli mai ei gŵr, er iddo farw, sydd eto'n ei gorchfygu wrth iddo adael ei bywyd a'i hatgofion yn sarn am byth. Ond er i'n teimlad a'n tosturi gael eu cyffroi i raddau gan y portread hwn, gresyn bod ansawdd graen iaith ac arddull yn llesteirio mynegiant mwy effeithiol. Eto i gyd, gydag ymdrech hollol bosibl, gallasai'r nofel hon gyfrannu'n werthfawr at lyfrgell o nofelau Cymraeg cyfoes eu themâu.

Pencelli, 'Amser i Geisio': Dyma *blockbuster* o ramant hanesyddol yn llinach teitlau Saesneg tra phoblogaidd heddiw, fel *Woman of Substance* neu *An Imperfect Lady*, llyfrau trwchus atyniadol sydd, erbyn hyn, wedi eu haddasu'n effeithiol i'r sgrin fideo. Gall awduron fel Iris Gower neu Catherine Cookson ymestyn hanes rhyw un cymeriad canolog i lunio saga faith a darllenadwy mewn sawl cyfrol. Yn yr un modd, ceir yma stori rhan allweddol o fywyd Margaret Gethin-gynt-Powell (ac, yn ddiamau, fe allai bywgraffiad pellach ohoni hithau ymestyn i ddwy neu dair cyfrol eto, pe dymunai'r awdur fynd ati). Ei hanes hi, yng nghanol gorymdaith o gymeriadau eraill, yw craidd y gwaith. Ceir ambell gymeriad o gig a gwaed yn y tapestri, ac mae eraill yn greadigaethau mwy stereoteip.

Bonws sylweddol, ac un tra chymeradwy yma, yw'r ffaith mai rhamant hanesyddol Gymreig a gawn. Er mai dychmygol ac nid hanesyddol yw'r prif gymeriadau eu hunain (fel nad nofel hanesyddol mohoni), ymdrwythodd yr awdur yng nghefndir y cyfnod nes sicrhau naws dilys i'r gwaith. Nodwn yn arbennig agwedd nawddoglyd Saeson twristaidd yr 'Oes Ramantaidd' a ddeuai i Gymru i weld ac i gofnodi'r hyn a fynnent ei weld. Dyma Aberhonddu a'r Fenni ddiwedd y ddeunawfed ganrif a dechrau'r bedwaredd ganrif ar bymtheg: y theatr a'r siop lyfrau, y tafarndai a'r gwestai, y brwydrau Napoleonig a'r militia lleol, y gwisgoedd a'r colur, y plasau a'r camlesi diwydiannol a'r goets fawr. Felly yr oedd Caerfaddon yn ganolbwynt i sylwgarwch cymdeithasol Jane Austen, ac felly y symudai ei chymeriadau hi o'r naill greisis domestig i'r llall, eithr gyda mwy o dreiddgarwch ac eironi gogleisiol a hiwmor eu hawdur y tu ôl iddynt. Bwrw ymlaen â'i stori yw pennaf amcan *Pengelli*, heb dreulio amser i'r un graddau yn dadansoddi cymhellion a gwrthdrawiadau'r cast actorion.

Y darlun gonest a chyflawn o Margaret Gethin ei hun sy'n rhoi rhagoriaeth i'r gwaith fel nofel. O'r dechrau hyd y clobwynt, ar ei chyfaddefiad ei hun ac ym marn eraill, mae hi'n ferch galed, yn uchelgeisiol o ganlyniad i'w magwraeth dlawd, yn un sy'n edrych at ei lles ei hun yn y byd ac, ar ôl cael ei siomi mewn serch, yn un nad yw'n becso am neb. Ond wedi dwy flynedd o fywyd priodasol, dywedir amdani: 'Doedd gan Margaret Gethin fawr o ddim yn gyffredin â'r ferch ifanc wirion honno, Margaret Powell'; hynny yw, mae twf a datblygiad yn hanes y cymeriad yma. Hyd at ddiwedd y stori, nid yw'r darllenydd yn rhy siŵr ym mha un o ddwy ffordd y mae hi'n mynd i geisio cyflawni ei dyheadau – ai drwy ŵr neu drwy yrfa, trwy'r galon neu drwy'r meddwl. Hon yw'r elfen o dyndra.

Ond y mae i'r awdur hwn ddimensiwn arall sy'n gallu bod yn gryfder neu'n wendid i lenor. Mae'n ysgrifennu mewn dull graffig iawn – yn ddelweddol, i fod yn gyfoes – gan *weld* pob cam o'i stori. Mae hefyd yn *clywed* ymgom y cymeriadau. Yma, ysywaeth, oherwydd diffyg rhyw grebwyll golygyddol, ceir manylu di-ben-draw a llawer, llawer mwy o ddeialog nag o draethiad. Y canlyniad yn hanes 'Amser i Geisio' yw bod y cyfanwaith gorffenedig nid yn unig yn or-swmpus ond yn ailadroddus a gwasgaredig. Gofidiwn am hyn, gan edmygu un a ymlafniodd i lunio nofel Gymraeg sylweddol o fath arbennig.

Calennig, 'Mellt yn Taro': Creu ar lefel o ddychymyg wahanol i *Pengelli* a wna *Calennig*. Y mae yma ymdrech fwy uchelgeisiol ddychmygus, gan mai'r nod yw cydblethu tair edefyn storïol, o dri chyfnod hanes gwahanol, a hynny mewn cyd-destun Cymreig. Athrawes Gymraeg ganol oed ddibriod yw Margo, ac fe'i cawn ar ddechrau'r gwaith yn ceisio tywys Dosbarth Chwech trwy chwedl Blodeuwedd. Dyma un edefyn. Yn y stori Fabinogaidd, cuddir dwy elfen sy'n gyweirnod allweddol i'r nofel: y serch sydyn rhwng Blodeuwedd a Gronw Pebr sy'n blaguro 'fel mellt yn taro' (sef teitl y nofel), a'r dull bwriadol o ladd Lleu Llaw Gyffes ymhen blwyddyn, wrth iddo sefyll ar ymyl baddon. Mae bechgyn y dosbarth yn gameo bywiog o ddireidi ac arabedd eu hoed. Dymuniad Margo yw gadael ei swydd ddysgu a bwrw ati i sgrifennu ac i ymchwilio. 'Gerr-a-life, Miss!', medde'r Chweched wrthi, a hwyrach â'r anogaeth yna yn ei chlustiau, mae hi'n gadael ei swydd, yn syrthio mewn cariad ebrwydd â Math (cyfoed o ŵr a fethodd yn ei briodas gyntaf) ac ymhen deng niwrnod, 'fel mellt yn taro', yn ei briodi. Ond os ydynt yn caru ei gilydd, a ydynt yn wirioneddol adnabod ei gilydd? Y berthynas yma, a'r ansicrwydd ymhlyg ynddi, yw ail edefyn y nofel.

Sefydlir y ddwy elfen yma cyn mentro cyflwyno'r drydedd, yn y drydedd bennod, sef gwrthrych gwaith ymchwil Margo. George Aaron yw'r enw a roddir i ni ar y gwerinwr llengar hwn ond gellir ei adnabod mewn realiti, pe dymunid, fel Charles Ashton, y 'portar stesion' llengar o Lawr-y-Glyn, Sir Drefaldwyn, a fu farw ganrif yn ôl. Mae ei hanes yn hysbys ond digon o safbwynt y nofel yw gwybod iddo ymroi i'w ddiwyllio'i hun er mai gweithio ar y lein ac fel plismon a wnaeth drwy gydol ei oes. Roedd yn enghraifft nodedig, medd *Y Bywgraffiadur Cymreig*, 'o'r genhedlaeth y rhoes eisteddfodau lleol a chenedlaethol gyfle iddynt fel traethodwyr'. Gellir gwerthfawrogi'r cip a geir yn y nofel ar y genhedlaeth honno o Gymry ymroddedig a disgybledig. Am fod gan Margo gysylltiad teuluol â 'Llawr-y-Cwm', ac am iddi glywed am 'George Aaron' o wahanol gyfeiriadau dros amser, mae hi'n awyddus i chwilota mwy amdano, y gŵr nwydus y tu ôl i'r 'peiriant llenyddol'. Mae ei thrywydd yn mynd â hi ar hyd ei hen lwybrau ef, o lyfrgell i lyfrgell, yng Nghymru ac yn Llundain. Amgylchynir Aaron yn y stori gan ryw chwech o gymeriadau, yn cynnwys ei wraig a'r athrawes bentref a ddaw'n gariadferch iddo ac yn fam i'w blentyn gordderch. Cânt eu darlunio'n awgrymog o effeithiol a cheir cyfle yn sgîl nifer o fân gyffyrddiadau i synhwyro aberth a rhwystredigaeth, dyhead a siom gwahanol i gyflwr byw pob un ohonynt.

Gan ddwy fodryb i Margo, y naill mewn cartref hen bobl digon real a'r llall yn dal i fyw yn Llawr-y-Cwm, y mae'r gyfrinach i ddatrys dirgelwch diwedd annhymig George Aaron, ac er mai ar gyfer hyn y crewyd y ddwy fodryb yn bennaf i bwrpas y nofel, maent hwythau hefyd yn bortreadau digon cynnil yn eu rhinwedd eu hunain.

Yna, fe ddychwelir at y trydydd edefyn, gyda'r presennol yn dechrau gorffinio'r gorffennol. Yn raddol, mae Margo'n ymgolli i'r fath raddau ym mywyd personol gwrthrych ei hymchwil nes i'w anffyddlondeb priodasol ef ansefydlogi ei pherthynas hi ei hun â'i gŵr. Fel yr ail Mrs de Winter yn y nofel *Rebecca*, y cyfeirir ati, mae hi'n dechrau drwgdybio teyrngarwch Math iddi. A oedd hi'n ei wir adnabod, ac yntau hithau? Porthir y ddrwgdybiaeth gan fân siarad awgrymog eraill ac, yn y diwedd, mae ei hamheuaeth yn eplesu'n llidus nes iddo gyrraedd pen-llanw gorffwylldra. Gadewir i ddychymyg y darllenydd ddyfalu beth fydd diwedd y daith yn hanes y prif gymeriad ond ceir digon yn y nofel i brofi gosodiad a wnaed ar y dechrau, mai 'symud yn ein bydoedd ein hunain yden ni i gyd'. Hyn, hwyrach, sy'n egluro cyndynrwydd Math i ymddiried yn llwyr yn ei wraig, ac i egluro'i sefyllfa bersonol iddi; dyma'r fan lle nad yw'r stori'n llwyr argyhoeddi – diffyg cyfathrebu er i'r mellt daro, efallai.

Fodd bynnag, fe saernïwyd cydblethiad elfennau'r hanes yn eithaf tynn ac mae'r gwnïad yn llyfn. Ceir llais ac adlais delweddol difyr drwy'r nofel ac er gwaethaf ambell gyfeiriad neu briod-ddull sathredig, ceir sawl darlun geiriol i'w flasu. Mae rhywfaint o ystumio hwnt ac yma i bwrpas y ddyfais lenyddol ond nid yw hynny'n amharu'n ormodol ar lif y stori. Bydd rhai darllenwyr wedi cael blas ar yr 'ymgolli bywgraffyddol' yma mewn stori fel *Possession* (nofel arobryn A. S. Byatt), ac mae'n ddiddorol canfod yr un math o fwriad creadigol ar waith mewn cefndir gwreiddiol Cymreig, a hynny yn nwylo un sydd â llawer o ddawn llenor. Mae *Calennig* yn teilyngu'r Wobr.

BEIRNIADAETH ALUN JONES

Melys cwrdd â hen gyfeillion. Bu tair o'r chwe nofel a ddaeth i'r gystadleuaeth wantan hon yng nghystadleuaeth y Fedal Ryddiaith yn Aberystwyth dair blynedd yn ôl. Er bod rhai craciau wedi'u cau wrth ailysgrifennu, mae eraill mor llydan ag erioed ac wedi casglu atynt rai o'r newydd. Y tair yw eiddo *Cipris* ('Dweud Wrth Anobaith – Dos!' neu 'Y Llwch Gwyn'), *Penrhiw* ('Byw a Bod'), a *Gilwen* ('Lleuad Fercher'). Mae *Cipris* erbyn hyn wedi gwneud ychydig mwy o ymdrech yma a thraw i droi enwau'n gymeriadau ac mae'r rhan fwyaf o'r newidiadau eraill er gwell ond, at ei gilydd, mae'r gorchwyl yn dal i fod yn drech na hi ac mae'r diolchiadau am achub y byd ar y diwedd yn waeth na'r tro blaen. Mae nofelau llawer salach nag un *Penrhiw* mewn print ond cyn ei chyhoeddi, efallai y dylai gael golwg arall ar y siarad gwag, amherthnasol sy'n digwydd yn rhy aml, y paragraffau plentynnaidd o fyr tua'r dechrau ac, o bosib, ar y gŵr treisgar sydd braidd yn anniddorol o ddrwg. Ac mae'r cwpaneidiau te'n dal i lifo'n ddiatal a didrugaredd o'r naill dudalen i'r llall. Er bod *Gilwen* wedi ychwanegu cryn dipyn at ei nofel ac wedi newid y diwedd slwshlyd, mae'n dal i fod yn rhy fyr o lawer. Dydw i ddim yn cofio a oedd y neidio'n ôl achlysurol i amser y Rhyfel yn y fersiwn gyntaf, ond dydi hynny'n ychwanegu dim at yr hyn sydd eisioes wedi'i ddweud frawddeg neu ddwy ynghynt. Doedd ailddarllen y nofelau hyn, felly, ddim yn brofiad od o ddyrchafol, er y gwelliannau.

Alegori ('Annwen'): '*He's dead! He's dead!*' crochlefa'r genedlaetholwraig Gymraeg wrth weld y Sais Drwg y mae hi wedi cymryd hanner awr i baratoi ei farwolaeth yn gorwedd fel Bwrdd Iaith o dani. Gan mai siarad efo hi'i hun y mae hi, mae'r posibiliadau'n rhyfeddol o ddisglair, debyg iawn. Ond, gwaetha'r modd, nid y math yna o nofel ydi hon, os nad oes arwyddocâd na ŵyr y byd amdano yn y ffugenw. Mae merch sy'n cael gwaith yn Llundain ar ôl cael ei threisio yn cyfarfod ag aelod seneddol ac yn dod yn ffrindiau efo fo. Er ei fod yn ddysgwr brwd, dydi hynny ddim yn ei wneud o na hi mor gul fel bod yr iaith Gymraeg yn cael ei stwffio i lawr corn gwddw'r darllenydd o hynny ymlaen. Mae nofelau salach na hon yn y gystadleuaeth, ond dyma'r unig un y collais i f'amynedd yn llwyr efo hi. Dyma fy nghysylltiad gorfodol cyntaf â llenyddiaeth ddwyieithog, a does gen i ond gobeithio bod y cwbl lot yr un fath. Mae elfennau antur 'Annwen' yn methu oherwydd y mynych ailadrodd, a go brin y byddai patholeg fodern yn cytuno â dyfarniadau'i phatholegwyr hi. Er bod yma ddychymyg stori, does dim mymryn o ddychymyg iaith, ac mae'n debyg mai hoff ddywediad *Alegori* ydi: Peidiwch byth â defnyddio un gair os gwna hanner cant y tro.

Pencelli ('Amser i Geisio'): Mi fyddwn yn falch o fod wedi gallu gwobrwyo'r nofel hon. Mae mwy o waith ac ymchwil a meddwl wedi mynd iddi nag i'r lleill efo'i gilydd. Rhamant hanesyddol hen drefn ydi hi, heb ildio'r un fodfedd i'r gorchymyn ffasiynol ac anaeddfed braidd bod yn rhaid i bopeth a ysgrifennir y dyddiau yma 'ymestyn' llenyddiaeth. Eir â ni'n ôl i ganol bwrlwm hyderus Aberhonddu bron ddwy ganrif yn ôl gyda'i chamlas newydd a'i hymwelwyr o Loegr sydd â'u llyfrau taith mor ddi-glem â nhw'u hunain. Cawn gymysgedd o gymeriadau'r dychymyg a chymeriadau fel Theophilus Jones ac mae i bron bawb yma ei bersonoliaeth fyw a chymysglyd ei hun. Mae Margaret, y prif gymeriad hunanol, yn priodi cefnder ei chariad cyntaf i wella'i stad a bod yn wraig fawr, a thrwyddi hi a'r hen gariad, Lewis, sy'n gweld deunydd cywely ym mhob merch y mae'n dod i gysylltiad â hi, y down yn bennaf i fyd y nofel. Un o'i rhagoriaethau ydi'r ffordd yr ymdrinnir â phriodasau fel trefniadau hwylus i fusnes a dylanwad a dim arall, heb arlliw o serch na chariad ar y cyfyl. Mae Margaret a Lewis yn ymwthio am y gorau i ganol bwrlwm busnes y dref, a chyda marwolaeth ei llyfrwerthwr ŵr (nad yw mor llywaeth ag y mae'n ymddwyn), adnewyddir yr hen gysylltiad, ond heb y diwedd tylwyth teg arferol.

Ond, drwodd a thro, mae'n rhaid dweud bod y sgrifennu'n wan yn rhy aml. Cyffredin a ffwrdd-â-hi ydi o, ac mae'n amlwg mai'r gair a'r geiriau agosaf at law sy'n cael eu rhoi i mewn yn amlach na pheidio ac sy'n gwneud y nofel yn felodrama lipa ac arwynebol o bryd i'w gilydd. Ac mae'r ddeialog yn ei thynnu i lawr yn enbydus ar brydiau. Does gen i ddim yn erbyn paragraffau hirion o ddeialog – mae'n newid braf o'r ebychiadau undonog a di-grefft sy'n cael eu galw'n ddeialog erbyn hyn. Ond y gwendid yma ydi bod y cymeriadau'n cael eu rhoi o'r neilltu'n rhy aml er mwyn i'r hyn sy'n dod o'u genau gael ei roi ger ein bron ar ffurf cyhoeddiadau robotaidd a diymateb. Mae yma hefyd enghreifftiau di-ri o esbonio dianghenraid ac o ailadrodd meddyliau, digwyddiadau a sefyllfaoedd rhy debyg i'w gilydd, sy'n ychwanegu at y teimlad mai cronicl o ddigwyddiadau a theimladau yn hytrach na nofel ydi'r gwaith yn y bôn. Byddai ar ei ennill o gynnwys mwy fyth o fwrlwm y dref – yn enwedig y rhan dlawd ohoni. Er gwaethaf hyn i gyd, fodd bynnag, mae yma ddeunydd a phosibiliadau rhagorol.

Calennig ('Mellt yn Taro'): Hon sy'n cael y wobr, a dydw i ddim am dynnu'n groes. Mae'n rhaid i mi ddweud hefyd na fyddwn yn tynnu'n groes pe bai fy nghyd-feirniaid yn dymuno ei hatal. Yr unig ymateb gonest y medra' i ei gynnig ydi fy mod yn mynd yn fwy a mwy difater ynglŷn â hi gyda phob darlleniad. Rydw i'n cydnabod ar unwaith bod gweithiau salach na hwn wedi ennill prif wobrau'r Eisteddfod droeon. Dyna pam nad ydw i am dynnu'n groes. O ran dawn sgrifennu, dyma'r unig un o'r chwe nofel y byddwn i'n ei gwobrwyo'n ddibetrus (gan gymryd yn ganiataol mai dychan slei ac nid tlodi sy'n gyfrifol am eiriau fel 'risqu,' a 'pass,' yn y penodau cyntaf). Cymysgedd o ffeithiau a ffuglen am ddyddiau olaf Charles Ashton, y plismon-lenor o Ddinas Mawddwy, sydd yma, wedi'u cysylltu â'r presennol mewn mwy nag un ffordd drwy gyfrwng Margo, athrawes sy'n ymchwilio i'w waith. Mae cyfnod argyfyngus newydd fod yn llenyddiaeth Lloegr lle'r oedd bron yn amhosib i nofel a oedd yn sôn am Loegr neu ryw agwedd ar Seisnigrwydd gael sylw onid oedd yn canolbwyntio ar ymchwil i hen lenor neu hen artist a hynny'n arwain at y cysylltiad anorfod rhwng doe a heddiw. Mae dylanwad y nofelau hynny ar y nofel hon yn drwm, weithiau'n llethol, yn gymaint felly nes bod sawl paragraff fel dynwarediad neu hyd yn oed gyfieithiad. Ac mae'r fodryb ecsentrig yma hefyd. Arwydd o'r un diffyg gwreiddioldeb meddwl a'r caethiwed i ffasiwn ydi'r cysylltiad Mabinogaidd. Mi roddais i ochenaid fel ffogorn Enlli pan ddois i ato. Yn enw pob rheswm, beth yw'r pwynt bellach? Mae'r Mabinogi mor hollgynhwysfawr fel y medrai Rhestr Testunau'r Sioe Amaethyddol ddefnyddio'i dogn o gyfeiriadaeth ohonynt. Am ryw reswm, mae Charles Ashton wedi cael yr enw George Aaron yn y nofel, ac mae wedi aros yn borter trenau yn hytrach na mynd yn blismon fel y daru o. Fe'i cawn yn ymweld â'r Llyfrgell Brydeinig yn Llundain, yn cyfarfod am ennyd ag Eluned Morgan (ac yn dweud rhywbeth ofnadwy o ddiniwed am ei dyfodol fel llenor), ac o dipyn i beth daw'r garwriaeth rhyngddo fo a phrifathrawes Dinas Mawddwy (Annie Gwilt yn y nofel) i'r fei. Mae'r rhan fwyaf o'r nofel yn troi o amgylch dyfyniad o waith Charles Ashton, lle mae'n trafod gyda'i feddwl anfarddonol gerdd Lewys Morris:

> Ac y mae'r cwestiwn:
>   Pwy ddisgwyliai canai cog
>   Mewn mownog yn y mynydd?
> yn ein taro ni yn lled ryfeddol, yn gymaint
> ag i ni gael y pleser hwnw lawer gwaith.

Nid ar ffurf dyfyniadau y mae rhai o gasgliadau Margo am Charles Ashton yn cael eu cyflwyno chwaith er ein bod wedi'u cael, ambell un air am air, mewn ysgrifau ac erthyglau amdano gan bobl eraill. O dipyn i beth, fel yr â'r garwriaeth rhagddi, mae Charles y nofel yn cael saeth Serch dros ei phen i'w gyfansoddiad, ac yn aruthredd ei droedigaeth yn dod i ddeall meddwl y bardd ac i ddechrau gorfarddoni ei hun. Iawn. Wrth gwrs, gan fod cysylltiad ddoe a heddiw mor gryf yn y nofel, mi allai *Calennig* fod wedi mynd ar dac ychydig yn fwy diddorol a chadw'n fwy at wir anian Charles Ashton drwy ddefnyddio un o ffilmiau natur gwych y BBC i ddangos bod gan yr aderyn fwy o grebwyll na'r Bardd.

Ar wahân i amheuaeth ddofn o'r egwyddor o drin cymeriad hanesyddol fel hyn, does gen i'r un gŵyn fawr am ddoe y nofel (o dderbyn yr arddull ddynwaredol ar brydiau), er na allaf dderbyn y gred ddiog boblogaidd am ymateb pentref ganrif yn ôl i blentyn siawns. Mae Agnes, y wraig, yn gymeriad cryf a phendant ac mae'r cyfnod a'r digwyddiadau'n cael eu cyflwyno'n hyderus gyda chynildeb y byddwn wedi bod yn falch iawn o'i weld yn rhai o nofelau eraill y gystadleuaeth. Ond ni allaf ddweud yr un peth am heddiw'r nofel. Ar wahân i Margo a'r fodryb arall, mae'r cymeriadau a llawer o'r amgylchiadau cyfoes mor ddi-ddim nes gwneud tudalennau cyfan yn ddigynnwys. A chan nad oes yma'r un arwydd mai bwriadol ydi hynny, mae'n gadael argraff o ryw hygoeledd gwaelodol. Er enghraifft, mae'r ymdriniaeth wag ar briodas gyntaf Math yn union fel pe bai wedi'i chodi yn ei chrynswth o un o'r erthyglau cylchgrawn neu'r rhaglenni trafod siwdaidd diddiwedd cyfoes. (Roeddwn yn falch o gael cadarnhad gan un o'm cyd-feirniaid na welodd o 'rioed ddarlithwyr prifysgol fel y rhain, a'r un mor falch o gael cadarnhad ganddo nad yr hyn y mae Margo'n ei wneud ydi ymchwil lenyddol chwaith.) Y math 'newydd' o lenyddiaeth sy'n ein gorchymyn gyda mynegiant rhy rwydd i fodloni ar yr ychydig (nid ar y cynnil) yr oeddwn i'n ei weld dro ar ôl tro yn y rhannau yma o'r gwaith. I ddilyn y ffasiwn eto fyth, mae Margo'n penderfynu troi'r ymchwil yn nofel, sy'n agor y drws yn daclus i un arall o'r gofynion, sef llenyddiaeth yn edrych i'w bogail ei hun ac yn gwirioni ar yr olygfa. Ond mae'n deg dweud hefyd bod y gwegi'n darfod unwaith y mae'r cymeriadau a'r trafodaethau atodol hyn yn mynd o'r golwg.

Mi fydd llawer yn anghytuno'n llwyr â'r anniddigrwydd yr ydw i'n llawn ohono ynghylch yr agweddau hyn ar 'Mellt yn Taro'. Rydw i'n fodlon derbyn hefyd ei bod yn ddigon taclus orffenedig a sylweddol i fynd ger bron cynulleidfa am ymateb ehangach, a gwerthfawrogiad gobeithio. Dyna reswm arall dros beidio â thynnu'n groes. Ond, yn fy marn i, dydi sgrifennu galluog diffwdan, newid enwau pobl i roi iddyn nhw naws led-lenyddol a chlasurol, dyfynnu braidd yn rhodresgar ar ddechrau penodau, na gwneud sylwadau mawrion ar yr hyn sydd nofel, ddim yn cuddio'r ffaith syml a sylfaenol bod llawer mwy na hyn i Charles Ashton.

BEIRNIADAETH JOHN ROWLANDS

Bu'r gystadleuaeth hon yn bwnc dadl – os nad ymrafael – dros y blynyddoedd diwethaf, a hir y parhao felly. Gwaetha'r modd, blwyddyn ddiddrwg ddidda oedd hi eleni, heb i unrhyw un o'r cystadleuwyr herio'r beirniaid nes peri iddyn nhw fynd i yddfau'i gilydd wrth ddadlau dros neu yn erbyn rhyw nofelydd anystywallt neu'i gilydd. Ni chafwyd cyfle i wynfydu uwchben dadeni gogoneddus ein rhyddiaith, mae'n wir, ond mae'n gysur dweud na chafwyd esgus chwaith i alarnadu'n Jeremeiaidd ynghylch cyflwr anobeithiol y nofel Gymraeg.

Does dim amheuaeth nad yw'r nofel yn fyw ac yn iach, a does dim un o'r chwe chystadleuydd eleni yn gwbl ddi-glem. Yn wir, mae gan bob un ohonyn nhw nofel y byddai'n werth ei golygu'n ofalus ar gyfer ei chyhoeddi. Ond cystadleuaeth

Gwobr Goffa Daniel Owen yw hon, wedi'r cwbl, a does wiw gostwng y safonau, fel y rhybuddiodd Mihangel Morgan ni yn *Taliesin* (Gaeaf 1994). Buasai'n hawdd gwobrwyo'n flynyddol pe na baem yn gofyn am ddim ond nofel 'ddarllenadwy' (gair amwys dros ben sy'n newid ei liw a'i lun o feirniad i feirniad). Ar y llaw arall, does yr un pwyllgor yn y byd (nac unrhyw unben hollwybodol chwaith, o ran hynny) a all ddiffinio'n gyfewin fanwl beth yw'r union safonau aruchel a ddisgwylir yn y gystadleuaeth hon. Mynd at y gystadleuaeth mor ddiragdybiau ag sy'n bosib a ddylid (ac, wrth gwrs, mi wn i cystal â neb *nad* yw hynny'n bosib), gan roi cyfle i bob cystadleuydd unigol adrodd stori sy'n mynd i yrru dychymyg y beirniad ar garlam, a'i droi rywfaint oddi ar ei echel (a dyna finnau wedi mynegi rhai o'm rhagdybiau).

Wrth gwrs, nid yw beirniaid yn gwirioni'r un fath, a dyna pam yr wyf wedi bod yn elyn anghymodlon i'r feirniadaeth ar y cyd a argymhellir weithiau gan bwyllgorau eisteddfodol. Does dim amdani felly ond dweud fy nweud am y chwe nofel a ddaeth i law eleni, a hynny heb eu gosod yn fanwl 'yn nhrefn teilyngdod'.

Alegori, 'Annwen': Dyma nofel eithaf uchelgeisiol, yn ymwneud ar y naill law â dialedd merch ifanc yn erbyn gwrywod treisgar o Saeson ac, ar y llaw arall, â llygredd yn uchelfannau'r llywodraeth. A hithau ar fin gadael cartref i fynd i'r Brifysgol, caiff Annwen ei threisio gan Sais sydd newydd symud i fyw ar fferm gyfagos. Er bod yn y rhan ddechreuol hon ddawn i greu awyrgylch fferm, mae'r disgrifiadau braidd yn hirwyntog, a'r cymeriadu'n rhy ddu a gwyn. Buasai mwy o gymhlethdod wedi'i greu pe bai'r trais wedi digwydd o du Cymro, a hwnnw efallai'n berson gwlatgar fel Annwen ei hun. Rhy simplistig yw'r modd y try cynddaredd Annwen yn llid yn erbyn Saeson, a'r rheini'n geidwadwyr rhonc na ddichon dim da ddeillio ohonynt. Yn lle mynd i'r Brifysgol, penderfyna ddilyn cwrs ysgrifenyddol yn Llundain, a mynd yno ar antur benrhydd, ddigydwybod, i dalu'r pwyth yn ôl, fel petai. Yng Nghanolfan Cymry Llundain, cyferfydd â chweched Aelod Seneddol Plaid Cymru, Peter Morgan, sy'n ddysgwr o'r de-ddwyrain, a chynllwynia'r ddau ohonynt i faglu'r Tori o Sais, Syr Gervaise, sy'n gysylltiedig â'r gwasanaethau cudd, ac yn elyn anghymodlon i Gymru. Swyddogaeth Annwen yw bod yn gyfeilles ddeniadol i Syr Gervaise ar ei ymweliadau â thai bwyta mwyaf sgleiniog Llundain, ac nid annisgwyl yw ei bod yn cael ei threisio ganddo yn ei lety drudfawr, a'i bod hithau'n talu'n ôl iddo mewn modd digon erchyll.

Mae hon yn nofel lawn ias a chyffro, ac nid yw'r awdur yn swilio rhag disgrifio creulondeb a ffieidd-dod. Serch hynny, ni lwyddwyd i blymio i ddyfnder personoliaeth yr un o'r cymeriadau, nac i dreiddio at wir gymhlethdod y cynllwynio gwleidyddol. I mi, mae'r hanes am y Toriaid Seisnig yn coginio triciau budr yn erbyn Cymru yn troi'n stori bigfain braidd. Tueddu at y melodramatig a wna rhai o'r golygfeydd mwyaf byrlymus. Gwaeth na dim yw'r defnydd helaeth o Saesneg yn y deialogau, a hwnnw'n Saesneg digon ystrydebol a di-liw; mae'n gyrru *Heno* i'r cysgod yn llwyr. Y pwynt yw fod modd cyfleu'r gwahaniaeth rhwng cenedl a chenedl a rhwng dosbarth a dosbarth trwy amrywio cywair y Gymraeg ei hun.

Cefais hon yn nofel ddigon darllenadwy ond, fel y mae ar hyn o bryd, nid yw'n amgenach na nofel gyffrous, gyda'r stori'n osio at fynd dros ben llestri ar adegau. O fyfyrio drosti, gellid dyfnhau'r gymeriadaeth a chymhlethu'r sefyllfaoedd, gan roi cyfle i rywfaint o eironi ddiferu trwy'r craciau.

Cipris, 'Y Llwch Gwyn': Gan i'r tri beirniad ar gystadleuaeth y Fedal Ryddiaith yn Aberystwyth, 1992, roi'u sylwadau ar y nofel hon, go brin bod galw am ailadrodd y plot. Casglaf i'r awdur weithredu ar rai o awgrymiadau'r beirniaid hynny, a bod y nofel ar ei hennill o'r herwydd. O'm rhan fy hun, cefais y nofel yn un hawdd ei darllen, gyda digon o ddigwyddidau cyffrous i greu chwilfrydedd. Mae'i phwnc, sef *sabotage* yng ngorsafoedd niwclear Prydain ar ddechrau'r ganrif nesaf, yn un digon arswydlon, ac eto ychydig iawn o'r arswyd a gyflewyd i'r darllenydd rywsut. Rhy hamddenol o lawer yw'r symudiad, gyda'r gwyddonwyr Cymraeg byd-enwog, Iolo a Siôn, yn mynd o gwmpas eu pethau'n hynod o cwl. Nid yw'r trychineb ei hun, nac ymateb y cymeriadau iddo, yn argyhoeddi mewn gwirionedd. Braidd yn ffansïol wedyn yw'r ffordd wyrthiol y mae'r gwyddonwyr Cymraeg yn datrys y broblem ac yn achub Prydain a'r byd rhag difodiant, gan ennill *dwy* Wobr Nobel, sef yr un wyddonol a'r un heddwch. I hen amheuwr fel fi, mae'r propaganda cenedlaethol braidd yn amrwd, er y carai fy nghalon ei gredu. Rhy hirwyntog a pherffaith yw'r diweddglo.

Pe bai'r nofel hon yn cael ei chaboli a'i thynhau, gallai roi rhai oriau o ddifyrrwch i ddarllenwyr Cymraeg, ond byddai angen mynd at ei pherfedd i'w throi'n ddarn o lenyddiaeth i gnoi cil arno.

Gilwen, 'Lleuad Fercher': Dyma nofel arall a fu yng nghystadleuaeth y Fedal yn Aberystwyth. Gwaetha'r modd, mae hi'n llawer rhy fyr i wneud cyfiawnder â'r pwnc, sef dychweliad Conrad yr Almaenwr i'r fferm lle bu'n gweithio – ac yn hau hadau gwyllt – yn ystod yr Ail Ryfel Byd, a'r cymhlethdodau sy'n deillio o hynny. Stori ddiymhongar sydd yma, ond llwyddwyd i bortreadu bywyd cefn gwlad gyda'i blwyfoldeb myglyd yn eithaf da, gan gyfleu'r tensiynau cudd rhwng aelodau'r un teulu. Cyfleir peth o wallgofrwydd cynhenid serch a sancteiddrwydd, a'r tyndra anorfod rhwng y newydd a'r hen. Mae'r pryder ynglŷn â chael y cynhaeaf gwair i ddiddosrwydd yn gyfeiliant trwblus i berthynas yr ieuenctid, Edward a Rwth, ac i atgofion chwerw-felys Frances am ei pherthynas hithau â Conrad. Yn wrthbwynt i'r rhywioldeb sy'n byrlymu dan yr wyneb, ceir cymeriad pifis y Stifin rhwystredig sydd fel cacwn o flin. Hoffais y defnydd o dafodiaith Sir Benfro, y priod-ddulliau priddlyd, a'r adnabyddiaeth amlwg o droeon byd natur, heb sôn am droeon y galon ddynol. Does dim amheuaeth nad oes yna rymuster yn perthyn i'r nofel hon, er mor draddodiadol yw'r defnydd. Yn sicr, ni orsymleiddiwyd y sefyllfa, ac fe osgowyd diweddglo tylwyth tegaidd.

Mae yma lenor hydeiml i gymhlethdodau dynol, ac un sydd â graen ar ei Gymraeg (er gwaethaf mân frychau dibwys). Nid yw'r nofelig hon, fodd bynnag, er cyfoethoced ei phosibiliadau, yn cynnig canfas digon eang i ddatblygu'r sefyllfa ffrwydrol a gyflwynwyd.

Penrhiw, 'Byw a Bod': Eglurir mewn nodyn rhagarweiniol mai 'cip ar un o broblemau dynoliaeth sydd yma, o safbwynt un cymeriad yn unig ...'. Linda yw honno, sydd wedi'i chaethiwo mewn priodas anghymharus gyda'i bwystfil o ŵr, Bob. 'Dwn i ddim a gytunwn fod cam-drin gwragedd gan eu gwŷr yn un o broblemau oesol dynoliaeth ond yn sicr y mae'n broblem y clywir fwyfwy amdani heddiw, ac y mae'n haeddu ymdriniaeth lenyddol onest a threiddgar. Ni wna ei gwyntyllu ond cyfrannu at well dealltwriaeth o berthynas y rhywiau, ac at sylweddoliad o'r anghyfartaledd sy'n bodoli ar hyn o bryd. Ymdriniaeth ddiedifar ffeministaidd a geir yn y nofel hon, a does dim byd o'i le ar hynny. Eto, mae sgrifennu'r stori 'o safbwynt un cymeriad yn unig' yn culhau'r ffocws rywfaint ac yn tueddu i roi argraff orsymleiddiedig o'r sefyllfa.

Gwendid y nofel yw diffyg dyfnder a diffyg cymhlethdod. Ni lwyddir i bortreadu Linda fel person crwn rywsut. Mae'i chyfarfyddiad â Bob a'r briodas sy'n dilyn yn llithro heibio'n llawer rhy sydyn, ac nid eir i ddigon o drafferth i olrhain natur y berthynas. Hyd yn oed a derbyn mai o safbwynt Linda y sgrifennwyd y nofel, mae'r ffaith na chawn argraff glir o sut y mae Bob yn ymddangos iddi hi o'r dechrau cyntaf yn wendid go sylfaenol. Buasid wedi disgwyl iddi gyfleu dyblygrwydd ei theimladau tuag ato, yn gymysgedd o gariad a chas. Mae'n wir ei bod – yn nodweddiadol o rai gwragedd sy'n cael eu cam-drin – yn bwrw'r bai arni'i hun ar adegau, gan dybio nad yw'n ddigon da ar gyfer Bob, ond awgrym yn unig o hynny a geir, lle gellid bod wedi archwilio cymysgedd ei theimladau tuag ato. Gwaetha'r modd, ni welwn fawr ar Bob ond fel y meddwyn sy'n dychwelyd o'i benwythnosau yn chwarae gemau rhyfel gyda'i gyfeillion *macho* ac felly mae'n ymddangos yn gymeriad pasbord, heb unrhyw gorneli cudd yn perthyn iddo.

Wedi dweud hynny, mae'n rhaid cyfaddef bod hon yn nofel rymus ar adegau. Llwyddwyd i gyfleu cieidd-dra ffiaidd Bob at ei wraig, ac mae'r arswyd y mae'i ymosodiadau yn ei greu yn y plant yn cael ei serio ar ymwybyddiaeth y darllenydd. Mae hanes Linda'n ceisio ymdopi â'r llifogydd yn y tŷ yn ystod absenoldeb ei gŵr wedi cael ei adrodd yn boenus fyw. Cyfleir hunllef y ddihangfa i'r lloches yng nghyffiniau Caerdydd yn effeithiol. Fe'n hargyhoeddir hefyd gan y modd y mae Lloyd, y mab, yn gwrthryfela yn erbyn ei fam gan ddynwared ei dad.

Yn ddi-os, mae yma bwnc gwerth ei drin, ond haedda well triniaeth. I'm tyb i, sgerbwd o nofel a gafwyd, ac y mae angen rhoi tipyn o gnawd am yr esgyrn. Anogaf yr awdur i wneud hynny, oherwydd rwy'n ffyddiog fod ganddi'r ddawn i lunio nofel wirioneddol dreiddgar am yr uffern y mae nifer cynyddol o wragedd yn byw ynddi y dyddiau hyn.

Pencelli, 'Amser i Geisio': O'r diwedd, dyma nofel hir ac uchelgeisiol gan awdur sy'n amlwg wedi llafurio'n galed ac i bwrpas gan anelu o ddifri am Wobr Goffa Daniel Owen. Edmygaf ef neu hi am ei d(d)ygnwch yn ymchwilio i hanes ardal Aberhonddu ar ddechrau'r ganrif ddiwethaf, a hynny mewn gwaith sydd bron yn 400 tudalen o hyd. Gethiniaid yr Henblas yw canolbwynt y stori ond fe'n cyflwynir i nifer o gymeriadau amrywiol a lliwgar eraill, gan gynnwys Theophilus Jones, ŵyr Theophilus Evans, ac awdur *History of the County of Brecknock*. Cawn bortread o fywyd teulu Cymraeg uchelwrol yn Sir Frycheiniog, yn ogystal ag o fasnachwyr bwrdais tref Aberhonddu, o Saeson da eu byd ar sgawt ramantaidd yng ngwlad y bryniau, o snobs anobeithiol, o ferchetwyr ac oferwyr, ac o wŷr busnes uchelgeisiol sy'n achub ar y cyfle a rydd y chwyldro diwydiannol iddynt ddod ymlaen yn y byd. Yr ydym yn ymwybodol iawn o fod ar y ffin rhwng cefn gwlad y Gymru draddodiadol ac ardaloedd diwydiannol blaenau Morgannwg a Gwent, gyda'r cyswllt rhwng camlas Aberhonddu a'r *Monmouthshire Canal* yn esgor ar oportiwnistiaeth ymysg y rhai sydd am wella'u stad. Nid anghofir chwaith nad tref gyfan gwbl Gymraeg mo Aberhonddu, ond lle cymharol ffasiynol gyda'i theatr a'i dafarnau soffistigedig.

Er nad hanesydd mohonof, caf yr argraff fod y cefndir hanesyddol wedi'i feistroli yn eithaf trwyadl, a gall y darllenydd fwynhau'r stori gan roi'i ffydd yn ymchwil yr awdur. Mae'n braf gallu dweud hefyd nad yw'r ymchwil honno'n rhy ymwthgar, ac mai ar ymwneud y cymeriadau â'i gilydd y mae'r pwyslais pennaf. Eu carwriaethau sy'n cael y prif sylw ac, yn yr ystyr honno, stori ramant sydd yma, gyda chwilfrydedd y darllenydd yn cael ei ennyn yn barhaus gan glecs ac *innuendoes*, *liaisons* diogel a pheryglus, parchus ac amharchus. Fe gâi Androw Bennett fodd i fyw yn ailysgrifennu'r nofel hon yn idiom heddiw, oherwydd mae ynddi ddigon o gnychu i foddio'r mwyaf barus, ond bod y cyfan wedi'i ddisgrifio mewn arddull dra gweddus. I unrhyw un y mae dyfalu pwy yw tad (anghyfreithiol) pa fabi yn fêl ar ei fysedd, bydd y nofel hon yn sicr o fod wrth ei fodd.

Ond a oes yma rywbeth amgenach na hynny? A yw'r nofel yn mynd i'r afael â rhyw thema o bwys? Gwaetha'r modd, ni theimlaf ei bod. Nofel ddifyr ydyw yn hytrach na threiddgar. Oherwydd y dimensiwn hanesyddol, fe geir mwy na mwyniant munud awr ond, hyd yn oed wedyn, rhyw *divertissement* diwylliedig a gynigir ganddi. Nid yw'r portread cymdeithasol yn codi uwchlaw lefel hel straeon ymysg pobl dda eu byd sy'n poeni am eu safle a'u gwaddol. Dyna sy'n gwneud y nofel yn un sylfaenol arwynebol. Does dim dychan gwirioneddol yma, na dim eironi, gan fod popeth yn cael ei ddisgrifio fel y mae ar yr wyneb. Buasai Jane Austen wedi creu llenyddiaeth lawer amgenach allan o'r un deunydd.

Peth arall sy'n cadw'r nofel o gyrraedd Gwobr Goffa Daniel Owen yw'r mynegiant. Mae'r iaith yn wallus, a does dim gwefr lenyddol yn yr arddull. Serch hynny, mae yma ddigon o egni storïol i beri imi annog yr awdur i fynnu cymorth adran olygyddol y Cyngor Llyfrau Cymraeg i roi gwell graen ar yr iaith, fel bod y nofel yn haeddu gweld golau dydd. Er gwaethaf fy sylwadau beirniadol, cefais oriau o flas ar ddarllen y nofel hon, ac rwy'n edmygu dyfalbarhad yr awdur yn fawr iawn.

Calennig, 'Mellt yn Taro': Mae hon yn glyfrach nofel o dipyn nag un *Pencelli*, er ei bod yn llawer byrrach ac wedi'i llwytho â llai o fanylion hanesyddol. Stori o fewn stori a geir yma (fel yn *Cysgodion*, Manon Rhys), gyda stori'r presennol yn fath o ddrych i stori'r gorffennol. Athrawes Gymraeg yw Margo sy'n syrthio'n bendramwnwgl mewn cariad â'r darlithydd hanes, Math Pierce, ac yn ei briodi ymhen deng niwrnod. Mae hi wrth ei bodd yn cael rhoi'r gorau i'w swydd er mwyn rhoi'i hamser yn gyfan gwbl i ymchwilio a llenydda. Ei bwriad yw sgrifennu bywgraffiad George Aaron, neu efallai nofel amdano, er mai tipyn o 'beiriant llenyddol' o ddiwedd y ganrif ddiwethaf ydyw. Er gwaethaf sychder ei ysgrifau ysgolheigaidd clogyrnaidd, mae'n dipyn o enigma oherwydd cyfrinachedd ei fywyd personol, a hynny sy'n sbarduno chwilfrydedd Margo. Rhyw fath o hanesydd llenyddiaeth amatur megis Charles Ashton ydyw, ac yn ei hanes yntau ceir elfen gref o ansefydlogrwydd seicolegol, ac y mae Margo'n benderfynol o ddarganfod y rheswm dros ei hunanladdiad honedig. Mae'i hanes ef wedi'i blethu'n gelfydd gyda phrif stori'r nofel, gan greu llyfr awgrymus ac amlhaenog.

Mae *Calennig* yn amlwg yn dipyn o lyfrbryf, ac mae ganddo ef neu hi wir chwilfrydedd ynglŷn â'r person sy'n ymguddio y tu ôl i'r geiriau ar y llawysgrifau yn y llyfrgell. Trwy ddyfalbarhad ei hymchwil, llwydda Margo i ddadorchuddio cyfrinachau annisgwyl y cymeriad tywyll hwnnw, George Aaron. Caiff gymaint o afael ar ei dychymyg nes ei bod yn dechrau gweld cysgod ohono yn ei gŵr, Math, ac arweinia hyn y nofel ar garlam tuag at ddiwedd trychinebus.

Llwydda awdur y nofel hon i symud yn hyderus o Lundain a Chaerdydd y ganrif ddiwethaf i bentref a thref Prifysgol ar ddiwedd y ganrif hon. Gall gyfleu awyrgylch yr Amgueddfa Brydeinig pan oedd cymeriadau fel Karl Marx a George Bernard Shaw yn ymweld â'r lle, er enghraifft, a gall newid cywair yn sydyn a chamu i fyd soffistigedig aelodau'r dosbarth canol heddiw.

Wrth ddarllen y nofel hon cawn y teimlad ei bod wedi'i sgwennu'n slic iawn, a bod rhywbeth digon proffesiynol ynglŷn â hi, ac eto nid oedd yn fy nghyffwrdd gymaint ag y teimlwn y dylai. Er hynny, mae'n waith deallus a chrefftus, gydag ôl saernïo da a chynllunio manwl. Gwobrwywyd ei gwell a'i salach yn yr Eisteddfod Genedlaethol. Nid yw'n ateb un o feini prawf Mihangel Morgan, sef y dylai 'fodloni'n llwyr', ond wedyn does yr un o nofelau Daniel Owen ei hun yn gwneud hynny. Argymhellaf ei gwobrwyo oherwydd ei bod dipyn amgenach na nofel ysgafn, ei bod yn codi cwestiynau o bwys, a'i bod yn sicr o roi pleser llenyddol i filoedd o ddarllenwyr.

BARDDONIAETH

Awdl: Y Môr

BEIRNIADAETH GERALLT LLOYD OWEN

Un o nodweddion calonogol y gystadleuaeth eleni yw fod pob un o'r deg ymgeisydd wedi meistroli rheolau cynghanedd. Prin iawn yw'r llinellau gwallus a phrin hefyd yw'r gwallau iaith. Nodwedd arall, heb fod mor galonogol, yw fod amryw o'r cystadleuwyr wedi cael cryn anhawster gyda'r testun ac yn ceisio'i orfodi ar themâu a sefyllfaoedd y byddai testunau eraill yn gweddu'n well iddynt.

Ysgubor-y-coed: Awdl lafurus yn sôn am berthynas R. S. Thomas â'r môr, yn ei fywyd a'i farddoniaeth. Mae'r awdur yn dra chyfarwydd â gweithiau'r bardd ac fe nododd deitlau amryw o'i gerddi gyferbyn â rhannau perthnasol o'r awdl. Er enghraifft, ceir 'The Labourer' gyferbyn ag un englyn ac, o droi at y gerdd honno, gwelir ei bod yn dechrau fel hyn: 'There he goes, tacking against the fields'/Uneasy tides ...'. Ac meddai *Ysgubor-y-coed*: 'Llafurwr, fel llongwr llwyd – a welodd ...', sydd, rwy'n ofni, yn tanlinellu'r ffaith bod clochydd a chlochydd i'w cael. Er bod yr ymgeisydd hwn wedi meistroli rheolau caeth y gynghanedd (rhyw ddwywaith y llithrodd), nid yw'n ddigon rhugl i fedru manteisio ar ei rhyddid. O ganlyniad, mae'n ymlâdd i gynganeddu geiriau, rhai ohonynt, megis 'diolaith' a 'disball' yn farw gorn, a'r gweddill heb ynddynt ormodedd o anadl einioes yr awen. Eto i gyd, fe gyfyd yn uwch ar brydiau, fel yn yr englyn hwn: 'Ag amheuon yn donnau – yn gwthio'n/Fygythiol i'r creigiau,/Uwch eu brig, yn ei gwch brau,/Antur yw ei daith yntau'.

Nod Cain: Awdl lân ei chrefft a luniwyd ar ôl i'r bardd weld rhaglen deledu am wersyll Auschwitz. Cafodd yr awdur drafferth enbyd i lusgo'r awdl at y testun ac, yn fy marn i, ni lwyddodd i'w dwyn ynghyd. Ceisiodd destunoli'r gerdd trwy hau geiriau a throsiadau fel 'penllanw y wyll', 'eigion eu trallod', 'bae anobaith', 'aber pob oferedd' ac ati, ond nid oes yma ddiffuantrwydd delwedd nac awdurdod gweledigaeth. Yn wir, mae gormes y testun yn peri iddo suddo i'r gwaelodion weithiau (er enghraifft, pan yw'n cyfeirio at y genedl Iddewig: 'Yno'i bonedd a'i hedd hi/a drechwyd wrth ymdrochi'). O'r cant a hanner, un llinell yn unig a'm cyffrôdd i, sef 'Nid yw uffern yn diffodd'.

Tegwch y Tywod: Cybolfa ddryslyd o awdl. Sonnir am ŵr anffyddlon yn dod adref a chanfod nodyn gan ei wraig yn dweud ei bod wedi'i adael. Yn ei ddigofaint, mae yntau'n ystyried ei daflu'i hun i'r môr ond, yn wyrthiol, mae tonnau'r môr yn peri iddo gofio gwefr eu perthynas gynt a 'nos briodas oes eu bwriadau' (llinell wych) ac felly mae'n newid ei feddwl. Fodd bynnag, nid yw'n llwyddo i achub ei briodas am ei fod, yng ngolwg ei wraig, eisoes yn farw 'dan donnau ei odineb'. Er bod y bardd yn burion cynganeddwr, caf yr argraff ei fod yn gorfod ymboeni am gywirdeb ar draul y mynegiant. Dylai fachu llai o goflaid, a dylai hefyd ddefnyddio'r rhagenw perthynol 'a' mewn llinellau fel 'Neithiwr, heb y gŵr garai'.

Rhosydd: Awdl anwastad ac ar chwâl. Dywedir bod y môr yn rhan annatod ohonom ni'r Cymry ac eir ymlaen i wneud honiadau barddonllyd o 'smala ('Ei ddolef yn ein crefydd,/A'i gyffro'n perffeithio ffydd./Sŵn ton yn ein barddoniaeth/ A'i ffrwst yn ein chwerthin ffraeth'). Ymlaen ag ef wedyn i sôn am greaduriaid y môr – popeth o'r cimwch i'r morfil, am 'wn i. Gall fod yn anfwriadol ddigri ar brydiau, e.e., pan yw'n sôn am y morloi'n dod 'ar wyliau i dorheulo/Ar y graig a gwely'r gro'. Eto, ceir ambell linell hyfryd, e.e., 'Eu cerfiad fel llafn pladur' (moelrhoniaid) a 'Lliw arian megis lloerau' (mecryll). Ceir hefyd un cwpled tra chofiadwy, sef 'A fynno ddifwyno'i fyd/A yf fudreddi hefyd'.

Min-y-don: Perthynas y du a'r gwyn yn Ne Affrica yw thema'r awdl hon. Unwaith eto, teimlaf fod yma orymdrech i destunoli'r gerdd, a gwelir hynny ar ei waethaf pan gyfeirir at Mandela fel 'hen syrffiwr/Yn syrffed ei garchar'. Ceir yma ddelweddu llac hefyd, e.e., 'Llewpart y tonnau'n llepian/A yrr ei laeth tua'r lan/I lyfu'r garnedd feddal ...'. Mae'n rhaid i'r dychymyg hyd yn oed iwsio'i sens! Mae hon yn awdl wastad a glân ei chrefft ond ni wnaeth ei hawdur gyfiawnder ag ef ei hun na'r testun eleni.

Iestyn: Daw ef â ni i olwg y gadair. Dyma gynganeddwr rhagorol na chaiff unrhyw drafferth i'w fynegi'i hun yn ystwyth a soniarus. Llwyddodd i uniaethu'r testun â phrofiad dynion ar hyd yr oesau, yr awydd i ddianc rhag 'undonedd y mân donnau' ond eto'n 'rhy lwfr i fentro ar led'. Gwell ganddo'r hafan ddiogel lle mae'r 'dŵr fel sidan/Yn araf ymystwyrian – hirddydd ha',/Yr hwyliau'n llipa, a'r heli'n llepian'. Er gwaethaf y llais a ddywed 'Dos ar hynt/A heria gerrynt tu draw i'r gorwel', diweddir yr awdl gyda'r addefiad mai '... i gôl diogelwch/ Tua'r cei rwy'n troi y cwch'. Mae'n rhaid cydnabod bod i'r awdl goeth hon gryn apêl, serch ei bod hi'n rhy haniaethol-athronyddol ei natur ac yn tueddu i droi yn ei hunfan. Heb os, mae hi'n awdl sy'n canu.

Mari: Gellid dadlau mai hon yw awdl fwyaf diddorol y gystadleuaeth. Yn sicr, mae hi'n wahanol i'r rhelyw ac yn wahanol i bob awdl a wnaed erioed 'dybiwn i. Hi yw'r awdl fyrraf (135 llinell) ac mae bron ei hanner hi ar fesur toddaid, a'r toddeidiau hynny yn ffurfio 'penillion' unodl o amrywiol hyd. Mam ifanc sy'n llefaru trwy gydol y gerdd, gan ddechrau fel hyn wrth suo'i baban: 'Si hei lwli, paid â chrïo, – mi fydd/Yma fam i'th siglo,/Nes daw Tada a'r Wyddfa'n ro'. Yr awgrym yw na ddaw Tada byth. Ailadroddir yr englyn trist-felys hwn sawl gwaith wrth i'r fam feddwl am ei charwriaeth danbaid â thad y plentyn ('Aderyn wedi'i yrru/O'i hynt gan y croeswynt cry',/Aderyn o wlad arall,/A ddaeth ar ryw noson ddall/O'r awyr ...'). Collodd hithau ei phen yn llwyr ('A hwyliais y môr heli – efo hwn,/Nes gwyddwn y byddwn yn boddi'). Ac yntau bellach wedi hel ei bac ar y 'llong wen o Ben y Byd', mae hi'n magu'r baban wrthi'i hun ym Mhen Llŷn. Mae *Mari* wedi ffoli'n lân ar eiriau ac yn gwneud pob math o gampau gyda nhw. Gall eu trin yn ddychmygus-gyffrous mewn trawiadau cynganeddol newydd sbon ond, ar yr un pryd, gall fynd dros ben llestri nes ymdebygu i rywun yn ymarfer ei grefft trwy gynganeddu rhywbeth-rywbeth, e.e., 'Roedd o'n chwil fel seithmil o'r Sowthmyn'. Ofnaf fod rhannau o'r awdl yn aneglur i mi, a hynny, efallai, oherwydd bod ynddi gyfeiriadau tra phersonol. Ond pwy a ŵyr? Dyna'r drwg gyda *Mari*, sy'n yfed geiriau: anodd gwybod pryd mae'n chwil a phryd mae'n sobr. Ond, aneglur neu beidio, gellid dyfynnu'n helaeth i brofi disgleirdeb a newydd-deb yr awdl hon. Bodloner ar un englyn yn unig, er ei fod sillaf yn fyr: 'O tynn fi atat heno'n yr awyr/Draw draw dros adfeilion/ Lloegar, a'r holl eigion,/Tafla i mi raff hir y ffôn'.

Y Bardd Cwsg: Cynganeddwr rhagorol arall a luniodd awdl dlos ryfeddol. Cydiodd yn y llinellau cyfarwydd o 'Min y Môr' ('Gwelais long ar y glas li/Yn y gwyll yn ymgolli;/Draw yr hwyliodd drwy'r heli,/A rhywun hoff arni hi') gan ymestyn i lunio awdl y gellir, ar un olwg, ei galw'n awdl serch. Fodd bynnag, mae ynddi fwy na hynny. Nid yw'r gair 'merch' na'i gyfystyron ar gyfyl y gerdd, dim ond y rhagenw personol 'hithau', sydd ar unwaith yn ein pellhau oddi wrth ferch o gig a gwaed. Fel 'Fenws' Botticelli, ymgorfforiad o brydferthwch dyrchafol, o burdeb a pherffeithrwydd, ydyw. Mae hon yn awdl ofalus ei hadeiladwaith, a phob adran yn wrthgyferbyniol-gymesur. Mewn hunllef, gwêl y bardd ffieiddrdra a llygredd hyd draethau, a llong yn ymadael 'A'i hwyliau llwyd fel galar'. Ar ei bwrdd, gwêl bobl drallodus 'Yn llesg dan grechwen y lloer,/Yn wylofain i'w glafoer/Ddagrau gwag weddïau ddoe/A gwychder cleisiog echdoe./Ac yn eu plith roedd hithau,/I wyll lleddf yn ymbellhau'. Yna, mewn breuddwyd, gwêl long yn nesáu, 'Ac o gylch ei hwyliau gwyn/Disgleiriai rhyw des claerwyn'. Ac wrth gwrs, mae'r ferch ar ei bwrdd. Wedi deffro, gŵyr *Y Bardd Cwsg* na wêl eto 'Lun y llong ar flaen y lli'; gŵyr mai delfryd amhosibl, mai perffeithrwydd anghyffwrdd yw'r cyfan. Ond mae'n rhaid wrth ddelfryd: 'Mi wn, drwy ledrith y golau chwithig,/Er dechrau amau yng ngwe'r dychymyg,/Y caf ei gweled, fel rhith crynedig,/Yn noeth ei 'sgwyddau, yn wyrth osgeidig,/Chwa o'r môr yn chwarae mig – â'i gwallt blêr,/Fel pader tyner drwy gwfaint unig'. Er bod i'r awdl ogwydd rhamantaidd nad yw'n hollol at fy nant i, llwyddodd y bardd i osgoi'r ieithwedd felys-rodresgar a nodweddai'r canu hwnnw, er iddo fygwth baeddu'i frethyn gydag ambell linell fel 'Mi drown fy nyddiau'n rhieingerdd erddi'. Mae darnau gwironeddol wych yn yr awdl hyfryd hon ond mae ynddi hefyd amryw o drawiadau treuliedig. Dau wall bychan yn unig a welais.

Gwlco: Deuoliaeth y môr, ei wynfyd a'i wae, sydd gan y bardd gwych hwn. 'Teithwyr ŷm yn troi tua thre'/ar heolydd o rywle', meddai, ac 'O hirbell mae'r llinell wen/yn ein hawlio drwy'r niwlen/a'n tynnu ni fel tennyn/i'n hannog oll i'r man gwyn'. Iddo ef, y man gwyn hwnnw yw traethau ei blentyndod lle'r arferai ef a'i frawd gydchwarae ('Dau ar draethau lledrithiol,/dau â'u ffydd mewn gwynfyd ffôl,/ ... eneidiau rhydd hirddydd ha'/yn eu tipyn Utopia'.

Maes o law, tarfwyd ar ddedwyddwch diniwed plentyndod pan glywyd bod rhyw gydnabod wedi gwneud amdano'i hun yn y môr. Meddai *Gwlco*: 'Pylodd, fe syrthiodd y sêr/yn ddirybudd i'r aber,/i'r wendon aeth tirionder,/Lle bu'r haul 'roedd dichell brad/ac Awst yn garreg wastad'. Llinell anfarwol yw'r llinell olaf 'na. Fe'i disgrifia'i hun wedyn yn pendroni ynghylch y drychineb: 'Yno'n llanc yn sŵn y lli/ysgwyddais bwysau gweddi/un gŵr ym mhen ei dennyn/fel adyn yn syllu'n syn/o'r dibyn ar benrhyn bod/i dawelwch diwaelod/y cefnfor. Deil ei stori/yn fyw'n fy hunllefau i,/ac ôl troed ar gil y traeth/yn dal iasau'i fodolaeth'. Diweddir yr awdl gyda thri hir-a-thoddaid; y cyntaf yn crynhoi deuoliaeth y môr, sydd 'yn gân o hyder, yn deg ei nodau,/yn alaw hefyd sy'n llawn dolefau'; yn yr ail, try'r bardd yn ôl 'o drem y dŵr i dir y moduro/diorffwys; trof, gan bwyso 'nhroed i'r dwfn/yn ôl i annwfn y lôn ddiflino'. Yn y trydydd cwbl ddiangen, dengys *Gwlco* na ŵyr pryd i dewi. Roedd yr awdl wedi gorffen yn daclus gyda'r pennill blaenorol. A dyna, yn fy marn i, wendid pennaf y bardd ardderchog hwn; mae'n gor-ganu ar brydiau ac mae hynny'n arbennig o wir yn y rhan lle sonnir am ei frawd ac yntau'n chwarae. Er cystal yw llinellau megis 'Nid gair ydoedd brawdgarwch/o hen lyfr dan haen o lwch,/na haniaeth ddysgwyd inni/ond hanfod ein hundod ni', nid yn yr awdl hon y mae eu lle. Felly hefyd y llinellau sy'n disgrifio chwarae pêl-droed a chriced (gyda llaw, nid 'curo gêm' a wneir ond ei hennill trwy guro'r gwrthwynebwyr). Fodd bynnag, byddai'n anrhydedd i mi, ac i'r Eisteddfod, gael rhoi'r gadair i *Gwlco* ond mae un bardd arall yn dod rhyngddo a hi.

Porthor: Bardd telynegol, tyner ei gyffyrddiad yw hwn. Yn rhyfedd iawn, ceir cryn debygrwydd rhwng agoriad yr awdl hon ac awdl *Gwlco*. Mae'r bardd yn gyrru liw nos tua'r traeth lle'r arferai gwrdd â'i gariad, ac fel hyn, yn y trydydd person, y disgrifia'r olygfa ar y briffordd: 'Un lein goch yw'r lôn i gyd,/Un hewl at ei anwylyd,/Y naill un ar ôl y llall/Yn ddeuol o ddiddeall,/A daw parau'r golau gwyn/Oll o hirbell i'w erbyn'. Trwy ddefnyddio'r trydydd person, mae'r awdur yn ei amhersonoli ei hun i raddau helaeth ac yn tanlinellu mai 'Un yw ef ymysg nifer' ac mai 'Golau o unigolion – yn llywio/Llewyrch eu gobeithion' yw ei gyd-fodurwyr, ac yntau, fel hwythau, yn mynd 'Ar hewl ymlaen i rywle,/Am mai ymlaen mae'i le'. Fe'i gyrrir gan hiraeth 'Tua'r wên fydd ar y traeth,/Ac yno fe'i gwêl ganwaith/Wrth iddo sbarduno'i daith/Heibio i'r bae, trwy'r bore bach/Ac i lôn gymaint glanach;/Y lôn saff draw o'r draffordd,/Arafach a phurach ffordd./A daw gan dyniad y don/I lôn gul yn y galon'. Llinell athrylithgar yw 'I lôn gul yn y galon'. Ond, wrth gwrs, ar ôl cyrraedd y traeth, 'dyw hi ddim yno, a dim ond 'Llanw'r cof sy'n llenwi'r car'. Mae yntau'n hel atgofion ac yn myfyrio'i hiraeth gan newid o'r trydydd person i'r person cyntaf; nid 'ef' ond 'fi' a ddefnyddir bellach oherwydd mai hiraeth *Porthor* a neb arall yw'r hiraeth hwn. Yn arwyddocaol iawn, cyfeirir at y ferch yn yr ail a'r trydydd person, 'ti' a 'hi', a thrwy hynny, pwysleisir ei hagosrwydd a'i phellter yr un pryd. A dyna, mewn gwirionedd, yw arwyddocâd y testun yn yr awdl hon: y môr a'u dygodd ynghyd, ac sy'n dal i'w dwyn ynghyd yn nychymyg hiraethus y bardd, yw'r môr sydd hefyd yn dwysáu ei habsenoldeb hi ac sydd efallai yn eu gwahanu'n llythrennol. Nid yw'n glir a yw'r ferch wedi marw ai peidio, er bod diweddglo'r gerdd fel pe'n awgrymu hynny: 'Ond mae dyheu am y dydd – y'n hunir/ Ninnau gyda'n gilydd/Ymhell bell; rhywle lle bydd/Llai o fôr rhwng lleferydd'. Fodd bynnag, nid yw'r amwysedd hwn yn amharu dim ar ystyr yr awdl; yn wir, mae'n ychwanegu at ei chynildeb telynegol. Bardd glân ei fynegiant a'i grefft yw *Porthor*, er iddo faglu unwaith trwy ddiofalwch yn hytrach nag anwybodaeth. Canodd awdl a'm cyfareddodd i ar y darlleniad cyntaf a pharhau i'm cyfareddu bob tro. Cadeirier *Porthor*.

BEIRNIADAETH EMRYS EDWARDS

Min-y-don: Egyr â darlun o blant yn chwarae ar lan y môr, sy'n ein harwain, rywsut, i'r ymraniadau trist yn yr hen Dde Affrig. Braidd yn gryf gen i yw darlun fel hyn: 'Y breiniol gylch barwniaid – lond eu crwyn/Yn troi'u trwyn ar gwter trueiniaid'. Gŵyr pawb mai melltith y diafol oedd yr apartheid ond siawns nad oes gan fardd well ffordd i'w fynegi. Yn ei hir-a-thoddeidiau, mae'n amlwg mai'r gynghanedd yw'r feistres, ac eto myn yr Awen Wir godi'i phen trwy'r huodledd mewn englyn bach pert:

> Fel cregyn ar derfyn dydd – wedi'r trai'n
>   Dyrrau trist ar lennydd,
> Is y don sibrydion sydd,
> Daw'r llanw o'r dŵr llonydd.

A dyma fardd yn siarad eto:

> Y gŵr fu'n sganio'r gorwel – yn astud
>   Yn nwyster cell anwel
> O ddydd i ddydd heddiw a wêl
> Y newid yn yr awel.

Mae fel pe bai'r bardd o'r iawn ryw yn siarad bob yn ail â bardd cyffredin iawn ei ddawn. Nis beiaf am ynganu 'apar*th*eid' fel Cymro efo'r '*th*' Gymraeg; dylai ddysgu'r wers i'r rhai a glywir yn feunyddiol yn ei ynganu'n 'apar*t*eid' fel y Sais – wedi'r cyfan, Afrikaans ydyw.

Porthor: Egyr ei awdl â llinell a rydd awgrym cryf o gynnwys y gerdd wych hon, 'Heno daw un, lle bu dau', a'i chloi â chri o'i enaid megis:

> Ond mae dyheu am y dydd – y'n hunir
>   Ninnau gyda'n gilydd
> Ymhell bell; rhywle lle bydd
> Llai o fôr rhwng lleferydd.

Ie, 'llai o fôr'. Fel mewn un awdl arall a apeliodd ataf, sef cerdd *Iestyn*, ni chollir golwg ar destun y gystadleuaeth, sef Y Môr, fel patrwm ar fywyd yn ei lawenydd a'i dristwch, profiad deuddyn wedi'i fynegi'n awenyddol loyw ar hyd y daith. Yr unig feirniadaeth sydd gennyf yw 'siâp yr awdl', ys dywedai'r diweddar Archdderwydd, William Morris; hynny yw, mae *Porthor* yn dibynnu gormod ar fesur cywydd ac ambell englyn unodl union i dorri'r rhediad megis. Mae'n ei gyfyngu ei hun i ryw un, neu un a hanner, hir-a-thoddaid er mwyn dangos ei fedr â'r llinellau decsill. Ond ar ôl dweud hyn, mae'n rhaid cydnabod fod 'na fardd o'r iawn ryw wrth ei waith a'i fod ar y blaen i *Iestyn* er cymaint dawn y bardd hwnnw.

Rhosydd: Ar ôl ei hir-a-thoddaid agoriadol, awn yn syth at y testun yng nghwmni'r bardd hwn. 'Dagrau ei odidowgrwydd/Yw rhin ein halawon rhwydd;/Sŵn ton yn ein barddoniaeth/A'i ffrwst yn ein chwerthin ffraeth'. Ymlaen ag ef i ddarn o gywydd digon teilwng, yn sionc a sicr ei gerddediad cyn ein harwain i felltith fodern aflendid a budreddi ein traethau. Cryn siom a sioc i feirniad oedd gweld bardd fel hwn yn sôn am 'Y llu gelynion â'i holl galanas'. Hir-a-thoddaid pedair llinell sy'n glo naturiol i'r awdl a geidw'r môr o'n blaen trwy gydol y gerdd.

Y Bardd Cwsg: Dyma'r unig un a gyfeiriodd at awdl fawr Meuryn yn 1921, pan wefreiddiwyd Syr John Morris Jones ei hun gan rannau helaeth ohoni nes bod llais swynol yr Athro bron iawn wedi mynd â'r gwynt o hwyliau Lloyd George ei hun ar y pnawn bythgofiadwy hwnnw. Dengys y bardd hwn ei fedr anghyffredin drwy gynnwys *dwy* gadwyn o englynion crefftus yng nghorff ei gerdd. Eto i gyd, mae'n rhaid i mi fod yn berffaith onest a dweud nad yw'r gerdd fel cyfanwaith yn gafael ynof. Mae'r bardd yn cloi ei awdl â'i fersiwn ei hun o linellau mawr Meuryn mewn pennill na chymeradwyai'r Athro i neb, sef hir-a-thoddaid ynghlwm wrth bedair llinell o gywydd. 'Cerdded a rhedeg bob yn ail' yw peth o'r fath, yn ei eiriau ef ei hun, wrth sôn am 'benillion' bardd 'Yr Haf' yn 1910 a gopïwyd gan R. Williams Parry o awdl y flwyddyn flaenorol ym Mhrifwyl Llundain. Er cystal cynganeddwr yw'r *Bardd Cwsg*, mae'n rhaid i mi gyfaddef nad yw ei fynegiant bob amser mor llyfn ag a fynnwn.

Nod Cain: Gallai'r gerdd hon, sy'n cofio rhyddhau 'gwersyll angau Auschwitz', hefyd fod yn 'amserol' gan fod cymaint o sôn am ddathlu'r fuddugoliaeth fawr yn 1945. Cawn ddarluniau enbyd o'r holocost, ar draul y farddoniaeth yn aml, gwaetha'r modd. Yn waeth na'r cyfan, rwy'n teimlo mai wedi ei lusgo i mewn y mae'r testun, mewn gwirionedd.

Mari: Mae agoriad anfoddhaol dros ben i'r gerdd hon: 'Roedd o fel angel penfelyn – wedi/Mynd i regi â mwynder hogyn,/Gyda sêr o lygaid syn/Nes o'n i isio cydio 'mhob cudyn'. Wedi'r cyfan, mae'n rhaid tynnu llinell yn rhywle rhwng yr iaith lafar fyw a bratiaith gloff. A dyma fwy ohono: 'Duwcs, gad i'r hen dacsi – fynd yn wag,/Daw hi'n ola gyda hyn, yli'. Mae'n rhaid gofyn a yw'r 'bardd' o ddifri. Ni chredaf chwaith fod rhes o doddeidiau, un ar ôl y llall, yn perthyn i drefn Cerdd Dafod. Eithr fe ŵyr yn iawn sut i brotestio.

Tegwch y Tywod: Mae hwn yn berthynas agos iawn i'r anfarwol Ddafydd ap Gwilym! Ond siglwyd fy ffydd ynddo wrth i mi ddod ar draws llinellau fel: 'Neithiwr heb y gŵr garai' a 'Dan ddŵr fel y gŵr garai' (yn lle 'a garai'); nid oes esgus dros anwybyddu'r rhagenw perthynol (er bod 'na bethau pwysicach na manylion gramadeg, wrth gwrs). Y deheuwr yn unig a glyw'r Lusg yn y llinell: 'Heno'n hy fel anifail'. Yr unig gŵyn mawr sydd gennyf yn ei erbyn yw nad yw'r Môr yn ganolbwynt y gerdd wych hon.

Iestyn: Dyma feistr rhwydd ar y gynghanedd ac ar dri mesur mwyaf poblogaidd beirdd y dydd: y cywydd, yr englyn (unodl union) a'r hir-a-thoddaid, er i mi ddod yn agos iawn at weld bai 'rhy debyg' yn ei linell gyntaf un. Fe wêl y bardd campus hwn y môr fel llun neu batrwm o fywyd yn ei dawelwch cysurus ac yn ei helbulon. Ni flinais am eiliad arno, er y dywed eraill mai troi yn ei unfan a wna. Rhoes i mi wefr hyfryd yn ei ganu (a dyna'r union air) am brofiadau ac amgylchiadau cyffredin bywyd. Hyfrydwch pur.

Gwlco: Egyr ei gerdd â chywydd digon di-fai ond heb roi unrhyw fath o 'sgytwad i mi'n bersonol. Bu braidd yn rhy hir cyn cyrraedd ei destun wrth ail-fyw (a hynny'n ddiddorol iawn) brofiadau ei fachgendod. Dichon fy mod braidd yn rhy sydêt wrth amau chwaeth y cwpled hwn: 'Onid oedd i mi'n frawd iau'n/ Anadlu ger fy sodlau'. Er bod yma gynganeddwr profiadol wrth ei waith, fe'i temtid yn awr ac yn y man i ddisgyn i fynegiant di-awen: 'Nid gair ydoedd brawdgarwch/O hen lyfr dan haen o lwch/Na haniaeth ddysgwyd inni?/Ond hanfod ein hundod ni'.

Ysgubor-y-coed: Yn rhyfedd iawn, dyma'r unig gerdd foliant i'r bardd-offeiriad R. S. Thomas, a hynny pan mae cymaint o sôn y dyddiau hyn am bentyrru anrhydeddau lu ar ben y Sais uniaith yn ei ddechreuad yng Nghaerdydd ac ar ôl hynny yng Nghaergybi a thrwy flynyddoedd coleg (lle cefais y fraint o'i gwmni agos ym Mangor a Llandâf hyd at chwarae gwyddbwyll ar ôl 'leits owt', wrth olau cannwyll, wrth gwrs). Diolch i ambell lythyr, ni ddarfu'r cyfeillgarwch.

Fy nghŵyn pennaf am gerdd *Ysgubor-y-coed* yw mai rhyw briodas ffug ydyw rhwng testun y gystadleuaeth ac R.S., y bardd byd-enwog. Er iddo fyw am flynyddoedd ger-llaw'r môr, ni welaf fod ei Awen gyfoethog yn codi o draeth a llanw (ac eithrio'r gerdd fer honno am y llanw'n codi yn un o draethau Pen Llŷn ac R.S. yn gweld 'dylifiad y Saeson' yn syth). Cwbl deg *ond* yng nghefn gwlad y cawn gymeriadau enwocaf ac anwylaf *Ysgubor-y-coed*, pobl fel Iago Prydderch ac Evans, heb sôn am Gynddylan ar dractor. Ceir y bai 'rhy debyg' yn drwm iawn mewn llinell fel hon: 'A'i ddiffygiol ddiffygion', a rhyfedd gweld darn o ryddiaith yn y llinell: 'A thriniodd yn llythrennol'. Beth, hefyd, am 'llediaith llwyd'? Ni lwyddodd chwaith wrth geisio Cymreigio'r hen weddi Roeg draddodiadol, 'Curie eleison', sef 'Arglwydd, trugarha'.

BEIRNIADAETH ALAN LLWYD

Yn union fel y llynedd, derbyniwyd deg awdl, ac mae pob un ohonynt yn awdlau go iawn, eto fel y llynedd. Ni fentrodd neb di-glem na'r un tynnwr coes i'r gystadleuaeth.

Fel sawl gêm bêl-droed nodweddiadol, ceir dau hanner i'r gystadleuaeth eleni. Efallai nad yw'r hanner cyntaf yn gynhyrfus nac yn ddisglair, ond mae'r ail hanner yn un cyffrous a diddorol. Dechreuwn sylwebu ar yr hanner cyntaf. Mae pum awdl yn perthyn i'r dosbarth hwn.

Ysgubor-y-coed: Awdl o deyrnged i R. S. Thomas, gan sôn am ei fagwraeth ar fin y môr yng Nghaergybi, ei gysylltiadau â'r môr yn ystod ei fywyd, a chyfeirio at y delweddau o'r môr a geir yn ei gerddi. Mae'r bardd yn bodloni ar draethu ffeithiol-uniongyrchol, heb fflach o gwbl yn y dweud. Mae'r bardd hwn yn aml yn cyganeddu'r un geiriau, er enghraifft: 'Iddynt'/'iddo'; 'A'i ddiffygiol ddiffygion' (llinell sy'n anghywir, a diystyr); 'Gredo'/'hygrededd'; 'y sicrwydd sicraf', ac yn y blaen. Mae'r ymgeisydd hwn wedi meistroli hanfodion y grefft, sef rheolau Cerdd Dafod, ond mae'n rhaid iddo chwysu cryn dipyn i droi'r grefft sylfaenol yn gelfyddyd. Mewn gwirionedd, ceir tair graddfa neu dri gris o gynganeddu: Cywirdeb, Crefft, Celfyddyd. Cywirdeb yn unig a geir yma.

Rhosydd: Awdl ddigynllun a gwasgarog braidd. Ar y dechrau, 'Môr yw nwyd ein Cymru ni' meddir, ac wedyn, gan gyplysu'r môr â cherddoriaeth, 'Bwrlwm traeth yn ein traethu', a 'Drwm hud yw mydr y môr'. Ni cheir unrhyw ddatblygu ar y ddelwedd hon wedyn, dim ond ei gadael yn ei hunfan. Mae'r bardd yn cyflwyno inni nifer o ddarluniau bychain yn ymwneud â'r môr, darluniau a disgrifiadau o gimychiaid, moelrhoniaid, mecryll a morfilod. Dull hen-ffasiwn o lunio awdl braidd, a dyma ni'n ôl gydag awdl 'Y Flwyddyn', Eben Fardd, ac awdl 'Y Greadigaeth', Emrys. Gall *Rhosydd* syrthio'n bur isel ar brydiau, fel 'Mae torf ar ôl y morfil/A sŵn chwyrn emosiwn chwil'; ac eto, gall lunio epigram fel hwn: 'A fynno ddifwyno'i fyd/a yf fudreddi hefyd'. Bardd anwastad iawn yw *Rhosydd*. Ceir yma gymysgedd rhyfedd o gywirdeb a chrefft, gyda'r epigram cyganeddol yn esgyn i dir celfyddyd.

Nod Cain: Awdl a luniwyd ar ôl gweld rhaglen ddogfen ar y teledu yn cofnodi rhyddhau gwersyll-garchar Auschwitz yn Ionawr 1945 sydd gan y bardd hwn. Delweddol yw ei fôr, ac mae yma ymgais i or-destunoli. Ceir 'penllanw o wyll', 'eigion diorwel', a 'hil ar ffo' yn 'plymio bae anwybod', 'rhyw froc y môr' o garcharorion, 'Auschwitz y fall oedd eigion eu trallod', 'Rhwydi damnedig o wifrau pigog', ac yn y blaen. Mae'r canu yn haniaethol ar brydiau, fel y sôn am yr Iddewon 'ym maglau/dylanwadau anianau annynol'. Canu haniaethol fel y pennill hwn: 'Melltigedig yw dwrn ffanatigiaeth,/daw ias o gabledd trwy ei disgyblaeth/ ffyrnig ac erledigaeth – afradus,/a hwy yn boenus dan iau unbennaeth'. Ni ellir canu'n haniaethol am ddioddefaint yr Iddewon dan sawdl Natsïaeth; mae'n un o'r pynciau mwyaf diriaethol ac emosiynol bosibl. A dyna wendid yr awdl hon i mi. Mae'n or-wrthrychol. *Gwylio* dioddefaint ar y teledu y mae, nid ei uniaethu ei hun â'r profiad. I ganu ar thema ddwys a dirdynnol o'r fath, rhaid i fardd gyd-gerdded â mamau a phlant i gyfeiriad y siambrau nwyo, a bod *yno*. Rhaid i fardd, yn enwedig yn y ganrif hon, ddioddef â'r dioddefus. Mae gan *Nod Cain* linellau a chwpledi da, fel 'Nid yw uffern yn diffodd', a hefyd

> Oes heno falm i'r Almaen?
> A oes dŵr all olchi'r staen?

Mae'r cwpled uchod yn atgoffa rhywun am gerdd rymus Dannie Abse, 'No More Mozart': 'The German streets tonight/are soaped in moonlight./The streets of Germany are clean/ like the hands of Lady Macbeth'. Y gwahaniaeth rhwng Abse a *Nod Cain* yw i'r naill fardd droi dilead yr Iddewon yn brofiad iddo ef ei hun, ond i'n bardd ni fethu gwneud hynny. Mae'n sefyll y tu allan i'r profiad. Crefft yn unig a geir gan yr ymgeisydd hwn.

Tegwch y Tywod: Yn Aberystwyth y lleolwyd yr awdl hon. Ceir hanes gŵr a gwraig wedi ymwahanu yma, y wraig wedi gadael ei gŵr oherwydd ei odineb a'i anffyddlondeb. Mae cariadferch y gŵr, fodd bynnag, yn ei wrthod, ac mae yntau'n unig ar fin y môr, fel ei wraig hithau. Dringa'r clogwyni yn ei unigrwydd a'i boen, gan fwriadu cyflawni hunan-laddiad, ond mae'r môr yn ei 'ail-wefreiddio', ac yn peri iddo newid ei feddwl. Mewn gwirionedd, mae edrych ar y môr yn ei dawelu'n fewnol, ac yn peri iddo feddwl am oriau dedwyddaf ei fywyd priodasol, ond mae gormod o rwyg rhwng y ddau iddynt fyth allu ailgymodi. I'r wraig, mae'r gŵr wedi marw; nid yw bellach yn bod. Mae gan yr ymgeisydd hwn afael ar reolau Cerdd Dafod, ond rhaid iddo finiogi ei fynegiant. Ceir yma ddarnau diafael, ac ansoddeiriau gwelw, heb sôn am gamweddau fel hepgor y rhagenw perthynol. Ar brydiau, mae'n anodd dilyn ei stori, oherwydd amwysedd a diffyg eglurder yn y mynegiant; ond, ar y llaw arall, mae yma arlliw o ddawn, a dylai *Tegwch y Tywod* feithrin y ddawn honno. Ar hyn o bryd, cywirdeb, a rhyw fymryn bach o grefft, a geir yn ei awdl.

Min-y-don: Awdl i Nelson Mandela a'r chwyldro mawr yn Ne Affrica yw thema'r awdl hon. Ymdrinnir â'r môr yn drosiadol unwaith yn rhagor, fel yn awdl *Nod Cain*.

Un o ddelweddau canolog yr awdl yw 'Caer Apartheid', a saif yn anghyffwrdd uchlaw'r môr o frodorion – 'Tyrau llachar uwch lli'r anwariaid' – ond mae'r môr chwyldroadol yn erydu ac yn herio'r gaer: 'Tyner yw sigl y tonnau – o danynt;/Rhy'u dannedd-fidogau/Eu brath yn sylfeini brau/Oferedd y rhagfuriau ...'. Mae cryn feistrolaeth gan *Min-y-don* ar ei ddeunydd (neu ei deunydd?), ond mae'n bodloni yn rhy aml ar fynegiant cymen, yn hytrach na chyffrous. Crefft a geir yma unwaith yn rhagor, ond crefft gadarn ddigon. Dylai *Min-y-don* ganolbwyntio o hyn ymlaen ar droi'r grefft yn gelfyddyd.

A dyma ni'n cyrraedd ail hanner y gêm. Mae'r pum awdlwr a ganlyn i'w hystyried o ddifrif, ac mi ddywedwn i fod o leiaf ddau yn deilwng o'r Gadair, a'r tri arall â digon o ddawn i'w hennill. Mewn gwirionedd, dyma ni'n cyrraedd y dosbarth sy'n hofran rhwng crefft a chelfyddyd.

Iestyn: Mae hwn yn gynganeddwr medrus. Thema'r awdl yw awydd oesol dyn i herio perygl a mentro i'r anwybod, yr awch i ddarganfod o'r newydd yn hytrach na thin-droi yn yr hen rigolau. Mae tawelwch a diogelwch y glannau yn cynnig sicrwydd a chysur, ond rhaid i ddyn fentro weithiau: 'Heno, feidrolyn, cyfod yr hwyliau,/Heria'n adeiniog y geirwon donnau,/Cân yn iach i'r cilfachau – cysurus,/Y llaw hyderus piau'r pellterau'. Mae'r cynganeddu yn rhwydd a di-fefl ond ceir tri gwendid amlwg yn yr awdl; yn gyntaf, undonedd ei rhythmau, gyda'i hacennu cyson-reolaidd; yn ail, ei thuedd i droi yn ei hunfan, fel llong bapur mewn trobwll; ac, yn drydydd, ei mynegiant gor-haniaethol. Rhaid mynegi syniadau haniaethol drwy gyfrwng delweddau diriaethol, ond ni wneir hynny yma. Mae'r awdl hefyd yn atgoffa rhywun am *Le Voyage*, cerdd fawr Charles Baudelaire, er na chyfrifwn i mo hynny yn wendid. Yn honno, a defnyddio cyfieithiad Euros Bowen, 'Ein dyhead, a'r tân yn llosgi'n hymennydd o hyd,/Yw plymio i ddyfnder yr affwys, Uffern neu Nef, pa waeth./I ddyfnderoedd yr Anhysbys i geisio newydd fyd'. Mae deunydd bardd gwych yn *Iestyn*, heb unrhyw amheuaeth, fel y dengys y pennill hwn, er ei holl haniaethu:

> Er dial oerwynt, er y doluriau,
> Er y cur yn y mêr a'r cyhyrau
> Daw cri hen felodïau – a fu'n gaeth
> I seinio'u hiraeth yn dy synhwyrau.

Y Bardd Cwsg: Cymerais at yr awdl hon o'r dechrau. Dyfynnir pedair llinell o awdl Meuryn, 'Min y Môr', uwchben yr awdl, sef 'Gwelais long ar y glas li/Yn y gwyll yn ymgolli;/Draw yr hwyliodd drwy'r heli,/A rhywun hoff arni hi'. Ar un ystyr, stori serch sydd yma, elfen amlwg yn y gystadleuaeth eleni, fel y gwelwyd eisoes, ac fel y cawn weld eto. Dyheu am y 'rhywun hoff' ar y llong a wna'r *Bardd Cwsg*, dyheu am gariad a gollwyd o ganol ei bryderon a'i ofnau. Ond mae i'r awdl haen ddyfnach na'r haen lythrennol hon. Mae'r ferch yn symbol o lendid a pherffeithrwydd, yn symbol o urddas a phrydferthwch bywyd, o ymchwil dyn am dangnefedd a harddwch mewn byd brwnt a llygredig. Mae'n gri o ganol ein bywyd cyfoes ni o fudreddi cemegol a bryntni diwydiannol am adfer y glendid a'r perffeithrwydd yn ôl i'n bywydau. Dyma hunllef y byd cyfoes: 'Ar lannau'r môr-wylanod – a wibiai/Fel gobaith digysgod/Ddoe'n y bae, nid oedd yn bod/Ond olew'n dew ar dywod'.

Mae gan *Y Bardd Cwsg* ddarnau gwych, er enghraifft:

> 'Roedd yno ryw ddewiniaeth – hŷn na'r môr
> Yn bwrw angor i fôr fy hiraeth.

Ceir ynddi ddarnau y gellid gwella arnynt, a cheir ganddo hefyd ryw dair llinell wallus, dwy yn bendrwm, a hon, 'Ond ni'n dau'n mwynhau ynghyd', yn anghyf-

CADAIR YR EISTEDDFOD

Rhodd Mr a Mrs Idwal Vaughan,
er cof am Mr a Mrs John Vaughan, Bryn Gwylan, Llangernyw.
Fe'i gwnaed gan Goronwy Parry, Llysfaen.

lawn yn ei chyfatebiaeth. Awdl gyfareddol mewn mannau yw hon, a'r awdur yn ymgeisydd teilwng am y Gadair.

Mari: Awdl dra gwahanol i'r lleill i gyd yw hon. Mae hi'n fwy llafar ei hieithwedd a'i chyweiriau, i ddechrau, ac yn fwy unigolyddol na'r lleill. Stori serch a geir yma. Dyma'r stori, yn ôl yr awgrymiadau a geir gan yr awdur: mae merch wedi syrthio mewn cariad dros ei phen a'i chlustiau â bachgen 'penfelyn', 'Aderyn o wlad arall', ac un a siaradai 'heniaith arall' (un o'r ieithoedd Celtaidd?), ond, ar ôl carwriaeth angerddol-nwydus, mae'r bachgen yn ei gadael. Mae'n debyg i'r bachgen hwn hefyd adael y ferch yn feichiog, ac mai ef yw tad y plentyn a gyferchir ganddi yn yr englyn penfyr sy'n agor pob adran. Dathlu cariad y ddau y mae'r ferch, gydag afiaith a gorfoledd, ond mae elfen o dristwch yn rhan o'r llawenydd hefyd. Mae delweddau a rhythmau *Mari* yn gyfareddol ar brydiau, ac yn ei godi/ei chodi i dir uchel; er enghraifft:

> Bu 'mhen ar dy obennydd – mewn tŷ pell,
> Lle mae 'stafell y mastiau efydd,
> Lle'm hudaist fel llamhidydd – yn y bae,
> Isio chwarae nes sycho Iwerydd.
> Nofiais efo chdi'n ufudd, – a'r lli gwyn
> Yn chwalu'n ewyn gan dy awydd ...

Mae gan *Mari* hefyd ddarnau sydd heb fod cystal, ac mae ef/hi – wel, fo, a dweud y gwir, oherwydd mi welais rai o linellau'r awdl mewn print o'r blaen – weithiau yn ymollwng i wamalu, ac mae rhai darnau aneglur ganddo. Credaf, yn gam neu'n gymwys, fod ôl brys ar yr awdl, ac ôl diffyg caboli terfynol. Ond 'does dim dwywaith am ddawn fawr *Mari*. Mae'r Gadair yn annog y bardd hwn yn daer.

Gwlco: Gyrru i gyfeiriad ei hen gynefin, at 'aber dyddiau mebyd', a wna *Gwlco* ar ddechrau'i awdl. Ar ôl cyrraedd, mae'n cofio'i blentyndod. Cyflwyna atgof ar ôl atgof inni o'i blentyndod ar fin y môr, sôn amdano ef a'i frawd yn chwarae ar y traeth, yn chwarae criced a sgimio cerrig ar draws wyneb y dŵr. Ar brydiau, mae *Gwlco* yn gyfareddol; fel hyn, gan agor â llinell gampus yn ei gwrtheb:

> Stori hud oedd ystrydeb
> ein dyddiau ni; nid oedd neb
> i herio ei chyfaredd,
> i amau'i rhin, ym mro hedd
> y baradwys ddibryder
> 'roedd sôn am gyrraedd y sêr ...

Mae byd cymhleth oedolion yn tarfu ar fyd gwynfydus a diniwed y plentyn – 'torrodd gwae/hyd fae fy chwarae yn donnau chwerwedd'. Y gwae oedd i rywun lleol wneud amdano'i hun, ei foddi ei hun yn y môr lle chwaraeai'r ddau blentyn. Cerdd am blentyn yn troi'n oedolyn yw'r awdl hon, am wynfyd yn troi'n wae, ac mae hi'n awdl wych iawn, er bod y mynegiant yn storïol lac mewn mannau. Gallai wella rhai o'i linellau hefyd. I mi, ansoniarus yw'r llinell 'Fel adyn yn syllu'n syn', oherwydd yr unsain sydd iddi. 'Does dim rhaid i *Gwlco* bryderu. Mae'n fardd hynod o ddawnus, a chaiff eistedd yng Nghadair y Brifwyl yn fuan iawn; hynny yw, os nad ydyw wedi eistedd ynddi un waith eisoes.

Mae un ar ôl, sef *Porthor*. Stori serch sydd gan hwn eto, fel *Mari*, a stori am siom a dadrith serch at hynny, ond mae'n agor â thaith mewn car, fel *Gwlco*. Fel *Gwlco*, mae'n teithio i fan a fu'n annwyl ganddo unwaith. Down i sylweddoli mai dychwelyd y mae at draeth a fu'n fan cyfarfod iddo a'i gariad, lle sy'n llawn o atgofion iddo. Wrth iddo deithio yn ei gar, mae'n dwyn i gof ddyddiau carwriaeth y ddau ohonynt, ef a'i gariad, fel ôl-fflachiadau mewn ffilm. Ar ôl cyrraedd y traeth a'r môr, mae'n ail-fyw ei atgofion gynt, ac yn holi am ei gariad yn ei hiraeth a'i golled. Ni wyddom beth a ddigwyddodd iddi. Ni ddywedir wrthym. Synhwyrwn, er hynny, mai wedi marw y mae. O leiaf mae'r darn cywydd hwn yn awgrymu hynny:

> Roedd man lle chwarddem o hyd;
> Y fan lle safai'r funud
> Drwy yr heddiw diddiwedd,
> Yn y bae lle nad oes bedd.

Mae'r englyn olaf un, diweddglo'r awdl, hefyd yn awgrymu'r un peth. Yn hwnnw mae'n dyheu am ailuniad â'i gariad mewn byd amgenach, byd yr ysbryd.

Cerdd am unigrwydd dyn yn ei golled a'i hiraeth yw hon; astudiaeth o ddyn yn ceisio dygymod â'i brofedigaeth a'i dristwch. Ar un ystyr, yn enwedig yn y rhannau agoriadol, astudiaeth o gyflwr dyn yn y ganrif hon a geir yn yr awdl, wrth iddo geisio dod wyneb yn wyneb â'i ddinodedd, ei farwoldeb, ei ddiffyg ystyr a'i unigrwydd: 'Un yw ef ymysg nifer,/Llwydyn o swllt yn y sêr'. Drwy ffurfio perthynas ag unigolion eraill, drwy arddel cariad a chyd-ymwneud ag eraill yn unig y ceir ystyr a diben, ond collodd *Porthor* yr ystyr honno. Y cyfanwaith sy'n creu argraff yn achos *Porthor*. Dyma fardd tawel, hunan-feddiannol, a'i grefft ddiymhongar a dirodres yn cuddio celfyddyd gynnil, ymataliol, effeithiol. Llithrodd unwaith neu ddwy; er enghraifft, byddai 'Bu llaw mewn llaw *wrth wylio'r* gorllewin' yn well na 'Bu llaw mewn llaw yn gwylio'r gorllewin'. Nid y dwylo sy'n gwylio.

Pe na bai *Porthor* yn y gystadleuaeth, byddwn i'n bersonol yn rhoi'r Gadair i *Gwlco*. Pe na bai'r naill na'r llall yn y gystadleuaeth, byddai'n rhaid i mi ddewis rhwng *Y Bardd Cwsg* a *Mari*, a dadlau â mi fy hun hefyd ynghylch eu teilyngdod. Yn sicr, mae'r ddau yn ymylu ar deilyngdod os nad yn gwbl deilwng. Yn ffodus, 'doedd dim rhaid i mi wynebu sefyllfa anodd o'r fath. *Porthor* biau'r Gadair eleni, a phob anrhydedd a berthyn iddi.

> Perthyn y mae i Porthor
> Am awdl ragorol i'r Môr.

Yr Awdl

Y MÔR

Heno daw un, lle bu dau,
I ddilyn ffordd o olau,
Dilyn cadwen wen y nos
Un hwyr, heb droi i aros
Am baned, am obennydd
I roi ei daw ar y dydd.

      Ddoe y rhamant, ddoe'r hiwmor, – ymhell bell
        Mewn byd oedd yn esgor.
      Traeth gwag, a'r dydd ar agor;
      Dim ond ti a mi, a'r môr.

Un lein goch yw'r lôn i gyd,
Un hewl at ei anwylyd,
Y naill un ar ôl y llall
Yn ddeuol o ddiddeall,
A daw parau'r golau gwyn
Oll o hirbell i'w erbyn.

      Â ni yn ein hantur newydd – am aros,
        Roedd y môr am undydd
      O wres yn ein codi'n rhydd,
      A'i donnau yn adenydd ...

Yn hir, fe losgir y lôn
Gan wrych o frigau'n wreichion,
Yn eu hencil yn wincian
Draw'n y du fel drain o dân.
Un lle'n y nos, un llain wen
Yn consurio can seren.

      Roedd bywyd mewn munudau – o goflaid,
        A naid i'n heneidiau.
      Yr oedd dawns yng nghyffwrdd dau
      A'u siarad yn gwrs oriau.

Drwy y nos daw'r un o hyd
Na fynn arafu ennyd.
Ni chlyw'r dyfnfor yn torri
Ar lan, na synhwyro'i li
Yn hallt am fod pob milltir
Rhyngddo a hon heno'n rhy hir.

    Uwch y don fe'm lluchiwyd i, – a ninnau
        Yn un yn ein meddwi,
      I fydoedd dirifedi:
      Malio dim yn d'ymyl di.

Un yw ef ymysg nifer,
Llwydyn o swllt yn y sêr;
Un â'r rhai sy'n crwydro o hyd,
Ymresymwyr y symud;
Ar hewl ymlaen i rywle,
Am mai ymlaen y mae'i le.

Golau o unigolion – yn llywio
    Llewyrch eu gobeithion.
  Eithr o hyd, wrth yrru ar hon
  Diwyneb ydyw dynion.

Mae nodwydd y munudau – yn crynu'n
    Ddail crin a'r silindrau
  Yn dynn ar waith dan yr iau,
  Yn peswch dan y pwysau.

Anela at anwylyd, – anelu
    Yn ôl at ei wynfyd,
  Heb awydd mwy mewn bywyd
  Na chân y ferch yn ei fyd.

I chwilio rhaid herio o hyd,
I chwilio rhaid dychwelyd.
Taith can milltir o hiraeth
Tua'r wên fydd ar y traeth,
Ac yno fe'i gwêl ganwaith
Wrth iddo sbarduno'i daith
Heibio i'r bae, trwy'r bore bach
Ac i lôn gymaint glanach;

Y lôn saff draw o'r draffordd,
Arafach a phurach ffordd.
A daw gan dyniad y don
I lôn gul yn y galon.
At wawr y lan y try yr olwynion,
A'i gwres yn nes lle bu oerni'r noson.
Fe wêl yr eiliad lle cwrdd cariadon
Heb weld y gelltydd mewn blodau gwylltion;
Gwawr o liw ar gwr y lôn – yn ddistaw,
Ac wyla'r glaw ar eu harogleuon.

Yn awr nid oes un arwydd – i'w arwain,
    Ond erwau'r distawrwydd
  A ddwêd i hwn ddod i ŵydd
  Y cyfeiriad cyfarwydd.

Ac yno ar awr gynnar, – a'i drywydd
    At ben draw ei ddaear
  Yn ei gymell at gymar,
  Llanw'r cof sy'n llenwi'r car.

Hyd wendon o fudandod – daw â'i fyd
    I fan ei chyfarfod;
  Dynesu byth, hyd nes bod
  Sŵn teiars yn y tywod.

    Roedd man lle chwarddem o hyd;
    Y fan lle safai'r funud
    Drwy yr heddiw diddiwedd,
    Yn y bae lle nad oes bedd.

    Dau ar gei yn dragywydd,
    A'u dwylo'n dal yn y dydd
    O gydwasgu, a disgwyl
    Agor haf ym mrig yr hwyl.

    Â'u gafael ddoe yn gyfun,
    Yn eu gofal, dal yn dynn
    Wnâi dwylo dau wehelyth;
    Ond am ba hyd mae 'am byth'?

    Bu llaw mewn llaw yn gwylio'r gorllewin,
    Yn bâr o eiriau, yn ddau bererin,
    Ac i nefoedd gynefin – gyda thi
    Down yma o ofid i wên Mehefin.

Hwn oedd ein nefoedd, ni chiliai'r hafau
O'r rhimyn hwn lle chwaraeem ninnau;
A llygad Erin a'm gwylia innau
Yn dod i heddiw i uno'n dyddiau.
Gwelwodd holl wrychoedd golau – y ffordd faith:
Ym mhen y daith mae dy gwmni dithau.

*   *   *

Yn y car yr wyf cyhyd,
Yma heb fedru symud,
Yma 'more diwedydd,
Yn y darn rhwng nos a dydd.
Fel angor yn y môr mawr,
Yn llonydd fel gwyll Ionawr.

Mae'i donnau mud yn ymhél
Yn eiriau draw o'r gorwel,
A dau leuad o lewych
Yno'n wyn yn syllu'n sych
Nes i ole boreol
Y llanw'i hun syllu'n ôl.

Rwy'n galw ei henw hi,
A'i daenu'n fraich amdani.
Galw'n hir i gael yn ôl
Hyd o gariad, ac eiriol
Ei chlywed nes im gredu
Yn y fath gariad a fu.
Ond er gweiddi'n dragwyddol
Ni fyn neb ateb yn ôl.

Ni ŵyr yr hwyr ble mae hi;
Ni ddaw dydd o hyd iddi.

Fe roed dwrn yn fy niwrnod, – a bu'r ing
    Fel gweld broc ar dywod
  Y lan faith, cans gwelwn fod
  I felyster ddiflastod.

Rywle i orwel o eiriau – y gyrraf
    Y gair ddaw o'm genau,
  Hyd nes bydd y dydd rhwng dau
  Yn llifo mewn sillafau.

Dyheu am yr hafau diog; – eiliad
   O'th heulwen, fel llwynog;
Darn o wên draw yn annog,
Darn o haul rhyw Dir na n-Óg.

Yn fy mhoen rhoeswn fy mod – i glywed,
   Trwy'r glaw, dy fudandod.
Rhoeswn wawr i synhwyro
Dy enw di ar donnau'n dod.

I greu iaith ar hyd y sgrin – yn lluniau
   Ein llawenydd cyfrin,
Gan ein gweld yn sugno gwin,
Yn yfed o'n Mehefin.

Ond mae ymson y tonnau'n
Wag eu sŵn wrth agosáu;
A thyrr holl iaith oer y lli
Yn fudan ddirifedi:
Hebot ti yn gwmnïaeth
Does ond môr yn treiglo'r traeth.

Wyt wên y tu hwnt i waedd,
A gair tu hwnt i gyrraedd;
Fel iaith bell rhyw draethell draw
Yn estyn neges ddistaw,
Cyn i'r ewyn ei hunan
Ei dileu ar hyd y lan.

Daw'r ofnau ar donnau'r dydd, – yn doriad
   Ar doriad o gystudd,
Yn rhy wan i dorri'n rhydd,
Yn donnau heb adenydd.

Lle bu yn cymell bywyd, – a dwyn dau'n
   Dynnach am un ennyd,
Mae'r un môr yn ymyrryd
A throi'n fwy dieithr o hyd.

Nid yw'r tir yma'n clirio – ei niwlen,
A deil i'm cofleidio
Fel tarth môr yn cuddio'r co'.

Ai'r un dŵr dy ddeigryn di
Â'r cefnfor sydd yn torri
Ar hyd traeth fy hiraeth i?

Rwy'n aros i'r un hiraeth
Dorri ei air rhwng dau draeth,
I dorri'n dealltwriaeth.

Toddodd enfys fy ngusan
A'i liwiau mud yn law mân,
Yn grīo hyd y gracn.

Daw rhyw osteg i dristyd
Wrth alw'i henw o hyd:
Wyf glaf o'i galw hefyd.

Ond mae dyheu am y dydd – y'n hunir
   Ninnau gyda'n gilydd
  Ymhell bell; rhywle lle bydd
  Llai o fôr rhwng lleferydd.

Porthor

Casgliad o gerddi heb fod dros 200 llinell: Melodïau

BERINIADAETH DEREC LLWYD MORGAN

Daeth naw ymgeisydd ar hugain i'r gystadleuaeth. Yr unig un nad oes ganddo glem yn y byd ar farddoniaeth yw *Llygaid Llwchwr*, a luniodd druth heb ynddo ronyn o rinwedd llenyddol nac athronyddol na diwinyddol – truth, er hynny, ac am hynny gallwn ddweud mwy amdano nag y gallaf ei ddweud am gynhyrchion di-fflach a chyffredin amryw o'i gyd-ymgeiswyr, am y rheswm syml ei fod mor gwbl gyfeiliornus o anghoronadwy. O leiaf dysgodd imi y dylai beirniad eisteddfodol a fyn raffu barn brisio cynhyrchion sâl yn uwch na chynhyrchion diddrwg-didda. Dysgodd imi un peth arall hefyd – sef mai efe, *Llygaid Llwchwr*, ac nid Mr Bernard Levin, yw arch-hirfrawddegwr Ynys Prydain. Y mae'r gystadleuaeth ar y cyfan yn gystadleuaeth dda. Fel y gwelir yn y man, pan aethom ati i drafod y goreuon, buom yn trafod cynhyrchion cryn hanner dwsin o feirdd. Ac er na fyddai'r un ohonom yn barod i goroni pob un o'r hanner dwsin, yr oeddem o'r dechrau yn gwybod bod gennym deilyngdod – gwybodaeth sy'n ollyngdod mawr i bawb a feirniada'r prif gystadlaethau bob blwyddyn.

Yn hytrach na chreu dosbarthiadau (sydd yn aml yn gamarweiniol), traethaf yn fyr i ddechrau ar weithiau'r ymgeiswyr na ddaethant i'r brig, a'u trafod yn y drefn a roddodd Swyddfa'r Eisteddfod arnynt. Dof at y goreuon wedyn.

Cymryd arni (neu arno) adrodd, yn y person cyntaf, hanes merch a aned yn fyddar y mae *O.N.*, merch a enillodd ei chlyw drwy lawfeddyginiaeth, a merch y darganfuwyd yn y man ei bod yn gerddgar. Daw'n gantores adnabyddus – ond nid cynt y dringa 'i lwyfan llwyddiant' nag yr ymdeimla â phechod eilunaddoliaeth, hunanaddoliaeth yn arbennig. Yn y gerdd olaf, edrydd *O.N.* am y modd y dug astudiaeth o Handel hi 'i gredu'. O ganlyniad, 'daeth yr Haleliwia i'm henaid.' (Ceir adleisiau o'r Parchedig W. Rhys Nicholas drwy'r gystadleuaeth.) Heblaw ei bod yn anfanteisiol cywasgu stori mor wyrthiol-drofaus i ddau gan llinell – y mae ar ddarllenydd eisiau amser i ddygymod â newidiadau mawr bywyd – y mae'n anodd iawn i fardd ennill digon o feistrolaeth ar y dychymyg ac ar yr iaith i argyhoeddi'r darllenydd hwnnw o eirwiredd y profiad dramatig dan sylw. Dyna ddwy broblem sylfaenol *O.N.*

Trafferth *A487* yw ei fod yn rhy gaeth i'r testunair. Y mae 'melodi' ganddo yn nheitl pob un o'i wyth cerdd, ond artiffisial ac anweddus (yn iawn ystyr y gair hwnnw) yw ei gyfeiriadau melodïaidd yng ngorff y cerddi. Beth, er enghraifft, ym 'Melodi Crist' yw ystyr 'Ei greithiau gwirion yw melodi ei fawredd'? Bron na thalai unrhyw enw dan haul yn well am ei le na'r gair 'melodi' yn y llinell hon. Heb os, y mae gan *A487* gyneddfau bardd: gall lunio delweddau, gall batrymu geiriau'n rhythmig, gall ddal profiadau'n dwt mewn darluniau; ond byddai'n dda'n aml pe bai ganddo hefyd gyneddfau barnwr, i'w arbed rhag anaddaster. Ni ddarllenais ddim mwy gwironeddol gyfoglyd na'r darn hwn ers tro:

> Athrylith yw cof
> yn chwydu tameidiau o hiraeth
> i fyny drwy wddw'r gorffennol
> yn ddarnau o arian ac aur
> y gellir eu hail-wario
> am yr un pleserau...

Ych-a-fi!

Cyfres o ymsonau a geir gan *Rhydlydan*, ymsonau artistiaid o sawl math (Proust, Seurat, Chopin, Morrison, Wilde, Piaf) a gladdwyd ym mynwent Père Lachaise. At yr ymsonau, ychwanegodd lun ar brolog ac epilog, a darn o gywydd gwallus iawn, iawn ei gynganeddiad. Y mae'n amlwg fod yr ymgeisydd wedi ymgydnabod â bywyd a gwaith pob un o'i gymeriadau, ac aeth i'r drafferth i amrywio'i fydryddiaeth o gerdd i gerdd, ond nid oes ynddynt ddim byd cofiadwy. Awgrymaf fod *Rhydlydan* y tro nesaf yn traethu ar bwnc neu bynciau sy'n brofiad iddo ef ei hun.

Rhag cael ei ddal (gan Gyngor yr Eisteddfod neu gan lythyrwyr *Y Cymro*) yn nadl Nifer y Llinellau, aeth *Llwynog* i'r drafferth i'w cyfrif drosom: y mae yma 198. Y mae'n amlwg nad oes dim yn drafferth iddo – delweddu, odli, odli'n ddwbwl, rhigymu, cyflythrennu, cytganu, cynganeddu – dim. Yn wir, anodd meddwl am brysurach bardd yn y gystadleuaeth drwyddi; ac ar un olwg, anodd meddwl am fedrusach bardd yn y gystadleuaeth drwyddi, achos y mae'n meddu ar gynifer o'r doniau awenaidd angenrheidiol. Eto i gyd, ni ddarfu i un o'r tri beirniad ei ystyried am y Goron. Pam? Am fod ganddo ormod o eiriau, am fod yma afradlonedd hyd at anystyriaeth. Defnydd dethol o eiriau a rydd inni farddoniaeth fywiol.

Pedwar caniad mewn *vers libre* sydd gan *A glywodd y gân*. Yn y ddau ganiad cyntaf, gofynnir inni wrando ar 'y gân/a arogl-darthwyd i'r ffurfafen' adeg yr Ail Ryfel Byd pan losgwyd yr Iddewon yn yr Almaen. Yna, yn y ddau ganiad olaf, gofynnir inni wrando ar 'Roc, pop, metel, grynj' y dydd heddiw yn 'ffrwydro'n fyddarol' nes gwallgofi'r oes sydd ohoni. Y mae'n amlwg fod yr ymgeisydd yn rhoi'r un pwys a'r un gwerth ar y ddeubeth. Ys da dant rhag tafod!

Rhaid i *Ben Webster* wella tipyn fel gramadegwr ac fel mydryddwr cyn y bydd yn gystadleuydd peryglus yn yr Eisteddfod Genedlaethol. O ran ei driniaeth o'r testun, y mae'n gynilach na nifer o'i gystedlyddion. Er sôn am Elvis a Paul [?Robeson] a'r Danube Las, ni wthiodd felodedd arnom. Ond afrwydd ydyw fel bardd.

Gosododd *Hen Wraig Crud yr Awel* enwau caneuon gan Tony ac Aloma yn deitlau i'w cherdd, yn rhannol i fanteisio ar eu cynodiadau – i fanteisio ar y ffaith fod y 'ddeuddyn penfelyn o Fôn' (chwedl hithau) wedi gwneud gyrfa o gyhoeddi'r gwae sydd ym mhob caru. Chwerw-felys yw ei phrofiadau hithau. Neu o leiaf, dyna a dybiaf. Barddoniaeth law-fer yw'r enw gennyf i ar y math o ddeunydd a geir yma, am nad yw'r ymgeisydd wedi mynd i'r drafferth i iawn fyfyrio ac i iawn ddiffinio'i theimladau a'i meddyliau, eithr wedi bodloni ar lunio darluniau byrion, cameos bychain, cyfeiriadau, a darnau o ddeialog y disgwylia i'r darllenydd eu cysylltu ynghyd yn ystyrlon. Do, enillodd barddoniaeth fel yna Goronau cyn hyn; ond nid eleni.

Y *vers libre* gynganeddol yw dewis wers *Clegyr*, mesur (os mesur) i'w ddefnyddio'n ddethol, os o gwbl. Y mae *Clegyr* yn ysgrifennwr medrus, yn ddiau, ac fel sawl cynganeddwr o'i deulu yn ŵr diwylliedig, cyfarwydd â Van Gogh, Darwin, Helen Keller, Cynan. Ai damcaniaeth bersonol i mi fy hun yw hon, ynteu a oes rhywun arall a'i rhanna â mi – sef fod y beirdd ar ôl Thomas Gwynn Jones a ddaeth i ddefnyddio'r dull hwn o farddoni yn amlach na heb yn canu am artistiaid eraill? Beth bynnag am hynny, y mae neb pwy bynnag a ddywed mai 'Myrdd chwrligwgan ar weiligi sidan oedd y sêr' yn artist yn ei hawl ei hun. Y mae *Clegyr* yn hynny. Nis codais i'r rhestr fer am na lynodd wrthyf.

Hyd yn oed pe na bai *Llethr Hir* wedi nodi mai ar ôl marw Caitlin Thomas yn haf 1994 yr ysgrifennodd y cerddi hyn, byddai'n hawdd gan y cyfarwydd weld – a chlywed – dylanwad Dylan Thomas arnynt, a hynny o'r paragraff cyntaf un:

> Y Sul cynhebryngaidd hwnnw,
> disgynnodd y nos yn gawod araf dros y Wenallt
>   pan oedd Awst yn dechrau cropian
>   drwy weddillion haf
> ac ŷd cynhaeaf arall yn llafarganu'n felyn yn yr haul.

Pe bai yma wobr am wych efelychu, *Llethr Hir* a'i câi. Y mae'n ddawnus yn ddiamau – ond dyddiedig ddawnus yw'r neb a gân farddoniaeth borffor fel hon. Cyfrwyed y bardd ei ddawn i'w geffyl ei hun.

Gan *Llanilar* cafwyd pum cerdd gwta iawn eu llinellau, pum cerdd yn condemnio rhyfel. Yr unig beth sy'n eu cysylltu â'r testun gosodedig yw bod cyfeiriad at ryw gân ('Pomp and Circumstance', 'The Sash my Father Wore,' etc.) ym mhob un. Dyfais ddigon clyfar – clyfrach na'r cerddi eu hunain, a dweud y gwir, achos cymharol ddigynnwys a difyfyrdod ydynt hwy. Eto i gyd, y mae ynddynt ddigon i awgrymu y gall *Llanilar* lunio pethau rhagorach.

Hiraethu am gyfnod ac am ffordd o fyw a ddiflannodd, a hynny'n aml yn ansentimental, ysmala y mae *Parc y Bryn*. Peth prin sobr yw synnwyr digrifwch mewn barddoniaeth gystadleuol, a phan geir ef, dyledus ddiolch amdano. Y mae 'Dychwelyd' yn wirioneddol ddigrif: hawdd dychmygu cynulleidfa'r Cŵps yn Aberystwyth a'r Babell Lên ym mhobman yn ei mwynhau'n arw. Dichon bod thema'r gyfres ar ei hyd braidd yn dreuliedig – nid bod hynny ynddo'i hun yn ddrwg, oblegid hyn-a-hyn o themâu sydd; ond y mae'r cymeriadau a'r darluniau a ddefnyddir i amlygu'r thema hwythau'n hen. Dylai *Parc y Bryn* gyhoeddi o leiaf beth o'i waith.

Pryddest fer a cherdd bedwar-pennill ar y mesur 8:7 a geir gan *Jim*, y ddwy yn ymwneud â'r syniad canoloesol am y gynghanedd sydd drwy'r greadigaeth:

>Clywais ddweud fod Duw yn gerddor
>Gan fod miwsig yn Ei fyd,
>A bo'r Cosmos mawr yn canu
>Yn soniarus drwyddo'i gyd.

Ni welaf fai ar fardd – hyd yn oed ar fardd sâl – am adfywhau hen syniadau, ond y mae'n amhosib peidio â gweld bai arno am lythrenoli'r syniadau hynny, fel y gwna *Jim* pan ofynna i Iesu ai baswr oedd ynteu tenor. Nid fel yna y mae ennyn ffydd beirniad, gyfaill.

Y mae ennyn ffydd beirniad yn bwysig iawn i gystadleuydd. Cymerer *Ffreuer*, bardd a chanddo ddawn anghyffredin i lunio llinellau rhythmig a dawn nid bechan i greu darluniau da. Neu felly y meddyliais wrth ddarllen ei gerdd agoriadol a hanner cyntaf ei ail gerdd. Yna deuthum at y llinellau hyn (llinellau nid annhebyg i rai *A487* uchod) sy'n sôn am nodau dwy ffidil a soddgrwth:

>llenwent y lle, eu llifeiriant melys
>yn chwyddo'n gyfog hyfryd yn y frest
>a thorri'n ddeigryn bendigedig
>ar wyneb y gwareiddiaf o'r gwrandawyr.

Ni wn i am neb a gafodd 'gyfog hyfryd' erioed, ac ni dderbyniaf y gall cyfog hyfryd dorri'n 'ddeigryn bendigedig' hyd yn oed mewn barddoniaeth. Yn dechnegol, y mae'n rhaid iddo ddisgyblu ei ddychymyg; ac at hynny, mae eisiau iddo ildio mwy i'w ddarllenydd. Tuedda i ddisgwyl i'r darllenydd wneud mwy o waith nag ef ei hun.

O'r naw cerdd sydd gan *Monastîr*, y mae dwy ar gynghanedd, y naill yn gyfres o englynion a'r llall yn awdl fer. Gan mor straenllyd yw'r gynghanedd a'r ymgais i gloi ystyr ynddi, ymddengys mai bardd wrth ei ewyllys yw'r ymgeisydd hwn. Nid yw'n feistr corn ar y soned chwaith, ac y mae'n anhapus gyda'r *vers libre*. Yn y delyneg 'Cymod' ar y mesur 8:7 y mae hapusaf. Cerddi serch aflwyddiannus ydyw'r cerddi.

Hen law a roes inni gerddi *Y Gelli*, hen o ran ei brofiad yn y byd, hen-ffasiwn braidd o ran ei hoff fath o farddoniaeth. Fel gyda *Monastîr*, nid yw'n anodd gweld ôl straen ar y gwaith. Y mae'r geiriau'n galed, nid ydynt yn cyd-daro ac, o ganlyniad, lle disgwylir miwsig yn y llinellau nis ceir. Ac eto ni ellir peidio â gwerthfawrogi'r ymdrech, oblegid drwy'r gwendidau i gyd y mae yma ddiffuantrwydd pefr.

Caneuon gŵr yn wynebu canol oed ac yn cofio bwrlwm cyferbyniol dyddiau coleg yw caneuon *Erwydd*, a'i gerdd agoriadol yn addo'n dda iawn. Yn y cerddi hynny, sy'n disgrifio rhialtwch a rhyw ieuenctid, y mae tuedd i fodloni ar y math o farddoniaeth law-fer y cyfeiriais ati gynnau – tuedd i fodloni ar gameos ac ar ddyfeisiau rhethregol yn yr achos hwn. Pe bai pob cerdd mor gyffrous â 'Siwan yn dechrau siarad', sy'n atgoffa dyn o rannau o 'Rhieingerdd' John Morris Jones (yn fwriadol, gobeithio), buasai'r casgliad yn gyfoethocach o lawer.

Y mae *Lôn Fain* hefyd yn gyfarwydd â bywyd y Cymry ifainc cyn-golegaidd. 'Yma o hyd', lle disgrifir 'môr denim o ben-olau gwlyb/y genhedlaeth ôl-ddatganoli' yn y Cnapan yn Ffostrasol, yw un o gerddi eironig gorau'r gystadleuaeth. Bardd byr ei anadl ydyw ond y mae'n gwybod hynny ac, o ganlyniad, nid yw'n ceisio cyfansoddi caneuon hirion, eithr cerddi darluniadol, ergydiol, byrion, am y byd hwnnw sy'n cynnwys siopa mewn archfarchnadoedd ar nos Wener, gwrando ar recordiau, mynd i Barc yr Arfau, ildio a pheidio ag ildio i demtasiynau rhyw. Boed i *Lôn Fain* gredu ynddo'i hun ac ymarfer ac ymarfer ac ymarfer ei grefft a'i ddawn – ac yna fe enilla rywbeth o bwys. A yw archfarchnadoedd yn gwerthu teipiaduron, *Lôn Fain*?

Nid wyf hyd yma wedi penderfynu a yw *K* o ddifrif ai peidio. Y mae rhai o'i gerddi fel pe baent yn gynnyrch rhywun a eisteddodd wrth gyfrifiadur ac a chwaraeodd gyda'r allweddell. Beth wnewch chi o gân serch ddi-enw fel hon?

Yn y rhyngof
yn yr hoe anhysbys
rhwng pethau cyffes
ac yn chwithgam od

rhwng gwaedd ar goedd
a gwroldeb gwraidd

mae hawlfraint arnat.

Yn sicr, ni ddygwch yr hawlfraint arni. Nid yw peth fel hyn yn farddoniaeth lawfer hyd yn oed.

Y mae gan *Angor* ddoniau bardd go iawn. Y mae'r pum cerdd *vers libre* a ysgrifennodd yn felodaidd felys ac yn llawn darluniau. Darluniau'r cof, darluniau doe, ydynt, ond nid oes dim o'i le ar hynny. Gwendid y gwaith yn fy marn i yw gor-rwyddineb – gor-rwyddineb cofio a gor-rwyddineb adrodd: gwelir hynny'n enwedig yn y bumed gerdd lle mae'r tri phennill yn gynnyrch un fformiwla. 'Melodïau,' ebe'r adroddwr deirgwaith, 'yw atgofion' (a manylir yn drosiadol ac yn gymariaethol ar eu math); yna daw'r cwestiwn 'Lle ydw i rŵan?'; ac yna atebion: 1) 'Yn fy mhlyg dan goeden yn casglu afalau', 2) 'Yn chwynnu rhwng y briallu', 3) 'Yn y cae eithin yn nôl y gwartheg'. Rhyw flwyddyn, bydd testun cerddi'r Goron yn cyd-daro â phrofiadau y bydd yn rhaid i *Angor* eu mynegi. Y mae ei waith eleni yn fwy o ymarferiad na dim arall, ymarferiad caboledig, serch hynny.

Lluniodd *Osian* rai cerddi da a rhai cerddi sobor o sâl. Bardd ifanc ydyw, mi gredaf, neu efallai y byddai'n ddiogelach imi ddweud mai gwendidau bardd ifanc yw ei wendidau, sef hunanymwybod dwys a pharodrwydd i ollwng o'i law linellau ac ambell gerdd gyfan nad ydynt yn debyg o wneud synnwyr i neb ond efe (siarad o brofiad yr wyf i, *Osian*). Eithr y mae'n amlwg ei fod yn fardd: daw delweddau'n rhwydd iddo, gall ddal llun mewn ychydig sillafau, ac y mae'n gallu gosod pethau a phrofiadau ymddangosiadol ddiberthynas ynghyd. Gall hwn fod yn gystadleuydd peryglus yn y man.

Y mae cerddi *Turangalîla* yn foethus eiriog, y mae ei brofiadau'n rhyngwladol (symuda o Clarksdale i Dde Affrica i Sir Gâr), ac y mae ei chwaeth gerddorol yn nodedig o eang. Er bod ôl ymdrech a straen hwnt ac yma yn y gwaith, y mae'n gynnyrch awdur pur hyderus – gorhyderus neu, yn hytrach, diofal, weithiau. Megis pan ddywed yn y 'Rhapsodi Fohemaidd (i Freddie Mercury)' fod

> Synhwyrhau'n chwyrlīo o'th flaen
> mewn ymfflamychiad o fohemiaeth [b]ur.

A all synhwyrau chwyrlīo? Hyd yn oed mewn barddoniaeth? Am ei fod mor eiddgar greadigol y crea ddelwedd mor anffodus â hon, wrth gwrs. Y mae ganddo lawer o bethau canmoladwy iawn hefyd, a bu ond y dim i mi â'i roi ar fy rhestr fer. Yn anffodus iddo ef, yr oedd yma'i well eleni.

Symffoni biau rhai o'r datganiadau ffraethaf yn y gystadleuaeth i gyd. 'Pan o'n i'n blentyn,' meddai yn 'Galar',

> deuai'r trên o Abertawe i Lundain
> i mewn drwy nghlust chwith
> bob nos;

– datganiad sy'n dweud cyfrolau am yr adroddwr, o ran ei brofiad ac o ran natur ei awen. Awen ysig yr *ego* bregus ydyw, ac efallai mai'r rheswm pam na ddarfu i ni fel beirniaid osod *Symffoni* yn y rhestr fer oedd am na lwyddodd i ddatblygu ei syniadau a'i eiriadau yn gerddi ffyrf.

Dof yn awr at y rhai a ystyriaf i yn orau. Unwaith eto, fe'u trafodaf yn y drefn a roddodd Swyddfa'r Eisteddfod arnynt.

Dewisodd *Caerfantell* ddweud yr hyn sydd ganddo i'w ddweud drwy gyfeirio at ffilmiau, at wylio ffilmiau, at Hollywood ei hun ('*Hollyweird*' chwedl yntau – campus!), at gerddoriaeth boblogaidd Abba, ac at raglenni teledu, mewn chwech o gerddi iraidd-ddwys sy'n fynegiant o dosturi tuag at y genhedlaeth sydd ohoni. Er na feddianna'r cyffredin fyth mo gyfoeth Tom Jones a Julia Roberts, cofier nad Afallon yw eu cartref hwy chwaith. Hynyna a ddywed, os mynnir ei athroniaeth. A bwrw bod beirdd y Goron yn ysgrifennu fersiynau ar fersiynau o'u cerddi cyn eu hanfon i'r Eisteddfod, daliaf y gallai *Caerfantell* fod wedi llunio o leiaf un fersiwn arall o'r cerddi hyn, i'w glanhau oddi wrth ambell fefl delweddol a syniadol ac i gywiro ychydig fân wallau gramadegol. Ond hyd yn oed wedyn, amheuaf a fyddwn i'n barod i'w goroni – am y rheswm syml fod y mwyafrif o'i gerddi yn dibynnu am eu heffaith ar adnabyddiaeth y darllenydd o'r ffilmiau a'r rhaglenni teledu y cyfeiria atynt. Cais cryf, serch hynny.

Gerfydd ei wallt y tynnais *Sero* i'r rhestr fer, a hynny'n rhannol am fod ei synnwyr digrifwch main wedi apelio ataf (er enghraifft, yn 'Hen Rythmau', y mae'n disgrifio ieithgi a garai gynt drafod berfau; bellach, mewn gardd mewn cartref, rhaid iddo 'am ddwy hanner awr bob dydd ... olrhain berfa'). Tynnais *Sero* i'r rhestr yn rhannol hefyd am iddo gartrefu'r hiwmor hwn mewn cerddi tra chymen a chaboledig. Ond y mae ganddo'i wendid. Os dibynnodd *Caerfantell* ar wybodaeth y darllenydd o ffilm a theledu, dibynnodd *Sero* ar barodrwydd y darllenydd i ddarllen ei nodiadau esboniadol ar ddwy o'i chwe cherdd. A hyd yn oed ar ôl imi ddarllen y nodyn difyr ar Carlo Borromeo, noddwr-esgob Gruffydd Robert ym Milan, ni wn eto pwy yn union yw'r ddau sydd yn 'Deuawd yn Arona'. Beier fy nhwpdra i neu aneglurder y bardd tra pheniog a deallus hwn y byddai'n dda iawn gennyf weld cryn dipyn o'i waith mewn print.

Yn ystod y mis y bu'r cerddi hyn yn fy meddiant, dychwelais a dychwelais at *Plas y Berllan*. Apeliodd ataf o'r dechrau. Ar y dechrau'n deg, ofnwn imi gael fy hudo gan bathos ei bwnc, sef ymateb tad-cu a mam-gu i farwolaeth eu hwyres bum mlwydd oed o 'dyfiant maleisus, carlam'. Ond buan y sylweddolais mai camp y bardd oedd iddo beidio â chanu'n bathetig. Dewisodd gyfarch y fechan, ac wrth ei chyfarch y mae'n dal ei bod, er yn farw, yn fyw iddo o hyd, yn destun gofid mawr, y mae'n wir, eithr yn achos adnabyddiaeth newydd yn ogystal. Tôn y cerddi sy'n gyfrifol am yr amhathetigrwydd hwn, y defnydd tymherus hwnnw o rythmau a darluniau gweddus sydd yn sicrhau tawelwch yn y dweud, er nad oes, wrth gwrs, dawelwch yn y teimlad y tu ôl iddo. Ystyriwch yn 'Postman Pat, Postman Pat ...' y cyfosodiad hwn: y fechan yn diolch iddo ef, Pat, y cymeriad dychmygol, am ddod ag anrhegion iddi, a'i mam a'i thad 'mewn stafell arall' yn 'derbyn y neges waethaf oll'. Ac nid dychmygol oedd eu negesydd hwy. Yn fyfyriol y cyflwynodd y bardd y gwrthgyferbyniad darluniadol hwn. Fel enghraifft o gywirdeb y rhythmau, ystyriwch linell glo 'Pwy sy'n dŵad dros y bryn ...'. Gofynnodd yr eneth i Santa Clôs 'am bopeth,' meddai hi; ac ebe'r bardd:

> Fe gei di bopeth, efallai,
> ond un peth yn unig yw'r popeth hwnnw i ni.

Llinell ardderchog i'r neb a fyn brofi y gellir barddoniaeth ddofn mewn moelni syml. Llinell fawr, heb ddim ymdrech ynddi, sydd eto er hyn yn cuddio'r ymdrech i gadw pwyll mewn profedigaeth. Yn hynny o gamp, y mae'r llinell yn cynrychioli'r casgliad i gyd. Diffiniad o brofiad mewn geiriau dethol yw pob darn o lenyddiaeth, boed nofel, boed gerdd. Fe'i cawsom yma.

Cystal cyfaddef taw ar anogaeth un o'm cyd-feirniaid y dychwelais at gerddi *Ceffyl Gwyn*. Y tro cyntaf y darllenais hwy, bernais fod ynddynt ormod o lawer o sôn am gerddoriaeth, fel pe bai'r bardd yn dymuno morthwylio melodïau i ben y beirniaid; bernais hefyd fod ynddynt ormod delweddu. Yr wyf yn dal i farnu felly. Ym mhennill cyntaf ei gerdd gyntaf, gwêl y gofotwr ei hun yn 'faban yng nghadachau [fy] siwt' (delwedd burion), ond yna, yn y trydydd pennill. dywed: 'Bum yn famau oll i'n gilydd' ac am nad oes to bach ar yr -*u*-, nid oeddwn yn siŵr a ddylwn ddarllen 'bûm' ynteu 'buom.' Ond pa 'run bynnag, mae'r baban hefyd yn fam. Gall cymysgedd fel yna roi enw drwg i farddoniaeth. Pam gafodd *Ceffyl Gwyn* ddod at y goreuon, ynteu? Am ei fod, mewn tair cerdd, wedi llunio peth o farddoniaeth ddisgleiriaf y gystadleuaeth. Y mae'n haeddu canmoliaeth uchel am hynny.

Y mae *Glasnevin* yntau yn ei medru hi – ac ni allaf ymatal rhag ychwanegu'n Barry-Williamsaidd ei fod yn ei mydru hi yn ogystal. Cerddi mydr ac odl yw pob un o'i ddeuddeg cân, oll yn ymwneud ag Iwerddon. Os rhywbeth, daw mydryddu'n rhy rwydd i *Glasnevin*, ac odli. Ac ni allaf lai na meddwl bod ei ddawn gyda geiriau a seiniau yn drech na'i feddwl, ac yn ei ysgubo ymlaen o gerdd i gerdd, yn rhy aml yn ddifyfyrdod. Ymhyfryda ym mherseinedd enwau lleoedd – Inisheer, Inishmaan, Inishmor – ond mae lle i ofni mai ynddynt hwy yn unig, weithiau, y mae'r hud. Tuedda, ar dro, i weld cydlynedd lle nad oes cydlynedd: yr enghraifft waethaf yw ei bortread o dîm rygbi Cymru yn mynd fel 'Bendigeidfran a'i longwyr' i Landsdowne Road yn 1970:

> A chladdwyd gobeithion ein cenedl gaeth
> Mewn bedd petryal un Mawrth a aeth.

Dyna gamddefnydd affwys o chwedloniaeth gymhwysol. Er gwaetha'r beiau i gyd, cefais gryn flas ar *Glasnevin*.

Er bod *Gartheli* fel *Caerfantell* yn y sinema, nid y sinema ei hun yw canolbwynt ei waith, eithr yn hytrach y galanastra dynol a welodd ac a brofodd yn y sinema a gartref ar y sgrin fach. Cerddi am drasedïau enbyd rhyfeloedd sydd ganddo, cerddi am yr holocost, am Grozny, Dresden ac Iwerddon. Heb os nac oni bai, y mae ganddo ddawn farddoni ddisglair, lluniau llachar a rheolaeth ar iaith. Ond nid oes ganddo'r un peth hwnnw sydd mor drawiadol yn *Plas y Berllan*: y synnwyr o brofiad, yr argyhoeddiad mai fel hyn y mae hi. Er nad oes disgwyl bod awdur wedi profi'r hyn y mae'n ysgrifennu amdano, y mae disgwyl iddo roi'r argraff iddo'i brofi. Ni cheir yr argraff honno yn y fan hon. Ond y mae gwaith *Gartheli* yn llwyr haeddu cael ei roi ar glawr.

Dywedais gynnau i mi ddychwelyd at waith *Plas y Berllan* dro ar ôl tro. Gallaf ddweud rhywbeth arall yn ogystal. Sef bod *Plas y Berllan* wedi dod ataf i pan nad oeddwn yn meddwl amdano. Am iddo gyfansoddi cyfres o gerddi ar bwnc anodd mewn dull mor gwbl ddiargyhoedd a glân, ef biau Coron Eisteddfod Genedlaethol Bro Colwyn. Llongyfarchiadau calonnog iddo.

BEIRNIADAETH MENNA ELFYN

Derbyniwyd naw ar hugain o gerddi ar destun godidog ei bosibiliadau. Gan gofio mai priod waith beirdd yw cyfansoddi â'r pwyslais ar y glust, gobeithiwn dderbyn cerddi a adleisiai'r elfennau seiniol, cras neu felys yn eu canu. Cafwyd toreth o gerddi dwys, deifiol, llawen, ysgafn, sy'n dystiolaeth o'r egni a'r awydd i greu barddoniaeth. Dyma eu dosbarthu, gan ychwanegu na ddylid anobeithio oni lwyddodd llais y bardd y tro hwn i daro'r glust, y galon neu'r dychymyg. Cafwyd nifer o gerddi neu linellau cofiadwy gan feirdd y bodlonais ar eu galw'n 'feirdd cyflwyno drafftiau'. Dyma lynu at ddau ddosbarth, felly, sef beirdd drafft (nad ydynt mewn unrhyw drefn benodol) a beirdd cerddi gorffenedig.

Llygaid Llwchwr: Byddwn wedi dotio cael cerddi prôs da ar gyfer y Goron ond 'thal hi ddim i mi fy nhwyllo fy hun. Peth braf yw atgofion wedi eu cofnodi ond nid i gystadleuaeth sy'n gofyn am gasgliad o gerddi.

Ben Webster: Canu clogyrnaidd braidd. Cafwyd cruglwyth o syniadau a geiriau ond cymysgodd ddelweddau heb eu hegluro'n llawn. Ceisiodd chwilio testunau diddorol megis *Vivien Leigh* a'r *Danube Las* a *Dros yr Enfys* ond ni lwyddwyd i gyfleu'r cyffro a allai fod wedi deillio o'r testunau hyn.

O.N.: Cerddi wedi eu llunio am blentyn byddar. Tua'r diwedd, mae'n gallu clywed ac astudio Handel. Dyma syniad gwirioneddol glyfar o ddychmygu colli un o'r synhwyrau pwysicaf. Methodd y cerddi hyn ag argyhoeddi.

Parc y Bryn: Dilyn hynt y gân a wneir gyda dyfyniad Louis Armstrong fel man cychwyn i hynny. Teimlaf mai storïwr sydd yma er bod ymgais at rythm ar adegau a bod grym ambell air yn gofiadwy. Dyletswydd bardd o'r iawn ryw yw aros am y clo sydd hefyd yn allwedd.

Jim: Cerddi sy'n awgrymu mai Crist yw'r gân a geir yma. Mae'n ymgais at greu cerddi uchelgeisiol ond ni theimlais iddo lwyddo i'w gwneud yn orffenedig. Mae yma gymysgu delweddau mewn modd diofal a throdd i bregethu cyn y diwedd gan gloffi'r farddoniaeth.

A487: Cerddi â melodi yn rhan ganolog o bob cerdd. Hoffais felodi'r 'plu eira' ac mae'r gerdd honno'n dangos gwir botensial y bardd. Dylai anelu at greu cerddi o'r un safon.

Hen Wraig Crud yr Awel: Cerddi bywiog ac afieithus. Hoffais yr awyrgylch a grëwyd ac mae'r darluniau'n fyw. Mae blas ar yr iaith, a cheir ambell ddywediad gwych megis 'llyncu clonc bola claw/neu llefen colli cŵn bach'. Dalier ati i ganu llinellau fel hyn.

Llwynog: Mae'r bardd, fel ei ffugenw, yn ddirgelaidd dros ben mewn mannau ac yna, yn ddiarwybod inni, mae'n digwydd taro ar syniad newydd a ffres. Serch hynny, teimlaf ei fod wedi cyfyngu ei awen gyda mesurau nad ydynt rywfodd yn gydnaws â'r syniadau. Ceir, er hynny, nifer o wahanol fesurau ac mae'n ceisio ffrwyno'r canu gyda hwy. Cerddi gobeithiol ond anghyson.

Monastîr: Cerddi ymwybodol farddonol. Egyr â soned sy'n ddigon soniarus ond heb feddu ar lais sy'n cyrraedd y darllenydd. Teimlaf y byddai'n fwy cartrefol ym myd y canu caeth. Mae yma, fodd bynnag, rai cerddi digon cyhyrog a rhai llinellau cofiadwy fel: 'ar hap gafr o'r briffordd;/neu fantrau'r colomennod'.

Y Gelli: Mae'r casgliad yn dechrau'n atgofus ond mae yma hefyd gerddi lled gyfoes, fel y gerdd i Mandela. Serch hynny, braidd yn ddi-fflach yw'r dweud ac mae yma fwy o ymwybyddiaeth â ffurf nag sydd o wefr dweud.

Symffoni: Cerddi didwyll a diddorol o ran testunau (er enghraifft, cerdd i Freddy Mercury a fu farw o AIDS). Maent yn gerddi swmpus iawn, ar y cyfan, a theimlaf fod yma lais arbennig sydd efallai'n ei faglu ei hun oherwydd brys neu ddiffyg amser i gymoni. Dylai'n sicr geisio ailddrafftio rhai o'r cerddi hyn. Ai rhywun ifanc a'u lluniodd, tybed?

Angor: Diffyg pennaf y cystadleuydd hwn yw ei hoffter o eiriau, bai derbyniol iawn pan yw rhywun yn ifanc ond diau y dylid ffrwyno'r gor-awydd i bentyrru, yn enwedig ansoddeiriau (byddai eu hepgor am gyfnod yn gwneud lles i'r llais a'r neges). Cerddi swynol dros ben, serch hynny.

A glywodd y gân: Canu diffuant iawn am ormes ond tuedda i droi weithiau at rethreg. Mae yma fardd sy'n deall gofynion y canu rhydd a dengys hynny'n effeithiol ar brydiau. Aeth yr alwad ar y darllenydd i wrando yn null Dylan Thomas yn syrffedus o ailadroddus.

K: Tybiaf mai un a ddysgodd y Gymraeg yw *K*. Os gwir hynny, gall fod o fantais yn y dyfodol o safbwynt rhoi onglau bach diddorol a chyffrous i farddoniaeth. Ond y tro hwn, ni lwyddodd y cerddi i ganu'n fyw, rywsut. Caneuon serch sydd yma ond mae ambell linell yn anodd iawn i'r darllenydd (er enghraifft, 'a choragl eu clochdar cerddoregol yn canu hyd afonydd') ond ceir ambell bennill hynod gyffrous (er enghraifft: 'Ni chredaf mewn goddrychau/dim ond libido libertino cecru a chlecs'). Mae yma fardd grymus a chanddo ddigon o angerdd.

Ffreuer: Canu tanbaid ac angerddol. Serch hynny, gellid bod wedi hepgor llinellau diangen a bod yn fwy gofalus o ran cywirdeb. Hoffais y gerdd am 'Y Cae Ŷd'.

Llanilar: Cerddi cyfoes iawn, gyda thestunau megis 'Mostar', 'Kogali' a 'Derry'. Gwaetha'r modd, nid yw'r dweud yn ddigon cyhyrog ac ni chafwyd mwy na golwg led newyddiadurol ar y pynciau hyn. Mae yma ddisgrifio manwl, serch hynny, ond chwilio am y llais y tu ôl i'r llun yr oeddwn i.

Erwydd: Hoffais y cerddi hyn sydd yn dilyn profiadau person o gyfnod Coleg, cyfnod cariad a thrwy hynny at gyfnod cael plentyn. Ceir yma gerddi soniarus a diddorol ond, gwaetha'r modd, ni chafwyd unrhyw ddweud cofiadwy na chyffrous.

Rhydlydan: Anwastadrwydd yw'r bai mwyaf yma: gwreiddioldeb dihafal yn gymysg â llinellau gwasgarog a gwastraffllyd. Ceir cerdd agoriadol gyffrous ac yna daw newid llwyr yn yr arddull pan geisia'r bardd ddefnyddio'r gynghanedd. Ni lwydda ac mae gwallau amlwg. Serch hynny, dotiais ar gerddi megis 'Seurat' a 'Piaf'.

Sero: Bardd mwyaf uchelgeisiol y gystadleuaeth. Gorfu iddo osod nodiadau cyfeiriadol i egluro mai hanes Carlo Borromeo yn 1538, a hanes Gruffydd Robert a oedd, efallai, yn gweithio iddo, a geir yn 'Deuawd yn Arona'. Dyma symud barddoniaeth, felly, i dir cyffrous o ddieithr. Roedd yma gyfle i gyfleu peth o naws y lle a'r cyfnod ond, gwaetha'r modd, ni lwyddodd y bardd i drosi'r syniad cyffrous yn farddoniaeth gyfoethog.

Llethr Hir: Cafwyd cerddi digon swmpus yn y casgliad hwn ac maent yn gyforiog o linellau a delweddau hynod afaelgar, ond dibynnu i raddau ar y llais arall a wneir gan ailgreu rhamant a naws canu Dylan Thomas.

Osian: Canu cyhyrog ar adegau a chasgliad swmpus o gerddi ond braidd yn ddifywyd yw ambell ddiweddglo ac nid yw pob cerdd yn llwyddo. Hoffais 'Llwybrau'r Daith' – mae'n dangos bardd mor fedrus yw *Osian*.

Turangalîla: Cerddi amrywiol a rhai ohonynt yn ddigon amryliw. Serch hynny, mae ambell gerdd yn llusgo a gellid bod wedi tocio ychydig ar y dweud mewn ambell un er mwyn cryfhau'r neges. Gallai'r gerdd olaf, gan ei bod mor gynnil-effeithiol, fod wedi agor y casgliad a bod yn batrwm i weddill y gwaith.

Dyma droi'n awr at y saith casgliad sydd yn fwy gorffenedig ac yn haeddu cael eu hystyried yn greadigaethau crwn.

Caerfantell: Aeth y bardd ar drywydd ffilmiau er mwyn cyfleu eu melodïau i ni. Ceir yn y cerddi egni ymadroddus sy'n gloywi o ffresni megis 'llygaid electronig'. Serch hynny, dibynna'r bardd i raddau ar ein dealltwriaeth ni o'r ffilmiau ac ni wna ond trosi i gyfrwng arall y lluniau sydd yn gyfarwydd i bawb a fwynha ffilm dda. Closiais at y gerdd olaf, am mai cerdd am Dennis Potter oedd hi, mae'n debyg; mae'n cloi'n ysgubol: 'gwyrddni'r Ystafell werdd yn ei atgoffa efallai/am ddechrau'r daith drwy'r goedwig'.

Clegyr: Dyma fardd grymus dros ben, yn enwedig pan yw'n ail-greu lluniau byw neu'n ailddehongli nodau megis 'a'u desgant uwch disgiau'. Nid oes amheuaeth nad yw'n ei medru hi'n hynod gelfydd ar adegau gan gyfleu naws ac awyrgylch yn effeithiol. Cerddi gofalus, crefftus ydynt gan fardd o'r iawn ryw, ac oni bai am y cerddi eraill, fe fyddai'n agos iawn at y brig.

Glasnevin: Defnyddiodd fesurau'r canu rhydd i gyflwyno'i gerddi am Gymru ac Iwerddon, a hynny heb arlliw o afrwyddineb; yn wir, mae'r gwaith yn darllen yn hynod syml a dymunol. Lluniodd gerddi y gellid eu gosod ar gerddoriaeth a gwnaent ganeuon gwerin penigamp. Ond roedd yn rhaid dychmygu'r cerddi heb yr holl gyfeiriadaeth at enwau mannau hudol a cheisio dadadeiladu'r holl ddynwared ar arddulliau R. S. Thomas, T. Gwynn Jones, Yeats a Waldo. Gwaetha'r modd, dibynna'r cerddi'n gyfan gwbl ar y gyfeiriadaeth.

Lôn Fain: Cerddi cynnil iawn, yn cynnwys darluniau ffres a chyffrous. Tyfodd y casgliad hwn gyda phob darlleniad, a cherddi fel 'Maria Callas' yn hynod ddeniadol: 'Crotsiets mewn stiletos yn canu'n rhydd'. Mae yma lwythi o ymadroddion eirias; er enghraifft, 'mor drwm â llenni llwyfan'. Ceir cerdd gyfan gwbl arallfydol am eira; dyma'i dechrau: 'Bu'n pluo ysbrydoliaeth/storm o sibrydion', ac â ymlaen i sôn am gynghanedd gudd a gorffen gyda: 'pan derfyna'r symffoni/ yn saib/yr acwstig gwyn/cawn glywed y byd/yn anadlu'. Gwaetha'r modd, mewn cystadleuaeth dda, mae'n rhaid cydnabod rhagoriaeth ambell lais arall.

Gartheli: Cafwyd rhai cerddi hynod gofiadwy ganddo, megis y gerdd 'Seren Dafydd' gyda llinellau fel: 'Gondola o leuad/yn rhwyfo rhwng cymylau/ a lilïod y sêr yn bwrw eu petalau i'r tywyllwch'. Ac eto, o fardd mor finiog, llithra'n annisgwyl gydag ambell sylw di-chwaeth megis 'annibendod' wrth sôn am gyflafan. Serch hynny, dyma fardd pwerus sy'n ei medru hi. Er nad yw 'Un Nos yn Dresden' gystal cerdd â'r lleill, byddai'r gweddill i gyd yn ddigon arbennig i gael eu hystyried ar gyfer y wobr, oni bai am ddau lais arall.

Mae'r ddau fardd sydd ar ôl mewn gwrthgyferbyniad llwyr â'i gilydd o ran crefft, testun ac arddull.

Plas y Berllan: Dyma'r cerddi symlaf i'w deall a'u darllen a hwy hefyd yw'r rhai dwysaf gan fod yma lais sy'n adrodd hanes plentyn yn dioddef o salwch nad oes iddo, fe ymddengys, unrhyw wellhad. Cefais y cerddi hyn yn rhai anodd i ddechrau am fod y ffin rhwng cerddi sy'n creu ymateb synhwyrus a'r synwyrusrwydd sy'n digwydd yn sgîl y cerddi yn un denau iawn. Eto, ar y cyfan, credaf i'r bardd lwyddo i reoli'r dweud yn gynnil ac mae diweddglo sawl cerdd yn atgyfnerthu hynny. Mae'r gerdd sy'n sôn am y lili wen fach a'r plentyn yn un dyner dros ben. Serch hynny, mae rhai llinellau sy'n tynnu oddi ar yr effaith ambell dro (er enghraifft, 'mami a dadi', 'fy nghariad annwyl') yn ogystal â'r diweddglo. Onid llenyddiaeth yw un o'r mannau sy'n rhoi inni'r hawl i ruo pan fo'r byd i gyd yn duo (chwedl R. W. Parry). Mae'r talp o brofiad a geir yma yn sicr yn un sy'n creu ymateb. Oni bai am un cystadleuydd arall, byddai *Plas y Berllan* wedi fy argyhoeddi mai dyma'r llais croywaf o bob un a gafwyd yn y gystadleuaeth.

Ceffyl Gwyn: Dyma'r casgliad, o bob un a ddarllenais, a wnaeth yr argraff fwyaf arnaf. Mae yma fardd grymus sydd yn medru creu creadigaethau cyfan gwbl lachar ac iasol. Amrywia'r cerddi o 'Gân y Gofotwr' i angladd, i gân mewn clwb nos. Awn ar daith gyda 'Tosca' a daw'r casgliad i ben yn ddramatig effeithiol drwy i'r bardd ei ddychmygu ei hun ar ymyl y ffordd, wedi marw mewn damwain, gyda radio'r car yn dal i ganu. Bydd gwahanol fathau o gerddoriaeth yn cael eu canu, meddai: 'Y mae eu clod/yn fwy ffurfiol, hirhoedlog nag angau'. Ceir amrywiaeth o fesurau diddorol sydd weithiau mor llechwraidd nes gellir yn hawdd beidio â sylwi arnynt. Dyma fardd sydd yn gyson yn herio'r darllenydd gan gyflwyno weithiau fydolwg dieithr ac aflonydd. Mae'r canu hwn yn llawn dychymyg, a'r gweledigaethau yn rhai swreal, ymestynnol. Dyna un rheswm efallai pam na fyddant yn apelio at bawb a gall y delweddau lluosog ymddangos yn ddryslyd. Ond dyna ran o'r byd y ceisia ein hudo iddo. Nid yw, er hynny, yn cyfaddawdu'r syniadol am y teimladwy ond bod y teimladau wedi eu ffrwyno. Dyma, i mi, fardd mwyaf cywrain y gystadleuaeth a dyma'r casgliad mwyaf cyffrous o gerddi gyda'u bydolwg rhyfedd. Cans nid byd saff, syml, Cymreig mohono ond cerddi sy'n cynhyrfu ac yn ein gorfodi i ddilyn helfa drysor o eiriau.

Dyma'r math o farddoniaeth sy'n perthyn yn nes, efallai, at farddoniaeth ddiweddar mewn gwledydd eraill, barddoniaeth sy'n strancio'n erbyn canu profiadau pur. Barddoniaeth yw sy'n heriol, yn awgrymog gyfoethog, ac yn ffres. Meddyliwch am linell fel hon: 'trodd y loes/o eni'n ddawn i fedru marw'n dda'. Carwn ddyfynnu darn o gerdd, 'Yr Alaw' (y gerdd symlaf yn y casgliad) sy'n rhoi peth o rin cras y bardd:

> Anaml y'i clywir cyn y terfyn
> ond fe'i teimlais y bore o'r blaen yn yr ardd
> pan drodd y llwydrew'r berllan yn wyn
>
> y coed fel deltas du a chân
> y fwyalchen mor ddiffrwyth â cherrig.
> Roedd golch wedi rhewi'n dafodau tân
>
> yn cusanu'r oerfel ac, fel y symudwn
> gafaelem mewn gwreichion, ein hanadl gwyn
> yn gymylau prysur fel swigod cartŵn
>
> ond yn wag o eiriau ...

Y dewis yw rhwng bardd a ganodd o brofiad dwys, a'i wneud yn hynod dyner, neu fardd grymus sy'n dibynnu ar y dychymyg a'i asio gydag iaith hyfyw gan ein tywys i lwybrau gwyryfol y dychymyg. Mae fy nghyd-feirniaid yn ffafrio *Plas y Berllan*. *Ceffyl Gwyn* yw fy newis innau. Rwy'n fodlon cydnabod, er hynny, ddidwylledd cerddi *Plas y Berllan* a derbyn barn y mwyafrif i roi'r Goron iddo.

BEIRNIADAETH MEIRION EVANS

Ymgeisiodd naw ar hugain, gan gynnwys *Llygaid Llwchwr* a'i ddarn heb atalnodau a heb farddoniaeth o fath yn y byd.

Dyma ymgais i lunio trefn teilyngdod ond hawdd iawn fyddai i ambell un gyfnewid lle yma a thraw.

K: Casgliad o ganeuon serch ond anodd dod o hyd i wres serch ynddynt. Darllen a deall mwy ar farddoniaeth yw fy nghyngor i'r ymgeisydd hwn.

Jim: Holi cwestiynau maith, llafurus i'w darllen a chael hwyl ar ddwrdio'r trachwantus a drodd 'felodïau'r cread' yn ochneidiau – dyna sydd yn y casgliad hwn.

Ben Webster: Ei fwriad yw canmol cantorion a chaneuon sydd iddo ef megis cyffur yn cynnig dihangfa rhag diflastod bywyd. Ei duedd yw bodloni ar ddisgrifio arwynebol ac nid yw bob amser yn sicr ei Gymraeg.

Symffoni: Mae ei awydd i geisio cymhariaeth wreiddiol ac annisgwyl yn ei arwain i drafferthion, megis pan yw'n disgrifio corff marw ei fam-gu fel 'stafell wag/ neu depot oer'!

A487: Llwyddodd i gael y gair 'melodi' i destun pob cerdd ond nid yw hynny'n gwarantu ei fod wedi canu ar y testun. Collodd *A487* ei ffordd y tro hwn.

Angor: Cân am ddyfodiad yr hydref sydd yn troi'n symbol o hydref bywyd rhywun annwyl. Yn y gerdd olaf, mae'r bardd yn ei weld ei hun yn prysuro tua'i hydref yntau wrth dreulio oes yn cyflawni'r un hen ddyletswyddau â'r genhedlaeth a aeth o'i flaen. Mae yma duedd i bentyrru geiriau a dylai *Angor* ychwanegu 'chwynnu' at y dyletswyddau a nodir ganddo.

Llwynog: Mae hwn yn pyncio'n ddigon dymunol ar fesur ac odl ac weithiau ar gynghanedd. Ar adegau, mae'r dweud yn drawiadol ond, gan amlaf, mae dan lywodraeth mesur ac odl.

Osian: Man cychwyn y cerddi hyn yw mab a merch yn ymserchu, priodi a magu teulu cyn cael hamdden yn y canol oed i fyfyrio'n ddwys ar ystyr bywyd. Wedi holl brofiadau'r daith, deuir o hyd i ystyr bywyd wrth ddarganfod Duw a'r Eglwys. Nid wyf yn amau ei ddidwylledd ond ni lwyddodd i gyfleu ei brofiad mewn barddoniaeth.

Parc y Bryn: Mae hwn yn agor gan ddyfynnu Louis Armstrong, 'What good is melody ... if it ain't possessing something sweet ...'. Yn ei gerdd gyntaf, mae'n arswydo iddo golli'r canu a glywsai yn nyddiau ei ieuenctid, a'i golli '... yng ngorffwylledd y gitarau trydan/a'r strymio afreolus'. Chwilio am yr hen felyster melodaidd a wna ond ni chredaf iddo ddod o hyd iddo y tro hwn.

O.N.: Merch fyddar o'i genedigaeth yn dod i glywed a datblygu'n gantores. Caiff brofiad ysbrydol mawr wrth ganu oratorio Handel, 'Y Meseia'. Mae *O.N.* ar ei gorau wrth ddisgrifio'r profiad o ddod i glywed am y tro cyntaf 'felodïau'r byd' ond fe all lithro i ddweud digon cyffredin hefyd.

Llanilar: Cerddi cignoeth am drais a chreulondeb dyn at ei gyd-ddyn. Mae yma gyfeiriadau at y caneuon hynny a gysylltir â thraha ymherodrol, megis 'Pomp and Circumstance'. Condemnia'r arfer o ganu heb fod gweithredu. Gwendid *Llanilar* yw diffyg amrywiaeth a gall fod yn brofiad diflas gwrando taro'r un nodyn o'r dechrau i'r diwedd.

Monastîr: Bardd serch sydd yma yn canu mewn soned ac englyn a chywydd yn ogystal ag yn y wers rydd. Efallai y credai y gallai hynny roi tinc melodaidd i'w gerddi ond profodd gofynion y mesurau'n ormod iddo ar adegau. Serch hynny, mae yma ddawn i greu lluniau trawiadol iawn.

Y Gelli: Bardd gobaith yw hwn ac ni cheir yr un sefyllfa, waeth pa mor druenus yw, na ellir clywed ynddi dant gobaith. Unwaith eto, dyma fardd sy'n canu'n rhy hawdd o lawer heb oedi i fyfyrio'n ddyfnach ar ei fater.

Ffreuer: Fel un neu ddau arall yn y gystadleuaeth hon, gwêl hwn y gwrthgyferbyniad a all ddigwydd rhwng canu a gweithredu. Er enghraifft, yn y gerdd 'Egwyl', ceir disgrifiad o filwyr yn gwrando ar 'geinderau godidog Mozart ... cyn troi i'w shifft a bwrw i'w gwaith/o ddiffodd cant arall/dan gawod nwy/cyn amser swper'. Y mae gwirionedd, hefyd, yn ei gerdd olaf ond mae'r thema a'r mynegiant yn hen a threuliedig.

Turangalîla: Traethu am brofiadau cerddorol sydd ynghlwm wrth ddigwyddiadau a phobl arbennig a geir yn y gwaith hwn. Aeth â ni i fannau mor amrywiol â Clarksdale a Sir Gaerfyrddin ac at Nelson Mandela a Freddy Mercury. Mae ganddo gyffyrddiadau digon cymeradwy megis wrth ddisgrifio Bernstein yn arwain cerddorfa sy'n chwarae nawfed symffoni Beethoven wrth fur dadfeiliedig Berlin. Anelu at geisio dweud gormod a wna ac fe dalai iddo ysgafnhau'r llwyth.

Erwydd: Edrycha'r bardd yn ôl ar ddyddiau ei ieuenctid pan fu'n chwerthin 'yn wyneb sôn am nychdod y "blynyddoedd crablyd"' nes iddo 'ddechrau teimlo'r cur yn cloi'r cymalau/a'r cnawd yn llacio'. Mae'n addef mai gwag o ystyr fu canu meddw ei flynyddoedd cynnar ond gwêl obaith am bereiddiach seiniau yn y gerdd 'Siwan yn dechrau siarad'. Cerdd effeithiol yw 'Gwên Gam', hefyd. Gresyn na ellid bod wedi cynnal y safon yma ar hyd y daith.

A glywodd y gân: Bardd gwae, yn wir. Clywodd ganu'r Iddewon ar eu ffordd i'r siambrau nwy, clywodd 'riddfan dolefus y dyrfa ddi-gân/a'r mamau sydd yn cynnig bronnau a hesbiwyd cyn eu geni/i'r bychain', clywodd 'sgrech erchyll y llif' yn cwympo'r fforestydd ac yn peryglu'r cread: 'Gwrando'n astud –/pwy a ŵyr nad hon/yw cytgan olaf y byd'. Ond mae yma duedd at bastynu'n ormodol.

Rhydlydan: Mynwenta hyd lwybrau treuliedig Père Lachaise y mae hwn a chanodd gerddi i enwogion a gladdwyd yno. Ond pwy sy'n gwrando ar eu cân? Ni wna'r ymwelwyr â'r fynwent ddim mwy na throi 'braw angau'n brynhawn adloniant', ac er i Wilde a Chopin a Piaf ac eraill ganu bob un yn ei ffordd ei hun, yr unig beth a glywir yw sŵn 'crensian/rhythmig y graean/dan fy nhraed'. Cŵyn yn erbyn Philistiaeth yw craidd neges y bardd hwn, hyd y gwelaf.

Llethr Hir: Cerddi a ysgrifennwyd wedi clywed am farw Caitlin Thomas yn 1994 a gawn yma. Rhwng y farwolaeth a'r angladd, mae'r bardd yn olrhain hanes Dylan yn dechrau ymhél â barddoniaeth yn llanc yn Abertawe, ymlaen at gyfnod y creu ffrwythlon yn y '... tŷ gweddw ar fin y dŵr' a gorffen gydag angladd gweddw'r bardd yn Nhalacharn. Brithwyd y gwaith â chyfeiriadaeth o weithiau'r 'Apollo Cymreig' ac fe ganodd mewn gwers rydd felodaidd iawn.

Hen Wraig Crud yr Awel: Y mae'r rhan fwyaf, onid pob un, o deitlau'r cerddi yn y casgliad hwn yn ddyfyniadau o ganeuon Tony ac Aloma. Er gwaetha'r ffugenw, tybiaf mai bardd ifanc sydd yma yn olrhain hanes merch o gefn gwlad mewn coleg yn y ddinas fawr ac yn blasu bywyd carlamus y clwb nos, yn caru, protestio ac yn arbrofi gyda chyffuriau. Yna, mae fel pe bai'n sobri wrth gofio 'hwiangerddi doe'n rhodianna ...'. Mae'n sobri mwy fyth wrth ddod wyneb yn wyneb â marwolaeth: 'Eistedd wrth erchwyn y mudandod, pletio'r ffarwel i'r garthen ...', ac ar ddydd anglad, Bel y ci yn 'llyfu ei ffordd o stôl i stôl,/o fyw llygad i fyw llygad .../a'i llefen colli-cŵn-bach/yn iro briwiau'r galarwyr'. Yn y gerdd olaf, mae'r cylch yn gyfan a'r bardd wedi dod yn ôl at ei gwreiddiau gwledig, syber. Dyma fardd cyffrous, yn wir, ac fe allwn ddisgwyl clywed mwy amdani.

Sero: Dyma ysgolhaig o fardd, a diolch iddo am ei nodiadau ychwanegol. Myfyriodd yn galed ar ei bwnc ond, ar adegau, mae'n rhy hoff o fynegi ffeithiau moel nes llithro i fynegiant rhyddieithol a brawddegau hirion. Mae hynny'n arbennig o wir am ei gerdd am Gruffydd Robert a Borromeo ym Milan. Byddai hwn yn gystadleuydd llawer mwy peryglus pe dysgai fod yn fwy cynnil. Gyda llaw, ai bwriadol yw'r ymadrodd mwys 'olrhain berfa' ar ddiwedd y gerdd gyntaf?

Lôn Fain: Bu'n gryn ymdrech i ddeall y llawysgrifen fân ond fe dalodd i mi ddyfalbarhau. Mae'r ymgeisydd hwn yn ddychanwr medrus a phrif thema'i gerddi yw dangos bod ein canu'n gallu bod mor wag o ystyr. Nid yw'n ddim amgenach na chodi hwyl; er enghraifft, yn 'Bread of 'Eaven', mae'n feirniadol o'r Cymry hynny nad yw gwladgarwch yn golygu dim mwy iddynt na chefnogi'r tîm rygbi cenedlaethol. Tybiaf mai bardd ar ei dyfiant yw hwn ac fe dâl iddo ddyfalbarhau, fel y gwneuthum innau gyda'i lawysgrif yntau.

Glasnevin: Mae'n agor gydag englyn sydd yn sefydlu thema gweddill y cerddi. Yn dilyn, ceir soned sydd yn olrhain y berthynas agos rhwng Cymru ac Iwerddon. Eto, gwêl fod yn y Gwyddelod ruddin na cheir mohono yn y Cymry. Ond braidd yn rhyddieithol yw ei ffordd o ddweud hynny: 'Ond er mor debyg Dulyn a Chaerdydd,/Y Swyddfa Bost a ddwêd pa wlad sy'n rhydd'. Ceisiodd weld delwedd o ragoriaeth y Gwyddelod yn eu buddugoliaeth dros dîm rygbi Cymru yn 1970 (ac yn 1985, hefyd, o ran hynny!) ond mae ei ddibyniaeth ar fesur ac odl yn ei arwain i ddweud fel hyn: 'A hwy a enillodd oherwydd bod/Iwerddon yn fwy na Lansdowne Road'. Mae'n llawer gwell bardd na hyn pan yw'n cofio cadw'r ffrwyn yn ei ben.

Y pump a ganlyn sydd ar frig y gystadleuaeth eleni.

Gartheli: Casgliad o bedair cerdd yn unig, a phob un braidd yn faith. Clywodd hwn felodïau mewn mannau ac amgylchiadau annisgwyl. Wrth wylio'r ffilm *Schindler's List* a gweld 'Trenau ... yn cyfogi'r cannoedd,/a seren Dafydd yn ddawns/ar sancteiddrwydd eu mynwes ...', i ganol yr erchyllterau 'hedfanodd alaw Ioan/fel colomen i'r gwagle ...'. Yn yr un modd, yn Grozny, clywir hen wraig yn mwmial 'hen felodi fain yr hil ... hen felodi'r cof sy'n gwrthod ymdawelu/yn sŵn magnelau'r nos'. Felly, hefyd, yn Dresden, lle bu 'Pob un yn marw/ar ei ben ei hun yn ei ffordd ei hun' (adlais o Saunders Lewis); mae'r gân o hyd i'w chlywed. Yn ei gerdd olaf, 'Paddy', teimlwn i ddechrau fod y bardd wedi gwyro oddi wrth ei thema ond na, ni allodd poenau Belfast a'r ing yn enaid y Gwyddel ddiffoddi'r gobaith, ac wrth far y 'Broom and Bush', 'Dyrchefaist uwchlaw'r cymylau nicotin/y Forwynig Wen/a chyn troi i sancteiddrwydd y nos/yfaist frandi i'w gogoniant'. Canodd *Gartheli* gerddi ysgytwol ond byddai'n well pe bai wedi cwtogi ychydig ar ei ddisgrifiadau er mwyn cael gofod i ychwanegu cerdd neu ddwy arall at ei gasgliad; byddent yn werth i'w cael o law bardd fel hwn.

Clegyr: Cerddi yn y wers rydd gynganeddol, gyda dyfyniad o emyn W. R. Nicholas yn destun i'w gân gyntaf: '... Mae melodïau'r cread er dy fwyn ...', a chanodd gân hyfryd yn dilyn patrwm cerddoriaeth Vivaldi i'r pedwar tymor. Yna, ceir cerddi'n ymwneud ag artistiaid amrywiol a, hyd y gwelaf i, mae pob un ohonynt yn 'eneidiau ar wahân': Darwin, Van Gogh, Beethoven, Hellen Keller, Dali. Ceir mynych gyfeirio at 'nos' a 'dŵwch' a dengys y bardd fel y bu i'r artistiaid hyn greu goleuni o'r tywyllwch a gwneud synnwyr o ddryswch. Yn ei gerdd olaf, daw'n ôl at ddyfyniad arall o'r emyn, 'Mae'r Haleliwia yn fy enaid i ...' a cheisia ddangos na ellir gwneud synnwyr o'r cread ar wahân i aberth Calfaria; yno mae'r Creawdwr a'r Eiriolwr yn Un, Efe yw'r goleuni a'i 'guddio mwyach ni all byd o gaddug;/yn Ei olau fe glywir moliant/y nefol felodïau'n gyfain/eu rhythm uwch y môr o wydr'. Nid wyf yn siŵr a ddylai *Clegyr* fod wedi mentro ar y mesur hwn gan fod hynny ar adegau'n cymhlethu mynegiant.

Ceffyl Gwyn: Nid oes amheuaeth nad yw hwn yn fardd dawnus. Yn ei gerdd, 'Yr Angladd', wrth gofio cerddor a fu farw'n ifanc, 'ym mhennill pren yr arch/mae holl ystyr ein canu; ac er ei fod/yn dawel ymhlith yr areithiau parch/mae'r deyrnged yn ddescant i'r ffordd y bu byw/i fesurau caeth ei salwch hir ...', mae'r bardd yn cyrraedd uwchbwynt tra arbennig. Ond cefais beth trafferth gyda'r gerdd agoriadol, 'Cân y Gofotwr'; ar y dechrau, mae'r gofotwr yn 'faban yng nghadachau'm siwt' ond, yn y trydydd pennill, 'Bum yn famau oll i'n gilydd'. Maddeued y bardd i mi ond mae ystyr yr ymadrodd olaf yma yn peri cryn ddryswch. Efallai fod allwedd i ddatgloi cyfrinach y gerdd hon ond methais â dod o hyd iddi a dyna un rheswm pam nad yw *Ceffyl Gwyn* yn uwch yn y gystadleuaeth. Byddai'n dda gennyf pe bai wedi glynu at y dull o ganu a geir ganddo mewn cerddi megis 'Yr Angladd', 'Yr Alaw', ac 'Adar'.

Caerfantell: Dyma fardd ein dyddiau ni. Canodd gerddi'n seiliedig ar ffilmiau a welsai. Gesyd ei fater yn ei gân gyntaf lle dywed i ni gael ein hudo gan y sinema i lyncu 'y ffordd Galiffornaidd-hwylus-o-fyw'. Yn yr ail gerdd, 'Fatal Attraction', dengys mai ffug yw bywyd y 'sêr' sydd yn ymguddio y tu ôl i furiau caerog eu cartrefi yn 'Holly*weird*'! Yn 'Pretty Woman', nid oes dim yn hardd yn yr olygfa sydd 'Nepell o oleuadau destlus/llethrau Bel Air'; yno, mae 'strydoedd cefn du/y nodwydd front' a 'Corneli gochelgar, ffrwydrol/y *pimp* a'r hŵr ...' a 'Does dim Richard Gere i arbed y rhain/yn ddiweddglo fformiwla/wedi tair act o ffilm'. Yn ei gerdd olaf, 'Cofio Dennis Potter', daw â ni wyneb yn wyneb ag un na chafodd ei hudo na'i dwyllo gan y gwerthoedd Hollywoodaidd ac fe gofiwn am y cyfweliad enwog ar y teledu. 'Roedd 'na un hen dditectif/a'i weledigaeth yn rhy galed/i strydoedd haul bythol Beverley Hills ... Fe'i dibrisiwyd/ond meiddiodd ganu/yn hwyr yn y dydd'. Efallai ei fod yn rhagdybio bod y sawl sy'n darllen ei gerddi eisoes wedi gweld y ffilmiau a nodir ond ni chefais hynny'n anhawster i werthfwrogi ei waith.

Plas y Berllan: Gwyddwn ar y darlleniad cyntaf fod hwn ymhlith y goreuon. Aelod o'r teulu, tad-cu neu fam-gu yn ôl pob tebyg, sydd yma, yn olrhain gwael-edd geneth fach bump oed o'r adeg pan sylweddolwyd gyntaf iddi gael ei tharo gan salwch difrifol, heibio i gyfnodau o godi gobeithion a'u chwalu, nes gorfod derbyn yn y diwedd yr anochel trist. Dyfyniadau o hwiangerddi a chaneuon plant yw testun pob cerdd a gwnaeth y bardd ddefnydd rhyfeddol o ddeheuig ohonynt. Yn wyneb yr holl brofiadau dwys a gofnodir, gallasai'r bardd fod wedi mynd dros ben llestri, yn ddagreuol, a hyd yn oed yn chwerw, ond nid felly; canodd yn angerddol, eto'n ddisgybledig heb fod byth yn hunan-dosturiol. Ni chymer-odd gymaint ag un cam gwag a llwyddodd i hoelio ein sylw i'r diwedd. Hyd yn oed pan yw'n defnyddio dau ansoddair gyda'i gilydd, ni theimlir ei fod yn ormodedd. Na thwylled neb gan symlrwydd ymddangosiadol y cerddi hyn; mae'r uniongyrchedd yn rhan o'r apêl. *Plas y Berllan* yw bardd y Goron eleni ac y mae'n llawn haeddu'r anrhydedd.

Y Casgliad o Gerddi

MELODÏAU

'Mae alaw pan ddistawo,
Yn mynnu canu'n y co'.'
                              Dic Jones

Pen-blwydd hapus i ti ...

Gwefr bob amser oedd cael croesi'r bont,
a bwrw ar hyd llinyn y milltiroedd.
Cofleidio'r croeso;
roeddet ti'n bump.

Ond roedd rhywbeth o'i le,
dy gam yn betrus, dy symud yn ansicr
a'th gyneddfau'n gloff.
Symptomau'r gofid.
Tithau wedi dy daro,
a'th gyfoedion bach bywiog
yn nabod dy gartref yn well na thi dy hun.

Ond i ti, 'ma'r pen-blwydd gorau eto,
a mami a dadi wedi gwneud bwyd sbesial,
a throi y sied yn neuadd hud.

Daeth y gacen i'r bwrdd,
ac amser chwythu'r canhwyllau.
Llynedd, fe' chwythaist bedair, ag un pwff cawraidd,
ond 'leni roedd rhywbeth yn bod;
yr annel yn ddiffygiol,
y fflamau'n styfnig,
a'n golau'n diffodd.

Daeth y parti i ben yn gynnar.
Ymhen dyddiau, roedd y balwnau'n grimp,
a chymeriadau bach y waliau
yn ymddatod a disgyn;
ac ar sedd y siglen segur
roedd dagrau'r glaw.

Postman Pat, Postman Pat ...

O fewn oriau i fwrw ati i ganfod y drwg,
a chael hyd i'r tyfiant,
y tyfiant maleisus, carlam,
fe gest ymweliad gan y Postman Pat, a'i gath, Jess.

Tithau'n diolch iddo am ddod â'r anrhegion,
y cardiau a'r negeseuau.
Tra digwyddai'r cyfarfyddiad rhyfeddol hwnnw,
roedd dy fam a'th dad
mewn stafell arall oddi ar y coridor
yn gorfod derbyn y neges waethaf oll,
ac wedi gosod gobaith yn gynnil ar dafol,
fe aeth eu byd yn deilchion.
Nhw a roesai'r byd i'th gysgodi,
yn derbyn y neges arswydus, aflawen.

Pan ddechreuaist ail-gydio yn dy deganau,
ar ôl triniaeth hanner llwyddiannus y gyllell,
dy ffefryn oedd y cadno coch;
fe'n unig a gâi fynd i'r gwely atat,
yr hen gadno bach, annwyl, cynnes.
Doeddet ti'n meddwl dim am y cadno arall hwnnw,
y twyllwr oedd yn dal i lechu'n llechwraidd
yn nyfnderoedd dy ymennydd,
yn gwneud ei niwed.

Heno, heno, hen blant bach ...

Rwyt ti mor fach yn y sganiwr enfawr,
sganiwr haelioni teulu Al Fayed.
Mor ddewr dy ymgynnal, mor aeddfed,
a phrofiad oes yn cael ei gywasgu i fisoedd poen;
'Paid â becso, mami, paid llefen.'

Yna, dy hebrwng yn llaw dy fam i'r theatr
lle mae pawb yn gwisgo hetie a ffrogie od,
ac fe est i gysgu.

Rwyt ti mor llesg a llwyd, mor wan.
P'le mae'r nerth fu'n y cyhyrau,
ac yn y coesau a fu'n pedlo fel chwiban?
P'le mae'r wasgad, a'r winc, a'r bawd gobeithiol?

Drwy'r nos, fe sefi di'r nyrs,
yn nerth heulog wrth wely,
yn y ward lle mae dyheu am wyrth,
yn gwylio diferynion y pibau, a churiadau sawl sgrin.

Arswyd ein byd yw dy weld yn gwingo,
a chodi esgyrn dy bengliniau at dy ên,
ac yn crefu am dy forffin.

Ochenaid isel, a gorffwys,
Peidiwch â'i rhwygo, a'i dihuno o'i chwsg.

Yna, daw hunllef, a sgrech a gwaedd i'n hysgwyd,
a dartiau poen i'r wyneb.
Estynni law;
rhoddaf grib fy nwylo drwy dy wallt,
a chyffyrddaf â'th dalcen.

Yma, yn y ward hon,
mae dioddefaint plant,
ac ynot ti, fe glywaf y waedd sy'n cyd-ddigwydd
â'r gwanc ofnadwy am waed,
sy'n mynd ar garlam gwyllt drwy Bwrwndi, Bosnia a Somalia.

Iesu annwyl, ffrind plant bychain ...

Codaist law i gwrdd â boch dy fam,
ac fe welsom fflach yr hen wên.
Ar waetha'r pibau crog, rwyt ti'n ddiddig,
ac yn ôl neges dy grys-t
wrth roi llaw ar galon fe symudir y deigryn.

Mae nodau'n dod i'r glust,
fel y bydd wyneb cyfarwydd yn dal y llygad.
Does dim pall ar yr hen donau, a'r geiriau sy'n dygyfor.

Fe dynnon lun carafán heno,
ac fe addewaist ei liwio fory.
Yna, fe gawn fynd iddo,
a chludo gyda ni yr eiliadau o obaith,
sy ar fin myned i ddifancoll.

Fe gei di fynd uwchlaw'r enfys,
fel Dewin Oz
uwch ben y mynyddoedd a'r môr sy'n canu'r un gân.

Rownd y gornel y mae Parc Thomas Coram,
parc bugail y plant,
lle na cheir mynediad, heb fod plentyn i'ch arwain.
Ti a nhw yw gwarant y gyfrinach,
sy'n peri i ni weld, ac yn ein helpu i ddeall, a theimlo.

Yn y capel, lle cawn gwmni Barrie a Dickens,
synhwyrwn negeseuau cadarnhaol pob ffydd;
mae 'na lawer; mae 'na lu,
am estyn llaw yn y nos,
ac yn y tawelwch mae 'na falm i fyd.

Pwy sy'n dŵad dros y bryn ...

Do, fe gest ti osod y goeden at yr ŵyl;
y sêr, y clychau, y perlau a'r lanterni,
a rhoi'r angel ar y copa.
'Cofia, mam-gu, am y stabl, a'r teulu a'r asyn,
asyn, fel yr un y buost ti a fi yn mwytho'i fwng
ar ynys Sesglia.'

Pell iawn yn ôl yw'r hafau tebyg i hwnnw,
hafau dy ddawnsio ungoes,
a'r hopo llawn cynnwrf.

Ond heno rwyt ti'n ddwfn
yng nghrombil fideo Nadolig Cwm Rhyd y Chwadods,
ei eira, a'i joio byw,
a'i chwilio dyfal am Santa Clôs a'r preseb.
Mor agos ydwyt at ddyhead y crēwr,
sy'n ymgeleddu ei blant.

Mae'n noson wael, a niwl trwm
yn cau ar y strydoedd rhwng Grays Inn a Kensington;
y mae'n noswyl Nadolig.
Yn y cysgodion, mae 'na dwrcīod mewn bagie, mae 'na anrhegion
a daioni dieithriaid yn cyfarch gwell i'w gilydd.

Fe aeth dy lythyr di at Santa Clôs,
fel llythyr pob plentyn arall,
Fe ofynnaist ti iddo, meddet ti, am bopeth.
Fe gei di bopeth, efallai,
ond un peth yn unig yw'r popeth hwnnw i ni.

Mi af i'r ysgol fory ...

Dylifa'r llif cyson heibio i'r ffenest,
rhai'n llusgo eu bagiau, eraill ar feic,
ac ambell un pwdlyd.

Yno yn y stafell ffrynt, mewn rhimyn o olau haul,
rwyt ti'n ymddiheuro am dy wendid,
ac yn gofyn ai arnat ti mae'r bai dy fod yn dost.
Chei di ddim mynd gyda nhw i'r ysgol eto,
yr ysgol a adewaist cyn i'r gwersi gwpla.

Fe gwrddaist ti â'th fynydd cyn pryd,
ac fe'i cei yn anodd i ddringo'r stâr i'th stafell wely
at yr holl storïau yr wyt ti'n eu dwfn adnabod.
Fe fuom drwy'r cwbwl yn eu tro;
megis dechrau yr oeddem, fy nghariad annwyl.

Bydd y llyfrau'n aros, ac fe'u bodiwn eto,
ac fe fyddwn yn ail-fyw dy ymateb di i stori a llun.

Fe es am dro i bob cwtsh lle byddet ti'n arfer cwato,
tu ôl i'r piano, tu ôl i'r drws,
y llwyn ar waelod yr ardd,
pen pella'r sgiw, ac o dan y gwely,
a gwichalad y canfod i'w chlywed yn glir.

Ar bared wrth y drws, fe welais eto
y man lle bydden ni'n marcio dy dyfiant, bob hyn a hyn,
tipyn o dyfiant bob tro, tan y tro diwethaf;
wnawn ni ddim rhoi marc arall, rhag ofn.

O lili wen fach ...

Hon oedd y gân ddiwethaf i ti ei dysgu,
ac fe welaist yr eirlysiau, y saffrwm a'r cennin pedr.

Er na pharhâi'n hir,
fe wrandewaist ar ddewrder yr un fach,
sy'n ernes yr haf.
Pan fyddet ti'n weddol,
doedd dim yn well gennyt na lliwio'n frwd,
holl liwiau'r prism, a darddodd, chwedl Waldo,
o'r gwynder glân.

Eithaf tristwch oedd dyddiau'r diwedd.
I ble'r ei di ar ddiwedd dy fywyd byr,
wrth ddechrau'r daith hwyaf o'r cwbl?
Y daith, yn ôl dy hoff Peter Pan,
a'th gofleidiodd ym myd Disney,
sy'n fenter arswydus fawr.

Yn dy lesgedd,
mae'r geiriau a fu'n gyfarwydd
yn dechrau rhydu ar dy wefus;
dy afael ar yr hen ganeuon yn gwanhau
a'r diwn yn llithro o'i lle,
a'r Gymraeg a goleddaist, ac a geraist yn dy alltudiaeth bell,
yn diflannu'n araf.
Ond y mae cof yn nyfnderoedd pob cân.

Anodd cyfaddef dy fod yn ddieithr bellach,
a bydd rhaid i ni dderbyn disgyblaeth enbyd yr ildio;
dy ildio i'r mawredd a'th roes.
Roedd gweld y geiriau, 'y dolur terfynol',
yn bwrw'r stumog, a brathu'r galon.

Rwyt ti, y wynnaf, yn wan iawn erbyn hyn,
a'th ocheneidiau ar obennydd yn amlhau.
Fe'th ildiwn, fe'th ildiwn,
i felysdra tawelwch melodïau a chân.

Plas y Berllan

CORON YR EISTEDDFOD

Rhodd aelodau Undeb Amaethwyr Cymru, Cangen Sir Ddinbych.
Fe'i gwnaed gan Kathleen Makinson.

Cywydd: 'Un wennol ...'

BEIRNIADAETH EINION EVANS

Cystadleuaeth siomedig o ran nifer y cystadleuwyr, ac ansawdd y cywyddau, at ei gilydd. Dim ond tri a fentrodd i'r maes a chan nad fy swydd i yw dyfalu pam y mae'r nifer mor isel, bodlonaf ar roi fy marn ar y cynigion a ddaeth i law, gan geisio rhoi awgrymiadau a fydd o gymorth i'r beirdd yn y dyfodol. Rhoddaf air byr ar yr ymdrechion yn ôl eu safleoedd yn y gystadleuaeth, gan ddechrau yn y gwaelod.

Sioni Bach Cilhaul: Cywydd 68 llinell, yn sôn am ymweliad y bardd â Thyddyn Heulog a'r ymson a fu yno – am y tywydd yn fwy na dim. Bodlona'r bardd yn fynych iawn ar gael cynghanedd yn neupen y llinell yn unig (er enghraifft: 'Yn glau mi gyrchais y glog/i alw yn Nhyddyn Heulog ...' ac eto: 'Euthum hyd at y trothwy/i'w ddôr, i roi cnoc neu ddwy ...' ac mae'r llinell, 'Eto ceir hynt corwyntoedd' yn bendrwm. Mae'n rhaid i'r ymgeisydd ymarfer mwy a bodloni ar hyn o bryd ar gywydd llai ond o well ansawdd.

Hydrefwr: Cywydd 62 llinell, gan fardd tipyn sicrach o'i grefft na'r un blaenorol. I hwn, 'Un wennol a wnâi wanwyn/i ddau swil yn nyddiau swyn', ac mae ganddo hawl i gymryd yr agwedd yma wrth sôn am ddyddiau yng nghwmni ei gymar yn gwylio'r wennol yn dod i nythu wrth eu cartref. Nid yw'r cymar yn iach ond daw ymweliad y wennol â chysur i'r ddau ohonynt. Erbyn diwedd y cywydd, sonnir am farwolaeth y cymar:

> ... ac ni ddaw
> un wennol i wneud gwanwyn
> wedi mynd fy nghymrawd mwyn.

Sylwais ar ddwy linell sy'n wallus eu cynghanedd: 'ag ef yn ei garchar cul' a 'lach ei greulon afiechyd', a dwy linell o chwe sillaf: 'hen friw drywana'i fron' ac 'i'm hoedl daw llem adlef'.

Theophilus: Cywydd 62 llinell o ansawdd crefyddol. Y 'wennol' yw cenhadwr o Gymro a hwyliodd o Feirionnydd i Lushai. Ni all y wennol yma ddod â gwanwyn yn ei nerth ei hun ond, gyda chymorth yr Ysbryd Glân, daw tyfiant a bendithion. Cefais fy moddhau â sawl darn yn y cywydd hwn; er enghraifft:

> lleisiau'n mynd yn grythau gras
> ym merw'r anthem eirias.

Sylwer fel y dilynir yr enw gyda'r ansoddair ddwywaith yn y dyfyniad uchod. Nid gwir hynny drwy'r cywydd (er enghraifft: 'gymen wennol'; 'faith foroedd'; 'pell fro'; 'goeth delyn', etc.). O or-wneud yr arfer yma, tueddir i wanychu'r gwaith.

111

Wrh ddewis ansoddair, dylid myfyrio'n hir uwch ei ben. Ni wnaeth *Theophilus* hyn wrth fodloni ar y gair 'cu' yn y llinell: 'Ymwacâd y Cariad cu' wrth sôn am gariad Iesu Grist. Gan fy mod yn digwydd llunio'r feirniadaeth hon ar Ddydd Gwener y Groglith, tanlinellir i mi wendid y gair 'cu' yn y cyswllt hwn. Nid yw'r bardd yn ei helpu ei hun trwy sôn am 'delyn gu' gan odli gydag 'Iesu' ymhellach ymlaen. Ac mae gwall cynganeddol yn y llinell: 'Nes bod ei gydwybod du', gan fod *d* a *d* yn caledu'n *t*.

Daw *Theophilus* yn agos at y safon angenrheidiol i gael ei ystyried yn fuddugol yn yr Eisteddfod Genedlaethol a phe bai wedi osgoi'r gwendidau a nodais, byddai gennyf orchwyl llawer mwy pleserus nag atal y wobr, fel y mae'n rhaid i mi ei wneud eleni.

Englyn unodl union: Englyn cydymdeimlad

BEIRNIADAETH MEDWYN JONES

Credaf ei bod yn fwy o gamp gweithio englyn cydymdeimlad pen-agored nag i brofedigaeth arbennig. Ymgeisiodd 57 ond mae ambell un heb eto feistroli'r gynghanedd ac mae gwallau gramadeg gan rai, ac mae eraill braidd yn annelwig. Gan mai dysgu'r grefft y mae amryw yn y trydydd a'r ail ddosbarth, mae beirniadaeth bersonol i'r rhai hyn ynghlwm wrth eu cynnyrch. Aeth deg i'r trydydd dosbarth, sef *Ap Gwili I, Ap Gwili II, Ehedydd, Collen, Mwdwl Eithin, Pathew, Trystan, Pitar, Hafren Un* a *Hafren Dau*. Syrthiodd y canlynol i'r ail ddosbarth, un ar bymtheg ohonynt, sef *Gwynoro, Ceithio, Celynnyn, Y Ffoadur Bach, Collwyn, Aran, Nia, Cysur, Iago, Ioan, Ti Wyddost, Dr Amser, Cysurwr Job, Ofydd, Guto* ac *Yn gywir*. Cyflwynwyd llawer o'r cynhyrchion ar ryw bwt o bapur; nid yw hyn yn dderbyniol – dylai pob cyfansoddiad ddod yn ei 'siwt orau' i gystadleuaeth fel hon. Caed amryw hefyd mewn llawysgrifen a oedd yn anodd ei darllen, ac un a fuasai'n uwch yn y gystadleuaeth pe bawn yn hollol siŵr o ddarlleniad y llinell olaf.

Daw'r gweddill i'r dosbarth cyntaf. Mae *Elis* yn cychwyn yn gryf ond nid yw'r gair 'gwarchae' yn cymryd ei le yn y llinell olaf: 'I'ch gwarchae daeth gwae a'i gur'. *Ar y geulan*: englyn â llawer o ing ynddo ond ei wendid yntau yn ei linell olaf :"Wy'n yr adwy', sibrydwn'. *Hawdd Deud*: Yn gywir ei gydymdeimlad ond yn gorffen yn wan eto: 'Llaw dy gâr – lledagored' (Pam *lled*agored?) *Y galon friw*: Englyn da ond gellid cael gair cryfach na 'bwriad' yn y drydedd linell:

> Oherwydd na all geiriau – yn unig
>   Gyflawni teimladau,
>   Mae bwriad i'r seiadau
>   Ar lefel dawel rhwng dau.

Imo pectore: Eithaf derbyniol â thinc telynegol ynddo. *Dwyryd*: Canodd i rieni ei ffrind coleg a fu farw'n 26ain oed. Daw'r cydymdeimlad o'r galon a dyna'i gryfder. Gwaetha'r modd, nid wyf yn hollol siŵr beth yw darlleniad y llinell olaf. *Gwyn*: Llwyddodd i gael englyn da ond mae'r esgyll yn taro'n chwithig ar y glust: 'Y gras a berthyn i'th gred/O hiraeth, fo'th ymwared'. *Gwynno*: Englyn cryf ond nid yw 'trugarhau' yn talu am ei le: 'Er hyn r'ym [sic] yn trugarhau,/Yn annwyl, o'n calonnau'. *Y Foel Werdd*: Englyn derbyniol ond braidd yn amhersonol, ond hoffais y tinc telynegol sydd ynddo. *Rhyd Onnen*: Hoffais yr englyn hwn; mae'n gynnes ac yn dangos gwerth 'cymdogaeth wâr':

> Yn galon yn nhŷ galar, – i obaith,
>   Boed wynebau hawddgar
> Yn ategu'n lletygar
> Hen iaith wiw cymdogaeth wâr.

Tawedog: Eithaf cymeradwy, nes daw'r llinell olaf : 'Â'r ing hwn. Mae'r ddôr ynghau'. *Dafydd*: Canodd i gladdedigaeth mewn amlosgfa. *Ifan*: Lluniodd englyn cryf un llinell ond oni ddylid treiglo'r gair 'cymaint' yn 'Er gwahanu'n rhy gynnar – a diodde'r/dyddiau yn dy alar/Cymaint o golli cymar ...'. *Un o'r plant*: Cydymdeimlo â cholli cymaint o Gymry a wna'r ymgeisydd hwn ond mae'n obeithiol yn y diwedd: 'I iacháu dy gur â chân/Fe ddaw rhyw Ddafydd Iwan'. *Tymp*: Cafodd syniad gwahanol eto, sef cydymdeimlo â'i wraig yng ngwewyr y geni. Mae ôl peth straen ar yr esgyll: 'Ond yn awr dy Aneurin/Y sy heb rym asperín'. *Llwynog*: Braidd yn niwlog yw ei ymgais yntau ac oherwydd hynny mae'n methu yn ei gydymdeimlad. *Cyfoed*: Englyn ar ffurf cwestiwn ac ateb; mae'r esgyll yn dda: 'Fy ateb roddaf iti,/Fy ngalar yw d'alar di'. *Cedryn*: Ymgais dda ond heb fawr o ddim newydd i'w ddweud. Nid yw'n ddigon dwys a thyner ond englyn da, serch hynny. *Eich Ffrind*: Englyn cymeradwy eto ond nid wyf yn hapus â'r gair 'llaesu' yn y cyrch: 'Anfonaf air dilafar – i laesu/Eich loes yn weddigar ...'. *A Ddioddefws*: Englyn un llinell eto, ac yn sicr ei drawiad. Hoffais y llinell olaf : 'eli i iro'r doluriau'. *Via Crucis*: Athronyddu a geir yma yn hytrach na chydymdeimlo ac mae'r bai ymsathr odlau yn y paladr. 'O wirfodd cariad anorfod – yn grog/ar groes rhwng dihirod'. *O'r Ddrycin*: Ymgais dda ond heb fawr newydd i'w ddweud ac mae'r llinell olaf yn wallus, onid y draws fantach oedd y bwriad: 'Un o hyd yn lleddfu'r iau'. Go brin y gellid ei derbyn fel cynghanedd draws. *Ifan*: Mae hwn bron â bod yn englyn gwych:

> Mae hanes am Dduw'n mynnu – yn eu hôl
>   Anwyliaid gan deulu
> Yn loes, cans wele Iesu
> A'i weision tirion o'ch tu.

Buasai 'ond' wedi bod yn well na 'cans'.

Pryderi:

> Yn d'alar, am fud eiliad, na geiriau
>   Rhagorach yw cydiad
> Ein dwy law swil: di-lesâd
> Yn nos hiraeth – yw siarad.

Mae'r bai ymsathr odlau yn y llinell gyntaf, ond mae'r dweud yn wreiddiol. Ond ai gwir nad oes llesâd o gael sgwrs â rhywun mewn galar? Serch hynny, mae'n englyn da.

Candi:

> O'r golwg yng ngwe'r galon – mae y poen
> Fu'n gwmpeini cyson,
> I'w gael o hyd o dan glo'n
> Hen hafau fy atgofion.

'Mae y *b*oen' sy'n gywir, wrth gwrs. Mae'r esgyll yn wych.

Côd dy galon: Lluniodd englyn cymeradwy iawn. Ond nid yw'r gair 'draul' yn gweddu, er ei bod yn amlwg beth a olygir:

> Am d'ofid rwy'n gofidio, dy golled
> gallaf fi ei theimlo
> A mynych rwy'n dymuno
> na bo'r draul ond byr o dro.

Mae pump ar ôl a oedd yn mynnu dod i'r brig:

Siôn:

> Er i nos ein harneisio â'i hiraeth,
> A'r mud oriau'n llusgo,
> Daw'r heulwen wedi'r wylo
> Â nerth cudd i wyrth y co'.

Rhys:

> Rhannu heulwen llawenydd – a rhannu
> Cyfrinach wnaem beunydd,
> Heddiw'n nannedd diwedd dydd
> Rhannu galar ein gilydd.

O waelod calon:

> Am un annwyl cyd-wylwn, – yn oriau
> Eich hiraeth, galarwn;
> Yn eich poen, o dan eich pwn,
> Â gweddi fe'ch ysgwyddwn.

Afallon:

> Yn ingoedd argyfyngau – oer gardod
> Ar gerdyn yw'n geiriau,
> Ond rhennir baich rhwng breichiau
> Pan gyffyrddo dwylo dau.

Sianw.

> Pan fo'th galon yn cronni, a hiraeth
>   Yn awr y llanw'n torri,
> Dy ddeigryn yw neigryn i,
> Fel y môr yn corddi.

Er gwaethaf y diffyg atalnodau yn y fersiwn a ddaeth i law, englyn *Sianw* a gyffyrddodd fy nghalon i, ond mae'n rhaid cosbi peth arni am ddiofalwch. Dyfarnaf £45 i *Sianw*, a rhodder £7.50 yr un i *Siôn, Rhys, Afallon* ac *O waelod calon.*

Yr Englyn

ENGLYN CYDYMDEIMLAD

> Pan fo'th galon yn cronni, a hiraeth
>   Yn awr y llanw'n torri,
> Dy ddeigryn yw neigryn i,
> Fel y môr yn corddi.

Sianw

Englyn crafog: Bacha hi o'ma

BEIRNIADAETH ISLWYN JONES

Mae'n amlwg nad apeliodd y testun at lawer o gystadleuwyr gan mai deunaw o englynion a dderbyniwyd a'r rheini wedi'u cyfansoddi gan ddim ond rhyw ddwsin o brydyddion. Achosodd yr ansoddair 'crafog' benbleth i'r rhan fwyaf o'r cystadleuwyr ac, o'r herwydd, cafwyd englynion amrywiol eu cynnwys – rhai ohonynt yn perthyn yn nes at yr englyn ysgafn nag i'r englyn crafog ac eraill yn ddim byd ond bytheirio brwd ac ymosodol. Ychydig o bethau crafog a gaed. Alwyn Siôn a'i raglen deledu oedd dan sylw gan amryw o'r englynwyr.

Dyma air byr am bob un o'r englynion.

Em Baras: Ymgais ddiniwed i ddisgrifio'r hyn a ddigwydd yn y rhaglen deledu sydd yma. Mae un gwall yn yr englyn gan nad yw'r gair cyrch a dechrau'r ail linell yn cynganeddu.

Tro Nesa: Y rhaglen deledu sydd o dan sylw eto a'r tro hwn, profiad cystadleuydd a fethodd gael ei ddewis bartner i aros gydag ef a geir. Englyn di-ffrwt a'r drydedd linell yn bell o fod yn foddhaol: 'O od fe gefais wedyn'.

Sionyn: Ymgais at gyferbynnu 'neit-owt' a '*love-in*' mewn ffordd ogleisiol sydd gan hwn ond, gwaetha'r modd, ni sylweddolwyd y bwriad.

Brychan: Englyn ymosodol iawn sydd gan hwn a dim byd ynddo ond bytheirio:

> Un o hil y gorila – y bwli
> Boliog; ces lawn bola
> O wedd hyll, heb nodwedd dda;
> Yn chwim; bacha hi o'ma.

Nid drwg o beth fyddai i *Brychan* gymryd cwrs atalnodi rywbryd.

Dai: 'Bacha, mewn brys nid bychan – hi o'ma', medd hwn wrth y person nad yw'n ffan iddo, gan orffen â'r llinell 'Odlaf: gwell it sgidadlan'. Englyn braidd ar chwâl heb unrhyw undod iddo.

Emyr: Hanes cystadleuydd ar y rhaglen deledu a fachwyd gan ferch o'r enw Gwenda yw'r pwnc yn yr englyn hwn:

> Un reit ddel, ond nid reit dda –
> Hen gath; un o'r teip gwaetha'.

Iolo: Englyn ymosodol iawn eto, yn annog rhywun i ymadael ar fyrder â'r wlad hon:

> Yr iolyn, cer i hela – a'i hel hi
>   Fel haid moch Gadara
>   Ymhell, ymhell o'r wlad 'ma.
>   Y trol, cer i Awstralia.

Rhyfedd yw'r gair 'haid' mewn cyswllt â moch.

Beuno: I Awstralia y myn hwn eto anfon yr un sy'n atgas ganddo, gan ei alw 'Y Bwch diolwg'. Bytheirio heb weledigaeth sydd yma.

'Nôl w'snoz nesa': Nid oes fawr o olwg gan hwn ar gyflwynydd y rhaglen deledu oherwydd bu:

> Yn ymatal ers meityn
> Mewn gwewyr rhag dyrnu'r dyn

a hynny oherwydd na chafodd ei ddewis i gystadlu a chael ei adael 'fel bwbach ar fachyn'.

Dim Tori: Englyn sy'n dechrau trwy ddweud yn blwmp ac yn blaen beth yw pwrpas y rhaglen deledu:

> Rhaglen i lanc a benyw – a gêm
>   I gwrdd cariad ydyw;

Yna, ceir deisyfiad:

> O! na wnâi'r senedd heddiw
> Ufuddhau i'r geiriau gwiw.

Fel y gwelwch, yn ogystal â newid yn yr odl (i glustiau gogleddwyr), nid oes unrhyw gysylltiad rhwng dwy ran yr englyn. Anghofiwyd yn llwyr am yr ansoddair 'crafog'.

Rodweiler: Anogaeth seml i Alwyn Siôn anfon yr Ysgrifennydd Gwladol 'Siôn Goedcochion/Nawr i'w hynt o'r Gymru hon', sydd gan hwn – a dim ond hynny.

Rod: Englyn cignoeth iawn yn sôn am farwolaeth gwleidydd Toriaidd:

> Meiniodd, crabiodd fel cribin – yn ei ing
>   'Rôl sangu y werin
> Aeth 'true blue' ab Thatcher blin
> I'w haped heb y dripin.

Gwendid yw cynnwys geiriau Saesneg er mwyn ffurfio cynghanedd ac onid 'I'w aped' a ddylai fod ar ddechrau'r llinell olaf? Englyn sydd yn mynd y tu hwnt i ystyr crafog.

Neville Pike: Englyn digyffro a chwbl lonydd heb unrhyw fflach ynddo. Yr hyn a gawn yw ymson gŵr sy'n dweud wrthym ei fod yn well ei fyd na'r un o'r enillwyr ar y rhaglen deledu oherwydd 'Heno yr wyf yn ŵr rhydd'.

Taw Piau: Alwyn Siôn sydd dan yr ordd unwaith eto – ei huodledd byrlymus didaw yw'r maen tramgwydd y tro hwn.

> Nid yw y Bannau duon – ac erwau
>   Tir gerwin Pumlumon
> A'r Arennig yn ddigon
> I lenwi safn Alwyn Siôn.

Siomedig (1): Englyn ysgafn a doniol sydd gan hwn – siom chwerw hen sant wrth byrth y nefoedd:

> Troi'n hunllef wnaeth ciw nefol, a minnau
>   Yn ŵr mwyn a duwiol
> Roedd gwep hir a braweddeg Paul
> Yn y gât yn ysgytwol.

Trueni nad am englyn ysgafn y gofynnwyd – byddai'r ymgais hon yn sicr o fod yn tynnu am y brig er taw Pedr, medden nhw, ac nid Paul sy'n arfer bod wrth y pyrth.

Siomedig (2): Amrywiad ar yr englyn blaenorol ond heb fod hanner cystal â hwnnw.

Franglais: Yr ydym yn nesáu at englyn crafog yn awr. Gwleidydd, na chaiff ei enwi, sydd o dan y lach yn awr, rhywun a adawodd am swydd yn Ewrop:

> I'n hardal rhoist ei gwala; o'n tir ni
>   Tro'n awr i Ewropa,
> Ac i'w bro dyro, Sais da,
> Y golud a gadd Gwalia.

Mae yma ergydio caled ond un gwendid yn yr englyn yw nad ydyw'n llifo'n rhwydd gan fod y paladr yn ddwy ran a'r rhannau hynny heb fod yn cydio'n esmwyth yn ei gilydd. Ar ben hynny, nid wyf yn or-hoff o'r enwau 'Ewropa' a 'Gwalia'. Ymgais lew, er hynny, gan rywun sydd yn ei medru hi.

I'r Byw: Dyma agwedd newydd o'r diwedd, sef dilorni'r sawl a ddewisodd y fath destun i'r gystadleuaeth a'i annog i ddilyn y cyfarwyddyd sydd yn y testun:

> Mae'n glir taw rhyw ddihiryn diawen
>   fu'n dewis y testun.
> Fe ddylai'r hen gnaf ddilyn,
>   ar hast, ei gyngor ei hun.

Englyn syml di-drafferth sydd yn crafu ond sydd eto'n codi gwên. Gwobrwyer *I'r Byw*.

Yr Englyn Crafog

BACHA HI O'MA

Mae'n glir taw rhyw ddihiryn diawen
    fu'n dewis y testun.
  Fe ddylai'r hen gnaf ddilyn,
  ar hast, ei gyngor ei hun.

I'r Byw

Hir-a-Thoddaid: Hiraethog

BEIRNIADAETH DIC JONES

Chwe ymgais a ddaeth i law – nifer (a safon) gymharol isel o ystyried y campwyr a glywsom wrthi dro ar ôl tro ar Dalwrn y Beirdd.

Gan fod gwaith *Sulien* ac *Ieuan* ar yr un tudalen, cymerwn mai'r un ydynt; yr un yw eu gwendidau, beth bynnag. Yn eu cynganeddion cytsain, dro ar ôl tro, mae'r gyfatebiaeth gytseiniol yn gywir i'r llygad ond nid i'r glust. Digon yw dyfynnu'r llinellau hyn: 'A solet ddycnwch cyfieithydd selog' ac 'Yn gadarn hyrwyddwr diwygiadau'.

Mae *Prentis* yn dipyn mwy rhugl ei gynghanedd ond llithrodd yntau yn ei bedwaredd linell. Yn ddiddorol, hefyd, defnyddiodd gyfatebiaeth gytseiniol yn hytrach nag odli yng ngorffwysfa'i doddaid. Prin y gellir derbyn hynny mewn cystadleuaeth ar y mesur penodedig hwn; peth arall fyddai arbrawf o'r fath mewn awdl, dyweder.

Pennill digon didramgwydd yw'r eiddo *Diwedydd Mwys*. Braidd yn haniaethol ei gynnwys, efallai, ac o bosib yn gwanhau ychydig yn y toddaid. Felly *Hafod Dinbych* yntau, ond teg yw ychwanegu mai ganddo ef y ceir y cwpled agoriadol llyfnaf ohonynt i gyd.

Gan *Nantymerddyn* y ceir y pennill mwyaf uniongyrchol ei gynnwys. Eglura mai at Ysgol Tan-y-fron, lle cynhelir amrywiaeth o gyrsiau addysgiadol, y cyfeiria'r toddaid. Efallai y gellid dal nad yw ei linell olaf yn cyrraedd safon y lleill, a bydd yn ddiddorol clywed barn y beirniaid answyddogol ar gynghanedd y drydedd linell ond credaf mai iddo ef yn anad yr un y mynnwn weld y wobr yn mynd.

Yr Hir-a-Thoddaid

HIRAETHOG

I weithdy athro y daeth dieithriaid
A mynnu'i glytir wnaeth monoglotiaid,
Nid yw Llansannan yn llan o ysweiniaid
Na Bryn y Trillyn yn bentre' o wylliaid,
Ond criw llon o ffyddloniaid Tan-y-fron
Ry' hwb i galon henfro'r bugeiliaid.

Nantymerddyn

Deg o gwpledi epigramatig cynganeddol

BEIRNIADAETH IEUAN WYN

I lunio cwpledi epigramatig cynganeddol, afraid dweud bod angen meistrolaeth lwyr ar foddau'r gynghanedd. Yr un mor hanfodol, fodd bynnag, yw gafael sicr ar gystrawennau'r iaith. Yma y gorwedd cyfrinach mynegiant eglur, rhwydd, cynnil a chofiadwy. Bod yn effeithiol fel hyn yw ystyr llwyddiant yn y maes; symlrwydd ymadrodd sydd eto'n goeth a chofiadwy. Sôn am y mynegiant yr ydym yma – am y modd. Ond beth am y mater?

Wrth ystyried y gorchwyl o lunio cwpledi epigramatig cynganeddol, nid digon bodloni ar aralleirio diarhebion, dywediadau a gwirebau (nad ydynt bob amser yn wir, cofier); nid digon ailadrodd gwironeddol oesol. Yr hyn a fyddai'n llonni calonnau carwyr barddoniaeth fyddai gweld cyhoeddi a lledaenu ar gof gwpledi gafaelgar mewn ieithwedd fodern yn cyfleu agweddau gwahanol o gyfeiriadau newydd mewn delwedau o'n byd cyfoes. A dyma ni wedi cyffwrdd craidd y mater. Mae angen gweledigaeth – yn wir, gweledigaethau – i lunio casgliad o gwpledi epigramatig newydd. Mae angen dogn go hael o'r awen ac, fel y gwyddom, anfynych y daw hi heibio. Mewn gair, mae llunio casgliad o safon yn gryn gamp. Sut gystadleuaeth fu hon eleni? Yn y gorffennol, cafwyd nifer o gwpledi hynod o effeithiol a chofiadwy trwy gyfrwng y gystadleuaeth ac felly dilynaf arfer rhai beirniaid blaenorol a dyfynnu'r cwpledi a ystyrir yn orau er mwyn i'r darllenwyr gael y cyfle i'w gwerthfawrogi.

Rhennir y cynhyrchion yn dri dosbarth, gyda'r pump a ganlyn yn y trydydd: *Shadrach, Mesach, Abednego, Bugail y Foel,* ac *Obiter dicta.* Mae'r cyfansoddiadau hyn yn anwastad ond dyma'r goreuon.

> Ymhlith y tryblith a'r trais
> Afradlon, mae hyfrydlais. (*Bugail y Foel*)

> O na heidia cenhadon
> Ar alwad Duw i'r wlad hon. (*Shadrach*)

> Oes, mae arweiniad oesol
> O swydd hawdd y seddau ôl. (*Obiter dicta*)

Ceir hefyd ymgais i gynnwys cyd-destunau cyfoes:

> Y caletaf, pennaf pos
> I ungwr yw dallt cwangos. (*Abednego*)

> Dichon fod cymdogion da
> Rywle'n nes nag Awstralia. (*Bugail y Foel*)

Ond yn y casgliadau drwyddynt draw, mae gwendidau amlwg fel cyffredinedd, diffyg coethder, llithriadau iaith a chynghanedd, yn ogystal â mynegiant afrwydd.

Yn yr ail ddosbarth, gosodir y chwe ymgeisydd hyn: *Catwg, Cefn Gwyn, Tyddynnwr, Edliw, Tan y Foel,* a *Maes yr Onnen.* Mae mynegiant y rhain yn fwy cryno ac yn rhwyddach ar y cyfan er bod rhai o'r gwendidau a nodwyd uchod yn eu britho. Dyma rai o gwpledi glanaf a mwyaf effeithiol y dosbarth:

> Nid â'i chân na hud ei chwedl
> Y mae cynnal fflam cenedl. (*Edliw*)

> Pan rydd hen gybudd o'i god
> Aur o'i fodd, mae'n rhyfeddod. (*Tan y Foel*)

> Ynfytyn yw dyn sy'n dal
> Yn ddiddiwedd â'i ddial. (*Maes yr Onnen*)

> Dy wisg nid yw ond plisgyn;
> Wyt ti o dani, y dyn. (*Catwg*)

> Er ein dysg a'n haddysg ni,
> Ar gynnydd mae drygioni. (*Cefn Gwyn*)

Down yn awr at y ddau sy'n eu cael eu hunain yn y dosbarth cyntaf, sef *Bodlondeb* a *Betws*. Crybwyllais eisoes yr angen mewn casgliad o gwpledi am gysondeb safon. Llunio *rhai* gwell na'i gilydd yw'n hanes yn amlach na pheidio; canfod ambell em ymysg tresi o wymon. Dyma'r ymgeiswyr mwyaf cyson eu safon o'r tri ar ddeg a fentrodd i'r gystadleuaeth ac er nad ydynt yn taro deuddeg bob tro, ni allaf ond rhannu'r wobr yn gyfartal rhyngddynt.

Y Cwpledi Epigramatig Cynganeddol

CASGLIAD 1

Mae'r fflam sy'n llosgi amser
Yn lleihau fel cannwyll wêr.

Nid yw cyfrinach y doeth
I'w rhannu gyda'r annoeth.

Y mae iaith fy esmwythyd
Yn iaith fy mhoenau o hyd.

Ni ddaw eiliad i ddeilen
Na ddaw hi ohoni'n hen.

Cryf o hyd yw'r criw a fo'n
Rhwyfo i fyny'r afon.

Er bod galar yn aros,
Para'n hwy wna lampau'r nos.

Mae modd i gelloedd meddwl
Droi o rai da i rai dwl!

Nid gweld ffacs ond galwad ffôn
Ydyw galwad y galon.

A gyrhaeddo ei gwreiddyn
A gwyd i'w dail gyda hyn.

O fewn dydd trefna dy waith:
Ni wêl 'fory lafurwaith.

Betws

CASGLIAD 2

Nid gair ffeind ond gŵr â ffon
A wna darw yn dirion.

Un cyson ym mhob caswynt
Yw yr oriog geiliog gwynt.

Yn gêl dos a rho gil dwrn
Iti gael llond dy gelwrn.

Mae gosteg y geg ar gau
Yn gerydd gwaeth na geiriau.

Hen ŵr yw crwtyn tairoed
Hogyn yw yn drigain oed.

Mewn swydd ni ddaw byth lwyddiant
Os yw un am fod yn sant.

Hawdd iawn paentio'r gwyn yn ddu,
Anodd wedyn ei wynnu.

Ni wna ffydd un dim yn ffaith,
Nid gwybod ydyw gobaith.

Y criw hen sy'n caru hel
Y criw ifanc i ryfel.

Uchel yw pris gwachul prin
A rhad yw gwych cyffredin.

Bodlondeb

Telyneg: Dawns

BEIRNIADAETH ENID WYN BAINES

Gan fod digon wedi ei draethu eisoes ar grefft y delyneg (gweler *Y Flodeugerdd Delynegion*, gol. Gwynn ap Gwilym, a chyfrolau *Cyfansoddiadau a Beirniadaethau yr Eisteddfod Genedlaethol*), cystal i mi gyfyngu fy nhruth i sylwadau ar waith y rhai a anfonodd eu cynhyrchion i'r gystadleuaeth eleni.

O'r 30 a ddaeth i law, canfu pump eu hysbrydoliaeth yn y Beibl gyda Salome (3) a Malachi (2) a chafodd y gweddill eu cynhyrfu i ganu gan bethau'n amrywio o lôyn byw i ddaeargryn. Er nad yw'r safon drwyddi draw yn uchel iawn, ac er nad oes yn eu plith yr un delyneg wefreiddiol, teg yw dweud nad oes chwaith un anobeithiol.

Gair neu ddau am y mathau. Diddorol yw sylwi mai 14 sydd wedi dewis canu ar fesur ac odl. O'r gweddill, mae'r un faint yn union yn y mesur penrhydd, a dau'n troedio llwybr rywle rhwng y ddau fath ac, at ei gilydd, y penrhyddion a fu fwyaf llwyddiannus. Bu'r rhan fwyaf o'r rhai a ddewisodd odli yn rhy chwannog i gael eu hudo i wneud sŵn barddonol yn hytrach na barddoni, ac ychydig ohonynt a ymdrechodd i roi gwin newydd yn yr hen gostrelau.

Dosbarthaf y cystadleuwyr fel a ganlyn:

Dosbarth 3 (heb fod yn nhrefn teilyngdod): *Teilo, Dafydd, Iestyn, Robyn, Rhodri, Dylan, Ysgawen, Rhisiart.*

Aeth un cystadleuydd i'r ddawns yng nghwmni Salome, a bu'n gwylio dawns Llanofer cyn ymuno yn y 'ddawns fywioca a fu erioed'. Sobreiddiodd ychydig pan gofiodd am Arglwydd y Ddawns, ond yna cafodd ei lygad-dynnu gan ddawnsio Dafydd 'O flaen yr arch' ac adwaith Michal i hynny, sef 'ni leiciai/ mo'r peth at ôl'. Nid rhyfedd iddo weld y tylwyth teg yn dawnsio ar ei ffordd adref! Maddeued y cystadleuydd hwn imi am wamalu, ond gan y tybiaf iddo anfon cymaint â phum ymgais (*Teilo, Dafydd, Robyn, Rhodri* ac *Iestyn*), mentraf awgrymu mai gwell fyddai iddo ganolbwyntio'i ddoniau ar un, neu ddwy fan bellaf. Mae ganddo ddoniau diamheuol, megis iaith lân (ac eithrio'r dyfyniad od uchod), clust am rythm, ac amcan pur dda am unoliaeth a datblygiad cerdd, ond gwaetha'r modd, hyd yn oed pan gafodd syniad da (*Robyn* a *Rhodri*), methodd â rhoi'r wisg a deilyngai amdano. Ei wendid, ac mae hyn yn wir am holl ymgeiswyr y dosbarth hwn, yw diffyg arbenigrwydd. Bodlonodd ar odl rwydd ac ansoddair treuliedig. Pe bai'n fwy hunan-feirniadol, ni fyddai wedi dechrau un delyneg gyda'r geiriau: 'Fe glywaist mae'n debyg/Mi dybiwn i', a gorffen un arall gyda 'mae stumog hon/Yn treulio popeth drwy'r byd o'r bron'. Ar ei orau, y mae'n llawer gwell na hyn.

Tebyg yw rhagoriaethau a gwendidau *Dylan* ac *Ysgawen*.

Dawns Salome, eto, sydd gan *Llwynog* a *Rhisiart*, ond ni lwyddodd y naill na'r llall i greu barddoniaeth o'r hen stori. Gwendid cyffredinol y dosbarth hwn yw canu ffwrdd-â-hi.

Dosbarth 2: Dengys y rhain fwy o fedrusrwydd o ran crefft, ond maent yn syrthio'n brin o'r arbenigrwydd llais y chwiliwn amdano, neu ynteu'n methu â chynnal y safon drwy'r gerdd. Gair am bob un, heb fod yn nhrefn teilyngdod.

Ffiwsia, Iâr Fach yr Haf a *Mallaen*: Tri bardd yn pyncio'n swynol ryfeddol yn null y rhamantwyr am flodau a glöyn ac afon. Anffodus yw'r disgrifiad o'r glöyn 'ar wib garlamus' gan *Iâr Fach yr Haf*. Glynu at hen rigolau fu maen tramgwydd y tri. Llwyddodd *Mallaen* i ymysgwyd o'u gafael yn well na'r ddau arall.

Benjamin: Ann Griffiths sy'n dawnsio yma. Tri phennill graenus. Hoffais 'Dawnsiodd i guriad/Ei gariad ef' ond, ar wahân i hynny, nid yw'n cyffroi, a siomedig yw'r cwpled olaf.

Dim ond atgof: Yr un bardd, mi gredaf, gyda mwy o wreiddioldeb o dipyn yn y mesur penrhydd. Hiraeth sydd yma am yr hen ddyddiau 'Pan wasgwyd amser/ Rhwng ein breichiau ni' o'i gyferbynnu â:

> Heddiw a'i wyneb
> Yn wg i gyd,
> A breichiau amser
> Yn fy ngwasgu i.

Hoffais ei gwead cywrain.

Indigo: Ymgais dda i ddarlunio'r daeargryn yn Kobe. Wedi cychwyn braidd yn sigledig: 'Neithiwr yn Kobe/bu'r gweryd yn gerwino', mae'n gwella. Mae'r modd yn gweddu i'r meddwl ganddo, ond y teimlad yn brin.

Taid: Ymateb taid a'i wyres wael i sŵn sioe'r siartiau ar y teledu yn y ward, ac yna gartref yn y lolfa wedi iddi hi wella. Dau bennill wedi eu gwau'n glòs, yn rhy glòs efallai, gan fod peth ôl straen yng nghwpled olaf y pennill cyntaf:

> A minnau'n ei gwylio, ac yn gweld dim ond gwatwar
> Y gwae, a'r gwewyr, mewn dawns mor anwar.

Mandela: Bardd grymus a mydryddwr cadarn, ond yn llawer rhy drwm ei droed. Teimlaf y byddai cynfas y bryddest wedi bod yn fwy priodol i'w syniadau am Dde Affrica. Mae ar ei orau mewn llinellau fel 'meginwyd y marwydos/gan boethwynt y Veldt, a chrynodd yfory/yn y gwres'. Hefyd, byddai testun fel 'Gwreichion' neu 'Fflam' yn fwy addas i hon gan mai tenau yw'r cysylltiad â dawns. Nid yw'r ffordd y mae'n gosod ei linellau yn gymorth i'r darllenydd; yn wir, mae'n rhwystr.

Llanofer: Syniad gwreiddiol, sef dawns y bysedd ar y tannau. Dyma delyneg sy'n denu'r glust a'r llygad, gan fod yr awdur wedi amrywio'r rhythmau'n gelfydd ac i bwrpas ac, ar ben hynny, wedi gosod ei benillion ar siâp tair telyn, tric nad wyf yn or-hoff ohono fel arfer, ond sy'n gwbl addas a derbyniol yma. Llwyddodd i ddatblygu ei syniad i greu undod boddhaus, ond er iddo ddewis geiriau'n ofalus, braidd yn fecanyddol yw'r naws ac nid yw'n llwyddo i dynnu tannau'r galon.

Porthamel: Cafodd yntau weledigaeth wahanol, sef dawns yn arwain i ddistryw ond, wedi iddo agor yn addawol dros ben, teimlaf ei fod wedi bod yn or-gynnil yn y datblygiad a heb lwyddo i wneud i minnau uniaethu â'i 'Loes tynged' ef. Anghywir ydyw 'a'm tarfu' a 'drawstiau'r gwe'.

Gwydion: Telyneg ffansïol am y lleuad (os deallaf yn iawn) yn gwylio dawns y coed ar noson stormus. Treuliedig yw'r delweddau.

Mic: Gofid am golli hwyl ieuenctid. Mae'r cyferbynnu rhwng 'Breichiau o ynni' ac 'ymestyn fy mysedd' yn effeithiol. Braidd yn gyffredin yw'r gweddill.

Mabli: Dau bennill, ond un frawddeg, yn y wers rydd, yn cymharu dawns y glocsen ar lwyfan â

> sioncrwydd camau mam
> yn ymrithio o'm blaen
> ar hyd y llawr cerrig,
> ac o'r ffald i'r beudy –
> stepio'r blynyddoedd
> a neb yn cadw'r amser.

Ar wahân i'r cwpled clo hyfryd hwn, rhyddieithol braidd yw'r mynegiant, a byddai'r delyneg hon ar ei hennill o ddatblygu'r syniad cychwynnol ymhellach.

Bronmeurig: Hiraeth am efail y gof. Hwn yw pencampwr y gystadleuaeth am lunio telyneg yn null yr hen feistri. Dyma'r olaf o'i ddau bennill:

> Mae cainc morthwylio'r eingion
>   yn fud, i'r rhai na ŵyr
> am hen gytgordiau'r pentan,
>   ond weithiau, ym min hwyr,
> mae rhith y miloedd gwreichion mân
> yn un fflamenco uwch y tân.

Perl fach i osodwyr cerdd dant, ond er mor swynol a chrefftus yw, mae'n rhy debyg i ormod o bethau a glywsom o'r blaen i beri gwir gyffro.

Hen Fflêm: Mae mwy o gyffro yn hon: mae'n ymylu ar fod yn erotig. Cyferbynnir yn ddeheuig a chyda ffresni ymadrodd egni a gwres dawns cariad cnawdol â diffrwythdra'r bore wedyn: 'Llonyddodd cynnwrf y strôb/Ym mudandod y llawr gwag'. Y mae 'Oered yn awr/Y grât ddu lle bu gwres ddoe' hefyd yn ddweud da, ond bod I. D. Hooson wedi cael y blaen arno yn 'Y Fflam'. Gwendid *Hen Fflêm* yw ei fod fel pe bai'n ei gadw ei hun hyd braich oddi wrth y profiad yn lle bod yn ei ganol, a'r argraff a gaf yw un o ddatganiad oer yn hytrach na chri o'r enaid.

Osian: Hiraeth am ieuenctid 'Am erwau cyfyng llencyndod/Pan oedd dawns yn y droed'. Ceir blas diffuantrwydd ar hon. Mae'n syml a glân, ac mae swyn yn sigl y llinellau, ond nid oes fawr o newydd-deb yn y delweddau ar ôl y dechrau addawol: 'A ffiniau plentyndod/Yn ddiadwy amdanaf'.

O'r dosbarth hwn, cyfyd *Dim ond atgof, Indigo, Llanofer, Bronmeurig, Hen Fflêm* ac *Osian* i olwg y dosbarth cyntaf.

DOSBARTH 1

Nilsson: Profiad Neil, sy'n dod o gartref anhapus, yn dianc i'r disgo ar ddiwedd ei gyfnod yn yr ysgol gynradd. Darlun trist sydd yma o blentyn yn gorfod wynebu creulonderau bywyd yn llawer rhy ifanc. Bardd y naw-degau yn canu yn iaith ac idiom y naw-degau, a diolch am y cyfoesedd a'r sensitifrwydd:

>   Nid parti gwisg ffansi mohono
>   Ac eto, pawb wedi dod fel oedolion:
>   Mini-sgyrts a minlliw,
>   Gwydrau peint i'r Fimto,
>   Siglo synhwyrus
>   A *smooch*
>   (Ddi-nwyd, ddiniwed)
>   I *Without You*.

Er ei bod yn gynnil ar y cyfan ac yn gyfoethog ei hawgrymusedd, mae'n llithro i fod yn rhyddieithol tua'r diwedd.

Y Bwgan Bregus: Dawns flynyddol y brain ar hwyr o Fawrth. Cyffyrddiadau hyfryd odiaeth a gogleisiol:

>   Pob crawc o gerddor
>   yn darllen hen-nodiant nythod-nodau
>   â grogent ar uchaf-erwydd yr ynn.
>
>   Blinodd yr haul ar eu clegar-gymharu
>   ac aeth i'w wely.

Mae'n denu ar waetha'r gor-ddefnydd o'r cyplysu geiriau. Gwallus yw 'â grogent' yn lle 'a grogai'. Nid cystal 'a phawb yn ei barchus ddu/o barch i'r gaeaf llwm', a diddan a ffansïol yn hytrach nag ysgytiol yw'r clo:

> Dychwelodd pawb i'w nyth
> o gorddwr tin-dros-ben yr hwyr
> yn hapus,
> yn sicrwydd parhad yr hil,
> am flwyddyn gron, arall.

ond cefais fy swyno gan wreiddioldeb y darluniau yn hon.

Trewern: Syndod yw canfod cynifer o fân-frychau iaith, orgraff ac atalnodi gan un â chystal geirfa ganddo, e.e., 'eu ddawns drwsgwl'; 'ribannau'; 'Orffenaf'. Cafodd syniad gyda'r gorau, am ddawns haid o wenyn o gylch eu cwch y tu allan i ffenest ysgol, ac mae'n cyferbynnu caethiwed yr athrawon â'r hyn sy'n ymddangos, ar y cyntaf, yn rhyddid yr haid. Rwy'n ei ddwrdio'n arw am ei ddiofalwch ond yn maddau'r un pryd oherwydd bod ganddo ffresni ac, yn fwy na dim, am ei fod yn procio'r dychymyg. Gellir ymateb i'r delyneg hon ar fwy nag un lefel, gan fod geiriau fel 'lifrai', ac yn enwedig:

> Storom ddu yn lleisio ynni
> pelen o ffyrnigrwydd yn ffrwydro
> i fyny, i ddilyn unben

yn awgrymu gormes a chyflyru torfol a hyd yn oed Hitleriaeth. Braidd yn llac ei gwead yw hi yma a thraw, ond mae ynddi ryw onestrwydd iachus, ac egni ac uniongyrchedd nas ceir mewn telynegion gor-gynnil. Gloywed ei arfau.

Bond: Nid yw'r syniad yma'n newydd ond fe roes y bardd hwn ei stamp ei hun arno mewn dau bennill glân eu crefft, cadarn eu rhythmau. Yr unig wir fflach sydd yn y delyneg yw'r 'cysgodion gwynion/yn perfformio'u bale distaw' ond mae rhyw ddiffuanrwydd yn treiddio drwyddi. Yn ei hymatal tawel y mae ei chryfder. Y tu ôl i'r symylrwydd, mae llaw meistr. Fe'm denodd o'r darlleniad cyntaf.

Pen-y-Garnedd: Pendronais yn hir uwchben hon, ac nid wyf yn siŵr eto pwy yw'r 'hi' a'r 'yntau'. Meddyliais i ddechrau mai llwynoges oedd 'yn nwfn ei daear rhwng y creigiau hen' ac wedyn sylweddoli mai grymoedd mwy sylfaenol sydd yma. Ond beth yn hollol: y fam ddaear a natur, nos a dydd, lleuad a haul? Ni wn, ond ni chredaf ei bod o dragwyddol bwys chwaith, oherwydd bod y bardd gyda'i ddelweddau cryf a'i eirfa ddethol yn llwyddo i gyfleu egni a chynnwrf ailgreu. Defnyddia'r wers rydd yn gwbl hyderus a synhwyrus, a hoffais y cyfuniad o'r ffansïol a'r diriaethol. Nid wyf yn gwbl hapus â'r llinell: 'I gyfareddol nodau pibau hud' hyd yn oed wedi derbyn mai llithriad yw'r 'pibau hyd' a gafwyd ganddo ef.

Cawsom bob math o 'ddawns' yn y gystadleuaeth hon, o step y glocsen i'r disgo. Wrth feirniadu, teimlais fod y delyneg ei hun fel pe bai'n dal i chwilio am wisg newydd, un addas ar gyfer ei dawns hithau ar ddiwedd yr ugeinfed ganrif. Mae'r hen un wedi treulio ac yn rhy hen-ffasiwn, a sobr o anodd yw dewis rhwng y pethau rhy flodeuog neu rhy blaen, rhy hir neu rhy gwta, rhy gwmpasog neu rhy dila neu, gwae ni, y rhy *revealing* fel sydd o gwmpas y dyddiau hyn.

Er nad oes yr un o'r cystadleuwyr eleni wedi taro ar y wisg berffaith, daeth dau yn nes ati na'r gweddill, sef *Bond* a *Pen-y-Garnedd*. Am ei symylrwydd a'i gorffeniad twt, rhof y lle blaenaf a £40 i *Bond*, ac i *Pen-y-Garnedd*, sydd ag edau fach yn hongian a rhyw un botwm bach ar goll, yr ail safle a £35.

Y Delyneg

DAWNS

Gwisgais fy masg yn gynnar iawn
ac ymuno yn y sioe.
Dilynais y confensiynau oll
a chadw at rythmau'r ennyd,
gan symud o'r llon i'r lleddf
yn ôl y cywair,
heb unwaith adael i'r masg lithro.

Ond heddiw, yn y fan hyn,
a'r cysgodion gwynion
yn perfformio'u bale distaw
yn y niwl sy'n fy amgylchynu,
fe ddiflannodd fy masg i rywle
a daeth y ddawns fygydau i ben.

Bond

Wyth o dribannau: Gwaith

BEIRNIADAETH EIRWYN GEORGE

Ystwythder a llithrigrwydd mynegiant yw un o brif nodweddion triban da. Pennill syml ydyw, a chic neu ergyd effeithiol yn y llinell olaf. Yr oedd i'r hen dribannau Morgannwg ryw naws neu awyrgylch cartrefol, a defnydd cynnil o dafodiaith yn aml yn ychwanegu at agosatrwydd y dweud. Yr oedd tinc y gynghanedd hefyd – ambell gyffyrddiad ysgafn heb fod yn tynnu sylw ato'i hun – yn ychwanegu at swyn a phertrwydd y triban. Gwnaed defnydd trawiadol o enwau lleoedd weithiau, enwau soniarus a phersain; ac roedd ambell ddyfais wrth law – y trioedd yn fwyaf arbennig – yn fodd i roi undod i'r pennill cyfan. Yr oedd yr hen dribannau, hefyd, yn ddrych o'r gymdeithas, yn llawn cellwair a ffraethineb, a dawn y dychanwr yn aml yn rhoi min ar y dweud.

Chwiliwn am o leiaf rai o'r nodweddion uchod wrth feirniadu'r gystadleuaeth hon. Ond wrth chwilio am y naws arbennig a gysylltir â'r triban traddodiadol, yr oeddwn, ar yr un pryd, yn barod i dderbyn (neu o leiaf i ystyried) dulliau ac arbrofion newydd.

Gofynnwyd am wyth o dribannau ar y thema/testun 'Gwaith', heb unrhyw ddiffiniad pellach. Y mae'r cynhaeaf yn ymrannu'n dri dosbarth: (i) casgliad o dribannau ar wahanol destunau; (ii) cerdd ar fesur y triban; (iii) cyfres o dribannau a phob pennill yn uned gyflawn, heb destun. Er mai cynnyrch y dosbarth olaf, efallai, sy'n fwyaf cydnaws â'r mwyafrif o'r hen dribannau Morgannwg, credaf fod ymgeiswyr y tri dosbarth wedi canu o fewn gofynion y gystadleuaeth. Fodd bynnag, disgwyliwn weld pob cyfansoddiad yn ymwneud â 'gwaith' mewn rhyw ffordd neu'i gilydd. Bonws ychwanegol oedd darganfod rhyw linyn cyswllt arall yn eu clymu'n gyfanwaith.

Disgwyliwn, hefyd, ar bob cyfrif, gywirdeb mydryddol wrth drafod y mesur.

Pymtheg o ymgeiswyr a ddaeth i'r maes. Y gwendid amlycaf o lawer oedd diffyg cysondeb safon: cael ambell bennill cofiadwy a'i bartneriaid heb fod cystal. Dyma air am y cystadleuwyr yn ôl trefn eu teilyngdod fel y gwelaf i hwy.

John Fleming: Tribannau ar destunau gwahanol. Cloffni mydryddol yw ei wendid pennaf. Awgrymaf ei fod yn darllen y gyfrol *Tribannau Morgannwg* (gol. Tegwyn Jones) er mwyn ymgynefino â sŵn a sigl y triban. Y mae nifer o wallau iaith a chystrawen yn andwyo'r casgliad hefyd. Ond y mae ganddo destunau diddorol, a digon o sôn am waith hefyd.

Gwerthwr Brwsys: Cerdd ar fesur y triban yn sôn am helyntion gwerthwr brwsys (ef ei hun yw'r trafaelwr). Y mae'r deunydd yn ddiddorol iawn, yn llawn troeon trwstan o bob math, a thro annisgwyl yn y pennill olaf. Fodd bynnag, nid yw'r stori'n darllen yn rhwydd; y mae yma ormod o lamu o un lle i'r llall a bodloni ar linellau digyswllt. Gwendid, hefyd, yw caniatáu tair odl ansoddeiriog yn yr un pennill. Mydryddu ystwyth, serch hynny.

Bryncarnau: Un gerdd eto. Athronydd sydd yma yn bwrw ei linyn mesur ar wahanol fathau o waith. Braidd yn drwm yw'r cynnwys ac mae'r mynegiant weithiau'n anystwyth. Nid yw 'dioddefaint' yn odli â 'llwyddiant' a 'hyfforddiant'.

Andreas: Cerdd grefyddol ei naws yn ein hannog i weithio dros Iesu Grist. Y mae gofynion y mesur yn ei lethu ar adegau ac yn peri iddo lunio llinellau afrwydd eu mynegiant. Ond mae'r fydryddiaeth yn gywir ganddo bob amser. Llais diffuant iawn, hefyd.

Morswyn: Tribannau ar destunau gwahanol yn ymwneud â galwedigaethau. Y mae ganddo ambell bennill diddorol ('Y Twrne', yn enwedig) ac mae ei ddefnydd cynnil o ddychan weithiau'n taro'r darllenydd yn ei dalcen. Gwaetha'r modd, nid yw ei ddewis o air yn foddhaol bob tro.

Cwm Gors: Cyfres o dribannau'n trafod diweithdra yn ardal Betws ar ôl cau'r pyllau glo. Rwy'n hoffi sŵn y dafodiaith; y mae'n rhan naturiol o'r disgrifio ac y mae rhyw naws cartrefol yn ei linellau, hefyd. Diffyg cysondeb safon yw ei faen tramgwydd. Y mae'n dechrau a gorffen yn dda ond y mae rhai o'r penillion eraill heb fod cystal.

Ger y Bompren: Dyma'r tribannau mwyaf angerddol a dderbyniwyd. Cerdd ar fesur y triban sydd gan hwn eto a gweithio dros yr Arglwydd Iesu yw'r thema, ond nid yw'n pregethu nac yn diwinydda chwaith. Cri o'r galon sydd yma gan fardd yn ei henaint yn gweddïo am gwmni'r Crist Croeshoeliedig ar lwybrau bywyd. Y mae ambell ymbil, hefyd, am nerth i hyrwyddo gwaith Ei Deyrnas yn y byd sydd ohoni: 'Canys mae'r bwystfil yn nesáu/A'm dyddiau bron â gorffen'. Y mae'r mynegiant yn ystwyth a thipyn o swyn yn y dweud. Gresyn fod tor mesur yn llinell gyntaf y trydydd pennill ac yn nhrydedd linell y seithfed. Ond fe lwyddodd i dynnu dagrau o'm llygaid.

Rhosddu: Hen chwarel yng Ngogledd Sir Benfro sydd bellach wedi cau yw pwnc ei fyfyrdod. Y mae tipyn o naws yr hen dribannau yn ei waith ac mae enwau lleoedd cyfarwydd yn ychwanegu llawer at ei ddisgrifiadau o gyfnod y prysurdeb mawr. Nid yw'r odl gyrch yn gwbl foddhaol yn: 'Gwerinwyr balch a hoffai her/Er garwed eu caledi'. Gwendid sicr yw gadael i'r odl gyrch ddisgyn ar air dibwys neu eiryn diacen. Y mae tor mesur ganddo mewn dwy linell, hefyd.

Cai: Chwilio am ddihangfa rhag ei waith beunyddiol a wna'r ymgeisydd hwn. Y mae wedi cael mwy na llond bol ar bethau: 'A'r baich ar f'ysgwydd yn trymhau/ A'r nerfau i gyd yn ffrwydrol'. Y mae ei ddewis o eiriau yn dda a'r gwead yn glòs iawn. Hoffwn pe bai mwy o gic yn llinell olaf ei dribannau.

Nid Ceidwadwr: Dewis yr ymgeisydd hwn yw crwydro o le i le a sylwi ar y diweithdra sy'n llethu'r wlad ymhobman. Mae'r mynegiant yn llithrig a'r mydryddu'n gywir. Dyma enghraifft ohono ar ei orau:

> O'r ffatri daw moduron
> Fel llanw'r môr yn gyson,
> Mae'r robot mud ym mhob rhyw hin
> Yn haws i'w drin na dynion.

Nid yw'n codi uchel nac yn disgyn yn isel ychwaith.

Rheidol: Dilyniant o feddargraffiadau (ar wahân i un) a thestun i bob triban. Rwy'n hoffi'r nodyn cellweirus a'r ergydio sydd yn llinell olaf rhai o'i benillion. Dywed am y morwr:

> Mi heriodd hwn y tonnau
> A'r stormydd fil o weithiau,
> Ys gwn i beth a wnaeth o'r lli
> Wrth groesi Afon Angau?

Y mae ganddo dribannau cryf, hefyd, i'r 'Torrwr Beddau' a 'Proffwyd y Tywydd'. Ond syndod gweld tor mesur yn nhrydedd linell ei bennill i'r 'Teiliwr'. Pe bai *Rheidol* wedi chwysu mwy uwchben ei gasgliad, a cheisio grymuso'r mynegiant yma a thraw, gallasai fod yn uchel iawn yn y gystadleuaeth.

Wil y Gwas: Casgliad o dribannau ar destunau gwahanol eto. Galwedigaethau yw ei thema ac mae ganddo rai syniadau a sylwadau diddorol dros ben. Y mae'n cydymdeimlo'n fawr â rhai o'i gymeriadau ac yn dychanu'r lleill yn arw. Rwy'n credu mai gormes yr odl a ddewisodd yr ansoddair 'cas' i ddisgrifio'r 'siopwrs mowr' sy'n ceisio disodli'r 'Siopwr Gwlad'. Ond fe gefais gryn foddhad yng nghwmni'r ymgeisydd hwn.

Carmel: Casgliad o dribannau ar destunau gwahanol. Penillion mawl yw'r rhan fwyaf ohonynt yn cyfarch pobl o wahanol alwedigaethau. Braidd yn ddifrifol yw'r cynnwys at ei gilydd, ond mae'n dewis ei eiriau'n ofalus ac mae graen ar y dweud. Glendid crefft a chysondeb safon a'i cododd yn uchel yn y gystadleuaeth.

Gwas Mawr: Hiraethu am yr hen ddyddiau a dull o amaethu sydd bellach wedi darfod o'r tir yw cynnwys ei dribannau. Y mae pob pennill yn fwrlwm o atgofion gwas ffarm yn oes y wedd geffylau, ac mae enwau pobl ac enwau lleoedd persain yn gloywi'r disgrifiadau. Er mai iaith lenyddol ddidafodiaith sydd gan *Gwas Mawr*, y mae rhyw agosatrwydd anghyffredin i'w deimlo yn ei dribannau. Y mae bob amser yn gynnil a diwastraff ei fynegiant, hefyd.

Lewsyn: Gafaelodd hwn ynof ar y darlleniad cyntaf. Y mae naws yr hen dribannau ym mhob un o'i benillion. Y mae ei ddefnydd cynnil o dafodiaith hefyd yn taro'n hyfryd ar y glust a'r llinellau'n llifo'n ystwyth. Gofalodd amrywio'i fynegiant yn dda ac mae ôl crefft ar ei ddewis o eiriau. Darn o hunangofiant amaethwr sydd yma ac mae blas y pridd yn drwm ar ei brofiadau. Gwrandewch arno'n disgrifio dyfodiad y gaeaf:

> Ma'r Tywi hyd ei glanne
> A gwynnodd cot y Banne,
> Bydd heno dda rhwng peder wal
> A rhastal wrth 'u trwyne.

Darlun byw a chofiadwy. Ond nid oes sôn am waith yn y pennill hwn, meddai'r beirniad ceintachlyd. Beth? Y mae'r sawl a fu'n byw ac yn gweithio ar ffarm yn gwybod yn dda am y gwaith sy'n disgwyl y ffarmwr pan fo'r gwartheg a'r da bach yn 'dod i mewn' dros y gaeaf. Camp y tribannau hyn yw eu bod, dro ar ôl tro, yn dangos y gwaith heb sôn rhyw lawer amdano. Y mae defnyddio'r fannod o flaen enw afon yn gyffredin bellach ym mhob tafodiaith bron a chredaf fod arfer llafar trydedd linell ei driban olaf yn ei hachub. Y mae yma gynllunio bwriadus, hefyd: dechrau yn y gwanwyn a dilyn calendr yr amaethwr hyd y gwanwyn dilynol. Felly, y mae rhod y tymhorau wedi rhoi un tro crwn o fewn ei gyfres o dribannau.

Beth am y dyfarniad? Nid oedd hon yn gystadleuaeth gref. Fodd bynnag, wedi pwyso a mesur, nid oes gennyf yr un amheuaeth nad cyfres *Lewsyn* yw'r orau o gryn dipyn. Rwy'n credu, hefyd, bod ynddi ddigon o deilyngdod i haeddu'r wobr.

Y Tribannau

GWAITH

O'r tir da'th sbort fy mebyd,
O'r tir daw 'mwyd a 'ngolud,
O'r tir a'i waith y daw yr ias
Sy'n dodi blas ar fywyd.

'Rôl tendo hir a charthu
Ble down ar bertach canu
Na whiban cwrlig yn y ca'
Yn galw'r da o'r boudy?

Ma'r ŵyn ar dop Carn Dilfa
A'r crychydd yn pysgota,
Bydd hogfan ar y gilleth wair
Cyn d'wrnod Ffair Gŵyl Barna.

'Sdim sôn am gel na gambo,
Na chlecs y fro yn llifo
Dros 'sgube cras ar getyn ffein,
Dim ond combein yn rho.

Ma'r Tywi hyd ei glanne
A gwynnodd cot y Banne,
Bydd heno dda rhwng peder wal
A rhastal wrth 'u trwyne.

Daw sôn am swyn y lleuad,
Daw holi am 'i tharddiad,
I fugel dyma gannw'll Iôr
Ar nosweth ô'r y gwylad.

Pan fydd y gwynt yn dene
A sŵn megino tane,
Caf gwmni difyr Fflos a'r brain
Wrth blethu drain y ffinie.

O'i lloches a'th mwyalchen
Am bip i frig y golfen,
A galwodd ni i baratoi –
Ma'r geia'n troi ei gefen.

Lewsyn

Cerdd rydd: Ôl Traed

BEIRNIADAETH NESTA WYN JONES

Testun diddorol y llwyddodd tri ar hugain o gystadleuwyr i roi eu stamp eu hunain arno. Rhennais y cerddi'n dri dosbarth. Soned sydd gan *Cri o'r Galon*. Dydi hi ddim felly yn gerdd rydd.

DOSBARTH 3

Diffyg cynildeb yw gwendid *Ioan*, a'i gerdd, er yn annwyl, braidd yn rhyddieithol. Trueni am y gwallau iaith yng ngwaith *Nant-y-Glyn* oherwydd mae addewid yn ei gynllunwaith. Diffyg undod thema neu ddiffyg ffocws yw gwendid *Niwl*, *Cartrefol* ac *Orffëws*. Ni chafodd *Iolen* ychwaith weledigaeth ynglŷn â'r testun ac mae'r mynegiant yn afrosgo mewn rhai mannau. Cerdd egnïol, ddiwastraff, er hynny. Gwaith *Auschwitz* wedyn, yn batrwm o ran cyflwyniad ond braidd yn stroclyd a geiriog ei fynegiant. Lluniodd *Yn y Gwaed* gerdd syml, gynnes. Byddai'n well heb y llinell olaf a dylid osoi sentimentaleiddiwch – mae'r pisyn tair yn ein hatgoffa am hatling y wraig weddw, felly does dim angen ei sgwrio'n lân! Hoffais y sôn am weddïau'n clwydo 'fel colomennod dof'. Cafwyd portread byw o Alis Prys, yr athrawes Ysgol Sul, gan *Waen Isa*. Gellid hepgor llinellau ac adrannau yma a thraw er mwyn cryfhau'r mynegiant.

DOSBARTH 2

Dewisodd *Deiniol* ganfas eang a chynllun anodd ei gynnal ond llwyddodd i greu cerdd hyfryd. Dilysrwydd profiad yw cryfder cerdd goffa *Dogfael* a'i helfen ddramatig, afaelgar ac effeithiol iawn yw'r darlun o'r llwybr yn diflannu dros y dibyn. Hoffais hefyd gerdd ddiymhongar *Hywel* (a deipiwyd gan yr un person di-Gymraeg!). Mae hon yn gerdd gynnil, synhwyrus, wir farddonol, er y gwallau iaith. Cerdd serch hiraethus yn nhafodiaith Sir Benfro yw un *Clawdd Offa* am gerdded gyda chariadferch:

> A lleuad Mis Bach
> A'i wmed o bres
> Yn cynhyrfu cnawd.

Mae'r diweddglo (heblaw ei fod yn f'atgoffa o gerdd a ysgrifennais i!) yn tynnu tipyn oddi wrthi. Oni fyddai'n well gorffen ar nodyn cadarnhaol, yn ôl y patrwm a osododd y bardd ei hun:

> Ano' yw cerdded mwyach
> Ar borfa yr hen lwybre gynt ...
> Ni ddaw ias dwe yn ôl ...
> Eto rwy'n dal i synhwyro ...

a gorffen gyda'r llawenydd a fu, yn ei lawnder?

Cerdd am yr eira sydd gan *Yeti*, y profiad o weld 'Môr o burdeb yn llyncu'n bodolaeth/Ar y rhostir agored ...'. Mae'r defnydd o 'ti' a 'chi' yn peri peth ansicrwydd i'r darllenydd, a charbwl yw'r llinellau hyn: '... yn methu egluro/ cymhlethdod cynnwys fy mhen ...'. Cerdd effeithiol, er hynny.

Lluniodd *Echdoe* gerdd am wraig a gadwai ei llawr yn lân – tan ddydd ei hang-ladd, pan fu cryn drafaelio nid yn unig i'r tŷ ond 'i garped di-draul y parlwr'. Pe bai hi'n gorffen gyda'r llinell yna, a heb wallau iaith, byddai ymhlith y goreuon.

DOSBARTH 1

Martha: Cerdd yn disgrifio plentyn dengmis oed yn dechrau cerdded a'r bardd yn cofio'r un cyfnod yn hanes mam y plentyn. Amheuthun o beth yw cerdd hapus, ddigwmwl, yn cyfleu afiaith plentyndod, 'sy'n torri'n donnau ar draeth fy mod/Gan fendithio â'i lendid'.

Jeremeia: Cerdd ysgytwol am garcharu a threisio Iddewon; ymhlith y golygfeydd, ceir:

> Llinellau hir y traed a lusgwyd,
> Fel rheilffordd yn yr eira ...
> A'r llenni'n ysgwyd yn y gwynt
> Fel baneri ffarwel o'r ffenestri tyllog ...

All neb fod yn fwy testunol, syfrdanol na hynna. Hoffwn fwy o sylw i frawddegu ac atalnodi ond mae hon yn gerdd ardderchog.

Clun Bach: Hwn yw'r unig fardd a gyfeiriodd at ôl traed ar y lleuad. Pan ddychwel i'r ddaear, does neb yn gallu dirnad y profiad a gafodd y gofotwr ac mae yntau'n methu â chyfleu ei weledigaeth. Oherwydd hynny, try ei fywyd yn chwithdod llethol. Gellid cynilo ychydig – pethau fel 'cyfrinach brin' – a beth am linellau fel: 'tagwyd dy wybodaeth/ar gynfas ein twpdra ni'? Gochelwch ganu yn rhy rwydd. Mae'n rhaid oedi uwchben pob gair a pheri iddo dalu am ei le.

Lucy: Ôl traed y cyn-oesoedd sydd yma, sef y 'ddoe ddaw atom/fel atgof drwy foroedd amser'. Hoffwn pe bai'r ymgeisydd wedi treulio mwy o amser yn caboli delweddau'r gerdd, gan dacluso'r dweud, yma a thraw. Ar ôl hir gnoi cil uwchben yr archaeoleg, a'i gael yn ddi-fai, teimlwn nad oedd y mynegiant mor gofiadwy.

Rhuddem: Tor-priodas sydd yma, a'r ôl traed yw'r argymhellion a adewir ar bersonoliaeth y wraig a gafodd ei cham-drin. Mae'r tri chaniad cyntaf yn wefreiddiol a hefyd yr adran sy'n mynegi ei dyhead i wella o'i phoen:

>   dydd y datod
>   o weill y boen,
>   dydd y dianc
>   o siambr y siom ...

ond mae llinellau eraill sy'n tynnu oddi wrth y cyfanwaith – er enghraifft: 'Teimlais fel mat/wrth y drws ...'.

Llanw: Cerdd fer, fer, ryfeddol o gynhwysfawr. Daeth y bardd o hyd i ddelwedd drawiadol i gyfleu byrder bywyd ac ansicrwydd parhad Dyn ar y blaned hon. Dyma gerdd a allai fod yn fuddugol, ond nid yw'r cystadleuydd wedi edrych drosti ac mae yma gamgymeriadau a pheth amwysedd o'r herwydd. Gresyn am hynny.

Pen Draw'r Byd: Cerdd gywir, gron, awgrymog a synhwyrus a ddaliodd fy sylw o'r darlleniad cyntaf. Hon yw'r gerdd fuddugol eleni, gyda chanmoliaeth hefyd i'r beirdd eraill a gyrhaeddodd safon uchel y Dosbarth Cyntaf.

Y Gerdd Rydd

ÔL TRAED

Ar garped fy nghydwybod
Does 'na 'run clais
O'th gerddediad di.

Lle buom unwaith
Yn torri cwys ar draeth,
Does ond olion
Tafod y môr yn nadreddu
Hyd dragwyddoldeb.

Heddiw,
Chwiliais am bâr o sgidiau benthyg,
A chael camu'n feiddgar
Heb losgi gwadnau 'nhraed;

Cael mwytho'r dychymyg
Hyd lwybrau anghyfarwydd,
Gwasgu'r gragen
– Nes iddi
Dorri'n shwrwd mân ...

Ond dal i gosi mae'r tywod,
Gan wahodd o'i lwch
Ddechreuad newydd.

A thra bydd môr yn ei gadwynau
Gwn y byddaf innau'n
Troi f'amrannau tua'r haul.

Pen Draw'r Byd

Salm: I'r Cymwynaswyr

BEIRNIADAETH EIRIAN DAVIES

Mae'n rhaid cydnabod bod i'r Salmau yn yr Hen Destament ryw fath o batrwm. Un digon cyffredinol, mae'n wir: bras ailadrodd a helaethu syniadau oddi mewn i adnod, a thrwy hynny sicrhau math o gydbwysedd i rannu'r datganiadau a bwysleisir. Eto i gyd, ni ellir bod yn hollol bendant gyda strwythur salm, fel y gellir bod gydag ambell fesur Ffrengig fel y trioled. Mae adeiladwaith salm yn llacach. Nid oeddwn yn disgwyl i'r cystadleuwyr adleisio'n rhy slafaidd gynnwys Salmau'r Hen Destament; wedi'r cyfan, nid Israel ddoe yw Cymru heddiw. Ond y mae o leiaf un peth yr edrychwn amdano wrth feirniadu'r cyfansoddiadau hyn eleni, sef awyrgylch mawl ac addoliad. Crefydd yw sail pob salm. Yn wir, mae'r ffurf buraf ar grefydd yn cael ei fynegi yn Llyfr y Salmau, a'r llyfr hwnnw yw'r cyfannwr rhwng crefydd yr Hen Destament a chrefydd y Testament Newydd.

Yn ôl a welaf i, dylai pob salm ymwneud yn uniongyrchol â byw a bod. Mae ar ei gorau pan yw'n gwbl grefyddol ac eto'n hollol ymarferol. Nid ornament i'w hedmygu'n barchus ar seld y gegin orau mohoni yn gymaint â llestr ar fachyn yn y gegin fach i'w defnyddio'n ddyddiol yn ôl galw'r teulu.

A gefais fy mhlesio yn y gystadleuaeth? Do, i raddau helaeth iawn. Mae un ar bymtheg wedi cystadlu. Derbyniwyd rhai salmau byrion a rhai salmau hirach. Nid oedd rhaid i'r cystadleuwyr boeni dim am hynny gan nad oedd marc y modfeddi ar bren mesur y beirniad. Mae iaith y cynhyrchion yn syndod o lân a chywir (nid yn aml y gellir dweud hyn bellach am gyfansoddiadau cyfoes). Mae'r salmau hyn bron bob un yn destunol hefyd; salmau i'r cymwynaswyr ydynt.

Dyma air am bob un o'r cystadleuwyr a hynny, fwy neu lai, yn nhrefn eu teilyngdod.

Gwyrfai: Gwaith elfennol iawn. Pan ddarllenais ei ymgais, meddyliais, hwyrach, mai tynnu coes yr oedd. Pwy a all fy meio? Peth anarferol iawn yw gweld salm yn sôn am bethau fel Llefrith Magnesia, cam-dreuliad, sudd ffigys, aspirin ac olew Ulay! Ond wedyn, o gofio'i fod yn barod i dalu am gystadlu, mae'n rhaid ei drin fel pob cystadleuydd arall, a rhoi beirniadaeth iddo.

Trystan: Cerdd anwastad a geir ganddo. Mae'n wir y ceir ynddi ambell fflach fach o wreiddioldeb ond cyffredin yw'r canu ar y cyfan. Bu'r awdur yn bur esgeulus, yn enwedig gyda rhai o'r geiriau a ddefnyddia i'w fynegi ei hun. Ceir ganddo frawddegau cymysglyd. Mae digon o le i wella ar ei waith.

Y Ceffyl Gwyn: Does 'na fawr o drefn ar waith hwn. Gweddol yn unig yw ei fynegiant, er bod ganddo syniadau digon gwreiddiol hwnt ac yma. O fanylu, gwelwn fod yma rai gwallau iaith ac ambell gystrawen gloff hefyd.

Abraham: Salm fer. Nodir yn ddigon clir mai am salm i'r Cymwynas*wyr* y gofynnir ond salm i'r Cymwynas*wr* a gaed gan yr ymgeisydd hwn. Troi yn ei unfan a wna ac ni lwyddodd i ddatblygu ei salm o gwbl.

Y Fersiwn Awdurdodedig: Gwaith anwastad. Ceir cyffyrddiadau hyfryd hwnt ac yma ond, ar y cyfan, brithir y salm hon â chymalau trwsgl. Efallai fod yma orymgais i fod yn farddonol; o ganlyniad, mae'r salm yn rhy ymdrechgar ei naws. Gellid symleiddio cryn dipyn ar y mynegiant.

Cwmcerwyn: Mae'n rhaid bod hwn yn greadur gwreiddiol. Mae'n dechrau pob adnod â llythyren wahanol o'r gair 'Cymwynaswyr', pob un yn ei threfn iawn, fel pe bai am led-efelychu cystadleuaeth boblogaidd y Frawddeg mewn eisteddfodau lleol. Mae'n ymgeisydd sy'n anelu'n iawn ond nid yw'n llwyddo i gyrraedd y nod. Diau ei fod yn ddigon cyfarwydd â phatrymau Salmau'r Beibl ond mae'n difetha popeth drwy fod yn druenus o ryddieithol.

Dafydd: Gwaetha'r modd, mewn ymgais ddestlus iawn o ran diwyg, ceir cymalau o ryddiaith yn gymysg â'r farddoniaeth, am fod yr awdur, hwyrach, yn cyfansoddi'n rhy rwydd. Gellid tynhau llawer ar ei salm a'i gwneud yn fwy uniongyrchol ei mynegiant.

Rhydygorlan: Salm sy'n pendilio rhwng y Cymwynas*wr* a'r *Ç*ymwynas*wyr*. Gellid dadlau bod yr awdur hwn yn ymylu ar fod yn annhestunol. Fodd bynnag, mae ganddo rai syniadau diddorol ac mae ei fynegiant yn lled dda, ond siomedig yw'r diweddglo.

Meistr Jones yr Hafod: Rywsut, mae mwy o 'sŵn' salm i'r gwaith hwn nag sydd i lawer o'r cyfansoddiadau eraill, ond mae tipyn o anghysondeb yn y gwaith. Gan amlaf, sôn am y Cymwynaswyr a wna; dro arall, mae'n eu hannerch yn uniongyrchol. Ond dyma ymgais bendant at lynu'n glòs at batrwm mwyafrif Salmau'r Beibl – fel yr ailadrodd syniadau mewn ffordd wahanol – sy'n rhoi cydbwysedd i'r adnodau. Gresyn i'r awdur bwyso mor drwm ar y terfyniad lluosog '-asant' ('codasant', 'wrandawsant', 'gwatwarasant', 'datguddiasant', etc.). Ond mae'n rhaid addef bod llawer o rinweddau i'w canmol yn y salm hon.

Rhostir: Mae hon yn salm gynhwysfawr ac mae'n gyfoes ei naws. Cefais flas ar ei darllen a gallaf ddychmygu y byddai cynulleidfa'n cael blas ar glywed ei darllen mewn oedfa. Hoffais y cyffyrddiadau telynegol sydd ynddi hwnt ac yma. Hwyrach i'r awdur golli peth gafael ar bethau tua'r diwedd ond, at ei gilydd, haedda ganmoliaeth.

Gwlithyn: Salm fer, ac un wahanol ei thinc i bopeth arall yn y gystadleuaeth. Mae'n amlwg bod yr awdur yn hoff o gyseinedd ond nid yw bob amser yn ddiogel ei gystrawen. Trwy ailadrodd agoriad ei salm yn y diweddglo, llwyddodd i gloi'r gwaith yn gymen.

Llŷr: 'Plant y Ffydd' yw Cymwynaswyr yr ymgeisydd hwn. Salm fer sydd ganddo a honno wedi'i gweu'n ofalus. Mae'n llwyddo i ddweud llawer mewn byr eiriau. Rhoes inni hefyd gân sy'n gwbl gyfoes. Er i'r salm gael ei chyfyngu i un math o Gymwynaswyr, eto i gyd mae ei rhychwant yn eang. Bu'r awdur yn deyrngar i'w thema ar hyd y ffordd ac mae'n haeddu ei ganmol hefyd am y sylwedd soniarus sydd yn ei salm.

Daniel: Prif nodwedd y salm hon yw ei bod yn un amserol; gogyfer y dyddiau hyn y cyfansoddwyd hi. Mae'r awdur yn canolbwyntio ar y Cymwynaswyr sy'n byw yn ein plith heddiw ac mae'n hoffus ei agwedd tuag at bob un o'r rhain. Mae'r mynegiant yn ddigon di-fai ac, yn addas iawn, agorir pob cymal â'r gair 'Diolch'. Mae hon yn salm i'w chanmol er bod tuedd ynddi, efallai, i fynd yn gatalogaidd.

Dyledus: Salm fer ond salm gyfan iawn, wedi'i phatrymu'n gelfydd, ac os byr yw ei hyd, mae'n eang ei lled. Melyster i'r glust yw'r cydbwysedd ymhob adnod o'u clywed ar lafar. Hwyrach y gellid bod wedi taro ar gadarnach clo i'r gwaith ond, ar wahân i hynny, nid oes odid air o'i le yn y salm hon.

Tristan: Cyfansoddiad gweddol hir, yn cynnwys dwy ar bymtheg o wahanol adrannau, a phob adran yn clodfori'n ddiolchgar ryw agwedd arbennig ar gymwynasgarwch. Llwyddodd yr awdur i gorlannu nifer helaeth o'r rhai sy'n ein cysuro â'u troeon da ar hyn o bryd. Canmoler *Tristan* am ei salm.

Penri: Dyma gyfanwaith esmwyth o law rhywun sydd â syniad go lew am y math o beth a ddisgwylid. Canodd yn llyfn a chaboledig. Er i'r canu fod yn gyfoes, diogelwyd naws salmau gwreiddiol y Beibl i raddau helaeth. Gallaf weld y salm hon, gydag amser, yn dod yn salm y bydd llawer o ddarllen arni mewn gwasanaethau cyhoeddus.

Bu'r gystadleuaeth yn un ddiddorol, ac yn un dda ar y cyfan. Barnaf mai'r buddugol yw *Penri*.

Y Salm

I'R CYMWYNASWYR

Dduw ein Tad, ein crëwr a'n cynhaliwr, bendigwn dy enw ar y delyn a'r gitâr.

Dirgelwch inni yw dy fawredd a'th ddaioni; yr wyt yn parhau i ledaenu dy dosturi er ein holl gamweddau.

Gweddus yw mawl, ac na thawed ein geneuau ddiolch am ddilynwyr y Gair, a charedigion yr ail filltir a fu'n dystion i'r gwirionedd yn eu llafur ffrwythlon.

Ti a'n hordeiniaist yn ddeiliaid y genedl fechan hon, gan roddi inni iaith a diwylliant i'w trysori.

Diolchwn am y rhai a ymlafniodd ynddi o genhedlaeth i genhedlaeth, a'u calonnau ar dân dros barhad y Deyrnas dragwyddol.

Codasant dabernaclau o Fynwy i Fôn yn nannedd tlodi a gorthrymder, er lledaenu y Newyddion Da, gan neilltuo un dydd o bob saith i glodfori dy gariad ac i ddiolch am bob cynhaliaeth.

Cofiwn y gwragedd di-sôn-amdanynt, y rhai a fu'n paratoi y bara a'r gwin ar liain gwyn dy allor, yn deilwng o goffadwriaeth dy Fab.

Breintiaist rai â doniau a amlygwyd mewn cerdd a chân, eraill â nod eu celfyddyd wedi'i serio mewn maen a phren, darlun a phaent.

Bendigwn y rhai hynny a sylfaenaist yn bileri yn eu bröydd, i wrthsefyll pob annhegwch, gan ledaenu goleuni a dysg i werin anllythrennog; dyrchafu ei safonau byw, ac adennill hyder y rhai a fu yn gaethion yng ngefynnau eu meistri cyfalafol.

Diolch am y rhai yn ein dyddiau ni sy'n ysu am ddileu rhengoedd y di-waith, fel na bo'r un teulu yn ddibynnol ar gardod y Wladwriaeth.

Diolch am ein hieuenctid, megis gwylwyr ar y mur sy'n effro i bob bygythiad, a pharod i'n hysgwyd o'n cysgadrwydd.

Na foed taw ar ein clodydd i famau gogoneddus ein daear, a'r rhai sy'n cysgodi yr hen a'r methedig, a'r eneidiau eneiniog sy'n gweini yn ein hysbytai.

Ond gwyliwn yn y dyddiau sydd ohoni rhag y proffwydi gau sy'n sleifio i'n plith fel llwynogod y nos, a'u cymhellion gwenieithus yn ein hudo i ymadael â'r hen lwybrau.

Gwared ni rhag codi gwareiddiad ffug ar sylfeini y Sul archfarchnadol, a bwrw'n gobeithion ar hapchwarae a maswedd.

Cyfod eto, drugarog Dad, yn y Gymru hon gymwynaswyr a fo'n graig o gadernid dros ein pobl; cadw ein hiaith rhag ei darostwng a'i sathru i'r baw, a ffynhonnau ein diwylliant rhag sychu'n grimpiog.

Na foed inni orffwys ar waddol y gorffennol, adnewydda ein nerth fel yr eryr wrth wynebu y ganrif nesaf, a pharhaed y golomen heddwch i nythu yma.

Penri

Baled: Cwango

BEIRNIADAETH O. TREVOR ROBERTS (Llanowain)

Y diffiniad o '*quango*' yn ôl Geiriadur Rhydychen yw '*a semi-public body with financial support from and senior appointments made by the government.*' Llongyfarchaf y Pwyllgor Llên am osod testun a ystyrir yn brofoclyd. Geilw am faledwr amryddawn i'w drin, a bu'r ymateb yn ddiddorol. Ymgeisodd pedwar.

Y Cadeirydd: Gallwn feddwl ei fod yn gryn feistr ar dafodiaith Penfro ond prawf meithder ei faled a'r 'jiw' a'r 'jiawch' niferus iddo fydryddu'n rhy rwydd. Mae'r stori am y meddwyn yn dyst o 'bwyllgor y buarth' yn ceisio penderfynu tynged y domen, yn boddhau'r galw modern am lenydda ffantasïol, er nad yw'r thema'n hollol wreiddiol. Hoffais ambell gyffyrddiad:

>Peidiwch becso am y domen a'r drewdod,
>Yr arian sy'n cyfri, ac nid cydwybod.

Ac eto, pan hawlir y tâl gan yr ŵydd sydd yn cadw'r cownt':

>'Wel, jiw', meddai'r ŵydd 'beth sy'n bod arnoch chi,
>'Sdim yr un ddime goch i ga'l 'da fi!

Er y pleser a gefais o'i darllen, a'r dychymyg bywiog a esgorodd arni, o gofio'r traethu carlamus, byddai 'cân ysgafn' yn well disgrifiad ohoni na 'baled'.

Iago: Wedi symud ei lwyfan i'r Congo, ymhelaethodd ef ar y cyhuddiad cyffredinol ynglŷn â'r gwleidydd gwrthryfelgar a brynwyd â ffafrau, a chael ei wneud yn 'bennaeth Cwango':

>Fe blannwyd plu amryliw
>>Yn addurn ar ei ben,
>Ac ar ei glogyn helaeth
>>'Roedd blew 'rhen gaseg wen.

Mae 'Deioiwa' yno'n canu'i 'Ry'm ni yma o hyd'; Cymdeithas yr Iaith hefyd, a John Redwood, wrth gwrs. Yn wir, dyna wendid y gân – aeth y gymhariaeth yn rhy glòs ac amlwg, o ddiffyg awgrymiadaeth gyfrwys a chynnil. Anfaledol iawn y derfydd:

>Yr hanes hwn o'r Congo
>>A rof yn rhybudd teg:
>'Mogelwch rhag y Cwango, –
>>Mae'n unfed awr ar ddeg'.

Gresyn iddo odli 'llwyth' a 'llwyth', er y gwahaniaeth ystyr, ac y mae hyd yn oed y 'Ffu*f*-enw' terfynol yn awgrymu naill ai brys neu ddiofalwch

Porth Neigwl: Rhaid ei ganmol am ei ddefnydd deheuig o'r mesur triban yn gyson. Sonia am 'gnaf y Diafol' yn ymbriodi â 'Thori las', ac yn cenhedlu hil y Cwangos:

>Roedd sôn, a phawb yn synnu,
>Fel tyfai'r plant i fyny, –
>Yr oedd pob Cwango bach yn od,
>A thafod hir i lyfu.
>
>Ei fwyniant oedd amenio,
>Ymgrymu ac ymgreinio ...

Mae mwy na thuedd yma i ddefnyddio'r ordd i dorri'r gneuen, a bychanu yn lle dychanu, hyd at yr ebychiadau plentynnaidd a deifl y pleidiau at ei gilydd ar draws llawr y Tŷ. Diffygiodd cyn pen y daith, a daeth 'Democratiaeth' i ddiorseddu barddoniaeth. Camgymeriad hefyd oedd defnyddio'r enw 'Cwango' mewn pedwar pennill olynol.

Robin: Dechreua'n gwbl faledol â dynwarediad bwriadus:

>Ble'r ei di, Jâms Huws, mor fore â hyn
>A'r haul heb godi dros war y bryn,
>>Ac yn swel i gyd
>>Yn dy Volvo drud, –
>Beth yw'r cymhelliad mor fore â hyn?

Parheir y dychan yn fedrus yn enw'r dref lle cynhelir y cyfarfod: 'Wel, mynd i Drecrach, 'rwy'n aelod o'r Bwrdd ...', a'r cyfeiriad at barti 'Palas y Cwîn'. 'Cowlaid fach a'i gwasgu'n dynn' a gafwyd ganddo (neu ganddi); yn wir, ymyla'r faled ar fod yn rhy fach a thenau ond mae'r mesur yn canu ganddo, a'r dweud yn ddiymhongar a gofalus. Boed iddo fentro mwy y tro nesaf! Iddo ef yr â'r flaenoriaeth, a dwy ran o dair o'r wobr.

Y Faled

CWANGO

'Ble'r ei di, Jâms Huws, mor fore â hyn
A'r haul heb godi dros war y bryn,
  Ac yn swel i gyd
  Yn dy Volvo drud, –
Beth yw'r cymhelliad mor fore â hyn?'

'Cefais anrhydedd sy' wedi 'nghyffroi,
A'r hawl i deimlo yn dipyn o foi,
  I lanw swydd fel hon
  Cefais siwt newydd sbon,
Cael yr anrhydedd sy' wedi 'nghyffroi.'

'Ond dwêd pa anrhydedd a ddaeth i'th ran,
Dwyt ti fawr o 'sgolhaig, – yn siaradwr gwan,
  I roi'r gwir yn llawn
  Does gen ti'r un ddawn,
Felly, pa anrhydedd a ddaeth i'th ran?'

'Nid wrth gynffon coleg, faint bynnag ei hyd,
Y llwydda pawb i ddod 'mlaen yn y byd,
  Mae'n haws bod yn saff
  Trwy gynllunio craff,
Na throi cynffonnau, faint bynnag eu hyd.'

'Ond pam, Jâms Huws, rwyt ti'n celu fel hyn
A chloi dy hun mewn cragen yn dynn?
  Nawr, dwêd wrth hen ffrind
  I ble'r wyt ti'n mynd,
Dim ond pen gair, yn lle celu fel hyn?'

'Wel, mynd i Drecrach, rwy'n aelod o'r Bwrdd,
Ac mi fyddaf, mae'n siŵr, am dridiau i ffwrdd;
  Mae materion di-ri'
  Ar ein hagenda ni
Y dethol rai, sy'n aelodau o'r Bwrdd.'

'Ond maddau ymhellach am holi yn syn,
Ai ag un o'r Cwangos rwy'n siarad fan hyn?
  Sut y llwyddaist mor rhwydd
  I gyrraedd dy swydd?
Dyna pam y mentraf holi yn syn.'

'Mae'n wir na feddaf ryw lawer o ddawn
Ond mi wn sut i ysgwyd llaw, yn iawn!
    A phorthi yn ewn
    Y Blaid sydd i mewn,
A llwyddo'n grêt heb ryw lawer o ddawn.'

'Ond mae'n gost go drom ar bwrs y wlad
I'th gynnal, Jâms Huws, yn foldew dy stad;
    Pa bwrpas yw cwrdd
    Dan label y Bwrdd,
A'n cloi mewn tywyllwch, ar bwrs y wlad?'

'Rhaid cadw'r wlad rhag mynd ar ei chefn
A ni sy'n gwarchod pob cyfraith a threfn,
    Beth bynnag dy farn
    Rwy'n sefyll i'r carn
Dros les yr hen wlad, rhag mynd ar ei chefn.'

'I anrhydeddu dy waith ar y Bwrdd
Pan fyddi'n ymddeol, a fydd yna gwrdd,
    A phwysigion y lle,
    Yn Neuadd y Dre,
Yn cydnabod dy lafur fel aelod o'r Bwrdd?'

'Daw imi wahoddiad o Balas y Cwîn,
A chaf got gwtws fain, lawr hyd fy mhen-glin,
    Bydd Jâms Huws, *O.B.E.*,
    Yn ddigon i mi,
A lluniau i gofio am Balas y Cwîn.'

Robin

RHYDDIAITH

Y Fedal Ryddiaith. Cyfrol o ryddiaith greadigol: Aml Gnoc ...

BEIRNIADAETH JANE EDWARDS, JOHN IDRIS OWEN
AC ELERI LLYWELYN MORRIS

Y mae'n bleser datgan bod y 'dadeni bychan' ym maes rhyddiaith Gymraeg y cyfeiriwyd ato ym meirniadaeth Medal Ryddiaith Eisteddfod Genedlaethol Nedd a'r Cyffiniau y llynedd yn parhau. Fel llongau Madog gynt, cychwynnodd tair ar ddeg o greadigaethau llenyddol y fordaith tuag at harbwr y Fedal. Ymhlith y tri ar ddeg, y mae nifer o ysgrifenwyr dawnus, y goreuon ohonynt yn ymestyn gorwelion ein rhyddiaith gan arddangos dawn a dychymyg.

O ran ffurfiau llenyddol, yr oedd dwy gyfrol o ysgrifau, un dilyniant o storïau byrion a deg o nofelau. Ymhlith y nofelau, yr oedd amrywiaeth gyfoethog o ran deunydd a dulliau mynegiant: dwy nofel ddychanol ddeifiol a oedd yn atseinio geiriau'r testun 'Aml Gnoc' fel morthwyl ar engan; nofel ffantasi raenus a oedd yn plethu chwedlau a rhigymau â gwreiddioldeb dychymyg; nofelau difyr darllenadwy, a dwy nofel, y naill yn gyfoes ac yn llawn arabedd a'r llall yn drwm o awyrgylch, sy'n aros yn hir yn y cof.

Nid bod pob llong wedi cyrraedd yr harbwr. Er na fu llongddrylliadau, yr oedd sawl cynnig yn brin o ddychymyg a newydd-deb, ambell un gwan a gwallus ei fynegiant, ond yr oedd y goreuon, er eu bod mor wahanol i'w gilydd, yn deilwng iawn o brif gystadleuaeth ryddiaith yr Eisteddfod. Gellir ystyried cyhoeddi dros hanner y cyfrolau ar ôl i'r awduron ail-edrych arnynt mewn gwaed oer a'u golygu'n ddidrugaredd.

Nid yw beirniadu gweithiau llenyddol yn gelfyddyd wyddonol gysáct. Y mae'n ymwneud â syniadau, emosiynau ac aestheteg yn ogystal ag arddull a mynegiant ac y mae pob un ohonom yn sicr o ddwyn rhyw gymaint o'i ragfarn gydag ef i'r cloriannu terfynol. Yr oedd y tri ohonom yn hynod falch, gan hynny, ein bod yn cytuno ar deilyngdod y pum nofel orau, ac er nad oedd unfrydedd llwyr ar drefn teilyngdod y pump, yr oeddem yn gwbl gytûn bod y nofel fuddugol yn deilwng o Fedal Ryddiaith Eisteddfod Bro Colwyn.

Cyflwynir sylwadau isod ar ffurf cywaith, ffrwyth trafod manwl ar bob un o'r cyfansoddiadau. Dewiswyd eu gosod mewn dau ddosbarth er nad yw'r sylwadau o angenrhaid mewn trefn teilyngdod.

DOSBARTH 2

Siani'r Siop, 'Yr Arglwydd a Chwardd': Pigion o ddyddiadur sy'n ymestyn dros gyfnod o bron i ddeng mlynedd ar hugain a geir yma yn cofnodi ieuenctid Siani, ei charwriaeth a'i phriodas â Dei, ac yna dirywiad y briodas honno, gyda chanlyniadau erchyll. Mae'r hanes yn cael ei adrodd yn ddigon difyr a chyda chryn gynildeb – yn enwedig felly ar y diwedd, sydd yn gryno ac yn gryf. Ond rhyddieithol iawn yw'r mynegiant ac mae angen gloywi mymryn ar yr iaith. Hefyd, mae llawer o'r cofnodion cynharaf braidd yn ddibwys a heb fod yn cyfrannu i ddatblygiad y stori. Eto, mae yma ddeunydd crai addawol ac, o hepgor pob cofnod amherthnasol a chanolbwyntio mwy ar berthynas Siani a Dei a'r problemau yn eu priodas, gallasai'r gwaith hwn fod yn llawer iawn cryfach.

Lleu, 'Aml Gnoc ...': Cyfres o ysgrifau, ar amrywiaeth eang o destunau, wedi eu hysgrifennu'n raenus iawn mewn Cymraeg gloyw. Wrth eu darllen, cawn ddarlun clir o'r awdur: cenedlaetholwr o Gymro sy'n hoff o blant ac anifeiliaid a barddoniaeth, o fynydda a rhedeg a phêl-droed, ac un sy'n cael ei gythruddo gan bolisïau'r llywodraeth ac sy'n ymhyfrydu yn rhyddid Nelson Mandela a'i ddyrchafiad yn Arlywydd De Affrica. Y mae tuedd yma i fod yn hunangyfiawn ar adegau, a ph'run bynnag, nid ar rinweddau a chyfiawnder y mae llenyddiaeth dda wedi ei seilio; fe dyf, yn hytrach, o wrthdaro. Teimlwn hefyd, er bod yr ysgrifau'n llawn o syniadau diddorol, mai ailbobiad o syniadau sydd wedi eu mynegi eisoes ydynt, ac nad oes llawer o ddim newydd yn cael ei ddweud.

Cnocell y Coed, 'I Bob Cylch ei Ochrau': Dyma'r unig gasgliad o straeon byrion yn y gystadleuaeth. Gyda gwybodaeth yr awdur am hen bethau yn cydio'r chwe stori yn ei gilydd, mae yma botensial cyfrol dda. Ond tra bo rhai o'r straeon yn rhy debyg i'w gilydd o ran eu cynnwys, mae eu safon yn amrywio'n arw. Mae 'Pen pin ar fap', er enghraifft, yn stori fer lwyddiannus ond rhyw bytiau o fân hanesion wedi eu gwthio at ei gilydd yw 'Nid bod yn bioden'. Mae *Cnocell y Coed* yn gwneud ymdrech fawr i gael geiriau Cymraeg am bopeth ond mae'n rhaid cofio bod mwy i iaith na'i geiriau'n unig; mae'r gyfrol yn frith o gyfieithiadau o ymadroddion Saesneg. Ar ben hynny, mae'r mynegiant yn drwsgwl yn aml ac mae angen darllen rhai brawddegau fwy nag unwaith cyn i'w hystyr ddod yn eglur.

Esyllt, 'Y Gêm': Nofel am newyddiadurwraig ifanc o'r enw Esyllt sy'n cael perthynas ag Ifan, ac felly yn ymuno yn 'Y Gêm'. Mae'r diflastod sy'n rhan mor amlwg o'u perthynas yn dweud llawer am natur perthynas cariadon yn ein hoes fodern. Ar ei gorau, mae *Esyllt* yn sylwi'n dreiddgar ac yn mynegi ei theimladau'n fedrus nes cael ei darllenwyr i uniaethu â hi. Ond er bod yr elfennau i gyd yma, rywsut dydi'r cynhwysion ddim wedi creu nofel! Teimlwn mai theori nofel sydd yma yn hytrach na'r nofel ei hun. Rhaid tynnu sylw hefyd at yr iaith: mae yma rai gwallau amlwg y dylid eu cywiro, yn enwedig y camddefnydd cyson o'r negyddol, ac er bod y trosiadau a'r cymariaethau'n ffres ac weithiau'n drawiadol, maen nhw mor niferus nes bod tuedd iddynt fynd yn fwrn.

Eryri, 'Y Sŵn Cyntaf': Nofel am gerddor o'r enw Marchwys Llewelyn a'i yrfa fel unawdydd proffesiynol byd-enwog ar y soddgrwth yw cnewyllyn y nofel. Oherwydd ei dalent a'i uchelgais fel cerddor a'i awydd i ganolbwyntio ar ei gelfyddyd, nid yw Marchwys yn gallu ymberthnasu'n llwyddiannus â'i rieni, ei gyfoedion nac â'i wraig, Annest. Mae argyfwng yn codi yn ei fywyd oherwydd y diffyg hwn sydd ynddo i fynegi ei deimladau a'i emosiynau heblaw drwy ei berfformiadau cerddorol. Y mae ei iechyd yn torri ac fe dreulia gyfnod o amser mewn ysbyty'r meddwl. Dyma fan cychwyn y nofel ac mewn cyfres o ôl-gipiadau fe ddown yn gyfarwydd â datblygiad Marchwys o gyfnod ei blentyndod. Cefndir newydd a chyffrous, meddech, i nofel yn y Gymraeg.

Gwaetha'r modd, nid yw *Eryri*'n llwyddo i wneud y defnydd gorau posibl o'r sefyllfa a greodd. Cyffredin, a gwallus ar brydiau, yw'r mynegiant ac y mae llawer o ailadrodd yn y traethu sy'n arafu rhediad y stori.

Yn sicr, y mae yma ddefnydd nofel ond y mae angen tynhau a dwysáu'r gwrthdaro sylfaenol rhwng Marchwys a'i rieni, a rhyngddo ef ac Annest. Gellir gwneud mwy o ymchwil, hefyd, i gynnal cyngherddau rhyngwladol, i recordio mewn stiwdio sain, i dreulio cyfnod mewn ysbyty'r meddwl, gan nad yw'r golygfeydd hyn yn argyhoeddi'r darllenydd. Gellir rhoi mwy o ddyfnder ac arwyddocâd i'r darnau deialog, hefyd, a gadael i'r hyn a ddywedir fynegi teimlad a safbwynt a datgelu mwy am y cymeriadau – ar hyn o bryd, mae'r sgwrsio braidd yn arwynebol gyda phob cymeriad yn siarad yr un fath. Pe bai'r awdur yn gweithio ar y nofel hon, byddai ganddo nofel ddarllenadwy werth ei chyhoeddi.

O'r Môr i Ben y Mynydd, 'Cyfri' Gwylanod': Nofel am fachgen ifanc di-waith mewn tref lan y môr yw 'Cyfri' Gwylanod'. Dilynwn Ifan, y prif gymeriad, o gwmpas ei dref enedigol gan gyfarfod â nifer o gymeriadau diddorol fel Syd, ei ewythr; Moi Llefrith; Huw Llongwr; Pwdwr; a Ceri, ei gariad. Mae ei fam, Sharon, a'i ewythr, Syd, yn gadael am Galiffornia ar ddechrau'r nofel gan adael Ifan i ofalu am dŷ ei ewythr a theigr o gath o'r enw Tarsan. Fel edau drwy'r nofel, y mae ansicrwydd ynglŷn â phwy yw tad Ifan, ac y mae awgrym bod llosgach yn y teulu.

Llwydda'r awdur i gyfleu unigrwydd Ifan yn effeithiol ac mae'r darlun a gawn o'r dref a'i chymeriadau'n ddigon difyr. Gwaetha'r modd, gwallus ac anghyson yw'r iaith. Ambell dro, mae gan yr awdur wreiddioldeb mynegiant mewn iaith rywiog; dro arall, mae'r brawddegau'n glogyrnaidd a chynnwys rhai o'r sgyrsiau'n ddi-ddim. Anwastad, hefyd, yw'r golygfeydd a'r sefyllfaoedd, rhai'n fachog berthnasol ac eraill yn wan, yn ymylol onid yn amherthnasol i'r stori. Mae tuedd gan yr awdur i ymwthio i'r stori i bregethu cenedlaetholdeb Cymreig a lladd ar y blaid Doriaidd, sylwadau digon cymeradwy ynddynt eu hunain, ond gellid eu mynegi'n llai uniongyrchol drwy adael iddynt godi'n naturiol mewn sgwrs neu sefyllfa.

Pe byddid yn glanhau a chywiro iaith a chystrawen (yn enwedig y treigladau), cryfhau cynllun datblygiad y nofel a golygu rhai golygfeydd yn galed, fe ddylid ystyried cyhoeddi 'Cyfri' Gwylanod' gan fod gan yr awdur stori gyfoes werth ei dweud ac, ar adegau, ddawn mynegiant wreiddiol ac effeithiol.

Egryn, 'Aml Gnoc ...': Mae'r stori'n digwydd mewn caffi mewn tref fechan, o'r enw Trefin, ar y gororau yng Ngogledd Cymru, lle mae pawb yn adnabod ei gilydd ac yn casglu i drafod eu helyntion a thrafod cerddoriaeth bop yr iaith fain. Nid oes ball ar y straeon ac mae'r awdur yn amlwg wrth ei fodd yn dynwared eu hacenion a'u dull o ddweud. Ond arwynebol yw ei ymdriniaeth o'r cymeriadau a di-fflach ac undonog yw'r cyflwyniad. Mae hyn yn deillio o'r ffaith mai siarad ac nid gwneud y maen nhw; pawb am y gorau'n bwrw'i fol, ar goll yn eu byd bach eu hunain, heb ddim i'w tynnu at ei gilydd na dim gwrthdaro. Sylwebydd yw'r awdur, ac er mor graff ei sylwgarwch ac er mor fain ei glust, mae'r holl draethu'n troi'n fwrn. A hwyrach y dylai *Egryn* newid ei gyfrwng: mynd yn ôl at y stori a chreu dramâu bychain o'r golygfeydd gan symud o un argyfwng i'r llall, o argyfwng i argyfwng fel mewn opera sebon. Wedi'r cwbl, stori eildwym unochrog yw stori sy'n cael ei hadrodd uwchben paned o goffi; rhaid wrth ddigwyddiadau byw lle mae pobl yn gwneud ac nid yn dweud.

Habacuc, 'Taro Einion yw Sŵn Clychau': Cyfres o ysgrifau a geir yma wedi eu hysgrifennu mewn Cymraeg croyw gan un sy'n deall y cyfrwng. Mae'n fyr ac i bwrpas heb orliwio na phentyrru cymariaethau a chyffelybiaethau, er braidd yn ddi-fflach. Anaml y gwelir unrhyw beth o'r newydd neu ddotio ar ymadrodd neu ddull o ddweud. Arddull gynnes agos atoch chi a ddefnyddia, yn frith o homilïau fel ym *Munud i Feddwl*. Ac onid yw'r eglwyswr pybyr yma wedi cyfrannu eisoes i'r rhaglen honno, rwy'n siŵr fod lle iddo. Eto i gyd, braidd yn ailadroddus yw ei neges a naïf yw ei ddiwinyddiaeth, er bod yr ysgrifau sy'n ymwneud â gwyliau'r eglwys yn gallu bod yn allweddol. Ond yr ysgrifau sy'n ymdrin ag anifeiliaid a chymeriadau cefn gwlad sy'n apelio fwyaf. Yn y rhain y gwelir yr awdur ar ei orau.

DOSBARTH 1

Cranc Meddal, 'Morthwylion Gwlad y Menig Gwynion': Nofel ddychanol yn croniclo bywyd a thwyll Jabulon Jones, Ll.B., yw hon gan lenor medrus, graenus ei iaith a'i fynegiant. Dewisodd, yn fwriadol mae'n debyg, arddull lenyddol aruchel, bron â bod yn feiblaidd ar adegau, i adrodd ei hanesion. Prif destun ei wawd a'i ddychan yw'r Seiri Rhyddion ac mae'n ymddangos ei fod yn gwybod llawer am Gyfrinfeydd y Frawdoliaeth honno. Y mae'n gymen ei frawddegu, yn sicr ac yn gyson ei ergydion. Yn wir, ar wahân i 'Gweledigaethau Myrffi Caffri', dyma ymgais fwyaf testunol y gystadleuaeth.

Y mae lle i gredu, er gwaethaf ymdrech i gelu hynny, mai'r un yw'r ddau awdur neu o leiaf eu bod yn frodyr yn yr ysbryd. Y mae'r 'Gweledigaethau' a'r 'Morthwylion' yn aml gnocio'r un gwrthrychau bron – yr Eisteddfod a'r Orsedd, gweithiau llenorion ôl-fodernaidd, ffantasïau rhyddiaith, crefydd, a'r sefydliadau Cymraeg, ac mae gan y ddau hoffter o chwarae ar enwau lleoedd ac enwau unigolion. Y mae'r ddau awdur yn trin iaith yn ddeheuig, mae'r ddau'n awduron gwybodus a deallus sy'n sicr eu cyffyrddiad ac yn gymen eu pensaernïaeth.

Mae'r nofel yn rhoi i ni ddarlun cynhwysfawr o fywyd ac achau Jabulon Jones a'i ymdrechion uchelgeisiol i dwyllo'i ffordd, drwy wasgu aelodau'r Frawdoliaeth, nes ennill ohono'r Fedal Ryddiaith. Ar wahân i Jabulon ei hun, a Salmon ei dad efallai, cymeriadau dau-ddimensiwn, cartwnaidd bron, yw'r gweddill, yn fwriadol felly – Robert Daniel, y twrnai; Tudur Edmunds, y gwerthwr tai; Dr Huw Fostr, pennaeth ysgol uwchradd Creuwyrion ('Gŵr o egwyddor a eisteddodd yn gadarn ar ffens addysgol ei ddydd gydol ei yrfa ddiogel'), a Felix Ratt, Arolygydd yr Heddlu, ymysg eraill.

Er cystal y dychan ac amlder amrywiol yr ergydion, mae'r arddull draethodol yn tueddu i fod yn undonog ac nid yw'r nofel hon mor ddyfeisgar nac mor feiddgar â 'Gweledigaethau Myrffi Caffri'. Er hyn, mae'n nofel y dylid ei chyhoeddi ac a rydd flas i sawl un sydd am wybod mwy am y Seiri Rhyddion a'u defodau.

Brithyll, 'Tridiau, ac Angladd Cocrotsh': Nofel fer fel awel o awyr iach am helyntion dwy ferch ysgol sy'n treulio'u gwyliau haf yn gweithio mewn caffi digon amheus yn nhref lan y môr y Rhyl. Y mae *Brithyll* yn awdur medrus a dawn ganddi i greu sefyllfaoedd a chymeriadau byw a chofiadwy mewn cefndir sy'n newydd i'r nofel Gymraeg. Mae'n meddu ar arddull gynnil a diwastraff, rhywbeth sy'n gymharol brin yn y gystadleuaeth, ac y mae ei hiwmor sydyn mewn ymadrodd a sefyllfa yn heintus.

Dros gyfnod o dri diwrnod, cyflwynir ni drwy lygad Eleri, geneth tuag un ar bymtheg oed, i gymeriadau fel General de Gaulle, Gwrach yr Woodbine, Mrs Don't Bring Me Any More Dishes, Richard the Lionheart Druan a Valmai, gweithwyr a pherchnogion y 'Carlton Restaurant' – cymeriadau byw a diddorol.

Er bod yn y nofel ddychan doniol iawn ar brydiau, dychan sy'n codi'n uniongyrchol o gefndir beunyddiol y caffi ac ymwelwyr hinon haf, y mae hefyd yn nofel am ddiwedd diniweidrwydd plentyndod gydag elfen o ddadrithio yn y garwriaeth sy'n datblygu rhwng Liam ac Eleri ac fe gawn ddarlun cynhwysfawr o arferion a safonau'r chwe-degau.

Yn haeddiannol, daeth y nofel hon i frig y gystadleuaeth. Er ei bod yn fyr, mae'n ddigon da i'w chyhoeddi fel y mae ond teimlwn fod gan *Brithyll* y ddawn a'r adnoddau i greu nofel fwy swmpus a bod digon o ddeunydd ar ôl yn ei phrofiad o'r Rhyl yn y chwe-degau cynnar i wneud hyn yn llwyddiannus dros ben.

Y Marchog Gwyn, 'Gweledigaethau Myrffi Caffri' neu, a rhoi i'r gyfrol ei theitlau cyflawn, 'Gweledigaethau (a psalmau) Myrffi Caffri yng nghornel Gardd y Goat' neu 'Hunllef y llên-leidr wedi lleibio ohono i'w gyfansoddiad ormodiaeth o gasgenni gorlawn ac uwch-ddysgedigion byd'. Dyma waith llenor cwbl fwriadus sy'n feistr ar ei gyfrwng. Dilynwn Myrffi, y darpar brif lenor, yn ei freuddwyd (neu ei hunllef) ar ei esgyniad rhyfedd ac ofnadwy o Gangen Isaf clod ac anrhydedd llenyddiaeth Gymraeg tua brig y goeden honno.

Nofel ddychanol ddeifiol ar gyflwr presennol llenyddiaeth Gymraeg yw hon sy'n ergydio'n ddigyfaddawd sefydliadau fel yr Eisteddfod a'r Orsedd, ffigurau cenedlaethol amlwg, a safonau beirniadaeth lenyddol gyfoes. Y mae'n gwbl wahanol i ddim byd sydd ar gael mewn llenyddiaeth Gymraeg gyfoes.

Gwna ddefnydd cyson ac amrywiol o hiwmor. Ambell waith, mae'n amrwd fasweddus; dro arall, mae'n chwarae'n alluog ddyfeisgar â geiriau a syniadau. Y mae'n hoff iawn o'r gair mwys gan chwarae ar enwau pobl gyfoes gan amlaf, fel 'Dorah Sleisacs' a'r 'Prif Lenor Robin Hwd' ymysg eraill. Y mae hefyd yn adleisio a pharodïo beirdd a llenorion Cymraeg yn gyson fwriadol drwy'r gwaith. Er nad yw bob amser yn taro deuddeg, y mae'n taro un ar ddeg yn bur aml.

Y mae dwy elfen arall sy'n rhan annatod o adeiladwaith y cyfanwaith. Y naill yw cymeriad y Marchog Gwyn, math o 'Lone Ranger' ar ffurf marchog canoloesol sydd, ar y cychwyn, beth bynnag, yn achub Myrffi rhag ymosodiadau ei elynion, ond yn ei adael yn eironig ddigon i'w dynged at y diwedd. Yr elfen arall yw'r ymsoniadau â'r awen sy'n goeth, bron yn feiblaidd, eu mynegiant ac yn llawn eironi.

Cred dau o'r beirniaid fod elfennau negyddol a diffyg ehangder 'Gweledigaethau Myrffi' ynghyd â'r elfennau treisiol yn gwanhau apêl y gwaith fel cyfanwaith (gwthir ffownten pen i lygad Myrffi, llifir ei goesau ac fe'i crogir yn erchyll ac y mae'r dychan ar adegau'n bersonol a chreulon). A theimlir hefyd fod ei chwmpas yn rhy gyfyng ac y dylid bod wedi gosod campau penodol i Myrffi i'w cyflawni cyn cael dringo o gangen i gangen. Y mae'r *Marchog Gwyn* yn llym iawn ar safonau beirniadaeth lenyddol yng Nghymru ac ar agweddau ar sefydliad yr Eisteddfod. Nid yw bob amser yn deg nac yn gytbwys ei honiadau, ond nid yw tegwch na chydbwysedd yn arfau dewisol i'r dychanwr. Y mae'r awdur yn y gyfrol hon yn cynnig her benodol i'r beirniaid.

Nid oes amheuaeth, fodd bynnag, am ei allu fel llenor, am ei ddawn i ddefnyddio iaith yn greadigol yn ei hamryfal gyweiriau, am wreiddioldeb ei ddychymyg, am bensaernïaeth ofalus y gyfrol, na'i wybodaeth eang o lenyddiaethau. Efallai nad yw'n cymharu â *Gweledigaethau'r Bardd Cwsg* neu â *Breuddwyd Rhonabwy* ond mae adleisiau cyfoes o'r un math o athrylith a miniogrwydd yn y gwaith. Rywsut, ar ôl darllen y 'Gweledigaethau', ni fydd termau beirniadaeth lenyddol fyth yn union yr un fath. Hon, yn ôl un o'r tri beirniad, yw cyfrol orau'r gystadleuaeth. Ac er bod y ddau arall yn ei gosod yn uchel iawn, credant mai stori wedi ei seilio ar syniad yw hi ac felly'n gyfyng ac elitaidd ei hapêl. Ac o dynnu allan y disgrifiadau o Myrffi'n cael ei dreisio gan ddwy ferch wahanol yn eu tro, ni fyddai yma lawer o stori chwaith.

Cred un o'r beirniaid y bydd y gyfrol hon, pan gyhoeddir hi – ac fe ddylid ei chyhoeddi ar bob cyfrif – yn rhoi cychwyn i gêm lenyddol newydd yng Nghymru, math o 'Trivial Pursuit' llenyddol lle bydd dyfalu pwy'n union yw gwrthrych y dychan a beth yw ffynhonnell y dyfyniadau a'r parodïo.

Lladd dafad ddall, 'Morfil Indigo mewn Môr Malachit': Fel yr awgryma'r teitl, nofel ôl-fodernaidd sydd yma, nofel lle'r ystumir chwedlau ac y dilëir ffiniau rhyw, amser a hanes. Stori fel yn *Y Mabinogi* neu *Alys Yng Ngwlad Hud,* am anifeiliaid yn siarad a phobl yn newid eu ffurf. Stori swreal, abswrd mewn mannau am garwriaeth dwy alarch, Heddwen A a Heddwen B, a thair môr-forwyn dlos, gecrus, yr oedd eu tad, a arferai fod yn ddyn, yn awr yn facrell. Ac amryw byd o straeon rhyfedd ac anhygoel eraill wedi i'r awdur dderbyn cyngor yr eliffant i *awyru'r siambrau gwe prycopiog.* Mae'r cyfan wedi ei sgrifennu mewn Cymraeg cyhyrog, tafodiaith Arfon, yn gymysg â geiriau gwneud. Awdur ifanc, mentrus hynod, sydd yma, awdur dawnus a all ddisgrifio gwledd i dynnu dŵr o ddannedd, ac sy'n 'nabod blodau gwyllt wrth eu henwau gan eu plethu'n farddonol hudol; awdur a allai droi ei llaw at unrhyw gyfrwng, a chanddi gant a mil o straeon ar flaenau'i bysedd, ond a ddewisodd adrodd hanes Mari a gafodd ei chyhuddo o ladd ei thad ac o roi castell Caernarfon ar dân, o fewn dim wedi iddi gyfarfod Garmon, y llanc hardd, benywaidd a oedd yn hanner addoli Queen Buddug, er bod gan honno flew yn tyfu o'i thrwyn at ei haeliau a'i bod yn yfed poteleidiau o frandi ar ei phen. Ac nid Garmon yw'r unig un i wirioni arni – mae Innocenzo Jones, y bardd, 'sementiwr sentiment', wedi mopio'n lân arni hefyd, ac yn treulio'i oes yn tendio arni yn y gobaith y câi ryw ddydd gysgu efo hi. A gorau po gynta, oherwydd mae dyddiau Queen Buddug wedi eu rhifo – dyna pam roedd rhaid rhoi castell Caernarfon ar dân a chychwyn yr osgordd angladdol i Ynys Enlli. A rhwng Caernarfon ac Enlli, fe ddigwydd sawl cyfarfyddiad od, ond dim byd mor bleserus â stori'r hen gwpwl o Lŷn a ddarganfu'r ddau gariad, Mari a Garmon, yn 'sybychlyd gwair y gwndwn'. Mae'r disgrifiad yma'n berl, yn smala ac ofnadwy yr un pryd. Trueni na ellid dweud yr un peth am y freuddwyd. Ond o'i gynnwys, oni ellid bod wedi ei weu i'r stori gan mai ym myd ffantasi yr ydym beth bynnag? Gorau oll fyddai ei ddileu'n llwyr, yn ogystal â sawl golygfa fach arall sydd, er eu clyfred, yn arafu'r stori a'i gwneud yn feichus. Fel mewn teisen, nid ar y ffrwythau ecsotic a arllwysir iddi y dibynna ei llwyddiant; mae'n rhaid wrth gydbwysedd. Ac mae a wnelo ysgrifennu lawn cymaint ag ymatal ag â dweud. Ond awdures ifanc sydd yma â'i dychymyg yn dân. 'Does ond gobeithio na fydd yn rhuthro i gyhoeddi cyn dysgu defnyddio'r siswrn i docio, cynilo a chryfhau. Mae'r weledigaeth ganddi, y gamp rŵan fydd darganfod y cyfrwng iawn i ddisgrifio twyll, diffyg adnabyddiaeth, diniweidrwydd a brad.

Heb fawr gydwybod, 'Y Dylluan Wen': Ar ddiwrnod gwlyb o Galan Gaeaf, mae merch ddieithr yn cyrraedd pentref y Llan yn ei chlogyn du. Mae hi wedi dod yno yr holl ffordd o'r Unol Daleithiau i gynhyrchu drama Blodeuwedd gyda phlant yr ysgol gynradd, gan fod ganddi ddiddordeb fel actores yn y stori a'i bod yn hanu'n wreiddiol o'r fro. Mae hi'n gymeriad tyn, nerfus, sy'n cadw iddi ei hun, ac mae ei Chymraeg yn fratiog, neu dyna y mae hi am i bawb ei gredu. Ond mae mwy na hyn i ymweliad Myfi, fel y datgela'r Dylluan Wen wrth ein hebrwng at ffenest ei stafell wely i edrych arni'n dadwisgo. 'Yr ydym wedi'n cyfareddu', meddai, 'fedrwn ni ddim tynnu ein llygaid oddi ar y ddynes hardd yn dadwisgo. Yr ydym am iddi ddatgelu'r cyfan. Ac eto mae mwy o gynnwrf yn yr hyn nas gwelir, yr hyn nas datgelir'. Ac eto, nid datgelu ei noethni yn unig yr ydym am iddi ei wneud, ond y gyfrinach sydd ynghlwm wrth ei gorffennol, a'i gwir fwriad wrth ddod yn ôl i'r Llan. O dipyn i beth, fe ddatgela'r Dylluan beth o'r cynllun i ni, yn gynnil a chyfrwys fesul tipyn i'n cadw ar flaenau'n traed yn ysu am fwy. Dyma lle'r mae'r sgrifennu ar ei orau, yn llawn hyder ac awdurdod, yn dlws ryfeddol ar brydiau, fel adlais o hen benillion telyn ym mhellteroedd y cof, gydag ambell glec o gynghanedd i'n swyno'n llwyr. Trueni na ellid dweud yr un peth am y ddeialog sy'n tueddu i fod yn arwynebol a phedantig ac sy'n adlewyrchu'n slafaidd holl ebychiadau a gwallau iaith bob dydd. Yn wahanol i deledu, rhywbeth i'r llygad yn ogystal â'r glust yw nofel; yn wahanol i fratiaith Myfi, byddem yn disgwyl i'r prifathro a'i wraig fod yn fwy coeth. Wedi dweud hynna, mae yma glamp o stori dda, afaelgar, wedi ei hadeiladu'n gampus gan lenor sy'n sicr o'i chrefft. Awdures yw hon sy'n gwybod sut i chwarae ar y du a'r gwyn, y daioni a'r drygioni sy'n llywio bywydau pob un ohonom. Arwydd o gamp yr awdures yw ei gallu i gydymdeimlo â'i chymeriadau yn eu gwendidau yn ogystal â'u cryfderau. Eto, mae gwendid rhywun arall yn medru bod yn erfyn cryf i'w ddefnyddio yn ei erbyn yn y man, fel y gŵyr Myfi wrth gynllunio'i dialedd. Ni ellir ymhelaethu ymhellach rhag difetha'r stori, oherwydd nofel seicolegol y mae ei stori'n cael ei datgelu'n gelfydd o dipyn i beth yw hi, nofel sy'n peri bod arnoch eisiau gwybod be' sy'n dod nesaf o hyd ac o hyd; stori a fydd yn eich cadw'n rhwym i'ch cadair nes i chi ei rhoi o'ch llaw. Ni ellir gorffen y feirniadaeth heb ganmol y disgrifiadau cynnil o drais sy'n gryfach o'u gadael i'r dychymyg, yr adeiladwaith gofalus, y defnydd clyfar o'r Ysgrythur i bwysleisio ofnadwyaeth Gwen, y ferch fach, a'r weledigaeth arswydus a roddwyd i blant bach i synhwyro'r drwg a'r dinistriol ac sydd, fel yn achos Myfi, yn mynd i lunio cwrs eu bywyd yn y man. Dyma nofel a apeliodd at y tri beirniad o'r dechrau un, a nofel, i dynnu llinyn mesur Myrffi, a fydd yn apelio at ôl-fodernwyr a hen-ffasiynwyr fel ei gilydd.

Gwelir oddi wrth y sylwadau uchod fod y safon yn uchel a'r gystadleuaeth yn glòs. Ystyriwyd pob un o'r nofelau a osodwyd yn y Dosbarth Cyntaf am y Fedal, ac eithrio 'Morthwylion Gwlad y Menig Gwynion'. Ar ôl y darlleniad cyntaf, roedd y beirniad wedi eu tynnu'n dri. Un yn ffafrio 'Y Dylluan Wen', un arall yn ffafrio 'Gweledigaethau Myrffi', a'r olaf yn dadlau achos 'Morfil Indigo Mewn Môr Malachit'. A'r tri wedi dotio ar waith *Brithyll*, ond yn methu â gweld eu ffordd yn glir i'w gwobrwyo am ei bod yn rhy fyr, ond yn ffyddiog, dim ond iddi ychwanegu ati, yr enilla'r Fedal ryw ddydd. Os ei byrder fu'n faen tramgwydd i *Brithyll*, ei gormodedd a barodd i'r beirniad a oedd yn ffafrio'r 'Morfil Indigo ...' newid ei feddwl a thaflu'i goelbren gyda 'Y Dylluan Wen', ac yr oedd cefnogwr 'Gweledigaethau Myrffi' yn cydnabod bod y nofel hon yn deilwng o'r Fedal. A rhywsut, cafwyd y teimlad mai dyma oedd y penderfyniad iawn. Hon oedd y nofel oedd wedi gafael yn nychymyg y tri ohonom o'r dechrau un. A braf yw cael cyhoeddi mai *Heb Fawr Gydwybod* biau'r Fedal eleni, gan dri beirniad sydd â'u cydwybod yn berffaith glir. Does dim i guro stori dda.

Stori Fer: Perthyn

BEIRNIADAETH MARGIAD ROBERTS

Dydi ysgrifennu stori fer ddim yn hawdd. Mae ysgrifennu stori fer afaelgar, sydd yn mynd i greu argraff, yn anos fyth.

Darllenais 35 o storïau byrion gan obeithio cael un stori a fyddai'n sefyll ben ac ysgwydd uwchlaw'r gweddill. Ond digon cyffredin a di-fflach oedd y storïau, ar y cyfan, a'r rheini wedi eu britho â gwallau iaith. Ni chefais fy niflasu ond ni chefais fy ngwefreiddio chwaith. Rhennais y storïau, yn fras, yn dri dosbarth.

DOSBARTH 3

Prif wendidau'r dosbarth hwn yw iaith wallus, cynllunio annigonol, cymeriadu a chynnwys arwynebol.

Iolen: Rhy fyr ac ansylweddol a'r iaith yn wallus. *Olwen*: Gwallau iaith ac atalnodi, a dim ôl cynllunio. *Geraint*: Rhy fyr ac ansylweddol, a gwallau iaith. *George*: Mynegiant anystwyth a gwallau iaith, ac mae'n tueddu i bregethu yn lle cyfleu.

Mae cywirdeb yr iaith a'r mynegiant yn gwella rhyw fymryn yng ngwaith y rhai a ganlyn ond mae'r gwendidau eraill yn parhau.

Pot Pourri: Stori wirion yn hytrach na digri. Pytiau dychanol ond dim ôl cynllunio na meddwl. *Pwy Faga Blant*: Braslun yn hytrach na stori, ond mae'n ddoniol ac mae'r iaith yn gywir. *Rhun*: Er bod yr iaith yn gywir, dylai'r arddull a'r ieithwedd fod yn fwy cyfoes. Nid yw'r stori yn f'argyhoeddi. *Deio o Dywyn*: Oherwydd diffyg cynllunio, mae'r stori'n colli ei ffocws, yn hirwyntog ac yn mynd ar gyfeiliorn. *Bryn Gofal*: Mae'r iaith a'r mynegiant yn lân ond mae'r stori'n arwynebol a di-fflach. *Garw*: 'O Rwsia â Chariad' yw teitl ei stori ac 'wn i ddim a ddylwn ei chymryd o ddifri ai peidio. Nid yw'n llwyddo i f'argyhoeddi. *Ciali*: Mae'r stori'n rhy hirwyntog ac anghredadwy. *Pendiffwys*: Yr un yw hwn â *Ciali*.

Gwendid y stori hon eto yw ei bod yn hirwyntog a llac oherwydd diffyg cynllunio gofalus. Mae'r ddeialog yn wag a gwastraffus ac mae'n llifo yn un â'r traethiad, mewn ambell fan, gan beri dryswch. *Heathrow*: Mae hwn yn gallu ysgrifennu a hynny mewn iaith lân, ond mae'r stori a'r cymeriadu yn arwynebol. *Y Gleren ar y Pared*: Stori sy'n ein tynnu'n ôl i bum-degau'r ganrif hon. Fodd bynnag, gan nad oes gwrthdaro na datblygu ar y cymeriadau, mae hi'n stori ddigon di-ddim. *Walter*: Stori fach deimladwy am Wali sy'n blentyn araf ei feddwl. Ef ei hun, yn ei iaith wallus, sydd yn dweud yr hanes. 'Alla' i ddim penderfynu p'run ai bwriadol ynteu anfwriadol yw'r gwallau.

DOSBARTH 2

Er bod gwallau iaith yn dal i fritho rhai o'r storïau, mae'r storïau eu hunain yn ddifyrrach na rhai'r trydydd dosbarth. Ond eto, hanesion bach byr yw'r rhain yn hytrach na storïau, eraill yn frasluniau ac eraill yn storïau arswyd neu ysbryd (hynny yw, nid oes yma ddigon o ddyfnder meddwl na chynllunio i'w codi i dir uwch.

Poli: Llawer o gymariaethau, dywediadau a disgrifiadau da gan *Poli*, ond mae'r stori'n hirwyntog ac arni angen ei chwynnu. Mae'r atalnodi diofal yn creu peth dryswch, weithiau, a'r diwedd yn rhy ddramatig. *Blodwen*: Rhy syml ac arwynebol er bod cyffyrddiadau teimladwy iawn. Portread o'r Saesnes braidd yn ystrydebol. *Rhian Fflur*: Stori fach deimladwy iawn eto ond ei bod yn rhy fyr a syml. *Pedr*: Mae hwn yn gallu ysgrifennu ond efallai nad oes digon o wrthdaro yn ei stori i gynnal diddordeb y darllenydd gan fod rhywun yn gyfarwydd â'r hanes yn y Beibl. Mân wallau iaith. *Taw Piau Hi*: Stori deimladwy a thrist am effaith tor-priodas ar ferch fach saith oed a'r effaith hwnnw'n dwysáu pan ddaw dynes arall i fywyd ei thad a'i gwthio hi o'r neilltu. Byddai cynllunio gwell wedi tynhau a chryfhau'r stori. Mewn rhai mannau, mae deialog y plentyn yn taro'r glust yn annaturiol ac annhebygol. *Maher-shalal-has-baz*: Stori chwedlonol ei naws rywsut, am ddau frawd, Decca a Bac, sy'n efeilliaid, nad ydynt wedi cyfathrebu â'i gilydd er pan bwdodd y ddau pan oedden nhw'n wyth oed. Ond daw newid pan ddaw prentis atynt i weithio. Mae'r stori braidd yn hirwyntog a gwastraffus mewn mannau a byddai wedi bod ar ei hennill o'i chwynnu a'i thocio. *Rhydderch*: Stori arswyd/ysbryd, wedi ei lleoli yng nghyfnod yr Ail Ryfel Byd ac wedi ei gwau o amgylch côt a fenthycwyd gan Ewythr Hari, y storïwr, un noson wlyb pan aeth ei jîp yn sych o betrol a phan welodd oleuni mewn tŷ mawr yng nghanol y coed. A dweud y gwir, stori o fewn stori sydd yma ac mae'r diweddglo'n dda. Cynhelir chwilfrydedd y darllenydd ac mae'r stori'n llwyddo i argyhoeddi, ond mae angen ei chwynnu a'i thynhau oherwydd arddull nofel a geir yma yn hytrach nag arddull stori fer. *Lledrithiwr*: Fel stori arswyd, mae hon yn llwyddo ac mae gan yr awdur ddawn i greu awyrgylch iasoer ond, fel stori fer, mae hi'n ymddangos yn rhy ansylweddol. *Tu Draw i'r Llen*: Stori arswyd/ysbryd arall gan yr un awdur â'r un blaenorol ac mae'r stori hon eto'n llwyddo i godi gwallt y pen ond mae'r pwyslais ar fod yn iasoer yn fwy nag ar fod ar ffurf y stori fer.

Delfryn: Stori fer ysgafn a doniol am ddwy gymdoges dra gwahanol i'w gilydd, un â gardd flêr a'r llall â gardd berffaith a'r ddwy'n cystadlu am deitl 'Gardd Berta'r Pentra'. Mae yma ddarluniau bywiog ac mae'r ddeialog yn fyrlymus. Cynhwyswyd hefyd ambell ddywediad cofiadwy fel 'Anodd fasa llyfu stamp heb daro dy dafod yn rhwbath'. Byddai'r stori'n cryfhau o'i chwynnu a'i thocio a chywiro'r mân wallau sillafu, teipio ac atalnodi. *Afan*: 'Perthynas Bell' yw'r teitl a roddwyd i'r stori fach ddifyr hon sydd wedi ei hysgrifennu mewn tafodiaith ddeheuol hyfryd. Mae rhyw naws hamddenol braf i'r stori ac rwy'n hoffi'r neges, sef yr ymladd am eiddo materol; dau geiliog yn ymladd am ddarn o dir a pherthnasau'n ymrafael am etifeddiaeth ewyllys. Ond dim ond 'dweud' stori, a hynny'n ddigon rhyddieithol, y mae'r awdur mewn gwirionedd. *Deio*: Stori am fywyd tawel, digynnwrf hen lanc a hen ferch yn cael ei ysgwyd yn ystod cyfnod yr Ail Ryfel Byd pan ddaw Agatha o Wigan i weithio i Dyddyn Wmffa fel un o Ferched Byddin y Tir. Mae hi'n stori fach eithaf difyr a gogleisiol ond nid wy'n siŵr a oes mwy iddi na hynny. *Mab No. 5*: Stori am Ted sy'n gweithio mewn swyddfa ddinesig bob dydd ers ugain mlynedd ond yn dychwelyd adref i *No. 5* bob penwythnos. Rwy'n hoffi'r symbol a wneir o'r clociau; mae'n gas ganddo glociau'r gwaith ond mae cloc mawr y cartref yn rhoi sicrwydd a chysur iddo. Bywyd undonog, diflas sydd gan Ted ac, yn gam neu'n gymwys, mae arddull y stori'n adlewyrchu hynny, ond mewn stori sydd heb lawer yn digwydd ynddi, gall yr undonedd ladd diddordeb y darllenydd.

DOSBARTH 1

Mae saith stori yn y dosbarth cyntaf am eu bod yn dangos mwy o ddyfnder a chrefft na'r gweddill; maen nhw'n storïau da er eu bod i gyd ar yr un gwastad. Trafodaf hwy yn nhrefn yr wyddor.

Aled: Gwrywgydiaeth yw'r pwnc dan sylw a chawn stori sy'n datblygu'n grefftus trwy gyfrwng tri monolog; y cyntaf gan Arwel, sy'n hoyw ac yn marw o AIDS; yr ail gan ei chwaer na all dderbyn ei wrywgydiaeth; a'r olaf gan y fam sy'n derbyn ac yn ceisio cymodi rhwng y brawd a'r chwaer. Mae'r ymdriniaeth yn deimladwy a chytbwys a'r ddeialog yn gynnil ac effeithiol mewn iaith raenus.

Arabica: Stori ar ffurf tri monolog yw'r stori hon hefyd, gan frawd a chwaer a darpar chwaer-yng-nghyfraith. Mae'r stori hon eto'n datblygu gyda phob monolog ac mae'r arddull yn ddiwastraff. Cam-drin rhywiol yw'r thema ac mae'r ymdriniaeth o'r pwnc yn effeithiol iawn. Gresyn bod *Arabica* wedi meddwl bod yn rhaid iddo wthio'r gair 'perthyn' i mewn i'r stori yn rhywle a phenderfynu rhoi brawddeg gyfan gwbl ddianghenraid ar y diwedd.

Arianrhod: Stori sy'n ein tywys yn ôl i ddiwedd y ganrif ddiwethaf at bwnc y tir yng Nghymru, a'r rhwyg a achoswyd rhwng eglwyswyr a chapelwyr. Gyrrwyd Naomi Powell o Fethel oherwydd i'w gŵr, a oedd yn eglwyswr, bleidleisio i'r Toriaid. Mae hi'n stori grefftus sydd wedi ei chysylltu â'r presennol yn ddigon diffwdan. Fodd bynnag, dull uniongyrchol o ddweud stori sydd yma ac er bod yr iaith yn raenus a chywir, nid oes ynddi fawr o addurniadau i gyfoethogi'r dychymyg.

Bach y Nyth: Stori fach gynnil a theimladwy iawn sy'n dweud cyfrolau am y bwlch a adewir ym mywyd plentyn bach a'i fam o ganlyniad i farwolaeth y tad. Diflannodd y diddosrwydd o'u bywydau ac mae Guto'n amlwg yn gweld eisiau ei dad ac yn byw mewn gobaith bob dydd y daw adref. Alla' i ddim derbyn, fodd bynnag, y byddai unrhyw fam yn gadael i'w phlentyn fyw celwydd a disgwyl gweld ei dad yn dod adref 'falla fory'.

Gwrhyd: Stori mewn tafodiaith hyfryd am blentyn mabwysiedig yn chwennych dim mwy yn y byd na chael bod yn perthyn i rywun – dyna i gyd. Ond, yn eironig iawn, ar ôl angladd Daniel Williams (neu Wncwl Dan i bawb yn y pentref), mae'r plentyn yn canfod mai ef yw ŵyr yr ymadawedig a'i fod yn etifeddu ei holl eiddo, â'r adar corff eraill i gyd yn hisian a phoeri arno. Trueni bod y darllenydd yn gallu rhagweld y diwedd ymhell cyn ei gyrraedd.

Lois: Thema'r stori hynod deimladwy hon yw plentyn newydd-anedig yn cael ei gipio a'r effaith a gaiff hynny ar y fam a'r tad yn ogystal ag ar y ferch ddiblentyn a'i cipiodd. Mae yma ysgrifennu cynnil a chrefftus ond mae gwallau iaith ac atalnodi diofal yn tynnu oddi wrth y gwaith. Serch hynny, mae'n stori sy'n mynnu glynu yn y cof.

Mandrel: Stori fach ddifyr a thaclus yn nhafodiaith hyfryd Cwm Tawe yw 'Glo Caled' ac mae hi'n darllen yn wych. Mae ôl cynllunio gofalus arni a hoffais y chwarae ar yr ymadrodd *'all out'*. Perthyn i gymdeithas yw ei thema ac mae Brimble, plismon y pentref, yn adnabod ei bobl i'r dim. Stori fach ddiwastraff a dirodres.

Gan na lwyddais i gael hyd i'r un stori a oedd yn disgleirio ar ei phen ei hun, bûm yn pendroni'r hir ynglŷn â sut i rannu'r wobr. Ar ôl cryn grafu pen, a phenderfynu mai chwaeth bersonol yn anad dim arall, yw llinyn mesur terfynol beirniad, dyma roi £20 yr un i *Mandrel, Aled, Arabica, Lois*, a *Gwrhyd*. Os teimla unrhyw un iddo/iddi gael cam, na phoener, mae gwir dalent yn siŵr o ddod i'r amlwg!

Ysgrif: Hiwmor Bro

BEIRNIADAETH GRUFFUDD PARRY

O edrych ar eiriad y gystadleuaeth hon, byddai'n deg disgwyl cyfuniad o'r ddwy elfen a nodir i greu darn o ryddiaith i roi pleser a boddhad wrth ei ddarllen. Hwyrach nad oes diffiniad penodol bendant o 'ysgrif' y gellid ei gymhwyso, gan fod y deunydd, y ffurf, yr arddull, wedi amrywio cymaint yn ystod y blynyddoedd, a'r amrywiaeth honno wedi ehangu patrymau a ffurfiau, a'i gwneud yn ffordd lydan iawn. Ac eto, fel ffurf lenyddol, mae'n rhaid iddi fod yn gyfrwng rhwng y llenor a'r darllenydd i gyfathrebu â'i gilydd – i'r ysgrifwr gael dweud ac i'r sawl sy'n darllen gael deall ac ymateb.

Mae 'Hiwmor Bro', efallai, yn llawer haws: yr hwyl, y ffraethineb, y doniolwch a'r arabedd sy'n codi o batrymau byw cymdeithas mewn darn arbennig o wlad neu dref. Mae amryw gasgliadau o'r math yma i'w cael, o ardaloedd y chwareli, o gymoedd y De, ac o aml ddarn arall o'r wlad.

Rhoddaf sylwadau ar y pum ymgais fel y derbyniais hwy o Swyddfa'r Eisteddfod.

Clust mab Clustueinat: Cyflwyniad mewn sgript hyfryd a oedd yn bleser i'w ddarllen. Nid yw'r fro benodol wedi'i nodi; 'clwstwr o bentrefi ar hyd a lled y Cwm yw'r fro', ac awgrym mai am un o gymoedd y de y màe'n sôn. Y patrwm yw sylwadau cyffredinol ar natur y fro ac ar hiwmor yn gyffredinol, ac yna nifer o enghreifftiau. Mae'r enghreifftiau'n ddifyr, a rhai'n ddigon doniol, ond nid yw'r traethu rhyngddynt lawn cystal. Mae'n tueddu i fod tipyn yn fympwyol a'r arddull, efallai, yn rhy goeth ar brydiau. Gogoniant y dyddiau gynt yw byrdwn y neges bob tro: 'Yn atgofion hynafgwyr oes a fu y mae holl drysorau hiwmor bro', ac fel y gellid 'i ddisgwyl, mae hynny'n cyfyngu'n ormodol ar yr ymdriniaeth.

Lasarus: Enghreifftiau o sefyllfaoedd a dywediadau digon doniol sydd yma eto ond, gwaetha'r modd, nid yw'r traethu rhyngddynt yn clymu'n effeithiol i'w gilydd i fod yn ffrâm addas. Mae'n amlwg fod gan *Lasarus* ddawn ysgrifennu ond mae'r ymdrech i fod yn 'ysgrifol', efallai, wedi golygu diffyg eglurder a chydbwysedd, a cholli rhediad a thwf naturiol yr hyn sydd ganddo i'w ddweud. Braidd yn aneglur yw'r cyswllt rhwng Loch Lomond, Bodffordd, Mynydd y Twr, a rhai mannau eraill.

Glyn: Mawl i'r papurau bro a chlod iddynt am hybu diwylliant a chefnogi'r iaith yw thema ysgrif *Glyn*. Mae'n ysgrifennu'n rhwydd ac yn gywir iawn ond gyda thuedd i fod yn unffurf wastad. Yn sicr iawn, yr oedd deunydd ardderchog yn y syniad, a gellid bod wedi tynnu'n helaeth ar gynnwys y gwahanol bapurau, neu fod wedi canolbwyntio ar un papur. Ond dewisodd *Glyn*, yn hytrach, gynnwys rhai straeon o'i ardal ei hun a gwneud sylw neu ddau arnynt, ac yma eto mae hyn yn creu teimlad o ddiffyg unoliaeth a phwrpas canolog.

Dafan: Llanfair Mathafarn-eithaf yw'r fro, a chyfres o straeon wedi eu dweud yn dda iawn yw'r cynnwys, a chyffyrddiadau bach personol, hapus a doniol iawn yn rhai ohonynt. Mae gan *Dafan* y ddawn i adnabod stori dda a dawn ddiamheuol i'w dweud. Gall fod yn wastad ac yn llyfn ac yn esmwyth ei arddull, ac fe all gynhyrfu'r dyfroedd gyda gair neu gymal bachog pan fo angen. Mae'n grefftwr geiriau medrus iawn. Gyda'i ddawn a'i allu, mae modd i *Dafan* lenwi'r llaciau yn y gwaith a'i wneud yn arbennig o dda.

Trebor: Dewisodd yr ymgeisydd hwn ddilyn trywydd y math o ysgrif sy'n tueddu i fod braidd yn gonfensiynol erbyn hyn: olrhain tarddiad y gair, athronyddu ychydig yn gyffredinol, ac yna cyflwyno rhai straeon gweddol ddoniol, ond gwneud hynny mewn arddull ychydig yn draethodol a thrwm. Cawn ganddo ysgrifennu a brawddegu cywir iawn ond heb lawer o asbri'r doniolwch bro ynddo.

Dafan yw'r cystadleuydd gorau ond gyda digon o hiwmor a fawr iawn o ysgrif; rhyw hanner job a wnaeth o. Mae'n deg, felly, rhoi hanner y wobr iddo, yn y gobaith y bydd yn cau'r bylchau a dweud ychydig mwy o'i ddweud ei hun.

Portread o gymwynasydd bro

BEIRNIADAETH H. DESMOND HEALY

Pa mor wych bynnag fo techneg a gallu arlunwyr yn gyffredinol, nid pob arlunydd a fedd y ddawn i lunio portread llwyddiannus o berson. Yn wir, cawn fod y mwyafrif o arlunwyr yn osgoi mentro i'r maes gan ei adael i'r ychydig dawnus, dethol. Mae wyneb person yn wahanol i wyneb tirwedd, meddir. Ac er mor anodd yw dal naws a natur y tir a'i dylwyth ar gynfas, anos fyth yw dal y peth gwibiol ac anniffiniol hwnnw, sy'n nodweddu'r bersonoliaeth ddynol. Ond mae rhai yn llwyddo a hynny, yn aml, â chyffyrddiad hynod o ysgafn a chynnil.

Gellir dadlau nad yw'r gystadleuaeth hon yn gofyn am y math hwnnw o bortread artistig. Digon teg. Ond yn sicr iawn, byddid yn chwilio am nodweddion personoliaeth a chymeriad y cymwynasydd bro y byddid yn ei bortreadu, nid bodloni ar restr hir o'i gymwynasau yn unig. Byddai darllenydd chwilfrydig yn awyddus i ddod i wybod am y fro y bu'r cymwynasydd diwyd yn gweithio ynddi. A hanfod y cyfan fyddai dod i adnabod y cymwynasydd: ei rinweddau personol, ei gymhellion cyhoeddus, ei ddelfrydau, ei rwystredigaethau, y gefnogaeth neu'r diffyg cefnogaeth a brofodd, ie, hyd yn oed ei fethiannau a'i ffaeleddau.

Cyflwynwyd pedwar gwaith i'r gystadleuaeth, pob un, fel y byddid wedi ei ddisgwyl, yn wahanol iawn i'w gilydd. Troes tri o'r pedwar yn ôl i'r gorffennol i chwilio am eu cymwynaswyr.

Gwenno: O blith y tri, ymdrechodd *Gwenno* i geisio portreadu'r cymwynasydd bro trwy gyfrwng y cyflwyniad dramatig. Byddai sgript *Gwenno* wedi denu a diddori cynulleidfa leol, wybodus yng Nghanolfan Addysg Bro Llansannan, gan mai neb llai na Gwilym Hiraethog (Wil Chwilbren yn y sgript) yw'r cymwynasydd dan sylw. Ond mae'r gwaith yn gwta ac yn arwynebol a'i gyfeiriadau'n llawer rhy leol ac ysgafnfryd mewn cystadleuaeth fel hon. Yn wir, prin y cawn amlinelliad o bersonoliaeth a chymeriad Gwilym Hiraethog a phrinnach fyth yw'r sôn am ei gymwynasau lu.

Gwalia: Cadwaladr Roberts, arweinydd hynod lwyddiannus corau ym mro Blaenau Ffestiniog ar droad y ganrif yw'r cymwynasydd bro a ddewisodd *Gwalia*. Llwyddodd i olrhain peth o hanes a datblygiad Cadwaladr Roberts o'i enedigaeth yn 1854 yn Nhanygrisiau gan gyfeirio at ei deulu a'r modd y cafodd ei gyfle yn laslanc i fod yn godwr canu yng Nghapel Carmel. Aeth yn ei flaen i fod yn frenin ar arweinyddion Stiniog, a bu prif gôr y lle, Côr y Moelwyn, dan ei arweiniad yn enwog hyd at lannau'r Unol Daleithiau. Ond bai pennaf *Gwalia*, er ei ddawn a'i frwdfrydedd, yw rhoi hanes diddorol y corau, eu llwyddiannau a'u helbulon, ar draul portreadu Cadwaladr Roberts ei hun. Byddai'n dda i ni fod wedi cael cyfle i adnabod y gŵr hynod hwnnw yn well.

Awen y Gwynt: Portread o ŵr arall anghyffredin sydd gan *Awen y Gwynt*. Yn ddios, bu'r Dr Evan Pierce yn gymwynasydd da a diwyd yn nhref Dinbych a'r cyffiniau yn y ganrif ddiwethaf. Ond rywsut rywfodd, roedd cyffes *Awen y Gwynt* ym mrawddegau cyntaf ei bortread na wyddai ddim oll am y cymwynasydd tan iddo ddarllen amdano yn rhifyn Mawrth 1847 o'r *Caernarvon and Denbigh Herald*, yn gwneud dim i argyhoeddi dyn ei fod ar fin cael ei dywys i adnabyddiaeth lawn o'r cymwynasydd. Ail-law, o anghenrhaid, fyddai'r portread. Serch hynny, daeth yn amlwg fod *Awen y Gwynt* wedi ei ysgogi i wneud gwaith ymchwil pellach, a hwnnw'n un trwyadl, i hanes ei arwr. Mae'n rhaid cydnabod i'w frwdfrydedd brofi'n heintus. Mae'r portread yn tyfu'n fwyfwy diddorol a llawn ac edmygedd *Awen y Gwynt* o'r meddyg hael ei gymwynas yn llenwi cynfas go sylweddol erbyn y diwedd.

Mae hwn yn bortread teilwng a'r ffaith fod eleni'n flwyddyn canmlwyddiant marw'r Dr Evan Pierce yn peri ei fod yn amserol a pherthnasol. Dylid cyhoeddi'r gwaith. Ond sicrhaed *Awen y Gwynt* bod y mân wallau iaith sydd yn y sgript wedi eu cywiro yn gyntaf.

Eithinwr: O'r pedwar portread, hwn yw'r un a apeliodd fwyaf. Gallasai *Eithinwr* fod wedi defnyddio ambell atalnod yn ychwanegol at y rhai sydd ganddo er hwyluso'r darllen. A gallasai hefyd fod wedi ystwytho ambell gystrawen glogyrnaidd. Ond y mae ganddo bortread ffres, bywiog o ŵr cyfoes ym Môn, sydd, mae'n amlwg yn gymwynasydd bro cydnabyddedig ac un sy'n destun edmygedd ymhlith ei gydnabod. Cawsom weld wyneb hwn a chlywed ei lais. Mae'r portread yn un llawn.

Mae'n bleser cael dyfarnu £75 o'r wobr i *Eithinwr* am bortread campus a £25 i *Awen y Gwynt* am waith arbennig o ddiddorol.

Y Portread

DEREC OWEN

Ym Mhowys y mae Paradwys Cymru, yn ôl y dywediad, ond ym Môn y mae'r fangre i'w chael heb ei chreu. Daeth yr enw'n amlwg i weddill Cymru yn nechrau'r chwe-degau pan gyhoeddodd y Gŵr o Baradwys ei atgofion. Ac un o'r un fro ag Ifan Gruffydd yw Derec Owen, Llanfair Pwllgwyngyll erbyn hyn. Ond un o hogiau Paradwys yw Derec o hyd yn ei galon ac nid oes ond cwta ddeng milltir o'i baradwysaidd fro yn ardal Llangristiolus i'w gartref presennol.

Treuliodd ei fywyd hyd yma o fewn triongl yn ei fam ynys. Wedi ei eni a'i fagu ym Mharadwys, symudodd i weithio yn Llangefni ar ôl pwl yn dorrwr beddi. Ugain mlynedd yn ôl, gwnaed ef yn rheolwr canolfan deiars ATS yn y dref er mai ym Mhenyberth, Llanfair Pwllgwyngyll, y mae ei gartref. O fewn y triongl y mae'r filltir sgwâr y mae mor hoff ohoni ac mor barod i wneud ei orau drosti.

Wrth iddo nesáu at ei ddeugain oed, teimlodd fwy o dynfa nag erioed at ei hen ardal er nad oedd wedi symud ymhell oddi wrthi. Mewn achlysur ar noson pan agorwyd garej newydd yn Llangefni gan un o hogiau Paradwys bron i bymtheng mlynedd yn ôl y daeth y sbardun o ddifri i gadw cysylltiad clòs â'r hen fro. Wrth iddo ef a dau arall sylwi ar y gynrychiolaeth o'u hardal enedigol, daeth syniad yn y fan a'r lle: beth am i feibion Paradwys ddod at ei gilydd i ffurfio cymdeithas unigryw ar gyfer y rhai a anwyd o fewn terfynau'r rhan honno o Fôn. Nid oedd ond un enw addas i griw o'r fath: Hogiau Paradwys, neu 'Paradise Boys', fel y mae Derec yn cyfeirio atynt yn gellweirus. Mynnai Derec o'r dechrau nad cymdeithas oedd hon i hel atgofion am y gorffennol a'r hwyl oedd yn y fro ers talwm ond cymdeithas a oedd yn berthnasol i Fôn a Gwynedd heddiw. Ei nod fyddai cyfarfod yn fisol yn nhŷ bwyta Glan Traeth, sydd o fewn ffiniau'r gymdogaeth, cael siaradwr gwadd o blith yr aelodau eu hunain ac, yn fwy na dim, byddai ochr ddyngarol i'w gweithgareddau. Byddai'r aelodau'n codi arian yn rheolaidd a'i gyfrannu at achosion da yn y cylch a'r tu hwnt i hynny.

Cydiodd y syniad yn syth, a chyda brwdfrydedd Derec yn heintus, ymaelododd, ar eu hunion, hanner cant o ddynion yn amrywio o ddeg ar hugain oed i oed yr addewid. Roedd Derec yn ei seithfed nef wedi cael cystal ymateb gan gyfeillion a chydnabod a oedd yn dal i fyw o fewn cyrraedd hwylus i'r ardal. Ers y diwrnod cyntaf un, bu graen ar y gweithgareddau a llawer o syniadau gwreiddiol i godi arian, pob un bron wedi cychwyn rywle ym mhen Derec Owen neu wrth sgwrsio â'r Hogiau.

Beth am wneud raffl, oedd awgrym digon di-fflach un o'r aelodau. Pawb yn cytuno, ond Derec a gafodd yr ysbrydoliaeth i'w gwneud yn raffl wahanol i bob un o'i blaen. Ei syniad ef oedd perswadio pawb a welai i gael gwared â'u tocynnau petrol a defnyddio'r holl filoedd o docynnau nad oedd ar bobl eu heisiau i archebu myrdd o drugareddau o gatalog gwahanol gwmnïau petrol. Oherwydd ei agosatrwydd naturiol at bobl a'i frwdfrydedd cynhenid, doedd fawr o dro nes oedd pentyrrau o ddarnau papur lliwgar yn cyrraedd ei gartref yn Llanfair Pwll neu ei waith yn Llangefni bob awr o'r dydd. Prynwyd pob teclyn yn y catalog, o hetar smwddio i res o sosbenni, a'u rhoi ar raffl yn enw Hogiau Paradwys i godi arian at achos da. 'Dydan ni ddim wedi gorfod mynd ar ofyn neb i roi gwobrau inni,' oedd ei ddadl, 'dim ond gofyn i bobol roi darna' o bapur inni sy'n fwy o niwans na'u gwerth!' Gwerthodd filoedd o lyfrau raffl a doedd neb a alwai am deiar newydd yng nghangen ATS yn cael mynd oddi yno heb adael eu henwau ar fonion y tocynnau. Pan ddaeth yn adeg tynnu'r raffl, roedd gwerth mil o bunnau o docynnau wedi eu gwerthu a'r arian hwnnw'n elw i gyd i'w rannu ar ddiwedd blwyddyn.

Mae sawl achos wedi elwa erbyn hyn oherwydd awch yr Hogiau i helpu eraill. Ond dim ond un ymdrech a aeth â hwy allan o'r wlad, a Derec oedd y tu ôl i honno hefyd. Mynd i Ffrainc oedd y syniad i brynu llond fan o win Beaujolais pan fyddai hwnnw'n barod yn y gwinllannoedd. Ond sut oedd hynny'n mynd i godi arian? Yn syml, roedd pob potel yn mynd i gostio decpunt neu ragor a'r elw o bob potel yn cael ei gyfrannu at Gronfa Haematoleg Ysbyty Gwynedd.

Cafodd y criw a aeth ar y daith werth blynyddoedd o hwyl, a chamera *Cefn Gwlad* a Dai Jones wrth eu cwt. Troi'n sur, serch hynny, a wnaeth y daith i Derec ar ôl cyrraedd yn ôl i Fangor ac, am unwaith, fe fethodd un o'i syniadau. Meddyliodd y byddai'n werth cael llun o'r Hogiau wedi dod yn ôl yn ddiogel y tu allan i Ysbyty Gwynedd ac er mwyn cadw'r ddysgl yn wastad efo'r awdurdodau, aeth i ofyn caniatâd y swyddogion i dynnu'r llun. Cafodd ei wrthod yn y fan a'r lle a byth ers hynny mae meistri Ysbyty Gwynedd wedi bod yn ddynion du iawn yn ei olwg. 'Meddylia! Mynd yr holl ffordd i Ffrainc i hel pres er eu mwyn nhw a'r rhain yn ein trin ni fel hyn.' Bryd hynny, doedd neb yn gwybod y byddent yn codi £13,000 tuag at y gronfa. Do, fe lwyddwyd i werthu mil o boteli o'r Beaujolais drwy ymgyrch galed yr Hogiau. Llwyddodd hyn i wneud iawn am y bennod anffodus o dderbyn croeso mor oeraidd wrth ddychwelyd o Ffrainc.

Mae Derec yn dal i fynd i Ysbyty Gwynedd unwaith bob wythnos. Bum mlynedd yn ôl, ymunodd â'r tîm o wirfoddolwyr brwd sy'n cynnal gwasanaeth radio yn yr ysbyty ac, oherwydd ei hoffter o bobl, ef a gafodd y gwaith o fynd o gwmpas y wardiau i holi'r cleifion fel rhyw Arwyn Davies a'i 'Goes ôl mam-gu' ar Radio Cymru. Digon prin y gallent ddod o hyd i unrhyw un gwell yn y gymdogaeth i ymgymryd â'r dasg gan ei fod yn sgwrsiwr naturiol, yn medru gwrando pan fydd rhaid, ac yn falch bob amser o ddod o hyd i gymeriadau fel ef ei hun. Nid oes amheuaeth nad yw pobl yn teimlo'n well ar ôl bod yng nghwmni Derec gan fod ei sylwadau doniol, onid deifiol ar brydiau, a'r wên dan y mwstash trwchus a'r fflach direidus yn ei lygad yn sicr o godi'r galon. Rhywbeth fel hyn fydd y sgwrs ar ôl yr ymweliadau:

''Ti'n nabod Siencyn Siôn o Lanfawr? Mi ddois i ar 'i draws o yn Ysbyty Gwynedd y noson o'r blaen. Dyna i ti gymeriad! Roedd o'n deud petha' mawr am y nyrsys a'r bobol oedd yn y gwlâu erill ar dop 'i lais. Ro'n i'n gorfod dal y meic ryw dair troedfadd oddi wrtho fo! Doedd o'n poeni dim am neb a finna'n trio deud wrtho fo 'i fod o ar radio'r ysbyty. "Duw, waeth gen i amdanyn nhw," medda fo, "dw i ddim yn licio'r blydi lle." Elwyn Jones, Llanaelhaearn oedd o isio: "A yw Fy Enw i Lawr". Neb tebyg iddo fo, medda fo.'

A dyna Derec wedi cael cyfaill arall at y myrdd sydd ganddo'n barod. Bydd yn sicr o alw heibio iddo eto yr wythnos nesaf rhag ofn y bydd yn dal yno, dim ond er mwyn cael sgwrs ddi-feicroffon.

Os yw'n cael boddhad o gludo'r peiriant recordio o gwmpas ysbyty, bydd yn cael llawer mwy o fwynhad gyda theclyn arall y daeth yn ffond iawn ohono yn ystod y blynyddoedd diwethaf. Mae Derec a'i gamera yn rhan annatod o hanes Ynys Môn erbyn hyn gan ei fod wedi ei bwyntio i bob twll a chornel ohoni bron. Eto, mae'n cydnabod yn wylaidd mai ei waith gwirfoddol i'w bapur bro a roddodd yr ysgogiad iddo ddechrau cymryd ffotograffiaeth o ddifri.

Mae'n ddigon posibl mai T. G. Walker, ei hen brifathro yn yr ysgol gynradd, a blannodd yr hedyn 'tynnu lluniau' yn ei wythiennau. Ar wahân i'w wybodaeth am adar, roedd cyn-banelydd y rhaglen *Byd Natur* yn hoff o'i gamera hefyd. Ef a dynnai luniau'r disgyblion yn Ysgol Llangristiolus heb sôn am luniau'r adar ar gyfer ei lyfrau. Yn yr ysgol y gwelodd Derec y camera cyntaf ac nid oes amheuaeth na chafodd y prifathro ddylanwad trwm arno ym mhob ffordd gan ei fod yn dal i ddyfynnu T. G. Walker yn gyson yn ei sgwrs.

Pan sefydlwyd *Papur Menai* i wasanaethu glannau deheuol Môn, daeth Derec a'i ddiddordeb mewn gwaith camera i ofalu am luniau i'r papur. Mae'n cyfaddef bod ganddo ddyled fawr i'r papur bro am danio mwy ar y diddordeb a arweiniodd yn y diwedd at droi atic ei gartref yn ystafell dywyll i ddatblygu lluniau i'r papur yn fisol. Wedi dechrau tynnu, ni fu stop arno wedyn. Roedd cymaint o ganmol ar ei luniau fel bod galw amdano i dynnu lluniau priodasau, babanod, a graddedigion, yn ogystal â maer a chynghorwyr Môn yn flynyddol erbyn hyn. Am y tro cyntaf y llynedd, cafodd wahoddiad i ddangos ei luniau yn Oriel Môn i roi iddo un o binaclau ei yrfa ffotograffyddol hyd yn hyn.

Wrth fynd o gwmpas i dynnu lluniau, mae wedi magu diddordeb mewn hanes lleol ac wrth gerdded mynwentydd mae wedi canfod sawl carreg fedd yn cynnwys gwybodaeth dra hynod. Yr hynotaf ohonynt i gyd yw carreg William ap Hywel o Dregaean, i'r gogledd o Langefni. Mae wedi cymryd at y gŵr oherwydd ei gamp aruthrol yn llwyddo i blanta mor llewyrchus. Erbyn ei farwolaeth yn 100 oed, roedd yn dad i 43 o blant, wedi bod yn briod ddwywaith, ac yn canlyn tair arall. Nid oes ball ar edmygedd Derec ohono ac er mwyn cofio'i farwolaeth ar Fawrth 7, bu'n trefnu cinio dathlu yn ystod y pum mlynedd diwethaf i nodi'r achlysur. Rhyw Ginio Gŵyl Dewi o noson yw hi a chystadleuaeth llinell goll a limrig yn rhan o'r gweithgareddau, a lluniodd Derec dlws pwrpasol i'w gyflwyno i'r enillydd. Bydd yn siŵr o benderfynu ymlaen llaw pwy fydd yn deilwng o'r tlws gan drefnu gyda phawb ond un o blith y ciniawyr i roi enw'r cyfaill hwnnw o dan eu hymgais a gofalu bod y beirniad yn ymwybodol o'r twyll, wrth gwrs.

Mae'r tynnu coes a'r hwyl yn rhoi bywyd newydd i Derec, gan sbarduno ynddo fwy o weithgarwch. Haearn a hoga haearn, ac unwaith y teimla Derec y wefr o lwyddo wrth drefnu unrhyw fath o noson, yna bydd rhyw elusen neu'i gilydd ar ei hennill. Gan ei fod yn gymaint rhan o'i gymuned, mae'n gwybod yn iawn pa mor werthfawrogol yw pobl ei fro o'i gyfraniad. Ond ni fydd yn mynd ati i wneud dim er mwyn clod; mae'n hoff o ymdrechu dros ei gyd-ddyn am ei fod yn cael blas ar wneud hynny. Ni fydd byth ôl ymdrech ar ei gyfraniad gan ei fod yn mwynhau pob dim sy'n rhoi pleser i eraill.

'Dw i'n meddwl y basan ni'n gneud dipyn o bres wrth logi trên bach yr Wyddfa am bnawn. Dw i'n siŵr y medran ni werthu dros ddau gant o docynna'n hawdd a ninna'n cadw'r proffit.'

Tasg nesaf Hogiau Paradwys, synnwn i damaid!

Eithinwr

Cystadleuaeth i rai sydd wedi byw yn y Wladfa ar hyd eu hoes ac sy'n dal i fyw yn Ariannin. Ysgrif neu draethawd: Ennill fy mara.

BEIRNIADAETH CATHRIN WILLIAMS

Mae yna rai sy'n credu mai darn bach o Gymru 'draw, draw tu hwnt i'r moroedd' yw'r Wladfa ond nid felly y mae hi, a daw hyn yn amlwg o ddarllen y chwe ymgais a ddaeth i law yn y gystadleuaeth hon. Byddai rhywun yn disgwyl i waith cyfarwydd fel nyrsio, gwaith swyddfa neu ddysgu fod yn ddigon tebyg yno ac yng Nghymru, ond i fyd digon dieithr i ni yma y'n tywysir yn yr ysgrifau a dderbyniwyd, byd gwahanol, llawer caletach ar lawer cyfrif na'n byd ni. A diolch i'r chwe ymgeisydd am godi cwr y llen ar y gwahanol alwedigaethau, a gwneud hynny bron yn ddieithriad mewn iaith raenus ac arddull gyhyrog er na chawsant fawr ddim hyfforddiant mewn sgrifennu Cymraeg. Gwir bod yma fanion wallau ac, ar brydiau, ddiffyg geirfa, ond ceir gwallau yn iaith rhai yma yng Nghymru a dderbyniodd y cwbl o'u haddysg drwy gyfrwng y Gymraeg!

Ar y cyfan, mae safon y gystadleuaeth yn weddol wastad, er bod amrywiaeth yn hyd yr ysgrifau ond gellir eu rhannu'n ddau ddosbarth. Yn yr ail ddosbarth, ceir gwaith *Ffarm-wraig* a *Gwawr*.

Ffarm-wraig: Bu hi'n gweithio bron drwy gydol ei hoes yn swyddfa'r bwrdd trydan-dŵr yn Gaiman a chawn ganddi hanes manwl ei gorchwylion yno. Nid gwaith hawdd yw cofnodi'r cyfan yn Gymraeg gan fod ganddi gymaint o dermau gwaith sy'n ddieithr i ni yma ond gwnaeth *Ffarm-wraig* ymdrech lew i wneud hynny. Diddorol oedd y rhestri ffermydd a thaliadau a anfonodd gyda'r gwaith a chredaf fod y rhain yn ddogfennau pwysig iawn i unrhyw un a fyddai'n ceisio ysgrifennu hanes Dyffryn Chubut. Byddai'r gwaith wedi bod yn fwy diddorol pe bai ynddo lai o fanylion.

Gwawr: Roedd hwn eto'n waith llawn disgrifiadau manwl o gadw swyddfa'r teleffon pan oedd y teclyn hwnnw'n llawer llai cyfarwydd nag ydyw heddiw. Llwyddodd yn rhyfeddol i drosi termau'r gwaith i Gymraeg gan roi darlun clir o galedi a chaethiwed y swydd. Er enghraifft, dywed, 'Bûm yno am dair blynedd heb wyliau' ac 'Ymhen deuddeng mlynedd, cefais y diwrnodau rhydd yn wythnosol'. Mae'n amlwg nad oedd sôn am undebaeth yno! Ond er cystal y cynnig hwn, mae yma or-fanylu a hyn sy'n ei rhoi yn yr ail ddosbarth.

Yn y dosbarth cyntaf, ceir *Buddug, Ella, Mara Florence*, a *Petra*, y pedwar fel ei gilydd yn ysgrifennu'n llawer mwy llenyddol nag ymgeiswyr yr ail ddosbarth. Athrawesau oedd *Buddug* a *Petra* ac mae i'r naill a'r llall ei rhagoriaethau fel ysgrifwyr.

Petra: Ei chryfder yw ei gallu i ddarlunio amgylchiadau a chyfnod. Aeth yn ferch ifanc i ardal anghysbell i ganol pobl wahanol iawn, a cheir ambell fanylyn sy'n dangos ei hadwaith i'r elfen wahanol honno. Cyfaddefa iddi 'arswydo braidd wrth weld y rhan fwyaf o bryd mor dywyll'. Diddorol yw ambell fanylyn sy'n dweud rhagor wrthym am fywyd y plant bach dan ei gofal. Dywed nad oeddynt 'yn colli fawr o'u dyddiau ysgol, ond yn y gwanwyn roedd criw ohonynt yn absennol am ddyddiau a phan chwiliais i mewn beth oedd yn eu cymell i gadw i ffwrdd, cefais wybod eu bod yn manteisio i hel wyau'r adar gwyllt oedd yn nythu ar lan y llynnoedd i gael eu bwyta yn y cartrefi.' Ceir gan *Petra* ysgrif ddarllenadwy iawn wedi ei chyflwyno'n glir, graenus a diwastraff, ond mae'n drueni na chawsom ragor o'i hanes gan iddi sôn yn unig am ran fechan o'i gyrfa.

Buddug: Athrawes arall sydd â stori wahanol iawn i un *Petra*. Cawn yma ddarlun cyflawnach o yrfa mewn gwahanol ysgolion a chyda'r bwrdd addysg, a'r cyfan wedi ei gyflwyno mewn iaith ac arddull hynod ddarllenadwy. Un elfen ddeniadol iawn yn y gwaith yw'r darluniau bach personol llawn hiwmor a geir yma ac acw. Mae'n sôn am ei dyddiau yn ysgol Rawson a hynny cyn bod y ffordd wedi ei phalmantu. Oherwydd hynny, byddai'r daith o'r tŷ i'r ysgol yn un llychlyd iawn a bu hyn yn broblem iddi. Dyma fel y disgrifia hi'r peth: 'Gwaith rhyw ddeng munud o gerdded ar hyd strydoedd llychlyd a cherrig anferth, dim sôn am balmant. Roedd y brifathrawes yn un *strict* a chofiaf hi'n siarad gyda'r plant a'u siarsio i fod yn lân. Cofiaf hi'n dweud: "Cewch ganiatâd i ddod â'ch sgidiau yn fudr pan welwch un o'r athrawesau yn dod felly ... Beth i'w wneud? Wel, cario clwtyn yn y bag a phlygu i'w glanhau cyn mynd i mewn ...".' Mae manion personol fel hyn yn ychwanegu cymaint at y gwaith ac yn ei droi o fod yn gofnod i fod yn ysgrif.

Ella: Yn ôl ei chyfaddefiad ei hun, un na fu'n rhaid iddi ennill ei bara beunyddiol yw *Ella* gan na fu'n gweithio y tu allan i'w chartref. Fel hyn y mae'n cyflwyno'r testun: 'Ennill fy mara? Wel na, o drugaredd, a diolch am hynny. Roedd y bara (hynny ydi, y pethau mwyaf angenrheidiol) ar gael bob amser. Ond rwyf innau wedi chwilio am aml i ffordd i gael mwy o enllyn ar y bara – licio 'mara efo trwch o fenyn arno a thipyn o jam hefyd weithiau, a gorau i gyd os bydd yno ddarn o gaws yn ogystal. A dyfeisio dulliau i gael bod yn siŵr o'r moethau bach sy'n ysgafnhau, addurno a diddori'n bywyd'.

Er mai ennill y *moethau* a wnaeth, llwyddodd i gyfansoddi ysgrif hynod o ddiddorol a pherthnasol gan mai'r hyn sydd yma yw llenor yn ymaflyd yn y testun ac yn ei drin yn ei ffordd ei hun. Dyma'n sicr yr *ysgrif* orau o ddigon ond mae'n rhaid cofio mai am *ysgrif neu draethawd* y gofynnwyd.

Mara Florence: Dyma'r gwaith mwyaf uchelgeisiol o ddigon gan i *Mara Florence* drafod yn fanwl gyfnod hir fel nyrs mewn gwahanol sefyllfaoedd. Cawn ddilyn ei gyrfa yn yr Ysbyty Brydeinig yn Buenos Aires a mynd wedyn yn ei chwmni i waith nyrsio preifat ac ysgol breswyl i fechgyn. Deuwn i adnabod ei phersonoliaeth mewn ambell frawddeg gwta! Dywed fel y bu iddi geisio am le yn yr Ysbyty Brydeinig yn Buenos Aires ac i'r ateb ofyn am 'lythyr cymeradwyaeth oddi wrth bregethwr fy nghapel, tystysgrif o'r ysgol yr astudiais ynddi, llythyr oddi wrth feddyg y teulu yn dangos fy mod yn iach'. A'i hymateb? 'Wfft iddi a'i hysbyty, 'da i ddim yn agos at y lle'. Ceir ganddi fanylder nad yw byth yn mynd yn feichus oherwydd yr hiwmor a geir drwy'r gwaith. Mae'n sôn am ddull yr ysbyty o siarad mewn rhyw fath o law-fer ac fel y gallai hynny synnu'r rhai nad oeddynt yn gyfarwydd â'r iaith. 'Mewn ychydig amser, roeddwn innau wedi dechrau siarad yr un fath. Rhyw ddiwrnod, dyma feddyg newydd yn gofyn i mi, "Lle mae'r *sister*?". "Yn gwely tri efo Dr Smith", atebais innau. "Beth?" meddai, wedi synnu, ac mi sylweddolais i nad oedd o ddim wedi dysgu iaith yr ysbyty eto'. Ceir darluniau bach fel hyn yn llawn hiwmor drwy waith *Mara Florence* fel bod yr ysgrif drwyddi draw yn ddifyr.

Dyna, felly, y dosbarth cyntaf, ond sut i rannu'r wobr? Mae pob un yn wahanol ac mae i bob un ei ragoriaethau; yn y diwedd chwaeth bersonol yn unig sy'n penderfynu. I *Mara Florence* am ei hiwmor, i *Buddug* am y darluniau bach personol, deniadol, ac i *Ella* am ysgrif lenyddol ei harddull, rhoddir £30 yr un, ac i *Petra* sy'n dynn wrth eu sodlau, £10, gan ddiolch yn ddiffuant iawn i'r chwech am waith graenus y cefais i gymaint o bleser o'i ddarllen.

Sgwrs ddychmygol rhwng Eisteddfodwr ddoe ac Eisteddfodwr heddiw

BEIRNIADAETH HYWEL TEIFI EDWARDS

Y mae i gystadleuaeth fel hon dras eisteddfodol anrhydeddus. Bu creu sgyrsiau o'r fath yn boblogaidd gan drefnwyr eisteddfodau bach a mawr dros y blynyddoedd a hwyrach ei bod bellach yn bryd cynnig gwobr mewn rhyw eisteddfod i ddod am ddetholiad o 'sgyrsiau ddoe a heddiw' a luniwyd ar gyfer cystadlaethau eisteddfodol. Fe allai esgor ar gasgliad difyr a fyddai'n ogystal yn ddogfen gymdeithasegol gwerth ei chael.

O safbwynt y gystadleuaeth hon, gobeithiwn am sgyrsiau rhwng eisteddfodwyr a fyddai'n effro i bwysigrwydd yr Eisteddfod Genedlaethol fel llwyfan i'r diwylliant Cymraeg ac fel fforwm ar gyfer trafod byw a bod y Cymry. Nid pwll hwyaid mo'r brifwyl a gobeithiwn am sgyrsiau a adlewyrchai ei natur aflonydd. Gobeithiwn am dreiddgarwch a hiwmor a'r gallu i sgwrsio'n naturiol ac i bwrpas. Mae i sgwrs gywair llenyddol priodol y dylid ei barchu.

Tair sgwrs a ddaeth i law.

Mab Magog: Mae'n amlwg mai dysgwr yw *Mab Magog* ac nid yw eto'n barod i gynnig am y wobr hon. Y mae'r sgwrs a luniodd rhwng Carys, 70 oed, a Bryn, 35 oed, yn fywiog a difyr i'w darllen. Yn wir, ganddo ef y mae'r defnyddiau gorau yn y gystadleuaeth hon a phan fydd ei afael ar y Gymraeg yn sicrach nag ydyw ar hyn o bryd, fe fydd yn gystadleuydd y bydd beirniaid yn siŵr o gael blas ar ddarllen ei waith.

Y Begar: Sgwrs fer iawn rhwng Taid a Siôn yw un *Y Begar*. Y mae'n llifo'n rhwydd ac yn cyffwrdd yn ysgafn ag anneall Taid wyneb yn wyneb â ffasiwn eisteddfota cenhedlaeth Siôn. Y mae'n anodd gen i gredu y byddai eisteddfodwr mor brofiadol â Taid mor naïf ei ymateb i sylwadau Siôn, ac y mae'r sgwrs rhyngddynt yn rhy ddof i afael.

Brith Gof: Lluniodd *Brith Gof* sgwrs rhwng Mr Bifan, sydd wedi mynychu'r brifwyl am 70 o flynyddoedd, a Nia, sy'n eisteddfodreg ifanc. Fel y gellid disgwyl, mae'r persbectif hanesyddol yn bwysig ac y mae'r sgwrs yn cyffwrdd â sawl pwnc llosg – lle'r Gymraeg a nawdd i Ddysgwyr; gwleidyddiaeth a'r brifwyl; helyntion cystadleuwyr; y ddiod a'r brifwyl; swyddogaeth yr Orsedd a lle'r ferch ynddi; diogelu'r Eisteddfod grwydrol a chefnogi'r Babell Lên am mai hi yw enaid y brifwyl. Mae'r sgwrs, at ei gilydd, mewn cywair sy'n apelio at y glust. Math o Gymraeg llafar yn hytrach na thafodiaith ddiledryw yw'r cyfrwng er bod ambell nodyn llenyddllyd i'w glywed hwnt ac yma. Y mae *Brith Gof* yn amlwg yn eisteddfodwr teyrngar iawn ac y mae'n drueni na chafodd Nia ymateb yn ffyrnicach i sylwadau Mr Bifan. Y mae'n tueddu i fod yn garreg ateb iddo yn hytrach na charreg hogi.

Nid oes yr un sgwrs yn haeddu £100 ond y mae *Brith Gof* yn haeddu £60; *Y Begar* £25, a *Mab Magor* £15.

Pigion dyddiadur mis: Rhywun mewn cyfyng-gyngor

BEIRNIADAETH ROBIN WILLIAMS

Rhoddaf sylwadau isod ar yr wyth cynnig a ddaeth i law.

Unig: Gŵr canol oed yn trafod gydag ef ei hun y salwch a'r brofedigaeth a aeth â'i wraig oddi arno. Ar wahân i'r unigrwydd o'i cholli, mae'n ymholi ynglŷn â pharhad bywyd, ac yn ddigon gonest i amau, ond i anghredu, hynny. Er bod yma arddull ddidramgwydd, adrodd stori gron a wnaeth *Unig*, heb gyffwrdd o gwbl â'r patrwm dyddiadur y gofynnir amdano.

Sahirana: Ar Fedi 1, 1969, mae hi'n cyrraedd maes awyr ar ynys nas enwir ganddi (ai Madagascar?) gyda'r bwriad o weithio yno gyda Chenhadaeth y Protestaniaid. Ar y trannoeth, pair damwain a gafodd i'w choes gryn anhwylustod iddi, a gorfu iddi dreulio egwyl mewn ysbyty. Er bod *Sahirana* yn cofnodi'i mis o ddyddiadura yn eithaf difyr (a hynny yn nhafodiaith un o barthau de Cymru), nid yw'r cyfyng-gyngor mor amlwg â hynny.

Norwywr(wraig) Ewropead?: Hydref 1994 yw hi a'r Norwyaid mewn penbleth ynglŷn ag ymuno â'r Gymuned Ewropeaidd ai peidio. Gweithiodd y cystadleuydd hwn ar bigion ei fis gan godi pwyntiau o blaid ac yn erbyn fel y ceid hwy'n ddyddiol ar deledu Norwy. Mae ei ddychymyg yn hyfryd o fyw, weithiau'n trafod gydag ymwelwyr sy'n galw heibio; dro arall, y teulu'n mynd at ffrindiau i ddadlau ymhellach; ceir cofnod o deleffonio ffrind yn yr Almaen; y mab, Steinar, yn dod adref am seibiant, a dyna gael ei farn yntau. Mae dyfais fel hon yn llwyddo i drafod gwleidyddiaeth a sefyllfa dyngedfennol gwlad fach fel Norwy. Dylid gochel ffurfiau carbwl fel 'Trafodon ni ...' yn lle 'Buom yn trafod ...' a dylid gwahaniaethu rhwng 'nid' a 'dim', a rhwng 'nac', 'nad' a 'nag'.

Emroch: Yr Apostol Paul sy'n cadw'r dyddiadur hwn o'i Ail Daith Genhadol, gan ddechrau ar 'Sul, Mai 1af 50 A.D.' Er y gellir dadlau ynghylch yr enw 'Sul', y ffurf 'Mark Anthony', 'Mercury' a 'Môr yr Aegean', mae *Emroch* yn gadael i Paul draethu'n rhwydd am ei gred a'i ofnau, heb sôn am y 'swmbwl yn y cnawd' a fu'n gymaint poendod iddo. Yn fynych, try hynny'n gyfyng-gyngor yn ei hanes; bryd arall, teimlir bod tyndra ynglŷn â phwy a gaiff fod yn gwmni iddo ac, ar dro, cyfyd problem ynghylch ple i fynd nesaf ar y daith. Er ei bod yn anodd dygymod â'r Apostol (o'r ganrif gyntaf) yn dyfynnu emynau Cymru, fel 'Rhagluniaeth fawr y ne'', etc., mae *Emroch* yn cofnodi'n wybodus a dyfal.

Yr Alltud: Yr un yw *Yr Alltud* ag *Emroch* ac mae hynny'n profi bod yr ymgeisydd hwn yn llenor tra chynhyrchiol. Y croesdynnu ym mis dyddiadur *Yr Alltud* yw un ai aros yng Ngwaith Dur Grovesend neu fentro fel athro yn St Albans bell. Gwelir yma ŵr ifanc o gefndir diwylliedig a chrefyddol ac, fel enaid hydeiml, mae'n llwyddo yn yr ysgol estron. Ond at hynny, mae'n ymserchu mewn geneth o Saesnes sy'n ei osod, fel Cymro, mewn math arall o gyfyng-gyngor. Diffyg mwyaf yr ymgeisydd hwn yw gor-ysgrifennu (yn enwedig mewn dyddiadur) nes bod tuedd i'r cynnwys cymysg droi'n wlanog.

Dagrau Cydwybod: Dyddiadur gwir ddiddorol, sydd yn symud yn gynnil o'r naill ddiwrnod i'r llall. Gwraig ddeugain oed sydd yma, gyda Ned, ei gŵr, a'u bachgen dengmlwydd, Eilir. Ond mae ganddi hefyd ofal cariadus dros ei mam fethedig sydd, gwaetha'r modd, yn hen wraig dra hunanol. Mae'r gweini ddydd a nos ar y fam yn darn-ladd y ferch druan, a'r claf yn bythol ganu'r gloch am sylw: 'isho troi'r gobennydd ... isho codi i'r comôd ... isho gorwedd ar ei hochor ... isho eistedd i fyny ...'. Ysgrifennwyd y dyddiadur mewn tafodiaith ogleddol; efallai y byddai 'isio' yn amgenach ffurf. Serch y dafodiaith lithrig, mae'r ymgeisydd hwn yn llenor rhy abl i gynnwys geiriau fel 'fflôtio', 'sowndio'n reit consyrnd', 'cydl' a'r enbydus *so*'. Brysiaf i ddweud mai eithriadau llwyr brin yw hyn yn y gwaith. I ddwysáu mis ei gofalon, mae hi'n deall ei bod yn feichiog. O hynny ymlaen, â'r llethdod bron â'i difa, mae'n ystyried erthyliad, ac wrth ymrafael â'r broblem adwythig honno, fe'n gedy gyda chynildeb yn lifft yr ysbyty. Mis o ddyddiadura pwerus iawn.

Camelot: Egyr yr ymgeisydd rhugl hwn ei stori ar ddydd Calan gan addunedu cadw dyddiadur! Hen lanc unig, hanner cant oed, yw John Aaron, sydd newydd gladdu'i fam, ac ychydig cyn hynny wedi colli'i swydd. Yn oer a thlawd ei fyd, ni ŵyr sut i wynebu bil yr angladd, morgais y tŷ, heb sôn am y costau byw beunyddiol. Disgrifia'i brofiadau gyda swm o amrywiaeth o ddydd i ddydd: yn ei wely, yn y capel, ar y stryd, mewn swyddfa, mewn llyfrgell, i gyd gydag ambell ddarn gorchestol o ddeialog. Yn y tŷ, mae'n 'rhuo o gwmpas efo'r faciwm ...'; yn y capel, fe glyw bregethwr lleyg diflas 'yn dweud y drefn am bob dim dan haul'. Mae pathos a hiwmor yng ngwead John Aaron, a phan enilla filoedd ar y loteri (cyd-ddigwyddiad eithafol braidd ond dyna fo!), ymboena rhag i benaethiaid y capel glywed am 'bechod' y peth. Am iddo benderfynu'n ddirgel mynd o aeaf Cymru am wyliau 'i wanwyn cynnar' Fenis, mae'n gorfod prynu cês yn y dref, a digrif i'r eithaf yw'r ymgais ganddo i guddio cruglwyth mor amlwg â chês glas newydd rhag i'r pentrefwyr ei weld. Ar ddiwrnod olaf Ionawr, cyn cychwyn ar ei daith, mae'n taflu llyfryn glân i'r cês: 'Bydd angen cychwyn ar ddyddiadur newydd fory', meddai, 'dyddiadur taith'. A dyna *Camelot* yn rhoi clo telynegol i'r cyfan, a'r mis wedi rhoi portread i ninnau o John Aaron fel cymeriad rhyfeddol o annwyl.

Dic: Ysgrifennwr gwironeddol fedrus yn disgrifio Gŵyl Lên ger San Francisco, lle mae Dic a'i wraig, Liz (Americanes), a'u plant, Nia ac Alun, yn deulu hyfryd o hapus ac yn mwynhau'r miri. Ond, ar ôl cael eu cyflwyno i Tanya Shingley, trefnydd y gymdeithas, dechreuodd y 'cemistri' weithio rhwng Dic a Tanya ac wele glamp o benbleth yn magu. Gellir twt-twtian hyn oll a bwrw'r cyfan o'r neilltu fel un o'r mil storïau syrffedus hynny am y 'triongl' bondigrybwyll. Ond y tro hwn, mae yma awdur grymus sy'n ymrafael yn seicolegol galed â'r profiad dryslyd hwn a ddaeth i'w ran. Er nad oes dim aflednais yn y dyddiadur, ymdrecha Dic i ddadansoddi'r hurtrwydd melys sydd wedi'i feddiannu. Diddorol yw dilyn ei ymresymu, fel y ceisia'i gyfiawnhau ei hun, ei berswadio'i hun, ei dwyllo'i hun, heb sôn am dwyllo pawb arall o'i gwmpas agos. Mae'n hapus ond yn euog. Gall ddweud y gwir wrth Liz 'yn onest ond yn anghyflawn'. Erbyn diwrnod ola'r mis, mae'n rhaid iddo gydnabod bod gan ferched ddawn sythweledol cwbl gyfrin ac, ar y terfyn, daw hynny i'r amlwg pan yw ei wraig ef ei hun yn ei gyfarch ag un gair ffrwydrol, bras – un gair sy'n dweud y cyfan. Prin bod angen y frawddeg wamal olaf gan *Dic*.

Sut y mae pethau i fod? Byddwn yn dra bodlon i *Dic* gael llawryf y gystadleuaeth hon ond, erbyn hyn, fe'i caiff y beirniad ei hunan mewn cyfyng-gyngor! Nid oes fawr ddim rhwng *Dic* a *Camelot*, nac wedyn rhwng *Camelot* a *Deigryn Cydwybod*. Er bod y wobr ariannol yn mynd i fod yn anghyfartal, fe garwn i'r tri hyn rannu anrhydedd y llenor rhyngddynt; felly, rhodder £40 i *Dic*, £35 i *Camelot* a £25 i *Dagrau Cydwybod*.

Y Dyddiadur

DYDDIADUR DIC

Fis diwetha', cawsom helyntion diddan Dic a'i deulu annwyl yng Nghalifornia wrth iddynt baratoi ar gyfer eu gwyliau yn ne'r dalaith, a chlywsom hanes hyfryd, doniol eu siwrnai i'r ŵyl lên yn ymyl San Francisco.

26ain

I'r ŵyl lên heddiw. Mae'n cael ei chynnal ar faes anferthol (o leia' bedair gwaith maintioli unrhyw faes 'steddfod welais i erioed) efo golygfa dros gilfach o'r Môr Tawel lle bu uwchganolbwynt y daeargryn hwnnw ddaru ddinistrio'r rhan fwya' o San Francisco yn 1906. Edrych ymlaen at gyfarfod rhai o aelodau Cymdeithas Tân Uffern yn y prynhawn. Roedd Tanya, trefnydd y gymdeithas, yn swnio'n wraig frwdfrydig a hwyliog dros ben ar y ffôn pan alwais i hi ynglŷn â'r cyfarfod. Meddwl tybed faint fydd yn troi i fyny.

Cyrraedd y man cyfarfod am ddau o'r gloch. Dim ond Tanya oedd yno. Cyfaill iddi hi'n ein cyflwyno i'n gilydd cyn diflannu i'r dyrfa. Mae golwg gwraig frwdfrydig a hwyliog ar Tanya; ei llygaid a'i gwên yn creu harddwch sy'n fy nhreiddio. Does neb arall wedi ymddangos erbyn chwarter wedi dau; felly, gan ei bod hi'n bwrw glaw, awn am goffi o dan do. Rydan ni'n siarad am y gymdeithas a'i rhinweddau/gwendidau. Rydw i'n ymwybodol 'mod i'n gwenu'n amlach ac am hirach na'm harfer. Fy nheulu yn galw heibio er mwyn trefnu man cyfarfod ar gyfer y sioe ymhellach ymlaen, ac yna diflannu i'r dorf. Sgwrsio efo Tanya. Mae gen i ddarlith i fynd iddi am bedwar; mae gan Tanya ddiddordeb yn honno hefyd, felly mae'n dod efo fi. Dw i'n crybwyll 'mod i'n bwriadu mynd i ginio Gŵyl Ddewi'r Gymdeithas yn Tiburon ar y 1af.

1af

Mae'r tywydd wedi gwella'n arw, ac mae Tiburon yn dref dlos, er hynod gyfoethog. Mwynhau diwrnod hyfryd efo'r teulu; cinio blasus mewn tafarn, a sgwrs hir efo'r dyn teledu hwnnw sy'n edrych yn debyg i Gwyn Llywelyn, a oedd yn digwydd bod yn eistedd wrth y bwrdd nesa'. Yn falch iawn nad oedd o, fel cymaint o Americanwyr, yn meddwl mai rhan o Loegr oedd Cymru.

Aeth y teulu i gyd i'r cinio Gŵyl Ddewi gyda'r nos. Eistedd wrth y bwrdd. Cyd-ddigwyddiad! Ar y plât ar yr ochr dde i mi, mae cerdyn gyda'r enw 'Tanya Shingley' arno. Ymhen hanner munud, mae'r ddynes ei hun yn plannu'i phen ôl ar ei gadair, ac yn ein cyfarch ni yn Gymraeg. Dydi hi ddim yn medru llawer iawn o'r iaith ond mae hi wedi datblygu tipyn o ddiddordeb ynddi ers symud o

174

Philadelphia i ardal San Simeon, California – ardal y dyn papur newydd, William Hearst. Mi benderfynodd ddod i'r cinio ar y funud ola'. Llawer o sgwrsio efo Tanya; hithau'n dangos diddordeb hynod ddeallus a threiddgar. Y teulu'n cymryd ati. Trafod yr ŵyl lên, sôn am gerddoriaeth y cyfansoddwyr sydd wedi creu darnau arbennig ar gyfer yr ŵyl; crybwyll fy mod i'n mynd i sesiwn wobrwyo drennydd.

3ydd

Y plant yn cael mynd i weld gwinllannoedd Cwm Napa yn y car efo'u mam. Minnau'n mynd i'r ŵyl lên. Tra dw i'n cerdded o gwmpas, dyma Tanya'n dod ata' i. Mae'n dweud ei bod hi wedi penderfynu mynd i'r cyngerdd nos fory yn San Francisco, ac wedi prynu tocyn. Dydi o ddim y math o gyngerdd y byddai gweddill y teulu'n ei fwynhau, a does gen i ddim tocyn eto, er 'mod i wedi dweud wrth Tanya y diwrnod o'r blaen fod gen i ddiddordeb yn y gerddoriaeth sy'n cael ei pherfformio. Penderfynu mynd, a threfnu bod Tanya a fi'n cyfarfod y tu allan i'r neuadd gyngherddau. Mae hi'n dod efo fi i'r sesiwn wobrwyo, ac wedyn i ddarlith. Yna, awn efo'n gilydd am fyrger yn y stondin lle dw i wedi trefnu i gyfarfod fy nheulu ar gyfer y pantomeim heno. Y sgwrs yn llifo'n fwy diddorol nag unrhyw un dw i wedi'i chael ers blynyddoedd; yn wir, mae'n hynod gyffrous, efo lot fawr o chwerthin. Mae Tanya'n aros am ryw hanner awr yn sgwrsio efo 'nheulu wedi iddyn nhw gyrraedd, cyn ei throi hi am ei gwesty.

Eitha' pantomeim, heb fod yn wych.

4ydd

Diwrnod o ddarlithoedd a thrafodaethau, ar fy mhen fy hun, gan fwya', ond yn sgwrsio efo amryw dw i'n eu hadnabod.

Gyda'r nos: Y tu allan i'r neuadd gyngherddau, mae'r haul yn disgleirio, a dw i'n eistedd ar sedd yn yfed coffi a thrio ysgrifennu. Dyma Tanya, hanner awr yn fuan. Mae hi wedi gwisgo'n smart dros ben, mewn lês glas a melfed du. Dweud wrthi, heb feddwl, ei bod yn edrych yn hardd iawn. Mwynhau'r cyngerdd yn fawr. Mae'n gorffen yn o gynnar; beth am ddiod bach? Iawn! Mynd â'n dau gar dros bont y Porth Aur i San Rafael, a galw mewn tafarn yno sy'n darparu sglods efo pysgod siopau-*chips*-Prydain. Taro ar wraig tua 70 oed a gafodd ei geni a'i magu yn Rhosili – yma yn San Rafael, o bob man yn y byd! Hithau'n awyddus i sgwrsio efo ni. Mae'n holi o ble 'dan ni'n dod. Dweud wrthi 'mod i'n frodor o Lanbrynmair, a Thanya o Philadelphia, ond ei bod yn byw ger San Simeon rŵan, a minnau ym Mhalo Alto. Mae'r ddynes yn synnu; roedd hi'n siŵr pan gerddon ni i mewn ein bod ni'n 'eitem', meddai. Gadael y dafarn; chwerthin yn afreolus; rhoi llaw gyfeillgar am ysgwydd Tanya am eiliad a'i galw'n hanner eitem; ei braich hithau'n gafael am fy ngwasg am eiliad. Cydio yn nwylo ein gilydd, heb feddwl, i groesi'r ffordd. Stopio yn ymyl golau stryd. Closio. Mae llygaid Tanya, y ffordd y mae'n gafael ynof, a'r cynnwrf sydd yn fy lwynau innau, yn arwyddion pendant fod y sefyllfa'n mynd yn beryglus. Arwain Tanya allan o'r goleuni; ofni y gallai fod rhywun o gwmpas sy'n f'adnabod – dw i wedi dod i 'nabod lot o bobl yng Nghalifornia, a nifer fawr o'r rheini'n rhai sy'n mynychu'r ŵyl lên bob gwanwyn. Mwynhau un gusan – y fwya' angerddol i ddod i'm rhan ers blynyddoedd. Tanya'n anadlu'n drwm ac yn uchel. Mi fydd fy ngwraig yn dechrau amau os na chychwynna' i adre' rŵan. Ar ben hynny, mae 'na ormod o bobl allai gael eu brifo. Egluro hyn i Tanya. Hithau'n cytuno y dylwn i fynd. Mynd – ar ôl i ni drefnu mynd i ddarlith efo'n gilydd fory. Gyrru'n arafach nag arfer. Mae'n noson braf. Mae sêr yn y nen a'r Môr Tawel yn llonydd braf. Rydw i ar dir diarth. Dydw i ddim wedi teimlo cweit fel hyn ers peth amser cyn fy mhriodas. Yn sicr, dydw i erioed wedi teimlo fel hyn ac mor chwithig ar yr un pryd.

Mae'r sêr yn fy llygaid o hyd pan af i mewn i'r tŷ. Sibrwd helo wrth Liz, fy ngwraig – mae'n effro o hyd. I'r bath yn syth bin. Liz yn cysgu pan af i 'ngwely. Golwg ar y plantos annwyl cyn noswylio; fedrwn i ddim ymdopi â bygythiad iddyn nhw – bygythiad sydd wedi dechrau'i ffurfio'i hun bellach yn fy nghorff a 'nghalon. Tybed ydi o'n gafael yn f'ymennydd hefyd – fedra' i ddim troi'r rheini 'mlaen ar y funud.

5[ed]

I'r ŵyl eto, a mynd i ddarlith efo Tanya yn y prynhawn. Aros yn y babell ddarlithoedd ar ôl diwedd y ddarlith, a chytuno y byddai'n well i ni beidio â chyfarfod eto yn rhy fuan. Mae'n llygaid ni'n dweud yn wahanol. Tanya'n gorfod mynd adre'r prynhawn hwnnw. Ein llygaid yn llaith, canhwyllau'i rhai hithau'n feddal. Fedrwn ni ddim ffarwelio'n iawn yn yr adeilad cyhoeddus hwn, lle mae cymaint yn f'adnabod. Ond mi fyddai mynd allan yn fwy peryglus fyth – mae'r teulu o gwmpas; mae Nia'r ferch wedi gofyn, 'Mam, pam bod Dad yn mynd efo Tanya i gymaint o lefydd?' ac mae Liz wedi gofyn i mi ble'r oeddwn i neithiwr mor hwyr, a finnau wedi ateb yn onest er yn anghyflawn. Roedd cwestiwn Liz yn argoelus, achos *doedd* hi ddim yn hwyr iawn.

6[ed]

I'r ŵyl yn y bore, ac am dro yn y prynhawn efo'r teulu i wylio, o bellter, morfilod ar eu ffordd wrth fudo o lannau Mecsico i gyrrau Alaska. Tanya ar fy meddwl 100% o'r amser. Mynd adre' i Palo Alto. Tanya ar fy meddwl 100% o'r ffordd.

9[fed]

Yn hynod naturiol efo pawb o'r teulu echdoe, ddoe a heddiw, er bod Tanya ar fy meddwl 100% o'r amser.

10ᶠᵉᵈ

Deffro o freuddwyd lle na ddaru Tanya a fi ddim rhoi'r brêcs ymlaen, fel ddaru ni noson y 4ʸᵈᵈ. Mae 'nghalon i'n gweithio litr i'r peint a dw i'n trio rhoi f'ymennydd ar waith hefyd. Dydi peth fel hyn erioed wedi digwydd i mi, a minnau'n briod – a hynny mewn priodas heb lawer o'i le arni, hyd y gwelaf. Dw i'n eitha' siŵr y byddai 'ngwraig yn syrthio i wewyr dwfn pe bai'n dod i wybod am hyd yn oed yr ychydig gyffwrdd a fu rhwng Tanya a minnau (heb sôn am y cwbl a ddigwyddodd yn ein meddyliau/calonnau). Mi fyddai 'na dri o bobl sy'n annwyl dros ben i mi yn diodde'n enbyd. Serch hynny, mae arna' i awydd parhau'r berthynas. Dw i isio'i chyfarfod hi eto, yn fuan. Mi fyddai'n rhaid iddi fod yn berthynas feddyliol a chorfforol. Be' mae Tanya'n ei feddwl erbyn hyn, tybed?

Mae fy meddyliau i'n fy syfrdanu ac yn codi ofn arna' i, ond heb fy nychryn i; mae'n ymddangos fel pe bai hyn i gyd yn digwydd yn hollol naturiol – fel pe bai rhywbeth allanol yn fy ngyrru ymlaen. Mae Tanya ar fy meddwl 100% o'r amser.

11ᵉᵍ

Mae Tanya ar fy meddwl 100% o'r amser. Mynd i gyngerdd gyda'r nos. Perfformiad cyntaf darn newydd o gerddoriaeth; darn mor angerddol nes fy mod yn beichio crio drwy'r deng munud olaf. Mae'r dyn yn y sedd nesa'n dweud ei fod yntau wedi bod yn agos at ei ddagrau hefyd.

12ᶠᵉᵈ

Gwrando ar gân gan y grŵp gwerin Cusan Tân, *Dyn o Ddeugain*, sy'n sôn am ddyn iau na fi'n godinebu ac yna'n gadael ei wraig a'i blant.

Ystyried trafod y sefyllfa efo'm seiciatrydd.

13ᵉᵍ

Mae Liz wedi bod yn ymddwyn yn anwylach tuag ata' i ers ychydig ddyddiau; ydi hi teimlo bygythiad? Dydi hi ddim yn meddwl bod dim wedi digwydd – *mewn ffordd*, ddigwyddodd dim, canys stopiodd Tanya a fi mewn pryd. Ond do, mi wnes odineb yn fy nghalon. Mae Tanya a fi wedi ffoli'n pennau ar ein gilydd, gwaetha'r modd.

Ond ai 'gwaetha'r modd'?

Be' wna' i? Dod â'r berthynas i ben, a pheidio â gweld Tanya byth eto? Oni fyddai hynny'r peth doetha' o beth cythraul? Byddai; ond ... *Mae d'eisiau di bob awr*. Mae llun o'r plant yn fabis yn edrych arna' i o ben draw 'nesg.

14ᶜᵍ

4 a.m. Ychydig iawn, iawn o gwsg. Eisiau gweld Tanya yn ofnadwy; eisiau bod efo hi drwy'r nos; medru deffro ganol nos a'i deffro hithau – fel y mae cariadon ar ddechrau'u perthynas. Ystyried a allai priodas agored (o'r ddwy ochr os ydi'r wraig eisiau hynny) helpu pethau. Mae'n siŵr fod mwy o angerdd tuag at Tanya na rhesymeg a synnwyr yn siarad ar y funud.

2 p.m. Uffern, dw i hisio hi! Dw i wedi bod yn gorwedd ar fy ngwely yn methu â pheidio â meddwl amdani. Ydw i'n mynd i sgrifennu ati hi, ei galw hi ar y ffôn, neu adael neges ar ei hatebydd? Mae arna' i flys gwneud rhywbeth; dw i'n gwybod yn union beth i'w ddweud dros y ffôn, a does neb arall yn y tŷ. Well i mi aros tan fory, efallai.

Gyda'r nos, tua 9.30. Wnes i ddim ffonio ond dw i'n dyfaru hynny; dw i'n fy nghicio fy hun. Mae'n amlwg 'mod i'n hollol ddall – fyddwn i ddim wedi breuddwydio bythefnos yn ôl fod peth fel hyn yn bosib. Mae Tanya'n hŷn na Liz, ond mae hi'n fy ngwefreiddio. Er gwaetha rhesymeg, mae mwy o'i heisiau arna' i fel mae amser yn mynd heibio. Drwy'r wythnos, mae fy angerdd wedi cryfhau; drwy'r wythnos, mae Tanya wedi tyfu yn fy nghorff, a – cywilydd? – Liz wedi gostwng. Dw i ddim yn credu mewn astroleg ond mae'n rhyfedd fel y mae Tanya'n *Sagittarius*. *Leo* ydw i ac mae'r rhai sy'n credu yn dweud bod *Leo* yn siŵr o gwrdd â'i Waterloo gyda *Sagittarius*.

Uffern, mae hyn yn beryg' bywyd – AC YN FYGYTHIAD DIFRIFOL I'R PLANT DRUAN. Rhaid eu hamddiffyn; rhaid i'r briodas aros yn gyfan; rhaid i bawb gredu bod posib gwneud hynny – tra dw i'n bwyta 'nghacen a Tanya'n cael ei chacen hi. A rhaid gwneud yn siŵr nad oes neb yn llwgu.

Sut y teimlwn i, tybed, pe bai Liz wedi mopio'i phen ar rywun diddorol, angerddol? Dydw i ddim yn gwybod ar hyn o bryd, a fedra' i ddim meddwl am y peth heb fynd yn ddryslyd. Ar un ystyr, mi fyddai dyn mwy diddorol ac angerddol na fi yn rhywun gwerth ei gael yn ŵr a thad! Ond dw i'n ddigon o ben bach i f'ystyried fy hun – hyd yn hyn – yn dad eitha' da ar y cyfan. Ac, yn rhyfedd, mi fyddai meddwl am y plant yn colli'u Cymraeg yn boenus dros ben. Ond, aros am funud rŵan, Dic! Mae hynna i gyd yn cymryd yn ganiataol fod Liz wedi dod i garu'r dyn damcaniaethol hwn. Dydw i ddim *mewn cariad* efo Tanya, does bosib? Ond i Liz beidio â dod i garu neb arall ddigon i fod eisiau 'ngadael i, fyddai dim o'i le pe bai hi'n cael ambell ffling, yn na fyddai?

15ᶠᵉᵈ

Yn gynnar, gynnar yn y bore. Mae lluniau o'r plant yn ymddangos o flaen fy llygaid; plantos hapus, yn gwenu, yn meddwl y byd o'u mam a'u tad. Beth pe bai hi'n dod yn chwalfa arnyn nhw? Dydyn nhw ddim yn haeddu'r fath beth; maen nhw'n haeddu lot fawr, fawr gwell.

Mae rhywbeth neis dros ben wedi digwydd i mi, ond mae o'n cael ei ddifetha gan ofn – arswyd, yn wir – am ei fod yn rhywbeth nad ydi o ddim i 'fod' i ddigwydd.

O diar, diar, dydi fy ngwraig a finnau ddim yn rhannu'r un diddordebau o gwbl. Efallai, pe baen ni'n edrych ymlaen rai blynyddoedd, na fyddai Tanya a finnau'n ystyried ein gilydd yn ddiddorol. Dw i ddim yn meddwl bod hynny'n debygol, yn fy nallineb presennol – ond peth dros dro ydi'r berthynas 'ma efo Tanya, yntê?

Ar un agwedd, mae'r hyn dw i bron â marw o eisiau'i wneud yn dwyllo; lot fawr, fawr o dwyllo. Ar y llaw arall, mae'n bosib – neu efallai fod yn rhaid i mi – edrych ar y peth o'r safbwynt fy mod i'n cael fy nhwyllo o beth o'm 'haeddiant' yn y bywyd hwn, ac mai dim ond un bywyd sydd gen i ac nad ydw i ddim yn fodlon ei wastraffu.

Hanner dydd. Mae'n anodd credu bod peth fel hyn yn medru digwydd; ei bod hi'n bosib i ddyn deimlo fel hyn. Dim ond ar bum diwrnod y gwelais i Tanya, ond dw i'm isio bod hebddi rŵan. Wnaiff hyn mo'r tro. 'Plentynnaidd' fyddai disgrifiad pawb o'r tu allan, yntê?

2 p.m. Mae tristwch yn fy llethu; dw i'n methu â chanolbwyntio ar waith o unrhyw fath. Mae meddwl am Liz yn fy niflasu. Dydy hyd yn oed lluniau'r plant ddim yn codi fy nghalon.

Ydi Tanya'n dod yn obsesiwn? Dw i isio bod efo hi *rŵan*.

4.30 p.m. Tanya ar fy meddwl 100% o'r amser. A gawn ni eto gwrdd? Fydd hi ddim yn aelwyd newydd sbon er (yn anffodus dw i'n meddwl erbyn hyn) ein bod ni wedi tywallt dŵr ar y tân cyn iddo gael cyfle i wir gynnau'r tro cyntaf. Mae'n ddeng niwrnod, bron i'r munud, er pan welais hi ddiwetha'. Dw i'n meddwl ei bod hi'n obsesiwn – am ba hyd?

Nefoedd annwyl, mi gawn i lond ceg gan gymaint o bobl pe baen nhw'n gwybod! Roeddwn i'n meddwl y *feri thing* yna wrth basio tŷ cymydog ar y ffordd i bostio llythyrau efo Alun bach. Ond dw i isio bod efo hi. Diweddu'r berthynas fyddai'r ateb 'iachaf' – ond mi fyddwn i'n teimlo mor wag wedyn. Doeddwn i ddim yn teimlo'r fath wegi cyn yr wythnos ddiwetha', chwaith – efallai, bryd hynny, fod gwag wedi bod yn troi mewn gwag, chwedl Parri bach.

5.30 p.m. Dw i yn fy nagrau wrth wrando ar ganeuon digon syml sy'n sôn am gwrdd am y tro cyntaf, canhwyllau llygaid, gwenu, etc. Mae'n siŵr mai dim ond y fi, o bawb yn y byd, a fyddai'n dweud (efo Parri bach, eto), 'Chware-teg i Dic – nid yw pawb yn gwirioni'r un fath'. (Rydw i'n Ddic, ac rydw i'n gathmon!) I eraill, ac yn ôl pob rhesymeg, dydw i'n haeddu dim 'chware-teg' o gwbl.

179

Dw i'n fy nal fy hun yn siarad yn uchel efo fi fy hun am y peth. Dw i'n gorfod f'atgoffa fy hun o hyd i *gau fy ngheg*.

16^{eg}

Mae Tanya o hyd ar fy meddwl 100% o'r amser.

Dw i'n byw lle dw i ddim eisiau byw; dim S4C, dim Radio Cymru, dim llyfrau Cymraeg yn y llyfrgell na'r siopau, y plant yn siarad Saesneg Americanaidd efo'i gilydd (er nad efo fi, diolch byth), a dim ond yr iaith fain i'w chlywed o'm hamgylch; ar ben hynny, dim ond ychydig gyffro i'w gael yn y cartref. 'Ymlusg yfory ac yfory fyth yn y cerdded salw hwn o ddydd i ddydd, hyd sillaf olaf mesuredig dymp.' (Shakespeare, *Macbeth*, cyf. T. Gwynn Jones).

Beth, felly, ydi'r ddynes newydd yma i mi rŵan? Tipyn o ddryswch? Mae'n teimlo fel llawer mwy na hynny. Pam 'mod i mor drist hebddi, a finnau ddim ond wedi cael golwg arni am bum diwrnod? Ydw i'n ymateb yn llawer iawn, iawn mwy nag sy'n rhesymol i sefyllfa fel hon? Efallai'n wir ond, os felly, pam? Pam? Oes rhywbeth mawr yn bod ar fy sefyllfa bresennol? Mae dyddiau diweddara'r dyddiadur hwn yn awgrymu bod ond ydi'r 'rhywbeth mawr' hwnnw'n ymddangos yn fwy nag ydi o mewn gwirionedd oherwydd 'mod i'n gor-ymateb i Tanya. Ynteu a ydw i wedi ymateb i Tanya fel hyn am nad oeddwn i wedi sylweddoli bod 'rhywbeth mawr' yn bod? Gobeithio y dengys amser – a gobeithio i'r diawl na wna i ddim camgymeriad erchyll oherwydd brys neu angerdd yn y cyfamser. WATSIA HI, DIC!

Fel roedd Plethyn bron â dweud, 'Beth am chwarae efo tân fel y tân yn Llŷn?' Ie, tân yw Tanya. Uffern, mae arna' i ofn, hefyd.

17^{eg}

10 a.m. Does neb ond fi yn y tŷ. Galw Tanya ar y ffôn. Mae'n synnu clywed fy llais. Roedd wedi disgwyl y byddwn i'n rhedeg i ffwrdd nerth fy nhraed ar ôl y 'noson fawr'. Roeddwn i wedi bod ar ei meddwl drwy'r amser am wythnos gron, ond roedd wedi llwyddo o'r diwedd i gael gwared ohono' i am adegau byrion yn ystod y dyddiau diwetha'. Ond rŵan, dyma fy llais i ar y ffôn – '*Wow!*' meddai. Mae hi'n llawn angerdd. Awgrymaf gyfarfod ymhen ychydig oriau yn rhywle tua hanner ffordd rhwng ein cartrefi. Iawn, dau o'r gloch, yn Monterey. Gadael neges i Liz yn dweud bod rhywun wedi galw ar y ffôn yn gofyn fedrwn i gymryd dosbarth ar fyr rybudd yn Monterey y pnawn 'ma.

18^{fed}

Cyrraedd adre' am hanner nos neithiwr. Wedi profi hapusrwydd a gwefr ddoe, ynghyd â'r paranoia mwya' diawledig. Roeddwn i'n poeni rhag ofn bod tywod yn fy ngwallt, er enghraifft. Ofn, nid euogrwydd, a'm llanwodd ar fy ffordd yn ôl.

Yn teimlo'n ofnus dros ben o hyd; hefyd yn euog, ond dim ond oherwydd i mi ddweud fy nghelwydd mawr cynta' 'rioed wrth Liz. Teimlo gwylltineb hefyd, am 'mod i wedi 'gorfod' dweud celwydd, ac am na alla' i drafod y peth efo Liz, na hyd yn oed crybwyll canran o'r gwirionedd wrthi. Ar ben hynny, does dim un o'm cyfeillion y byddwn i'n fodlon trafod y peth efo fo.

Mae Tanya'n teimlo'r un ffordd tuag ata' i yn union, hyd y gwela' i, ag yr ydw i tuag ati hi. Dydi hi ddim am i neb o 'nheulu gael ei frifo o gwbl – yn enwedig a hithau wedi'n cyfarfod ni i gyd, a'n gweld yn uned ddedwydd efo'n gilydd am amser sylweddol. Byddai'n well ganddi 'ngweld i bob hyn a hyn na dim o gwbl, meddai. Mae'n rhaid iddi hi a fi sylweddoli, os ydan ni'n mynd i barhau'r berthynas hon, y bydd yn rhaid i ni fod yn ofalus, ofalus, ofalus.

Ddylwn i, ys gwn i, gael gair efo fy seiciatrydd?

20[fed]

4.30 p.m. Galwodd Tanya fi ar y ffôn neithiwr. Llwyddais i siarad yn eitha' naturiol, ac ymlacio, er gwaetha'r ofn a ddaeth i mi ar y cychwyn – Liz oedd wedi ateb yn y lle cyntaf. Tanya'n gofyn fedra' i ei chyfarfod yn Big Sur ar y 27[ain]. Cytuno. Pan alwodd, ro'n i newydd ddechrau llythyr ati; ar ôl yr alwad, fedrwn i ddim sgrifennu'r un gair arall – dim ond meddwl, ofni a theimlo gwefr. Dweud wrth Liz fod Tanya wedi crybwyll cyfarfod llenyddol yn Big Sur ar y 27[ain], a 'mod i'n bwriadu mynd. Coblyn o ryddhad ar ôl dweud; hithau, hyd y gwelwn, yn derbyn ar ôl myfyrio am ryw chwarter awr.

Heddiw, mae gen i gyfarfod efo rhai o'm cyd-weithwyr yn San Francisco. Dw i'n cychwyn ar fy siwrnai am bump yn y bore – dw i'n mwynhau gyrru ar ffyrdd tawel. Eistedd wrth Pier 39 yn wynebu'r bae am 7 a.m. yn gorffen fy llythyr at Tanya. Teimlo coblyn o hapusrwydd, ond ambell bwl o euogrwydd, yn ystod y dydd. Rhaid cofio: GOFAL, GOFAL, GOFAL.

Wrth gerdded bore 'ma, meddwl tybed sut y byddai'r berthynas efo Tanya'n diweddu. Tybed, tybed, tybed, a fydd – unrhyw bosibilrwydd y bydd fy ngwraig yn medru derbyn y syniad o briodas agored? Sgersli bilîf.

24[ain]

2 p.m. Wedi bod yn teimlo'r paranoia mwya' ofnadwy ers tua 10.45 bore 'ma. Liz wedi penderfynu'n sydyn ei bod am fynd i weld cyfaill iddi sy'n medru Cymraeg. Liz ddaru nôl y post bore 'ma, tybed oedd 'na lythyr na ddaru hi 'mo'i roi i mi? Mi ddwedodd Tanya – yn ystod y cinio Gŵyl Ddewi, os dw i'n cofio'n iawn;

cyn y 'noson fawr', beth bynnag – ei bod hi'n bwriadu ymarfer ei Chymraeg trwy sgrifennu ata' i yn yr iaith. Be' aflwydd fyddai hi'n ei ddweud mewn llythyr erbyn hyn? Dydi Liz ddim yn medru Cymraeg. Ydi hi wedi mynd i weld ei chyfaill er mwyn gofyn iddi gyfieithu llythyr? Mi ddychwelodd dros hanner awr yn ôl, a dydw i ddim wedi clywed lleisiau'r plant. Pechod anfaddeuol, a thrueni anferthol, fyddai cael fy nal – ie, dyna lle mae'r ofn, y paranoia; ofni torri'r unfed gorchymyn ar ddeg, waeth befo'r seithfed na'r nawfed. Sut bynnag, ein gwahardd rhag dweud anwiredd *yn erbyn ein cymydog* y mae'r nawfed; dydi 'nghelwyddau i ddim yn erbyn neb. Dw i wedi llwyddo i ddod i gredu, dros y dyddiau diwetha' 'ma, nad ydi be' dw i'n ei wneud yn anghywir o gwbl. Ond fyddai Liz ddim yn meddwl yn yr un ffordd. O, na fyddai. Ga' i glywed llais plentyn? – Dim ond er mwyn cael gwybod bod pethau'n 'iawn'. Ond dim; dim ond ambell gerddediad ar y grisiau, ambell sŵn dŵr yn rhedeg i'r tanc, a thwrw calon y cachgi hwn yn curo gan ofn. Uffern, mi fydd fy ngwraig mewn cythraul o stad – wedi'i thorri'n rhacs am oes.

2.45 p.m. Newydd weld y car yn gadael. Y plant ynddo. Corniwcopia o ryddhad; o leia' mae'n debyg nad ydi Liz yn gwybod dim. RHAID, RHAID, RHAID sicrhau nad oes unrhyw bosib y bydd hi'n darganfod y gwir – neu bydd pump o bobl yn cael eu brifo'n enbyd. A dw i eisiau dal i weld Tanya – dydw i ddim eisiau byw hebddi. A dydw i ddim eisiau i'r teulu fyw hebdda i. Dw i'n meddwl cymaint ohono' i fy hun nes 'mod i'n teimlo bod f'angen ar y teulu. Dw i'n meddwl, hefyd, 'mod i, rywsut, yn hapusach pan dw i'n gweld Tanya yn ogystal â'r teulu. Mi fu Liz, minnau, Nia ac Alun allan fel teulu ddoe i lan y môr; roedd o'r trip hapusa' dw i'n ei gofio ers blynyddoedd efo'r teulu – o'm safbwynt i, beth bynnag.

25ain

Nia'n dweud wrtha i amser te ddoe nad oedd 'Mam ddim yn teimlo'n dda iawn'. Roedd tipyn o'r dolur rhydd arni, mae'n debyg. Ar ôl i'r plant fynd i'w gwlâu, cafodd llawer ei ddweud. Yn fyr, mae Liz yn awgrymu i mi na ddylwn i ddim mynd i Big Sur – yn wir, na ddylwn i ddim gweld Tanya byth eto; ei bod hi'n rhy amlwg fod 'na gemeg o ryw fath yn bodoli rhyngddi a minnau. Dydi Liz ddim yn fodlon fy rhannu i na bod yn un ongl i driongl. Ydw i'n sylweddoli faint sydd yn y fantol, mae'n gofyn. Rydw i wedi bod yn sôn am Tanya'n rhy aml – mae'n amlwg ei bod ar fy meddwl o fore gwyn tan nos. Yr unig gyfraniad o bwys sydd gen i i'r 'sgwrs' ydi dweud fy mod yn mynd i ambell gyfarfod oherwydd natur fy ngwaith i, a bod Tanya'n debygol o fod yn rhai ohonyn nhw, oherwydd natur ei gwaith hithau. Dw i'n ychwanegu mai priodas ddigon eiddil sydd gennym ni os ydi hynny'n broblem i Liz.

26ain

Tanya a fory ar fy meddwl 100% o'r amser. Mae cwblhau unrhyw dasg anodd bron yn amhosib.

Dw i isio Tanya. Dw i isio'r teulu. Mae ar fy nheulu f'angen i. Mae cariad y plant yn hynod ddwfn. Mae Liz yn arbennig o driw i mi. Mae Tanya wedi ffoli'i phen amdana' i. Dw i dros fy mhen a 'mhopeth efo hi. Mi ddaru Tanya a fi gyfarfod am y tro cyntaf bedair wythnos yn ôl. Mae mwy na phymtheng mlynedd wedi mynd heibio er pan gyfarfu llygaid Liz a fi am y tro cyntaf, wrth i ni ganu *Auld Lang Syne*.

27ain

Neithiwr, mi wnaeth fy ngwraig bethau neis dros ben i mi – dyna'r tro cynta' iddi fy sediwsio ers llawer iawn o flynyddoedd. Deffro tua 5 bore 'ma, a chodi. Liz yn effro hefyd. Mae'n cynnig gwneud brechdanau i mi ar gyfer fy siwrnai. Rwy'n gwrthod.

Cychwyn tua 6.30 a.m., a chyrraedd Big Sur yn gynnar. Diwrnod bythgofiadwy – deuddeg awr yn mynd heibio megis deuddeng mund. Mae fel pe bai Tanya a fi wedi adnabod ein gilydd ers blynyddoedd. Mae fel pe na bai dim byd o'i le o gwbl. Mae'r byd lle nad ydi hyn ddim yn 'iawn' filiynau o flynyddoedd goleuni i ffwrdd. Methu â phenderfynu cweit pryd a sut i gyfarfod ein gilydd nesa' – ond 'mi wnawn ni, o gwnawn, mi wnawn ni'.

Gyrru adre' o Big Sur, â'r angerdd yn disgleirio o'r sêr yn fy llygaid. Siwrnai fodlon, a minnau'n dychmygu'r tro nes' bron bob cam. Cyrraedd adre' tua hanner nos. Mae fy ngwraig i lawr grisiau. Dw i erioed wedi gweld wyneb neb – boed actor neu actores, hyd yn oed – yn dweud cymaint â'r wedd o'm blaen. Mae'r wyneb yn crychu fwyfwy, a gair yn dechrau ffurfio ynddo. Mae'r gair yn ffrwydro. BASTARD!

Bydd rhagor o helyntion diddan y Cymro ar wasgar a'i deulu y mis nesaf

Dic

Casgliad yn cynnwys amrywiaeth o bytiau gwaelod tudalen ar batrwm deunydd llenwi-bwlch *Reader's Digest*

BEIRNIADAETH TEGWYN JONES

Daeth 19 o gasgliadau i law, yn cynnwys tua 3000 o bytiau i gyd. Nid oes yr un ohonynt heb ddeunydd y gallai golygydd y *Reader's Digest* Cymraeg ei ddefnyddio (coffa da am *Y Crynhoad* gynt), ac mae yn y goreuon ddeunydd a'i cadwai'n ddiddan am fisoedd lawer. Pa ddefnydd a wneir o gynhaeaf y gystadleuaeth hon, tybed? Y mae'n rhy werthfawr o lawer i'w adael i gasglu llwch ar silffoedd y cystadleuwyr, mae hynny'n sicr. Ceisiaf ddweud gair, yn gryno, am bob casgliad, gan nodi cyfanswm y pytiau ar ôl y ffugenw bob tro o ran diddordeb.

Ieuan ap Dan (50-60): Diofalwch mawr wrth deipio. Nid pleserus yw darllen copi sy'n frith o wallau waeth pa mor ddiddorol y cynnwys. Ofnaf mai cyffredin a gweddol ddiuchelgais yw hwnnw hefyd ar y cyfan.

Arduduy (80): Mewn llawysgrif – yr unig un. Pytiau am Flaenau Ffestiniog a'r cylch yn bennaf, gan hanesydd lleol. 'Codwyd Siop Woolworth Blaenau Ffestiniog yn 1933 mewn tri mis gan 50 o ddynion yn defnyddio 70,000 o friciau, 40 tunnell o sment, 20 tunnell o ithfaen a 140 tunnell o gerrig mân ...'. Diddorol, ond cyfyng ei apêl.

Y Garreg Lwyd (34): Rhai pytiau digon cymeradwy ond mae gormod o gyfieithu o'r Saesneg yn hwn, a hwnnw'n gyfieithu carbwl braidd. Dro ar ôl tro, collir ergyd stori neu ddywediad oherwydd hynny. Poenus o wallus, ac ychydig yn anghymreigaidd ei naws.

Grug y Gors (67): Roedd blas y pridd ar y pytiau hyn. Cardi sydd wrthi, mi gredaf, ac o ardal Tregaron o bosib. Llawer ohonynt yn hen drawiadau: 'Iachawdwriaeth = *salvation*; iechydwriaeth = *sanitation*'. Newydd i mi oedd y term 'popty ping' am 'feicrodon. Casgliad digon difyr.

Ffrind (Dros 400): Mae blas cenhadaeth Dramor y Presbyteriaid yn drwm ar y casgliad hwn, yn ogystal â chwrdd misol, seiat, sasiwn ac ati. Strôcs pregethwrol faint fynnir. Nid bob amser y mae *Ffrind* yn cyflwyno'i fater yn ddeniadol: 'Pyst ffens yn magu gwraidd yn nhir ffrwythlon Bengal ac yn tyfu'n goed'; ni thâl moelni felly. Hoffais hwn: 'Gwraig yn gwneud sylw: Biti na fasa'r dandileion ma'n floda, maen nhw mor hawdd i'w tyfu'. Mae ganddo rai dyfyniadau Saesneg – un gan Napoleon!

ap Ysgafnder (265): Cynllunio trefnus; pwyslais ar nodi ffynonellau, a phennawd bachog i bob dyfyniad. Nid yw'r pytiau o fyfyrdod personol yn ennill eu lle. Gwell yw'r rhai a seiliwyd ar atgofion personol; er enghraifft, yr hanesyn a glywodd am farwolaeth ddisyfyd John Evans, Eglwys-bach. Llawer o ddeunydd wedi ei gyfieithu yma a hynny braidd yn gloff ar brydiau (er enghraifft: 'Faint o bell yw Llanberis?'). Casgliad a fyddai wedi elwa o'i chwynnu'n dda.

Yr Ogwr (24) a *Y Foel* (21): Yr un cystadleuydd. Ychydig o ôl brys ar y teipio. I'w ganmol am ambell ffynhonnell annisgwyl megis Rhaglen Clwb Rygbi Llanelli, 1994, ond ergyd y dyfyniad yn mynd ar goll yn y cyfieithu gwan. Rhy hawdd ei blesio (er enghraifft: 'Tebyg yw bywyd i focs siocled – ni wyr [sic] beth a geir ynddo'). Fe allwn fod wedi dweud hynny fy hun. Manylion anghywir yn difetha ambell stori ffeithiol.

Ioan (20): Casgliad bach o straeon digri ac iddynt gefndir amaethyddol a chapelog yn bennaf, rhai ohonynt yn codi o brofiad *Ioan* ei hun. Difyr ond tenau.

Olwen (102): Digon o ddeunydd addas, ac ambell hanesyn personol diddorol megis hwnnw am y daith i Dwrci yn lori'i brawd. Stori arall ar gefn honno: rhywun yn gofyn iddi, 'Lle mae dy frawd erbyn hyn?' 'Yn Istanbul'. 'Newydd ddod o'r *Bull* ydw i, weles i mono fo'. Ambell gam gwag wrth gyfieithu. Mae ergyd un dyfyniad yn dibynnu ar yr ymadrodd 'cadw fy ngên i fyny', ond nid oes i hwnnw ystyr y Saesneg 'keeping my chin up'.

Wil, John, Dai (68): Torrodd ei beiriant, meddai, neu byddai ganddo fwy o gasgliad. Casgliad o bytiau digri'n unig a llawer ohonynt yn dra hen: 'Dêr! Ma fe'n bwysig. Ma fe'n ganon! Dim ond pistol oedd Paul'. Ond mae pethau gwell: 'Glywsoch chi am y ddau octopws yn priodi? Aethon nhw i lawr ale'r eglwys law yn llaw yn llaw ...'. Byddwn wedi hoffi mwy o amrywiaeth yn y deunydd,

Pegasus (50-60): Gwaith cymen iawn wedi ei drefnu'n dda, a'r rhan fwyaf o'r deunydd yn addas ddigon. Llawer o'r pytiau'n codi o brofiad personol ac felly'n wreiddiol. Hoffais yr adran 'Dehongliadau' lle ceir digrifbethau fel: 'Caseg = wy drwg, Hebraeg = dyn dibriod'.

Edward (200): Syniad da ganddo am y math o ddeunydd a geisid a cheir yma amrywiaeth ddiddorol ohono. Gwaith destlus a glân. Byddai mwy o ymdrech ar ei ran i rwydo pethau llai cyfarwydd wedi rhoi mwy o flas ar ei waith. Gall fod yn esgeulus wrth ddyfynnu barddoniaeth.

Maes-glas (Tua 100): Casgliad da, amrywiol, a'i ogwydd yn hytrach at y difrifol a'r sylweddol, er bod ambell fflach o heulwen yn torri drwy'r cymylau weithiau. Dim amheuaeth ynglŷn â'i ddawn i daro ar ddeunydd cyfan gwbl bwrpasol. Ei anffawd ef yw bod hynny'n wir am gystadleuwyr eraill a lwyddodd i gywain mwy o ysgubau i'w hysguboriau.

Shep (207): Un o ddarllenwyr brwd *Reader's Digest*, meddai yn ei gyflwyniad, a dilynodd batrwm y cylchgrawn hwnnw wrth gyflwyno'i ddeunydd, gan roi pennawd 'gogleisiol' gan amlaf i bob dyfyniad. Mae *Y Cymro* yn un o'i hoff ffynonellau ond taflodd ei rwyd ymhellach hefyd a dal ambell bysgodyn lliwgar. Casgliad cymeradwy iawn.

Siabod (76): Rhannwyd yn dair rhan: Doniol, Pwy Ddywedodd, ac Amrywiol. Llygad da eto am ddeunydd priodol, a hwnnw ar y cyfan yn cael ei gyflwyno â graen. Casgliad amrywiol a difyr dros ben a fyddai'n werthfawr iawn wrth benelin unrhyw olygydd.

Draenog (485): Casgliad mawr ac iddo ystod eang o ddeunydd cwbl addas, a'i gyflwyniad proffesiynol yn glod i'r awdur. Mae un adran hynod o ddiddorol yn cynnwys hysbysebion o hen newyddiaduron, a da yw cael cofnodi ambell sylw a glywyd ar lafar, megis 'Nid yw amser, llanw, na bysiau Crosville yn disgwyl am neb (D. B. Jones, Abergele)'.

Cnöwr (116): Cyfyngodd ei hun i bytiau o fyd natur yn unig, gan roi adran bob un i wahanol anifeiliaid, adar, coed, etc., ac mae'r gwaith i gyd yn frith o'u lluniau. Defnyddiodd bapur o wahanol liwiau, a mynegeiwyd y cyfan yn llawn a manwl. Difyr tu hwnt yw'r pytiau, llawer ohonynt wedi eu cywain o hen ffynonellau. Gwaith glân a gloyw. Nid oes marciau ychwanegol am y lluniau a'r papur lliw, ond mae'n rhaid edmygu artistwaith cariadus fel hyn a diolch yn ostyngedig amdano. Pe cyhoeddid y casgliad hwn fel y mae, gwnâi lyfryn anrheg penigamp.

Dorian: Dyma gasgliad mwyaf y gystadleuaeth a'r gorau o ddigon. Dwy gyfrol, 152 o dudalennau i gyd, ac ugeiniau lawer o bytiau o bob math, llawer ohonynt o gyfansoddiad y casglwr ei hun, mewn iaith braff, ac yn llawn ffeithiau a sylwadau tra diddorol. Mae ei reddf i adnabod yr union fath o ddeunydd a ddeisyfid yn ddi-ffael, ac mae ei gasgliad yn adlewyrchu meddwl chwilfrydig a bywiog, ac ôl darllen eang dros lawer o flynyddoedd. Onid wyf yn camgymryd, gŵr o Fôn ydyw, ac un sy'n falch iawn o'i dras. Lluosog yw pethau fel hyn yn ei waith: 'Meddai un o'r Monwysion wrth ŵr dieithr, "Os wyt ti eisiau gweld dyn gwirion yn Sir Fôn, fe fydd rhaid i ti ddod ag un hefo ti"'. At ei gilydd, mae ei ddarnau digri'n newydd a ffres (i mi, beth bynnag); er enghraifft: 'Enillwyd y gystadleuaeth taflu *rolling pin* gan Mrs Haydn gydag ymdrech o 67 troedfedd. Mr Haydn enillodd y ras ganllath i wŷr priod'. Mae tuedd ynddo i ailadrodd dyfyniadau yma ac acw, yn enwedig tua'r diwedd ond dyna'r unig frycheuyn sydd ar y casgliad gwirioneddol gampus hwn. O ran teilyngdod, gellid bod wedi gwobrwyo *Draenog* a *Cnöwr* yn rhwydd, a bûm yn ystyried rhannu, ond mae *Dorian* yn ddiogel ar y blaen. Rhodder iddo'r wobr yn llawn a phob clod a berthyn iddi.

Y Casgliad o Bytiau Gwaelod Tudalen

[Dim ond detholiad byr yn unig a gynhwysir isod o'r gwaith a gyflwynodd *Dorian* i'r gystadleuaeth hon. Bwriedir i'r ychydig ddyfyniadau hyn, nad ydynt yn anelu at fod yn gynrychioladol o'r casgliad mawr, cyflawn, roi ryw syniad a blas i'r darllenydd o'r cyfoeth a gasglwyd gan yr ymgeisydd. Mawr hyderir y cawn gyfle i fwynhau'r cyfan maes o law. – Golygydd.]

Ar Fur Eglwys: Pan gefaist dy eni, fe ddaeth dy fam â thi yma. Pan briodaist, fe ddaeth dy wraig â thi yma. Pan fyddi farw, fe ddaw dy gyfeillion â thi yma. Pam na ddoi di yma dy hun weithiau?

Dywedodd gŵr go ddiflas wrth Oscar Wilde, 'Fe es i heibio'ch tŷ chi neithiwr'. 'Diolch yn fawr,' meddai Oscar Wilde.

Stopiwyd car gan blismon a dywedodd wrth y gyrrwr fod ei olau blaen wedi diffodd. Rhoddodd y gyrrwr gic i'r lamp a daeth y golau yn ei ôl. 'Rŵan,' meddai'r plismon, 'rho gic i'r winsgrin, mae'r leisians wedi gorffen.'

Roedd gŵr a gwraig yn edrych ar eu gardd. 'Mae holl chwyn y greadigaeth wedi dod i'r ardd 'ma,' meddai'r gŵr. 'Does dim rhyfedd,' meddai'i wraig, 'maen nhw'n gwybod eu bod nhw'n saff yn fan'ma.'

Y dyn doethaf y gwn i amdano yw'r un sy'n gofyn i mi am gyngor.

'Mae'n ddrwg gen i fod yn hwyr,' meddai'r plymar. 'Sut mae pethau erbyn hyn?' 'Dim yn rhy ddrwg,' meddai gwraig y tŷ. 'Tra oeddwn yn disgwyl amdanoch chi, mi ddysgais i'r plant nofio.'

Gŵr bonheddig yw'r un sy'n agor y drws i'r wraig ddod â'r bag neges i'r tŷ.

Yr oedd Sais a Chymro wedi mentro i berfeddion yr Affrig ac wedi dod wyneb yn wyneb â llew rheibus. Cythrodd y Cymro am ei esgidiau dal adar a'u rhoi am ei draed. 'Dwyt ti ddim yn meddwl y medri di redeg yn gynt na'r llew?' meddai'r Sais. Ac meddai'r Cymro: 'Does dim rhaid i mi redeg yn gynt na'r llew, dim ond rhedeg yn gynt na chdi'.

O Gwmpas y Tŷ:
1) Y tro nesaf y byddwch yn berwi wy, rhowch y dŵr i'ch planhigion.
2) I dynnu *chewing gum* oddi ar ddillad, rhowch y dilledyn mewn bag plastig a'i roi yn y rhewgell; fe ddaw y *chewing gum* i ffwrdd yn rhwydd wedyn.
3) Os yw eich *zip* yn glynu, rhwbiwch ef â phensil.
4) Os nad yw'r sos yn dod o'r botel yn rhwydd, gwthiwch welltyn yfed i'w ganol er mwyn i'r aer ei gychwyn ar ei ffordd.
5) Os byddwch yn methu ag agor caead, tywalltwch ddŵr berwedig arno neu ei droi efo papur tywod.

Ysgrifennodd Twm at ei gariad bob dydd am dair blynedd; yna, fe briododd ei gariad – efo'r postmon!

Gweddi: Sôn am weddïo yr oedd y dosbarth Ysgol Sul ac meddai'r hen athro: 'Cofia di bod "Na" yn ateb hefyd'.

Clywyd ar y bws:
1) Geneth ieuanc: 'Pan mae o'n dawnsio, mae o'n draed i gyd, a phan mae o'n stopio, mae o'n ddwylo i gyd.'
2) 'Mi briodais efo fy llygaid wedi cau; mi gaeodd ei thad un i mi ac mi gaeodd ei brawd y llall.'
3) 'Dach chi'n mynd i ocd pan fydd y canhwyllau'n ddrutach na'r deisen.'
4) 'Mae o'n meddwl y byd o anifeiliaid; mae o'n boddi'r cathod mewn dŵr cynnes.'

Dyn â golwg gwyllt arno, bwyell yn ei law, wrth ddrws cymydog: 'Rydw i wedi dod i drin ych radiogram chi.'

Aeth gŵr i'r llyfrgell i ofyn am rywbeth i'w ddarllen. 'Trwm ynteu ysgafn?' gofynnodd y llyfrgellydd. 'Does dim gwahaniaeth gen i,' meddai'r gŵr, 'mae gen i gar.'

Dyma stori am un o ffeiriau cyflogi Llangefni, prifddinas Gwlad y Medra. Roedd ffermwr yn holi bachgen oedd â deunydd gwas ynddo.
'Fedr di deneuo rwdins?'   'Medra.'
'Fedr di doi tas?'   'Medra.'
'Fedr di 'redig?'   'Medra.'
'Fedr di godi wal?'   'Medra.'
'Fedr di rwlio llond berfa o niwl ar draws y cae 'na?'   'Medra, os gwnewch chi ei llenwi hi i mi.'

Dywediad o Iwerddon: Gwybod pris popeth ond deall gwerth dim.

Dyn garej yn dweud wrth y wraig bod batri ei char hi'n fflat. 'Pa siâp ydi i fod, felly?'

Clywyd mewn siop: 'Pam na phrynwch chi lyfr iddo fo?' 'Ma' gynno fo lyfr.'

Meddai'r Arglwyddes Astor wrth Winston Churchill: 'Pe bawn i'n wraig i ti, mi roddwn wenwyn yn dy goffi'. Ac meddai Churchill: 'Pe bawn i'n ŵr i ti, mi fuaswn i'n 'i yfed o!'

Dywediadau lliwgar:
1) 'Mi trawa' i di nes bydd ogla mynwent ar dy boeri di.'
2) 'Mi trawa' i di nes bydd fflei wîl dy enaid di'n chwyrnellu ar erchwyn tragwyddoldeb.'

3) 'Mae 'ngheg i cyn syched â chesail arth.'

'Rwyf wedi gwneud sawl camgymeriad ond wnes i erioed y camgymeriad o honni na wnes i erioed gamgymeriad.' (James Gordon Bennett).

Wyddoch chi mai dyn yw'r unig greadur y buasai ei lwyr ddileu yn fendith i bob creadur arall.

Closiodd merch brydweddol at y dramodydd Bernard Shaw a dweud: 'Mr Shaw, oni fuasem yn gallu cenhedlu plentyn anghyffredin – un â'm prydferthwch i a'ch gallu meddyliol chi?' 'Posibl iawn,' meddai Shaw, 'ond rhad arno pe câi fy mhrydferthwch i a'ch gallu meddyliol chi!'

Rhywbeth o'i le
1) Rhowch y cig mewn sos am ddwyawr ac yna gadewch i'r gwesteion ei dywallt drostynt eu hunain.
2) Fe gerddodd William bum milltir ar ddwy frechdan gig moch.
3) I atal pryfed rhag maeddu'r bylbiau golau, rhwbiwch nhw efo camfforeted oil.

Mewn pregeth dda, mae dechrau da a diwedd da a'r rheini cyn agosed i'w gilydd ag sydd modd.

Ceisiwch wybod popeth am rywbeth a rhywbeth am bopeth.
(Yr Arglwydd Brougham)

'Os ydi mam yn dod i fyw atom ni,' meddai'r wraig wrth ei gŵr, 'mae'n rhaid i ni symud i dŷ mwy.' 'Fuasai hynny ddim yn gwneud dim gwahaniaeth,' meddai'r gŵr, 'mi fuasai'n siŵr o gael hyd i ni.'

> Melys hedd wedi aml siom,
> Distawrwydd wedi storom.   (Beddargraff Dewi Emrys)

Dorian

[O.N. O safbwynt gweddill yr ymgeiswyr, nododd y beirniad: 'Pa ddefnydd a wneir o gynhaeaf y gystadleuaeth hon, tybed? Y mae'n rhy werthfawr o lawer i'w adael i gasglu llwch ar silffoedd y cystadleuwyr, mae hynny'n sicr'. Tybed a fyddai'r 18 ymgeisydd arall yn fodlon i olygydd, neu olygyddion (yn cynrychioli'r Eisteddfod Genedlaethol, neu'r Cyngor Llyfrau Cymraeg, dyweder), gael cip ar eu casgliadau gyda golwg ar ystyried cyhoeddi cyfrol (neu gyfrolau, hyd yn oed!) o bytiau gwaelod tudalen? – Golygydd.]

ADRAN COMISIYNU YR EISTEDDFOD

Nofel gyfoes i ddysgwyr tua 12-14 oed

BEIRNIADAETH NIA ROYLES

Diolch am gystadleuaeth gomisiwn ar gyfer dysgwyr yn yr oed pwysig hwn. Cynigiodd yr Eisteddfod Genedlaethol wobr y llynedd am nofel gomisiwn ar gyfer dysgwyr o oedolion. Mae'r sylwadau cyffredinol yn y feirnadaeth honno'n berthnasol i'r gystadleuaeth hon hefyd.

Wrth i Ivor Owen ysgrifennu ar gyfer ei ddysgwyr ef, sef disgyblion Ysgol Uwchradd Mynwent y Crynwyr yn Aberpennar ryw hanner can mlynedd yn ôl, torrodd dir newydd ac mae sawl un o'i nofelau'n dal yn ddarllenadwy ac yn batrwm y gellir mynd yn ôl ato'n fuddiol iawn. Erbyn hyn, mae gennym sawl awdur llwyddiannus a'r dull o geisio goresgyn problemau geirfa allweddol neu eirfa newydd yn amrywio. Mae cymaint yn haws ysgrifennu ar gyfer dysgwyr hŷn ein hysgolion fel y mae nofelau 'Morwyn y Dŵr', Tudur Williams, a 'Y Trip', Philip Davies, yn profi. Bob Eynon, mae'n siŵr, yw'r awdur mwyaf llwyddiannus o safbwynt oed y gystadleuaeth hon, ynghyd ag un nofel gan Ifor Wyn Williams, 'Y Dychryn', sydd yn addas ar gyfer 14+ ond sydd allan o brint, gwaetha'r modd.

Mae awdur nofel i ddysgwyr yn gyson ymwybodol o batrwm iaith a geirfa ei gynulleidfa. Eto, cynnwys nofel sy'n penderfynu ei hapêl. Felly, gyda'r ddwy ystyriaeth hyn ar flaen y meddwl, ac â'r nofelau uchod yn batrwm, aethpwyd ati i ddarllen y ddwy ymgais a dderbyniwyd.

Hen Wag, 'Tu allan i'r muriau': Yma ceir hanes teulu Marged, Tom, a'u dau blentyn, sydd, yn annisgwyl, yn etifeddu ffarm rhyw hen ewyrthr i Tom. Mae'r pleser o feddwl sut i wario'r arian ar ôl gwerthu'r ffarm yn troi'n siom wedi iddynt sylweddoli ei bod yn amod yn ôl yr ewyllys eu bod yn gorfod mynd i fyw yno am ddeng mlynedd. Ond mae'r ymweliad cyntaf yn swyno pawb, yn enwedig yr efeilliaid, Gwenno a Geraint, sy'n saith oed. Y canlyniad nid annisgwyl, felly, yw bod y teulu'n gwerthu eu cartref moethus, modern a gynlluniwyd gan Tom ac yn setlo i fyd y fferm a'r plant wrth eu bodd yn eu hysgol newydd. Ond, ar gyrion y pentref, mae adeilad hyll carchar ac fe fydd carcharor sy'n dianc yn llywio hynt gweddill y nofel.

Mae'r adrodd yn llyfn a'r ddeialog yn naturiol. Eto, o feddwl am yr oed yr anelir y gystadleuaeth hon ato, pam adrodd y stori o safbwynt y fam? Mae ymchwil wedi dangos, ynghyd â llwyddiant cyfres yr arddegau i Gymry iaith gyntaf, bod yr oed yma am ddarllen am gymeriadau y gallan nhw uniaethu â nhw, rhai yr un oed â nhw neu ychydig yn hŷn, ac yn sicr, nid am blant saith oed fel Gwenno a Geraint. Hefyd, collwyd cyfle rhwng tudalen 9 a 10. Yn ôl y stori fel y mae, mae saith mlynedd yn mynd heibio'n ddidramgwydd – y rhieini'n ymgartrefu'n hapus mewn byd cwbl newydd sef ffarmio, dim problemau, dim camgymeriadau. Does dim hanesion yn codi chwaith o fyd ysgol newydd yr efeilliaid, a'r rheini'n Gymry Cymraeg o Lerpwl yn ymgartrefu yng nghefn gwlad Cymru. Mae cymaint o haenau diddorol, sensitif yn cael eu hanwybyddu.

Hefyd o safbwynt iaith darllen er pleser i ddysgwyr, byddai geirfa byd ysgol yn fyd cyfarwydd iddyn nhw heb sôn am y gwrthdaro posibl rhwng pobl ifanc 12-14 oed o gefndir gwahanol, sefyllfa sy'n fyw iawn mewn rhai ysgolion yng ngorllewin Cymru. Does dim ymwybyddiaeth chwaith o strwythuro cystrawen a dewis geirfa addas ar gyfer dysgwyr. Mae modd osgoi rhai ymadroddion, aralleirio, ailadrodd yn bwrpasol a'r cyfan yn hwyluso darllen y dysgwr.

Karloff, 'Fampir yng Nghymru': Nofel dditectif yw hon a'r teitl yn dweud y cyfan. Mae myfyrwraig ifanc o'r enw Anita Lewis wedi cael ei llofruddio. Yr Uwch Arolygydd Gethin sy'n gweld y clais mawr crwn ar ei chorff, brathiad rhyw anifail gwyllt a dim gwaed yn unman. Gwaith fampir, wrth gwrs. Ond does dim profiad o ddal fampir gan yr heddlu ac ni fu achos o fampir yn lladd yng Nghymru ers 1947. Y gofid naturiol yw peidio â chodi panig ymhlith y boblogaeth.

Mae cymeriadau'r bloc fflatiau lle'r oedd Anita yn byw yn amrywio'n fawr. Y cyntaf yw Mr Hussein a ganfu'r corff ac ef sy'n rhoi enw cariad Anita, sef Boris o Transylfania, i'r heddlu. Mae tenant arall, Gwyn Prosser, yn dweud celwydd wrth yr heddlu a hynny, wrth gwrs, yn codi'r cwestiwn ai hwn yw'r llofrudd ynteu ai Boris o Dransylfania yw'r fampir. Dywed y crynodeb bod Boris yn fuan yn gorff, felly mae'n rhaid disgwyl ymhellach.

Mae rhestri o eirfa wrth droed pob tudalen, geirfa sydd ar brydiau o safon lefel A. Felly, ni lwyddodd yr awdur hwn chwaith i ysgrifennu ar gyfer dysgwyr 12-14 oed. Mae'n bosibl y byddai'r cefndir o ddiddordeb i fechgyn ond ar hyn o bryd, byd ffantasïol ar gefn crwban gan Terry Pratchett sy'n denu bechgyn o'r oed hwn. Byddai cymeriad sgwâr yr Uwch Arolygydd a'r dull ymchwiliol trefnus o adrodd yr hanes braidd yn ddifflach.

Nid yw'r naill awdur na'r llall yn ddigon ymwybodol o'u cynulleidfa o ran cymeriadau, gogwydd cynnwys eu nofelau na'u hieithwedd. Gwaetha'r modd, felly, ni ellir gwobrwyo'r naill nofel na'r llall ac eleni eto, mae'n rhaid atal y wobr. Trueni mawr.

Casgliad o ddeg o straeon arswyd a/neu ffantasi i ddarllenwyr tua 12-14 oed. Gofynnir am dair stori gyflawn ac amlinelliad o weddill storïau'r gyfrol

BEIRNIADAETH CEN WILLIAMS

Mae gofynion sylfaenol stori dda yr un, waeth beth fo'i natur nac oed y gynulleidfa. Mae'n rhaid iddi afael yn y darllenydd, boed hynny trwy ei harddull, ei chynllun, credinedd a chysondeb yr elfen ffantasïol, y tyndra a grëir gan yr elfen o arswyd sydd ynddi neu, yn syml, y dyfeisgarwch a fu wrth ei chynllunio.

Ond mae'r gystadleuaeth hon yn gofyn mwy fel y gŵyr unrhyw un sydd wedi dysgu dosbarth o ddisgyblion gallu canolig neu is rhwng 12 a 14 oed – beirniaid llenyddol gyda'r llymaf, nid oherwydd eu sylwadau llenyddol craff ond oherwydd eu sylwadau difrïol parod. Os yw'r deunydd i apelio atynt, mae'n rhaid iddo osgoi unrhyw duedd i fod yn *boring*, boed hynny o ran cynnwys, cyflymder y symud neu'r ieithwedd. Gan mai bwriad llunio unrhyw stori yw iddi gael ei darllen, ac oherwydd y prinder affwysol o ddeunydd ar gyfer y garfan a grybwyllwyd uchod, cymerir yn ganiataol bod cynnyrch y gystadleuaeth hon i fod i apelio atynt hwythau yn ogystal â'r disgyblion hynny sy'n awchu am brint ac yn gallu ei werthfawrogi â chyneddfau beirniadol aeddfed.

Hwylustod neu, yn wir, angenrhaid, arall i athrawon wrth ddewis deunydd i'w ddefnyddio yn y dosbarth yw ei fod yn arwain at themâu a phynciau trafod eraill a fyddo'n esgor ar waith llafar byrlymus ac yn cynnig pwrpas i waith ysgrifennu pellach. Ystyriaeth ychwanegol yw hynny o safbwynt beirniadu'r gystadleuaeth hon, yn hytrach na maen prawf pendant, ond mae'n ystyriaeth bwysig. Yn olaf, o gofio mai'r gwaith a ddarllenir gan ddisgyblion yw'r patrwm neu'r model a ddefnyddir ganddynt ar gyfer eu cyfansoddi eu hunain, disgwylir rhyw newydd-deb yn arddull neu yn strwythur y storïau hyn, nodweddion y gellid eu hefelychu ac ymestyn arnynt.

Mae mater cywirdeb iaith y cystadleuwyr mewn cystadleuaeth gomisiwn yn peri i feirniad ofyn rhai cwestiynau: er enghraifft, os oedd gwaith Ernest Hemingway yn frith o wallau iaith a'i fod yn dibynnu ar olygydd am gywirdeb ei nofelau a'i storïau, a yw cywirdeb yn ystyriaeth holl-bwysig gan y bydd y gwaith yn cael ei gribinio gan olygyddion y Cyngor Llyfrau Cymraeg cyn ei gyhoeddi. Eto, mae hon yn gystadleuaeth yn ein Gŵyl Genedlaethol ac, felly, oni ddylid disgwyl y safonau uchaf posibl? Rhoddir ystyriaeth bellach i'r agwedd hon wrth drafod gwaith y tri chystadleuydd gan fod gwahaniaethau dybryd yn ansawdd iaith y tri ohonynt.

Sgorpio, 'Lefel Saith a Storïau eraill': Noda *Sgorpio* mai storïau arswyd sydd ganddo ac mae'r tair stori a gyflwynir yn llwyddo i greu a chynnal arswyd a thyndra hyd y diwedd, hyd y frath annisgwyl o syfrdanol yn y gynffon a awgrymir gan y ffugenw. Crëir yr arswyd yn y stori gyntaf gan y llithro o'r gêm antur y mae

Mali'n ei chwarae, y ffantasi megis, i realiti sydd yn dod yn rhan o'r gêm erbyn y diwedd; ynteu ai'r gêm sydd yn dod yn rhan o realiti? Yn sicr, caiff Mali ei charcharu gan y gêm fel ei chyfeilles Heledd Wynn, rai blynyddoedd ynghynt. Mae'r ail stori, 'Marc Pedwar', yn ymwneud â Marc, y robot, a'r modd y daw yntau'n feistr ar ei wneuthurwyr. Camp yn troi'n rhemp a geir yma a chyfyd pob math o gwestiynau ynglŷn â pherygl gwyddoniaeth oni ellir ei reoli'n llwyr. Gwyddoniaeth yw cefndir y drydedd stori hefyd, gwyddoniaeth yng nghyd-destun hanes, a thrwy rym y telegludydd llwyddwyd i gyfuno'r ddeubeth ym mherson yr anifail bach erchyll, Sadam. O'i roi yntau wedyn ym meddiant Eleri, y ferch fach sydd am dalu pwyth yn ôl i Siôn Huws, canlyniadau dychrynllyd yw'r unig beth y gellid eu disgwyl!

O'r dechrau, mae storïau *Sgorpio* a'u cefndir cyfoes ffug-wyddonol yn gafael ac mae'r crynodebau o storïau eraill yn llawn addewid oherwydd eu bod yn gyforiog o themâu moesol a fyddai'n esgor ar drafodaethau byrlymus. Ond mae'r idiom yn gwbl Seisnig gydag ymadroddion fel: 'Lleihau cyfanswm o galedwaith yn y byd oedd y pwynt i gyd o roboteg ... Nid gan lanio dyn ar wyneb y lleuad oedd technoleg cyfoes wedi serfio dynoliaeth y gorau ond gan lunio peiriant golchi dillad'. Dwy enghraifft yn unig ond gellid enghreifftio o unrhyw dudalen bron yn y ddwy stori olaf. Amheuaf mai dysgwr/wraig yw *Sgorpio* ac os felly, mae'n rhaid ei g/chanmol am yr ymdrech eithriadol a gafwyd, ond ni ellid gwobrwyo'r storïau hyn yn ein Prifwyl Genedlaethol. Er hynny, maent yn llawn haeddu gweld golau dydd ar ôl golygu trwm a phan ddigwydd hynny, bydd casgliad ardderchog o storïau arswyd ar gael yn y Gymraeg. Gobeithio y bydd y Cyngor Llyfrau'n fodlon dilyn dawn y storïwr dyfeisgar a amlygwyd yn y gyfrol hon.

Undeg Elena, 'Y Peunod a'r Pysgod Aur a Straeon eraill': O safbwynt iaith, dyma'r ymgeisydd cywiraf a mwyaf caboledig yn y gystadleuaeth. Arddull storïol draddodiadol sydd ganddi gyda 'Y Peunod a'r Pysgod Aur' a'r ail stori, 'Hedfan', yn mynd â ni i fyd ffantasi llwyr. Fframwaith tebyg sydd i'r ddwy, gyda Prys yn y naill stori a Geraint yn y llall yn methu â mynd ar wyliau ysgol gyda'u cyfoedion. Ym mhlas Trealun y daw Prys ar draws y peunod cecrus sydd yn ei fygwth a'i ddychryn a'r wadd sydd yn ei haberthu'i hun er ei fwyn. O unigrwydd y twyni tywod ac yn nhes hudol yr haf, caiff Geraint ei gludo i'r Aifft at yr afon, y crocodeil a Rahana, y ferch a siaradai Gymraeg. Yn ddïau, byddai'r storïau hyn yn apelio at rai plant ond nid oes ynddynt ddigon o newydd-deb a bwrlwm i apelio at y trwch; braidd yn ystrydebol ydynt.

Byddai'r drydedd stori, 'Y March Coch', ar y llaw arall, yn fwy tebygol o gadw sylw er mai stori draddodiadol nid annhebyg i'r Rhamantau ydyw. Gwisgwyd hi yng ngwisg gyfoes y gêm antur a chedwir y cyffro drwyddi gyda Martha'n dod yn rhan o'r gêm ei hun, yn cynorthwyo'r Marchog Gwyn i wrthsefyll ystryw a chyfrwystra'r Marchog Coch a'i chwaer, y Wrach Goch. Mae'r diweddglo'n ei thynnu'n nes at fod yn stori arswyd a byddai'n haeddu ei lle mewn unrhyw gasgliad, fel y byddai nifer o'r storïau y cafwyd cynllun ohonynt. Mae'n gyflwyniad ardderchog i fyd y Rhamantau a'r Pedair Cainc – cyflwyniad cyfoes i chwedlau traddodiadol. Mae yma amrywiaeth o themâu megis hela, dwy agwedd ar bersonoliaeth, ofn, unigrwydd ac addewid am storïau arswyd, antur a ffantasi yn y casgliad ond efallai na wnaeth *Undeg Elena* gyfiawnder â hi ei hun wrth ddewis dwy stori a oedd mor debyg mewn sawl ffordd ac wrth gadw at yr un arddull lefn trwy'r gwaith.

Maria, 'Cicio Nyth Cacwn': Arddull hollol wahanol a welir ar waith yn y casgliad hwn gyda brawddegau cwta, bachog yn cyfleu sydynrwydd y digwydd, ansicrwydd sefyllfa neu naturioldeb y sgwrsio. Ceir ymadroddion cyfoes megis: 'Reit. Ti'n gwbod y sgôr ... Ac mi fydd hi angen pob owns o gyts sy' ganddi heno ...', yn gymysg â'r Gymraeg ar ei naturiol orau: 'Roedd Iolo wedi syrthio'n bendramwnwgl i ganol y pwll dudew. Glafoeriodd a phesychodd a thagodd a gwingodd. A thrwy'r amser, llifodd mwy a mwy o'r cyfog gwyrdd ohono'. Geiriau ac ymadroddion Saesneg sydd wedi'u Cymreigio, mewn cystrawennau cyfan gwbl Gymreig a geir ganddi a byddent yn denu'r disgyblion at y model a geir yma o Gymraeg y Gogledd ar ei naturiol orau. Maent yn cyd-fynd hefyd â chyfoesedd y themâu a'r sefyllfaoedd.

Stori arswyd yw 'Brenin y Fall', gyda thair elfen ynddi: yr hen fodryb sy'n marw yn yr ysbyty a'i helyntion dewr yn ystod y rhyfel yn y cefndir, y ffilm deledu am y Pla, *Die Erl Konig*, a'r digwyddiadau hunllefaidd yn nhŷ'r fodryb lle mae Ed (Edwyn) yn gwarchod ei frawd bach Iolo. Mae lle i'r bwjis am ran o'r stori, hefyd: Macsen Wledig, Elvis, James Bond, Hitler a Lleucu Llwyd. Crëir y tyndra dramatig sydd ynddi wrth doddi un elfen o'r stori i'r llall ac mae'n wironeddol afaelgar. Cefndir cyfoes y gall y disgyblion uniaethu ag ef, gyda sawl sbardun i drafodaethau, sydd i 'Tân ar y Croen' a 'Blaen Lloer', hefyd, ac maent yr un mor gyffrous i'w darllen.

Mae lle i gryfhau yma – tair elfen yn benodol. Yn amlach na pheidio, paragreffir fesul brawddeg er mwyn y cyflymder ond mae llawer o achosion yma lle gellid llunio paragraffau hwy; byddai'r paragraffau un frawddeg yn fwy effeithiol wedyn. Dylid ystyried beth yw'r ffin rhwng stori arswyd a stori antur a thybed nad oes lle i wneud 'Blaen Lloer' (a 'Cicio Nyth Cacwn') yn fwy o storïau arswyd? Mae'n rhaid tacluso'r iaith; manion a allai fod yn wallau teipio yw rhai brychau ond mae eraill mwy cyson – e.e., ambell dreiglad mewn ansoddair ar ôl enw unigol benywaidd, orgraff ffurfiau'r ferf lafar, *mae nhw* (dylid ei newid i *maen nhw*); rhoi'r rhagenw mewnol mewn ymadrodd fel *wedi'i rostio*.

Bu hon yn gystadleuaeth ddiddorol a ffrwythlon sydd wedi esgor ar amrywiaeth o storïau gafaelgar ac apelgar. *Maria* sydd yn derbyn y comisiwn er bod ei chrynodebau hi am weddill storïau'r gyfrol yn fyr. Dangosodd ei gallu i saernïo'n ofalus ac i ysgrifennu'n fywiog.

Serch hynny mae *Undeg Elena* hithau'n haeddu cyfran o'r wobr. £100 i *Maria* a £50 i *Undeg Elena* yn yr Eisteddfod, felly, gyda gweddill y comisiwn yn mynd i *Maria*, gan obeithio y bydd y Cyngor Llyfrau'n ychwanegu ato ac yn cyhoeddi rhai o straeon y ddau gystadleuydd arall.

ADRAN SWROCO
CYFANSODDI
Cyfansoddi cân

BEIRNIADAETH HUW PRITCHARD

Derbyniwyd chwech o ganeuon, yn amrywio o'r trasig i'r ysbrydoledig, ond dim ond tair a ddaeth i'r brig:

Llwynog, 'Aderyn y Nos': Dyma'r gân fyrraf a'r symlaf, a'r unig un sy'n aros yn y cof i'w chanu yn y dafarn. Clasur gwreiddiol a fyddai'n addas i'r Gorkys neu Frank Sinatra ei chanu.

Capten Morgan, 'Hwylia Ffwrdd': Ymdrech ardderchog; baled estynedig sy'n adrodd stori gyfarwydd y galon hiraethus. Ond mae delweddau cynnil, dirgel cân *Llwynog* yn rhagori.

MOT, 'Pobl Yfory': Mae hon yn cynnwys neges gyfarwydd eto: anobaith y dyfodol a'r delweddau ystrydebol am ddifaterwch a meddwdod y '90au. Gwaetha'r modd, dydi'r cytgan ddim digon iach na'r penillion yn ddigon tywyll, afiach i'r gân weithio fel anthem boblogaidd, gyfoes. Ymdrech dda iawn, serch hynny.

Gwobrwyer *Llwynog* am ei gân hudolus.

Cynllunio Crys-T ar y thema: Yr Amgylchfyd

BEIRNIADAETH CATHRYN M. TIMOTHY

Ble mae egni creadigol y genedl yn cuddio, dudwch? Gyda thema mor gyfoes, gwobr ariannol, a'r cyfle i gynhyrchu crysau, siawns nad oedd hyn oll yn ddigon o ysgogiad i gystadlu. Siomedig tu hwnt oedd nifer a safon yr ymdrechion i gystadleuaeth a ddylai fod wedi ennyn toreth o syniadau gwych a gwreiddiol o gyfeiriad colegau celf, ysgolion uwchradd ac ysgolion cynradd.

Diolch yn fawr i'r ddau yn unig a aeth i'r drafferth ac a roes eu hamser i gystadlu ond teimlaf mai gwan eithriadol oedd y cynllunio a'r ddelwedd yn y ddwy ymdrech. Gair am y ddau:

Glas y Dorlan: Cnewyllyn o syniad ond fe fyddwn wedi disgwyl i'r croesair fod ar thema'r amgylchfyd yn unig. Nid oedd yr angen am gynnwys nodiadau o eglurhad ynghyd â'r cynllun gorffenedig yn gwneud dim ond amlygu'r gwendidau.

Colin Be?: Y ffugenw oedd agwedd fwyaf diddorol yr ymdrech hon; mae'n ysbrydoliaeth i grys-T ynddo'i hun. Gwaetha'r modd, roedd y ddelwedd a gyflwynwyd yn dangos diffyg ymwybyddiaeth elfennol o gynllunio.

Felly, er mawr siom, ac ar sail y sylwadau uchod, teimlaf nad oes yr un yn deilwng o'r wobr.

Tâp Fideo neu Sain. Rhaglen gylchgrawn i ieuenctid rhwng 20-30 munud

BEIRNIADAETH GERAINT ELLIS

Dim ond dau gynnig a dderbyniwyd a thapiau fideo oedd y rheini.

Rhaglen gylchgrawn gyffredinol i bobl ifainc oedd gan *Ffilmiau Creuddyn*, sef '3D', ac roedd y rhaglen yn cynnwys adolygiadau, cornel problemau a pherfformiad gan jygliwr/consuriwr. Roedd yr eitemau'n rhy hir ac roedd angen o leiaf ddwy eitem arall. Dylid bod wedi cynnwys adolygiadau ar fwy na dau dâp, ac er bod casét Bryn Fôn yn un diweddar, mae 'Dinky' gan Diffiniad allan ers misoedd. Byddai fformat panel wedi gweithio'n well, er bod yr adolygydd yn ddigon hyderus o flaen y camera. Er nad oedd yr eitem am broblemau pobl ifainc yn taro deuddeg, mae'r grŵp yn haeddu canmoliaeth am ddyfeisio'r teitl 'Hosanna iddo Ef' yn enw i siop 'sanau. Hoffais y defnydd o'r offer chwaraeon fel rhan o'r set hefyd. Roedd y jygliwr/consuriwr yn fachgen dawnus iawn, ond eto roedd yr eitem yn rhy hir. Roedd cân Blur a thema Peter Gunn gan Art of Noise yn ddewisiadau da iawn.

Yn dechnegol, roedd gormod o ddefnydd o luniau wedi eu rhewi, heb unrhyw bwrpas amlwg bob tro, ond y broblem fawr oedd y lleoliadau. Roedd y 'stafelloedd yn rhy fawr, ac roedd gormod o atsain. Roedd nifer o'r cyfweliadau'n aneglur iawn, ac roedd hi'n anodd deall y cyflwyniadau i'r eitemau hefyd, er i un neu ddau o'r cyflwynwyr arddangos addewid bendant.

Doedd safon y cyflwyno ddim mor uchel yn y rhaglen 'Chwydu' gan *Mogi Maelor*. Roedd angen mwy o hyder a brwdfrydedd ar y cyflwynwyr, er i bethau wella i raddau fel yr âi'r rhaglen yn ei blaen. Roedd rhai o'r cyfrannwyr yn rhy swil ac yn rhy barod i siarad Saesneg. Ond roedd cynnwys y rhaglen yn well na '3D', gyda llawer mwy o eitemau. Doedd hi ddim yn glir sut yr oedd pob eitem yn gysylltiedig â'r thema 'Chwydu', a thestun braidd yn od oedd hwn i raglen gyfan. Ond roedd y rhan fwyaf o'r eitemau'n rhai digon difyr. Mwynheais yr eitem ar focsio Thai, yn arbennig, ac roedd y 'Cerddor Cudd' hefyd yn dalentog iawn.

Roedd safon dechnegol y rhaglen, hefyd, yn uwch nag un '3D'. Mae'r grŵp yn haeddu clod mawr am eu defnydd o graffeg, ac roedd nifer o saethiadau camera da. Gydag un eithriad amlwg, roedd y golygu'n ddigon derbyniol hefyd. Roedd ansawdd y sain yn amrywio, ond roedd y grŵp yn ddoethach na '3D' yn eu dewis o leoliadau.

Er nad oedd pob eitem yn llwyddo, mae 'Chwydu' yn rhaglen o safon uwch na '3D'. Felly, mae'r wobr o £200 yn mynd i *Mogi Maelor*. Mae'n rhaid llongyfarch y ddau grŵp am eu hymdrechion, ac rwy'n gobeithio'n arw y bydd mwy o grwpiau'n dilyn eu hesiampl y flwyddyn nesaf.